U0112432

[英] 迈克尔·阿克斯沃西 Michael Axworthy 著

赵象察 胡轶凡 译

A HISTORY FROM ZOROASTER TO THE PRESENT DAY

伊朗简史

从琐罗亚斯德到今天

IRAN
EMPIRE OF
THE MIND

民主与建设出版社

·北京·

献给我的妻子萨莉

永恒的女性，引领我们飞升。

然而，当我考虑这些说法的道理时，并不感到满意。他们说：人是造物之间的中介，既与上界为伴，又君临下界；因为敏锐的感觉、理性的洞察力及智性之光而成为自然的解释者；人是不变的永恒与飞逝的时间的中点，（正如波斯人所言）是纽带，是世界的赞歌，或者如大卫所言，只略低于天使。这些道理很重要，但不是最重要的……

　　为此，波斯人……写道，人没有任何天生的形象，但有很多从外部获得的形象。因此，迦勒底人说"人这个生灵形形色色、各种各样、变化多端"。为何要谈这些呢？因为这样我们才会理解，我们天生就在这样的处境中，即天生就能成为我们所意愿的，应该格外谨慎，以免人们说我们虽处尊贵中，却恍不自知地沦为野兽和无知的牲畜……这样我们就可能避免将天父赐予我们的自由选择变益为害。让我们的灵魂充满神圣的雄心吧；因不满于平庸，我们会渴望那至高者，竭尽全力追求。

——皮科·德拉·米兰多拉，《论人的尊严》

（译自理查德·胡克的译本）

致　谢

　　这本书的书名，如果说不是其全部思想的概括，那就是源于一次公共事件——在受邀观众注视下进行的一次专家组讨论。这些观众受邀参加 2005 年秋季在大英博物馆举办的"被遗忘的帝国"展览的开幕式。专家组由记者乔恩·斯诺主持，其中有伊朗驻英国大使赛义德·穆罕默德·侯赛因·阿德利（此后不久他被召回德黑兰）、约克大学的哈勒·阿夫沙、圣安德鲁斯大学的阿里·安萨里，以及《殉道者的玫瑰花园》（*In the Rose Garden of the Martyrs*）的作者克里斯托弗·德·贝莱格。大英博物馆馆长尼尔·麦格雷戈做了介绍陈词。

　　这次讨论的范围十分广泛，但集中于伊朗历史的连续性问题，以及伊朗思想经久不衰的力量。其文学和宫廷文化影响到了周边地区的其他政权和语言文化，跨越千年，无论战争、入侵、宗教变革还是革命，都保持着强大的适应力。随后，乔恩·斯诺邀请听众提问。在临近结束时，我提出了一个问题：如果事实如专家组提出的那样，伊朗文明的中心在不同时期有所转移，从伊朗南部的法尔斯到美索不达米亚，到东北部的呼罗珊和中亚，再到西北部现今所说的阿塞拜疆，并且鉴于其强大的影响远超过伊朗自身的地域，比如它还进入了巴格达的阿拔斯王朝和奥斯曼帝国，在另一个方向进入了中亚和印度的莫卧儿王朝，那么我们是否应该抛弃通常的国家和帝国文明的范畴，将伊朗视为一个思想的帝国呢？专家组似乎对这个提法有所青睐，听众中有人说这将会成为一本好书。这就是此书的由来。

　　我受益于许多人的慷慨帮助和建议，尤其是巴吉尔·穆因、阿里·安萨里、威廉·弗洛尔、萨贾德·里兹维、连尼·勒威森、哈希姆·阿马扎德赫、克里斯·朗德尔、图拉贾·达利亚义、迈克尔·格伦费尔、彼得·梅尔维尔、邓肯·黑德、海达·萨西姆、马赫迪·达什特-波佐吉、加里·西克、卢西亚诺·扎卡拉、鲁迪·马特、安娜·帕索；还有一位在出版前阅读了全书的匿名评论家；我的父亲艾弗·阿克斯沃西和姐姐珍妮特·阿克斯沃西；彼得·艾弗里、弗朗西丝·克劳德、戈登·奈克瓦特尔、沙加耶·阿齐米、保罗·勒夫特、保罗·奥克特洛尼，以及埃克塞特大学图书馆和伦敦图书馆的其他员工。我还要感谢埃克塞特大学阿拉伯与伊斯兰研究院的其他朋友和同事的帮助与支持，尤其是蒂姆·尼布洛克、拉希德·埃纳尼、加雷思·斯坦斯菲尔德、詹姆斯·昂雷和罗布·格利夫，以及迈克尔·德怀尔（我有幸遇到的最好的编辑）、玛丽亚·佩塔里都及其在赫斯特的同事；基础读物出版社的劳拉·海默特；吉姆·摩根；我的代理人乔治娜·卡佩尔；还有（最后一点但是并非不重要的一点）我的妻子萨莉，感谢她不懈地给予我欢欣和鼓舞。

　　作者和出版商还要感谢下列这些为此书所含材料慷慨提供版权的单位。企鹅图书有限责任公司许可复制引自阿瑟·凯斯特勒（*Darkness at Noon*）和法里德丁·阿塔尔的著作（*The Conference of the Bird*）的资料。艾贝克斯出版公司许可复制选自礼萨·萨贝里翻译的诗歌集（*A Thousand years of Persian Rubaiyat*）中的一首诗。

华盛顿大学出版社许可复制由克林顿翻译的选段（*The Tragedy of Sohrab and Rostam*）。

转　译

　　将波斯语中的名称和其他术语转译为英语是一项棘手的工作，不可能完全一致，否则有时在行文中会显得古怪。与我之前一本关于纳迪尔沙阿的书一样，我使用了倾向于现代伊朗人发音的音译标准，因为我不想写一本关于伊朗历史而其中的人名和地名却让伊朗人读起来古怪的书。但还是存在不一致，尤其是那些在西方文献中有其传记的人名转译，例如伊斯法罕、法蒂玛、苏丹、毛拉。除此之外，还有些存疑且难以辩驳的不一致，责任都由本人承担，与那些在成书的不同阶段帮我修订手稿的人无关。

目　录

前　言

伊朗思想的非凡弹性

彼明智者，知其所知。

智若骐骥，越身天国。

彼愚鲁者，知其才疏。

驽马跬步，终至千里。

彼不知者，妄言天意。

身陷桎梏，愚昧更甚。

——匿名作者[*]

伊朗的历史充满了暴力和戏剧性——入侵、征服、战争和革命。因为伊朗的疆域比许多国家大，它的历史也更悠久，所以这种戏剧性的事件也就更多。但伊朗的历史远不止于此。宗教、有影响力的人和事、思想运动和观念，改变了伊朗内部，也改变了伊朗以外的地区乃至整个世界。现在，伊朗需要再一次受到关注，新的形势提出了新的问题：伊朗是一股富有侵略性的势力，还是受害者？伊朗的传统是扩张主义的，还是被动防御的？伊朗的什叶派是寂静主义的，还是暴力、革命的？只有历史能为这些问题提供答案。伊朗是世界上历史最悠久的文明古国之一，并且从一开始就是世界上最富有思想、最为复杂的文明古国之一。伊朗文明的多个方面，以这样或那样的方式，几乎影响到了地球上的每一个人。但是其实现的途径，以及这些影响的全部意义，往往不为人知，被人们遗忘。

伊朗充满着悖论、矛盾和例外。大多数非伊朗人认为它是一个炎热的沙漠国家，其实它被海拔高且气候严寒的山脉所环绕。它拥有富饶的农业省份，而另一些省份则布满了苍翠的亚热带森林。伊朗的动植物种类丰富，反映了其广泛的气候变化性。地处伊拉克与阿富汗、俄罗斯与波斯湾之间，在说阿拉伯语的中东地区当中，伊朗人说一种印欧语系的语言。通常认为伊朗是一个同质化的国家，具有强大的民族文化，但像阿塞拜疆人、库尔德人、吉拉克人、俾路支人、土库曼人这样的少数民族，构成了几乎一半的人口。自从1979年革命以来，伊朗的女性一直遵从伊斯兰世界最为严格的衣着准则，但其造成的部分结果是，伊朗家庭前所未有地允许他们的女儿前去学习和工作。超过 60% 的大学生是女性，并且许多女性——甚至是已婚女性——拥有正式工作。

伊朗保存了世界上一些最令人惊叹的伊斯兰建筑，以及金属工艺、地毯制作、集市贸易传统：一种复杂而精致的城市文化。可是它的首都德黑兰逐渐受困于混凝土建筑、交通拥堵和污染。伊朗人引以为豪的是他们的文学遗产，尤其是诗歌，可能除了俄罗斯，其成就在其他国度鲜有匹敌。许多伊朗人能背诵他们所钟爱诗歌中的长篇段落。该国伟大诗人的诗句在日常生活中很常见。他们的诗作着重描述生活的欢愉——以美酒、美人、鲜花与情爱为主题。然而，伊朗同样也具有浓重而普遍的什叶派传统，在穆哈兰姆哀悼月（在这个月，什叶派穆斯林悼念伊玛目侯赛因之死），游行的宗教队列充斥阴郁的气氛，以及强烈的背叛与不公正的情感。伊朗的宗教文化中也包括世界上最严苛教条的什叶派穆斯林教士。这是一个伊斯兰共和国，但其中只有 1.4% 的人口参加周五的祷告。

有一点最好在开篇时就解释清楚——另一个明显的悖论。伊朗和波斯是同一个国家。"波斯"之名在人们脑海中浮现出来的是一幅浪漫的图景：优雅花园中的玫瑰与夜莺、奔驰的骏马、柔美多情的女子、锐利的弯刀、珠光宝气的地毯、悦耳的音乐。但在西方媒体的陈词滥调下，"伊朗"之名呈现的是一幅截然不同的图景：眉头紧锁的毛拉、黑色的原油、深黑罩袍之下女性白皙的面庞、冷酷的群众焚烧旗帜并高喊"……去死"。

在伊朗南部有一个叫法尔斯的省份，其首府是设拉子。该省有伊朗最古老、最令人难忘的考古遗迹——波斯波利斯和帕萨尔加德（邻省胡齐斯坦则有苏萨）。在古代，这个省份以定居于此的民族——波斯人——之名而得名帕尔斯。当这个民族创造了一个统治全境的帝国时，希腊人称之为波斯帝国。"波斯"一词被希腊人、罗马人和其他欧洲人沿用，指代随后统治这一地区——今天称为伊朗——的其他王朝国家：伊斯兰征服之前的"萨珊波斯"、16—17 世纪的"萨法维波斯"、19 世纪的"恺加波斯"。但一直以来，这些帝国的国民都自称"伊朗人"，把他们的国土称作"伊朗"。这一词语的来源非常古老，大概的意思是"高贵的"。与其同源的是梵语中的"雅利安"，该词在 19 世纪末和 20 世纪初的种族主义意识形态中被使用，甚至是滥用。[1]

1935 年，礼萨沙阿希望自己建立的巴列维王朝与腐朽无能的恺加王朝区分开来，他指示其驻外使馆应要求外国政府从此之后在正式沟通中将它称为"伊朗"。但许多伊朗民众，甚至伊朗之外的一些伊朗人，仍然更偏好"波斯"这一称呼，因为它听起来更古老、欢快和包容。我的做法是同时使用这两个词：在处理 1935 年以后的时期时，我更偏向于使用"伊朗"一词，而在处理之前的时段时我更偏向于使用"波斯"一词，这也是说英语的人在那些时段形容这个国家的词。伊朗人称呼自己的语言为"法尔斯"，因为它起源于伊朗人在法尔斯省所说的方言。这一语言不仅在伊朗被使用，也在塔吉克斯坦、阿富汗（即达里语）得到广泛使用，并且对巴基斯坦和印度北部所说的乌尔都语产生了巨大的影响。在此书的前几章，"伊朗人 / 伊朗语"也用于指代这一广大区域中的非波斯民族和语言，比如帕提亚人、粟特人、米底人。

有许多关于当代伊朗以及早期伊朗历史的书可资利用。一些书涵盖了从最早时期开始的整个伊朗的历史，比如著名的七卷本《剑桥伊朗史》、鸿篇巨制《伊朗百科全书》（这本书还没有完成，尽管如此，其搜罗的伊朗历史知识的广度和深度都无可匹敌，还有更多历史之外的知识）。本书并不试图与之竞争，而是为一般读者介绍伊朗的历史，预设他们对伊朗历史知之甚少或一无所知。此外，本书旨在解释伊朗历史上的一些悖论和矛盾——可能是对其正确理解的唯一途径。除此之外（尤其是在第三章，探索波斯古典诗歌中的宝藏），本书还试图开启洞察伊朗的知识领域和文学文化之旅。这些文化在伊朗得以发展，还产生了广泛的影响，不仅仅是在中东、中亚和印度，更是遍及整个世界。

第 1 章

起　源

琐罗亚斯德、阿契美尼德王朝与希腊人

哦，居鲁士……你的臣民，波斯人，是一个贫穷却拥有高傲灵魂的民族。

——吕底亚国王克里萨斯

（希罗多德语）

关于伊朗的历史，由一个问题开始：伊朗人究竟是什么人？这个问题不仅关乎伊朗的国家起源，也以各种不同的形式回荡在这个国家及民族的历史之中，直到今日。

伊朗人是印欧语诸民族中的一个分支，这些民族在公元前1500—前1000年迁出今俄罗斯的草原地区，经过一系列的迁徙和入侵，在欧洲、伊朗、中亚和印度北部定居。这解释了波斯语和其他印欧语——尤其是梵语和拉丁语，也包括诸如印地语、德语、英语等现代语言——之间的密切关系。以欧洲语言为母语的人学习波斯语时，很快就会遇到一系列熟悉的词语：pedar（意指父亲，拉丁语是pater）；dokhtar（意指女儿、女孩，德语是tochter）；mordan（意指死亡，拉丁语是mortuus，法语是mourir、le mort）；nam（意指名字）；dar（意指门）。可能最熟悉的是be动词的第一人称单数现在时，以及后缀"am"（即"I am"，"我是……"，例句"I am an Iranian"，"我是一个伊朗人"——Irani-am）。一个说英语的人尝试学习德语，通过比较就会发现波斯语的语法既熟悉又简单。名词没有性的区分，也没有语法格。波斯语类似英语，已经抛弃了古波斯语繁冗的屈折语，进化为了一种简单的形式。波斯语与阿拉伯语以及古代中东的其他闪米特语没有结构上的关系。（尽管在阿拉伯人征服之后，波斯语接受了许多阿拉伯语中的词。）

早在说伊朗语的移民从北方到来之前，其他民族就已生活在这块后来被称为伊朗的土地上。人类早在公元前 10 万年的旧石器时代就已经居住在伊朗高原了。公元前 5000 年，农业聚落就在扎格罗斯山脉及其周边地区繁衍生息，这一区域在美索不达米亚苏美尔人的伟大文明以东。对位于哈吉·费鲁兹人工土丘其中一个定居点的发掘，发现了现存的全世界已知最古老的葡萄酒罐，其中完整保留了葡萄的残留，还有用来调味和防腐的树脂痕迹。这种酒尝起来可能有些像希腊松香葡萄酒。[1] 在伊朗人迁移以及之前的时期，埃兰王国在后来称为胡齐斯坦和法尔斯行省的地区繁荣昌盛，该王国以苏萨和安善两城为中心。埃兰人说的语言与美索不达米亚人和伊朗人都不同，埃兰人受到苏美尔人、亚述人和巴比伦人的影响，并将他们的文化传承下去，影响到后来的伊朗诸王朝。埃兰人的影响超出了以往认为的与其王国有联系的地区。其中一个例子就是位于现今卡尚、被称为锡亚尔克的土丘遗址，那里有一座金字塔形的神塔——一座古代美索不达米亚神庙，显示出了埃兰人聚落的形制。这座锡亚尔克土丘神塔的年代可追溯到公元前 2900 年。

近期，其他国家基于 DNA 的研究，倾向于强调一个观点：尽管历史文献中提及征服和移民带来大规模移居甚至种族灭绝，但跨越不同时代的基因池依旧保持相对稳定。似乎作为移居者或征服者的伊朗人，与之前存在于此的民族相比，在数量上相对少数。这些民族后来使用了他们的语言并与之通婚。可能从那时起，直到今天，伊朗的统治者一直统治着一些非伊朗人的民族。从一开始，"伊朗"这一概念就包括文化和语言——以其自身的复杂形式，也包括种族和地域。

从最开始，在伊朗游牧民和半游牧民、种植谷物的农业定居者之间就一直存在着分裂（尽管是很模糊的）。伊朗是一块在气候和地理上有巨大差异的地区，包括出产农产品的地区（依靠精巧的地下水灌溉系统发展起来）。而更广大的地域是崎岖的山地和半荒漠，没有耕种的价值，只适合在每年的有限时间内放牧。游牧民在这些土地上驱赶着自己的畜群。早期的伊朗人似乎专注于牧牛。

在前现代世界里，相对于定居务农的农民而言，放牧的游牧民有许多优势。他们的财富就是自己的牲畜，这意味着他们的财富是可移动的，他们可以逃离暴力的威胁，减少损失。当然，其他的游牧民会攻击他们，但务农的农民更容易受到攻击。如果是在收获时节受到暴力的威胁，那么农民只能眼睁睁看着自己一整年劳作的成果白白损失，并因此陷入贫困的境地。在和平时代，游牧民乐于用肉类和羊毛交易农民的谷物和其他作物，但除了纯粹经济意义上的交易，游牧民总是可以选择直接使用强力。从说印欧语的伊朗牧民最初进入伊朗高原开始，直到 20 世纪，游牧民一直占据上风。

在这种环境下，一种贡物体系——20 世纪的黑手党称之为"保护"——发展出来。农民支付他们收成的一部分以保全自身。从另一个视角来看，再加上一些微妙的表象和传统因素，这个体系也可以被称作政府税收。历史上大多数伊朗统治者都源自游牧部落（包括一些跟随后来的移民浪潮到来的非伊朗游牧民），并且游牧民与定居者之间的敌意一直持续到现代。定居居民（尤其是后来，当城镇与城市发展起来之后）认为他们自身更文明，摒弃了暴力，言行举止也相对更有教养。但游牧民认为定居者软弱而狡诈，反而认为自己强悍、坚韧、自食其力，展现出了一种粗犷质朴之风。双方这种脸谱化的描述中都有一些真实的成分，但早期伊朗的统治精英尤其倾向于后者。

米底人与波斯人

这些说伊朗语的人在公元前 1000 年以前迁入伊朗及其周边地区，他们并不是单一的部落或族群。随着时间的推移，他们的一些后代成为我们所知的米底人和波斯人，但也有帕提亚人、粟特人以及其他民族，他们的名字来自后来他们自己所写的历史，并为我们所知。甚至米底人和波斯人的称呼也是一些不同部落组成的同盟和联邦合并后的简称。

从一开始，米底人和波斯人就在史料中被一并提及，这显示了二者从非常早期的历史开始就有密切的关系。他们是在公元前 836 年一则亚述人的记录中被首次提及。这份记录描述了亚述国王撒缦以色三世和他的几位继任者向扎格罗斯山区发动的一次军事扩张作战，这次出征向东远达达玛万德山——厄尔布尔士山脉中一座高大的死火山。他们留下的记录将米底人和波斯人列为纳贡者——向强大的亚述人纳贡。米底人的核心领地位于西北部，即现在的阿塞拜疆、库尔德斯坦、哈马丹、德黑兰等国和地区。在米底人位于扎格罗斯山以南的领地上，亚述人将自己遇到的波斯人称为"帕苏阿什"。从那时起波斯人就被认作"帕尔斯"或"法尔斯"。[2]

但是，不到一个世纪，米底人和波斯人就开始了反击——进攻亚述人的领地。希罗多德后来在公元前 5 世纪记录的传统中提到了米底人的国王，将他们称为戴奥凯斯和奇阿克萨，而他们在亚述人的记录中称作戴奥库和乌亚克萨塔；还有一位波斯人的国王，其名为阿契美尼斯，亚述人称之为哈卡马尼什。公元前 700 年，米底人在斯基泰部族的帮助之下，建立起了一个独立的国家，后来发展成为第一个伊朗人的帝国。公元前 612 年，米底人摧毁了亚述人的首都尼尼微（毗邻现代底格里斯河畔的摩苏尔）。米底帝国在其顶峰时，从小亚细亚延伸至兴都库什山脉，南临波斯湾，将波斯人还有其他许多臣服的民族作为附庸统治。

微笑的先知

但在伊朗人和他们的国王被提及之前，还有一位重要的历史人物——琐罗亚斯德或称查拉图斯特拉（现代波斯语称之为琐罗亚斯德）。一般认为，琐罗亚斯德真实存在过，不只是一个神话或传说中的人物。他的生卒日期不可考，专家们对他存世的时间也莫衷一是。较之耶稣、穆罕默德，甚至摩西，琐罗亚斯德是一个更加模糊的人物。人们对他的生平知之甚少。最可靠的证据显示他生活在东北部，即后来称为大夏以及阿富汗的地区。但另一个传统的观点认为他来自现在的阿塞拜疆——阿拉克塞斯河附近。作为一名宗教思想家和世界宗教史中的一个关键人物，琐罗亚斯德和其他几位先知处于同等重要的地位。但出于种种原因，他的生平晦暗不明，也很难确立他学说的重要地位。琐罗亚斯德教的文献（著名的《阿维斯塔》）是了解这二者的主要资料，据我们所知，这部经典写成的时间是在晚得多的萨珊王朝时期。[3] 其中，与琐罗亚斯德有关的故事不过是寓言罢了。一些故事和来自古典时代希腊和拉丁评述者提供的资料相吻合，这显示了它们真正的年代。例如，有个故事说琐罗亚斯德还是初生婴儿时，不哭反笑。并且其宗教理论无疑是将古老的元素与后来被纳入和发展的元素结合创新的产物。

尽管琐罗亚斯德教传统上将琐罗亚斯德的出生日期定在公元前600 年左右，但现在大多数学者相信他生活的年代要更早。虽然还不能清晰地指出是何时，但有理由认为是公元前 1200—前 1000 年。正是此时或此后不久，伊朗人赶着牛群迁徙进入了伊朗高原。这一观点基于最早的文献（《伽萨》，传统上认为这是琐罗亚斯德自己吟唱的第一篇圣歌），其语言与公元前 600 年左右的书面语言显著不同。其他线索是文献中反映出田园生活的特点，也没有提及米底人或波斯人，以及他们的国王或者其他已知较晚时代的人物。

琐罗亚斯德的宗教启示似乎是在一个变革的环境下发生的。移民带来了新需求、新影响，包括一个文明面对新的邻人和新的压力时的反思。宗教是遭遇新的复杂情况所产生的结果。虽然它在一定程度上是对这种新的复杂情况的妥协，但也是希望根据新的原则进行控制的一种尝试。

另一些证据证明了这样一个观点：琐罗亚斯德不是凭空发明了一个宗教，而是他改革并简化了之前存在的宗教实践（针对传统教士们的阻力），在其中灌注了一种更为复杂的哲学神学，着重强调道德和公正。这个观点得到了早期传统的证实，该传统将书写视作外来和邪恶的，这个观点暗示伊朗人将之与闪米特人和其他民族联系起来，在迁徙几个世纪后，伊朗人生活在他们之中，并发现了自己。[4] 更能证明琐罗亚斯德改革了之前存在的宗教的是波斯语单词"div"——拉丁语和梵语中表示神的同源词——在琐罗亚斯德教的文献中，被用来称呼反对琐罗亚斯德及其追随者的一类恶魔，这表示改革中的先知至少将之前的一些神视作恶灵。[5] 与恶魔相联系的是混乱和无序，和新宗教代表的善良与正义原则相对立。在更世俗的层面，恶魔也隐身于人类和动物的疾病、坏天气和其他自然灾害之后。

琐罗亚斯德理论的核心是真理与光明的创造之神阿胡拉·马兹达与体现谎言、黑暗和邪恶的阿里曼之间的对立。[6] 这种二元论在伊朗思想中持续了数百年。现代的琐罗亚斯德教派更强调一神论，而为了使这一区别变得更加明显，许多学者将这一早期阶段的宗教称为马兹达教。另一些之前存在的神被吸纳进马兹达宗教体系中，成为天使和大天使——密特拉是尊贵的太阳神，阿娜希塔是水流与河道女神。六位永生的大天使代表动物的生命、植物的生命、金属与矿物、大地、火、水。这几位大天使的名称——如巴赫曼、奥尔迪贝赫什特、莫尔达德——留存下来成为伊朗人日历上的月份名称，甚至在伊斯兰共和国时期也是如此。阿胡拉·马兹达本尊化身为空气，与希腊的宙斯起源类似，成为天神。

现代波斯人的月份巴赫曼的名称来自马兹达教派的大天使沃胡·马纳——阿胡拉·马兹达之后的第二阶神祇，他的特征是善意，标志是牛，是阿胡拉·马兹达在自己现身之后创造的第二类存在。琐罗亚斯德教神话中创世的这一部分认为，所有良善的都是由阿胡拉·马兹达创造的，恶灵阿里曼（伴随着与六大永生者相对的六位恶灵）攻击了这些创造物，谋害了初生者，杀死了神牛沃胡·马纳，污染了水与火的纯洁元素。对于早期伊朗游牧民来说，牛的重要性体现在雕塑和阿契美尼德时期的肖像中频繁出现牛的形象，但这些形象中，许多都拥有特定的宗教意义，与沃胡·马纳有关。

阿胡拉·马兹达意为"智慧之主"。对于一神论宗教来说，二元论在解决邪恶问题上走了一条艰难的漫漫长路（世界邪恶的起源是阿里曼，阿胡拉·马兹达与之斗争以求至高地位），并且最起码从开始就允许存在强大的自由意志观念（起源于人类有必要在善良和邪恶之间选择），善产生于善行、死后审判以及天堂和地狱。一些学者提出，在几个世纪之内（公元前 600 年之前）马兹达教就发展出了救世主理论，这位救世主就是苏什扬特，他在时间终结之时神秘地诞生自一名贞女和琐罗亚斯德的受精卵。[7] 但二元论也暗含其他难题，随后就会显现出来。其中一个就是阿胡拉·马兹达和阿里曼是如何来到世间的。为了解释这一问题，后来伊朗宗教的一些信众相信创世神苏尔凡（代表时间与命运）祈求得到一个儿子，结果却得到了一对双生子。这对双生子成了阿胡拉·马兹达和阿里曼。马兹达教的这一分支被称作苏尔凡教派。

这个新宗教的特点是哲学概念或范畴人格化为神圣的存在或实体——实际上这些存在大大增加了，有点类似约翰·班扬写的《天路历程》中的角色。一个例子就是"达埃纳"的观念。根据一份较晚的文献，一个正直的人死后，一位美丽的少女会在他的灵魂中现身。她成为他一生所做善业的人格化象征，她对他说：

> 在世间，当你看到有人献身恶魔，而你开始信奉真神；当你看到有人付诸暴力和劫掠，折磨并鄙夷善人，以恶行聚集财富，而你避免以暴力和劫掠对待神之造物；你关照正直之人，欢迎他们，给予他们住所和恩惠。无论你的财富是来自周边还是远方，都取之有道。当你看到有人在进行虚伪的审判，自甘腐化，收取钱财做伪证，而你仗义执言。我就是你正义的思想、正义的言辞，举止、思想、言谈和功业中的正义。[8]

此外，"达埃纳"一词被用于表示宗教本身。马兹达教中另一个人格化的例子是定义属于每个人的五个独立实体——不仅有肉体、灵魂、精神，还有阿德梵纳卡和弗拉瓦希。阿德梵纳卡是每个人的神圣原型，与之关联的是精液和繁衍。弗拉瓦希更为生动，与之关联的是英雄的力量，守护着生命的活力（类似守护天使），并在死后收集死者的灵魂（很像日耳曼神话中的瓦尔基里）。这些以及另外一些人格化象征，预示了犹太教、基督教和伊斯兰教中的天使角色，但显然也与柏拉图主义中的形式观念有关。许多学者相信柏拉图受到了马兹达教的强烈影响。

与阿胡拉·马兹达和阿里曼并驾齐驱的是两大原则，有时转变为善良和邪恶，更确切的是真理和谎言——"阿沙"（asha）与"督伊"（druj）。这些术语在《阿维斯塔》的文本中，与正义的概念一起反复出现。它们也在存世的碑铭和西方古典文献中出现（在古波斯语中，这两个词变成了"arta"和"drauga"），用来描述伊朗人或伊朗发生的事件。在琐罗亚斯德之后的几个世纪中，在传统的马兹达教中存在各种流行和独立的派别，代表了自前琐罗亚斯德宗教而来的创新与留存，以及它们之间的各种妥协。教士阶层"马吉"（希罗多德将之记载为米底人中一个独特的部族）从琐罗亚斯德之前的时代就保留下来。和所有的教士一样，他们解释并编写教义和教仪，以实现他们自己的目的，同时对核心的口耳相传的传统保持坚定的信仰。

伊朗人与犹太人之间关系的历史，和伊朗自身的历史一样古老。大约公元前 720 年，北部以色列王国被亚述人征服后，大量的犹太人迁徙到了米底及其周边地区，组成了古老的犹太人社群，特别是在埃克巴坦那（即现今的哈马丹）。第二波流亡潮发生在公元前 600—前580 年，即尼布甲尼撒统治时期，他于公元前 586 年摧毁了所罗门圣殿，这一次犹太人被掳往巴比伦。到了公元前 6 世纪 30 年代，巴比伦处于波斯人的控制之下，此后许多犹太人得以重返家园。一些学者认为，在巴比伦流亡期间，犹太教在马兹达教的影响下发生了显著的变化（这一合乎逻辑的推论，即犹太人对马兹达教影响的可能性，似乎鲜少受到关注）。巴比伦流亡造成的伤痛从未被遗忘，并且在几个方面都标志它是犹太历史上的一个分水岭。从巴比伦返回的领导者之一是文士以斯拉，他被认为是第一个写下《律法书》（圣经最初的五卷，即摩西五经）的人。他以不同于犹太人流亡之前的方式进行书写。这就是希伯来文书写的开端。流亡后的犹太教更加重视对《律法书》和一神论的遵守。

此后数百年，在波斯帝国和希腊化统治者的先后统治下，在整个中东地区的城市里，离散的犹太人和马兹达教教众毗邻而居。[9]可以明显看出，许多宗教思想成了通行的观念，库姆兰古卷（即死海古卷）表明了一些与马兹达教相交叉的宗教概念。[10]这是一个有争议的话题，在西方学界，对马兹达教与琐罗亚斯德教的认识直到现在仍不明晰，这使得马兹达教对犹太教的影响仍未被揭示，但随着研究的深入，会有更多有意义的发现。也许，最有说服力的标志就是犹太文献中对波斯人的正面态度。

后来琐罗亚斯德教的实践，正如我们在书面经文中所见到的那样，明显与早期马兹达教的规范存在大量的矛盾。许多问题很难解决。这是一幅复杂的图景。但是，天堂与地狱、人类对于善良和邪恶的自由选择、神圣审判、天使、唯一的创世神等概念——所有这些似乎都是该宗教早期的真实特征——对随后诞生的宗教产生了巨大的影响。马兹达教——至少在这个地区——是第一个超越仪式和图腾崇拜，用神学来解决道德和哲学问题的宗教，它强调个人的选择和责任。从狭义上说，尼采是对的——琐罗亚斯德是我们所生活的道德世界的第一个创造者（《查拉图斯特拉如是说》）。

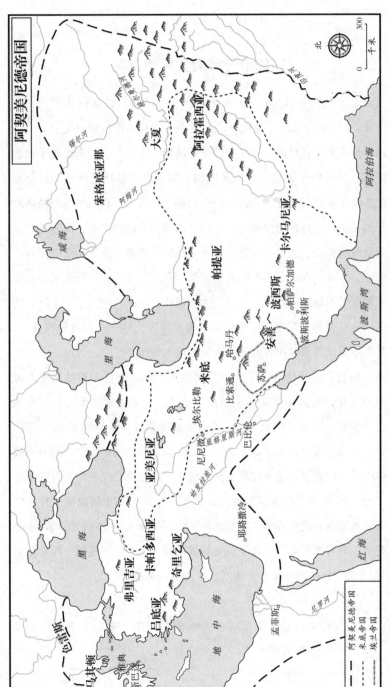

阿契美尼德帝国

* 本书中所有地图均系原书地图。

居鲁士与阿契美尼德王朝

公元前 559 年左右，一位名叫居鲁士（现代波斯语称之为"库洛什"）的波斯贵族，宣称自己是波斯王室和其先祖阿契美尼斯的后裔，他在其父死后成了安善的国王。波斯与安善在当时还臣属于米底帝国，但居鲁士领导了针对米底国王阿斯提阿格斯的反抗，在公元前 549 年占领了米底的首都埃克巴坦那。居鲁士反转了米底与波斯之间的关系：他自封为波斯国王，使波斯成为帝国的中心，而米底则成为下级合作者。但他没有就此停手。他接着征服了位于小亚细亚的吕底亚，夺取了以财富著称的克里萨斯国王的宝库。他还征服了小亚细亚剩余的土地，还有腓尼基、犹太和巴比伦尼亚，创造了一个巨大的帝国，从爱琴海东岸的希腊城邦延伸至印度河畔——在某种程度上，其疆域可能是当时世界上前所未见的最大帝国。

居鲁士的帝国继承了许多之前的埃兰人、亚述人和巴比伦人帝国的文化，尤其是书写文字和纪念造像。但除去对居鲁士过度的美化，他似乎渴求以一种与这个地区之前统治者不同的方式统治帝国。令人惊叹的碑铭记录了国王的军功，并镌刻着他们想象出来的可怖战神所给予的恩惠，这在居鲁士即位前几个世纪就已经在中东地区十分流行。19 世纪，在摩苏尔附近发现了一个八面黏土质物体（自此之后以其发现者之名称作"泰勒棱柱"），经测量长约 15 英寸、直径 5.5 英寸，刻有楔形文字。其字符最终被破译，记录了亚述国王西拿基立（公元前 705—前 681 年）的八次作战。一篇摘录如下：

> 西拿基立，伟大的王……世界之王、亚述之王、四方之王……公义的守护者、正义的追慕者，他扶持贫穷、助人所

需、举止虔敬，他是完美的英雄、强大的战士、贵胄中的翘楚，他的光辉消灭那些不肯臣服的人，以雷霆打击奸恶之徒。阿舒尔神、伟大的群山，将伟大的亲族托付给我……使我的武器强大……他令黑头发的人臣服于我的脚下；强大的诸王畏惧我的战争……

在我作战过程中，对于伯大衮、雅法、巴奈巴尔卡、阿苏鲁这些没有迅速在我脚下卑躬屈膝的城市，我将它们围攻、征服并作为战利品夺走……我迫近以革伦，杀死反抗的统治者和贵族，将他们的尸体挂在城市四周的柱子上……

至于犹太的希西家王，他不臣服于我的奴役，他修有坚固城墙的46座城邑……通过攻城器械的狂轰滥砸……我将之围攻并夺取。大约20万人，无论贵贱男女，不计其数的马、骡、驴、骆驼、牛、羊，我夺走它们作为战利品……[11]

埃及的法老庆祝他们统治和胜利的方式与这非常类似。尽管耶路撒冷的国王希西家在泰勒棱柱中呈现出受害者的形象，但圣经中一些描写以色列人和他们的神打击敌人的篇章读起来也没有很大不同。

与之相反，另一个黏土制品，大约长9英寸、直径4英寸，同样于19世纪被发现并刻有楔形文字，却讲述了一个截然不同的故事。这就是现藏于大英博物馆的居鲁士圆柱。它被发现放置在一个精心挑选的位置——在巴比伦城墙的地基之下。它被描述为古代世界的一份人权宪章，这是一种夸大和歪曲。但是圆柱传递的信息，尤其是与以斯拉和以赛亚的书卷中居鲁士的宗教政策结合来看，无疑是值得关注的。圆柱的序言带有王者之气，十分得体：

> 吾乃居鲁士，世界之王，伟大的王，合法的王，巴比伦之
> 王，苏美尔与阿卡德之王，四方（大地）之王，伟大的王、安
> 善之王冈比西斯之子，伟大的王、安善之王居鲁士之孙，伟
> 大的王、安善之王泰斯帕斯的后裔，出身永远行使王权的
> 家族……

接着描述了巴比伦之神马尔杜克对他的喜爱：

> 当我作为友人进入巴比伦之时，当我在欢呼庆祝之中、在
> 统治者的官殿中确立了统治之位时，马尔杜克，伟大的主，
> 指引着宽宏大量的巴比伦居民爱戴我，我也每日尽心竭力地崇拜
> 他。我数量众多的军队在巴比伦周围安然行军，我不允许任何
> 人在苏美尔和阿卡德的任何地方实行恐怖统治。我在巴比伦和
> 所有其他的圣城中都致力于和平……

结尾是：

> 至于统治范围……远及亚述城和苏萨、阿卡德城、埃什努
> 那、扎姆班的城镇、梅-图尔努、德尔，还有古提人居住的地区。
> 底格里斯河对岸的圣殿化为废墟已经多时。我为他们设立永久的
> 圣殿并重修神像。我也曾召集它们以前的居民，将住所归还给他
> 们。我又听从伟大的主马尔杜克的命令，将那波尼都斯因众神之
> 怒带到巴比伦的苏美尔和阿卡德众神安然无恙地安置在他们从前
> 所居住的礼堂之中，就是那些令他们快乐的地方。[12]

和西拿基立自豪的宣称一样，这是宣传——却是不同类型的宣传。它以另一个不同的角度和价值观展示了居鲁士。居鲁士选择向巴比伦之神马尔杜克表示敬意。如果居鲁士是以武力征服巴比伦，情况可能就会不同。他是在其居民反抗巴比伦末代君王那波尼都斯之后，几乎未遭受抵抗，长驱直入城中（公元前 539 年）。居鲁士是一个冷酷无情、雄心勃勃的人，征服一个帝国的人，无不是最大程度拥有这些特性。但我们知道他也允许犹太人有信仰自由。居鲁士和他的继任者允许他们结束流亡重返家园，重建耶路撒冷圣殿。因为这些举动，他们在犹太人经书记载的非犹太君王中被赋予了独特的地位。

只从治国理政的逻辑来看，让臣民随心所欲地处理自己的事务和信仰，从长远来看可能更具可持续性。但这个政策必须为伊朗精英所接受，包括教士——马吉。抛开居鲁士个人信仰的问题不谈（因为对此我们并不清楚），我们有理由相信，在这个政策中能够看到琐罗亚斯德教中充满的那种真挚与公正的道德精神。背后这些价值的存在，有助于解释为什么较之西拿基立军国主义式的震怒和自大，居鲁士圆柱表达了如此不同的话语。旧的回应是恐怖与大棒，而波斯帝国要以一种更为进步、更加宽容的精神来运作。再一次遭遇了错综复杂的事物，接受了它，并做出了回应。这是一种新生事物。

不幸的是，根据希罗多德的记载，居鲁士并没有像他生前那样荣耀地结束自己的生命。征服了西部后，他转而向里海以东作战。根据一份记载，他被马萨格泰女王托米莉丝在战场上击败并杀死，这是另一个伊朗部族，他们像斯基泰人一样主要在马背上作战。

马萨格泰人让人很感兴趣，因为他们似乎保留了一些古老的伊朗习俗，这可能有助于了解阿契美尼德王朝统治下波斯社会中女性的地位。在希罗多德著作（Book 1: 216）中有一些迹象表明，马萨格泰人显示出一些母系和一妻多夫社会的特征，其中女性有若干配偶或性伴侣，但男性只有一个。帕特里夏·克龙曾提出，男性表面上拥有女性，这种特征随后于5世纪马兹达克教派*，以及伊斯兰征服后胡拉米派**的运动中得以再次出现。[13] 马兹达克教派实际上允许，一个没有生育能力的男性可以把自己的妻子暂时给予他人，以求得子女；同时允许近亲结婚。总体而言，波斯社会似乎和中东其他地区一样，倾向于限制女性的地位。王室和贵族的女性也许能够有权拥有自己的财富，甚至偶尔还能发挥一些政治影响。但这似乎只是一个由于较高社会地位而造成的例外，而不是流行于社会中的广泛做法。[14]

居鲁士的遗体被带回波斯，回到他的首都帕萨尔加德，安息在那里的陵墓中。这个陵墓仍然可见（但其墓中物件早已遗失），庄严简朴，并不堂皇——一个凸起的台阶基座上一座小房子大小的墓室。这座陵墓的葬俗引发了关于居鲁士和其他阿契美尼德君王宗教信仰的问题。他的许多继任者都以另一种不同的形制安置自己的陵墓——崖壁半腰的石质陵墓。陵墓葬俗后来受到琐罗亚斯德教的强烈谴责，他们认为用死者的尸体污染大地是一种亵渎。相反，他们将死者暴露在所谓的"寂静之塔"中，供给鸟兽分食。如果阿契美尼德君王允许使用这样的陵墓葬俗，那么他们真的是琐罗亚斯德教徒吗？

对于这种矛盾，有些人解释为，伊朗社会的不同阶层遵循不同的信仰——实际上就是不同的宗教。据我们所知，当时在马兹达教的广泛传播范围之内，还有多种重要的信仰。但似乎这种多样性更

---

* 以其领导者琐罗亚斯德教教士马兹达克得名的教派。旨在建立财产共有、以社会福祉为目标的社会。——译者

** 以其领导者胡拉姆丁得名，于9世纪初在伊朗西北部发动起义，反抗阿拉伯哈里发达20年之久，837年遭到镇压。——译者

多是社会纵向的而不是横向的——更多的是一个地理与部族的问题，而不是社会阶层的问题。可能一种更早的、前琐罗亚斯德的丧葬传统依旧存在，而升高所有王室墓葬的位置则是一种妥协。在天堂和大地的半途之间——这本身就是一个强烈的寓示。居鲁士墓葬的周围坐落着一座乐园（paradise）——一座以灌溉渠道浇灌的花园（英语中"paradise"一词来自古波斯语"paradaida"，经由希腊人传入，意为一座有围墙的花园）。马吉教士们看守陵墓，每月供奉一匹马以祭奠居鲁士。[15]

居鲁士曾是一位征服者，但他是一位有想象力和远见的征服者。他至少是一位和其他征服者一样的杰出人物，亚历山大的功业终结了阿契美尼德时代，而这个时代是由居鲁士开启的。也许，年轻的居鲁士也有像教导亚历山大的亚里士多德那样的马兹达教导师。

宗教叛乱

居鲁士之位由他的儿子冈比西斯继承。他征服埃及，扩大了帝国版图，但很快也获得了严酷之名。他出人意料地死于公元前522年，根据一则史料，他死于自杀——在他收到帝国核心的波斯地区叛乱的消息之后。

接下来发生的事件，被记录在了一幅宏伟的岩石浮雕中，这块岩石位于伊朗西部的比索通，距离克尔曼沙阿大约20英里，在通往哈马丹的主干道上。根据雕刻的文字（以古波斯文、埃兰文、巴比伦文雕刻），叛乱是由一位叫高墨达的马吉领导的，他伪称自己是冈比西斯的弟弟巴尔迪亚。希罗多德给了我们一个类似的文本，他说冈比西斯几年前谋害了真正的巴尔迪亚。高墨达领导的叛乱似乎是由对社会和财政问题的不满引起的，因为他获取民心的手段之一就是下令三年免税。另一个手段是结束军队征兵。[16] 在居鲁士与冈比西斯的统治下，数十年的对外战争花费积累了太多压力。但高墨达也强烈显示出对宗教的不宽容，他摧毁了自己不认可教派的庙宇。

一场由一位具有超凡魅力的教士所领导的伊朗革命，从一个残暴的君主手中夺取权力，维护正统宗教，打击伪信徒，从对经济的不满中获得支持——听起来多么现代啊！但几个月后高墨达就死了，被大流士及其一小群波斯同盟者所杀，这听起来更像是一次暗杀。

比索通的浮雕是在大流士的命令下制作的，体现了他对这一事件的看法，在他自立为王，叛乱也被镇压之后完成。浮雕本身也说明，同一文本复制后在帝国境内散布。这是一场多么大的叛乱啊——巴比伦城叛乱了两次，大流士声称他一年之内打了 19 场战役。这确实是一连串的叛乱，除了东部少数省份以外，几乎波及整个帝国。比索通的浮雕以一排被击败的俘虏表明了这一点，每一个俘虏都代表一个不同的民族或者不同的地域。无论叛乱的本质和起因是什么，这都不是一次只影响少数精英的简单宫廷政变。这是伊朗历史上发生的多次宗教革命或未遂革命中的第一个。而且，这绝不是一件容易做到的事情。

比索通被大流士选作石刻地点，是因为其较高的地位，可能是它和宗教相联系，靠近他及其同伴杀死高墨达 / 巴尔迪亚的地方。比索通的遗迹本身就是一座伊朗历史的博物馆。除了大流士的石刻遗迹，那里还有 4 万年前尼安德特人使用过的洞穴，他们之后又有数代人继续使用这些洞穴。在这些遗迹和纪念碑中，有一尊倾斜的赫拉克勒斯石刻，来自塞琉古时期；一座描绘帕提亚人火崇拜的雕刻；一座萨珊时期的桥；一些自蒙古时期遗留下来的建筑遗迹；一座 17 世

纪的商队驿站；不远处是一些可以追溯到 18 世纪纳迪尔沙阿时期的
要塞。

许多历史学家对伪巴尔迪亚的故事存疑。比索通石刻是同时期
的史料，但它显然只是有目的的解释，证明大流士即位的合法化。这
得到了希罗多德和其他希腊作家的证实，但他们是后来的写作者，而
不同的记录被清除后，他们自然也接受了官方对这一事件的观点。大
流士并不是王位的天然继承者，他的血统来自阿契美尼德王室家族
一个庶出的分支，甚至在这一谱系中，他也不是最杰出的——他的
父亲还在世。在真人死后仅三四年，一个马吉教士就能冒充王室王子
吗？难道不是更应该怀疑大流士通过声称对手是冒名顶替者，来败坏
他们的名声吗？

如果故事是伪造的，大流士对这一事件的描述肯定是厚颜无耻
的。在比索通铭文中，反叛的领导人被称作谎言之王，而大流士诉诸
宗教感情和马兹达教中对"阿沙"和"督伊"的信仰，他声称：

> ……无论今后何人为王，你，都要防范谎言。若有人追随
> 谎言，就要严厉地惩罚他……

以及，

> ……阿胡拉·马兹达和其他诸神帮助我，因为我没有不忠，
> 我不追随谎言，我不作恶，我和我的家族都如此，我按照正义
> 行事，无论对弱者还是强者，我都不做错事……

再次，

> 这就是我所做的，我所行的是阿胡拉·马兹达的恩典。无
> 论今后谁阅读这一铭文，都会相信我所做的。你不可将之视作
> 谎言。

可能大流士申辩得太多了，另一处遗迹的碑铭以大流士的口吻
写道：

> 得阿胡拉·马兹达恩宠的我，是这样一个人，我是真理之
> 友而不是谬误之友。弱者受强者的欺凌绝不是我之所求；同样
> 强者也不该受弱者误解。真理，方是我所求。我不是追随谎言
> 之人的朋友……作为一名骑手，我是好的骑手。作为一名弓手，
> 我不论徒步还是在马背之上都是好弓手……[17]

这篇文字的后半部分，尽管是从最初的文本精简而来，但与希罗
多德和其他希腊作家经典的话语相呼应，即波斯年轻人接受的教育是
骑马、射箭、说真话。大流士竭尽所能激发自己臣民的认可。即使有
人怀疑大流士即位的故事，怀疑来自比索通的证据和他另一些自证清
白的铭文，以及冈比西斯死后一系列密集战役中双方对于宗教的使用，
尽管如此，他的地位依旧成立。这是一个对当时马兹达教强大作用的
有力证明。甚至，即使是宗教革命的镇压者也必须以宗教话语为他们
的行为辩护。虽然大流士最终取得了最高统治权，但这一铭文也给我
们一种强烈的感受，那就是他自己也不得不服从于一个关于正义、真
理和谎言的强大思想观念体系。这是伊朗人和马兹达教徒的特殊之处。

重建帝国

大流士对自己统治正统化的努力并没有止于此。他在自己的波斯故土建立了一座恢宏的宫殿——后来希腊人称此地为波斯波利斯（波斯人之城），离开了先前居鲁士设立的首都帕萨尔加德，重新开始。波斯波利斯如此宏大，以至于一位现代游客会在倾倒的石柱和宫殿被焚毁时倒塌在地上的巨大双头柱之间茫然彷徨，发现很难找到方向，更不用说弄清它的意义了。宫殿的恢宏是为了进一步维持大流士的威严及其统治的合法性。但它转而创造了一种持续的传统，那就是一种宏大王权的神秘感，要不是最初对他即位的怀疑，就不会有这种神秘感。波斯波利斯的一份献祭铭文再次重复了这一主题：

愿阿胡拉·马兹达保佑这片土地远离敌军、饥荒和谎言。

纳贡与臣服的主题也在比索通不断出现。摩肩接踵的人代表来自全帝国的臣民，他们列队展现自己，他们的身影被凝固在岩石遗迹之中。位于波斯波利斯的巨大宫殿群的用途还不得而知，可能是作为春分时举行庆典和仪式的一个场所，这一天是波斯新年（在每年的 3 月 21 日或之后几天庆祝）。雕塑中描绘的抬着贡品的队列，表明此地是来自各省的人表达敬意和忠诚的地方。无论波斯波利斯为何如此宏伟，它从来都不是帝国主要且持久的都城。都城在埃兰人的旧都苏萨。

这里再一次表现出波斯人政治体制的交融性。居鲁士曾和米底的王室家族关系密切，米底人在帝国曾经拥有波斯人的首要合作者这一特殊地位，但埃兰人同样具有重要的核心地位，不只是因为其语言被用于行政管理和纪念碑铭。这是一个总是影响周边并吸纳其强劲对手的帝国，而不只是与其对抗，在战场上将之击败并强迫它们臣服。在大流士和随后的阿契美尼德统治者的治下仍然继续施行居鲁士的指导原则。

大流士的统治实际上可以被视作阿契美尼德帝国的重建。这个帝国原本有可能在冈比西斯死后的动乱中彻底崩溃。但大流士保留了居鲁士的宽容传统，允许像之前一样崇拜多种神灵。他也保留了权力下放原则。各省由总督统治，并向中央缴纳贡品（类似于殖民总督，另有两位官员处理军事事务，管理财政，以避免权力集中在某一人手中）。总督经常从同一家族的前辈那里继承职位，根据之前的法律、习俗和传统，统治他们的省份。他们实际上是每个省的国王，而大流士是众王之王（现代波斯语称之为"Shahanshah"）。帝国并没有像后来罗马帝国寻求的"罗马化"一样，将"波斯化"作为一种政策。

宗教的确定性，它们所支撑的崇高正义的原则，以及王权的崇高威望，是联系如群星般散落的民族、语言和文化的纽带。一个复杂的帝国就这样被接受了，并受到控制原则的控制。大流士建立的体制起到了作用，证明了它的张力，并经受住了考验。

在波斯波利斯发掘出土的泥板文书，反映出大流士构建体制的复杂性和行政管理的精细程度。尽管大流士确立了标准化的金币，同时一些支付是以银币完成的，但支付体系的运作更多依靠以物易物。它们由中央估价、分配、统计到账。国家的官吏俸禄以固定数量的酒、谷物或牲畜支付，甚至王室家族的成员也以同样的方式接受俸禄。波斯波利斯的官员受命在其他地区以实物征税，随后以在同一地区收取的实物进行支付。信使被授予泥板文书，用来在王室大道沿途的驿站获得供给，这样他们就能为自己和牲畜获得食宿。这些记录实物支付的泥板只使用了相当有限的时间（公元前 509—前 494 年）。
它们的数量有几千，据估计，为超过 1.5 万人在 100 多处不同的地方
提供过供给。[18]

值得注意的是这些泥板以埃兰文写成，而不是波斯文。我们从
其他史料得知，帝国的主要行政语言既不是波斯语也不是埃兰语，而
是阿拉米语——美索不达米亚、叙利亚、巴勒斯坦等地区的一种闪
米特通用语。比索通铭文直接使用书面波斯文是一种革新，这是根据
大流士自己出于特定目的的命令而使用的。他和其他阿契美尼德的统
治者可能不允许在他们的纪念碑铭以外，存有对事件的其他记录，但
这都是伊朗人厌恶书写的强烈反映，我们在马兹达教之前就已经遇
到，这解释了一种明显的异常——阿契美尼德时期波斯人历史写作
的缺失。可能历史学家做了记录，写下了诗歌，其他类型的文字也曾
经存在，它们只是后来消失了。但之后的波斯文学和一个书吏阶层有
密切的联系。实际上，在阿契美尼德体制中，书吏书写他们自己的记
录，而官方则以另一种语言记录，但这一事实表明这两者都不是文
学。阿契美尼德帝国时期不存在波斯人的史书，因为波斯人的统治阶
层（马吉）把书写视作一种罪恶，或者（国王和贵族）将之与下层人
联系起来——或者这两种情况兼而有之。他们骑马、射箭、讲真话，
但不去书写。

这就是说，没有类似埃及、赫梯或亚述帝国那样的历史记载留
存下来。更确切地说，在公元前 5 世纪的情境下，希腊人的历史写作
创新是一种反常。

对远隔重重时光的我们而言，书面材料司空见惯，到处都是，
日常生活以获取金钱和消费为主，而一个在很大程度上没有文字，大
部分情况下基于物物交易而非现金的人类体系，似乎是很原始的。但

人类历史的发展不是线性的。我们不能将像马兹达教这样口耳相传的精妙文化，视作不可靠、有缺陷或者倒退，是我们已经超越了的事物。波斯人并不是在以错误的方法进行愚蠢的尝试，去做一些我们现在以较好的方式无疑做得更好的事情。他们在做一些不同的事情，并逐渐发展出了复杂和精妙的方式，并在实际中做得非常好，而我们的文明已经将之遗忘了。为了理解其中的事实，我们必须要撇开通常的思维范畴，尽管对天使、审判日、天堂和地狱、道德选择等概念很熟悉。阿契美尼德王朝是一个思想的帝国，但它拥有的是一种不同的思想。

帝国与希腊人

总体而言，大流士的统治是一种稳固的复兴，而不是居鲁士和冈比西斯所追求的那种征服的统治。但大流士在公元前 512 年向欧洲发动了战争，去征服色雷斯和马其顿，直到他生命的结束。而在小亚细亚爱琴海沿岸的希腊爱奥尼亚人发起反抗之后，他的继承人发动了与希腊雅典人的战争，以公元前 490 年波斯人在马拉松战役中被击败而告终。希腊人称之为波斯战争，其造成的阴影影响了我们对于阿契美尼德帝国的看法，或许还影响了我们对于波斯、伊朗和整个东方的看法。从波斯人的观点来看，更重要的事件是公元前 486 年在埃及的叛乱。大流士在平定此事前就去世了。

希腊人对于波斯人及其帝国的标准看法很复杂，而且相当矛盾。希腊人像对待大多数非希腊人一样，将波斯人视为野蛮人（"barbarian" 一词被认为是来自对波斯人说话方式的轻蔑模仿——"ba-ba"），因而他们是无知且落后的。希腊人意识到波斯人拥有一个伟大、强盛且富庶的帝国，但以他们的观念来看，这个帝国处于暴政之下，庸俗而虚浮，腐朽不堪。在此，我们不禁想起当代法国人对于美国的看法。也许，用一种简单的怨恨或嫉妒能更好地解释希腊人的观点：是波斯人而不是希腊人统治了已知世界的绝大部分。

这只是希腊人对于波斯人的嘲讽，并不是像柏拉图那样的人，或者那些为波斯人工作，在不同时期成为波斯人盟友的希腊人的态度（至少是公开的）。[19] 希腊人也是具有开拓性的印欧血统的民族中一个帝国主义或者至少说殖民主义的文明。或者说，波斯人与希腊人之间的敌意，既与他们之间的相似之处有关，亦与不同之处有关。但与波斯人不同的是，希腊人不是一个单一、统一的力量。它们由许多互为对手的城邦国家构成，影响力基于海洋而不是大陆。除了之前腓尼基人殖民过的区域，希腊人已经几乎在地中海的所有沿岸地区建立了殖民地，包括后来成为西班牙塔拉戈纳、法国马赛、利比亚昔兰尼加的地区，以及西西里岛的大部分和意大利南部。他们在黑海沿岸也做了同样的事。和波斯人不同，他们的扩张基于实际定居，而不是在远方控制当地的民族。

正如波斯人出现在希腊戏剧中和陶瓶上一样，也有一些例子显示了希腊人在波斯人心中的形象。有刻绘了希腊人用矛刺杀倒下或斜卧的波斯人的陶瓶，同样也有雕刻了波斯人刺杀或用乱箭射死希腊人的圆柱印章。[20] 但坦白地说，波斯人对于希腊人的影响，比希腊人对于波斯人的影响更大，起码一开始是这样。波斯人的势力在小亚细亚控制了像米利都和福西亚这样重要的希腊城市——它们距离雅典和科林斯只有几个小时的航程，还有博斯普鲁斯海峡靠欧洲一侧的哈尔基季基半岛和马其顿地区。相比之下，在波斯波利斯、苏萨、哈马丹，希腊人似乎距离这些地方有半个世界之遥，而在帝国其他地区——如埃及、巴比伦尼亚和大夏——发生的事件，同样或者甚至更为重要。

大流士之位由他的儿子薛西斯继承。历史记载中，对薛西斯统治的定位是发动大规模远征，惩罚雅典及其盟友对爱奥尼亚人反叛的支持。但对薛西斯自己来说，至少同样重要的是他成功地在埃及和巴比伦重新掌权，在巴比伦他镇压了一次叛乱，并摧毁了居鲁士曾经重建的马尔杜克神庙。据信（以希罗多德为权威），薛西斯在公元前480年进攻雅典时，率领了200万人的军队。他的军队在温泉关扫荡了断后的斯巴达人，在历经苦战，留下许多波斯士兵的尸体之后，杀死了斯巴达国王列奥尼达。随后，薛西斯的军队攻占了雅典，他强悍的战士掠夺了雅典卫城，并将之焚毁。但他的舰队在萨拉米斯被击败，这使他的陆军缺乏补给，不堪一击。之后薛西斯撤回了他在小亚细亚的基地萨迪斯，次年他的军队在普拉蒂亚和米卡勒遭受了进一步的失败。波斯人被击败的影响之一是失去了对博斯普鲁斯海峡靠欧洲一侧的马其顿和色雷斯的掌控，这为后来马其顿的崛起创造了条件。

薛西斯的儿子亚达薛西在公元前465年继承了他的王位，统治了约有40年。波斯波利斯的建设工作在他们二人统治期间继续进行，也是在这两位国王统治下，许多巴比伦尼亚的犹太人在以斯拉和尼希米的领导下返回了耶路撒冷。尼希米是亚达薛西在苏萨的宫廷侍酒，而且以斯拉和尼希米在重建耶路撒冷之后，返回了波斯宫廷。在以斯拉和尼希米的传记中，波斯君主被赋予了一个不同的形象，与希腊记述中不那么讨人喜欢的形象形成了对比。

波斯人与希腊人之间的战争持续了一段时间，双方最终在公元前449年签订了《卡利亚斯和约》，但之后在毁灭性的伯罗奔尼撒战争中，波斯人支持斯巴达对抗雅典。这些冲突耗尽了相对来说更为古老的希腊城邦的力量，为马其顿的霸权铺平了道路。亚达薛西死后，宫廷阴谋导致了几位国王和篡位者相继被谋杀。在亚达薛西二世统治时期（公元前 404—前 359 年），他发动了对希腊人的进一步战争。埃及人不断发动叛乱，总督辖区保持独立，直到公元前 343 年，即亚达薛西三世时期，波斯人才恢复了统治。但随后，维齐尔或称首席大臣的巴高斯精心策划了一场致命的宫廷阴谋，这导致了亚达薛西三世和他的儿子阿西斯双双死去。公元前 336 年，大流士三世即位。

在居鲁士到大流士三世超过 200 年的统治中，伊朗人的生活方式一定发生了巨大的变化。社会变化的一个标志就是他们军队的构成。在薛西斯入侵希腊之前，大量的米底人和波斯人是徒步作战的，但到了大流士三世时期，军队的主力是大量的骑兵。这给人的印象是，帝国的财富已经能够让伊朗的军事阶层分散在帝国各地，并装备马匹，从而改变了波斯人战争的性质。似乎还有一个经过深思熟虑的军事守卫和军事殖民政策，在小亚细亚尤其明显。根据希罗多德记载，居鲁士曾经警告说，如果波斯人堕落到居住在平原的肥沃土地上（可能他脑中特别所想的是巴比伦尼亚），他们会变得软弱，不能守卫自己的帝国。这恰巧指出了究竟发生了什么。情况可能多少与之相反，到大流士三世时期，税已经涨得太高，伊朗人的预期也提高了，他们变得贫穷而堕落。但不论他们确切的本性是什么样的，根本的改变已经发生，伊朗的军事和社会模式已经开始接近后来的帕提亚和萨珊帝国。

马其顿人——奇异之果

马其顿人是谁？一些人曾经推测他们不是真正的希腊人，而和色雷斯人关系更近。或者说，他们源自其他巴尔干民族，受到了到来的印欧民族希腊人的影响。他们在腓力和亚历山大时期受到了希腊的强烈影响，但直到后期，马其顿人都将自己与跟随亚历山大东征的希腊人严格区分开来。公元前 5 世纪，马其顿人和其他非希腊人一样，很自然地被排除在奥林匹克运动会之外。但波斯人称他们为"戴帽子的希腊人"（他们以宽檐帽著称），希罗多德似乎接受他们起源于希腊人的说法。就像居鲁士时期的米底人、波斯人和许多其他来自山地和沿海地区的好战民族一样，马其顿人有很强的集体优越感，但他们内部也有很多私人恩怨，他们出了名地难管。

在古典世界，很少有比马其顿的腓力与他的儿子亚历山大还更为出名的故事了。父亲对儿子成功的重要性经常被人忽视，因为人们更为偏好后者所取得的传奇胜利。腓力大约出生在公元前 380 年，公元前 359 年成为马其顿国王，并立即着手扩张自己的王国。对马其顿人的成功做出至关重要贡献的是，他创建了一种经受严格训练的新式步兵军团，他们装备的枪矛长度超过当时希腊人惯常使用的。凭借这一有利条件，他的军队所向披靡，超越了传统的重装步兵。成为希腊北部和色雷斯地区的最强力量后，公元前 338 年在喀罗尼亚战役中，腓力击败了雅典和底比斯联军，随后建立了科林斯同盟，确立了马其顿的霸权，并且实际上终结了除斯巴达以外其他希腊城邦国家的独立状态。当腓力要求斯巴达人臣服时，扬言他要兵临斯巴达，毁坏他们的农田，杀死他们的民众，摧毁他们的城市，斯巴达人回复道："请。"腓力和他的儿子决定放过斯巴达，可能是他们不想重蹈温泉关战役的覆辙。

总之，腓力有其他计划——入侵波斯帝国。他的准备相当公开，通过泛希腊的话语将入侵合法化，他不断提及公元前 480 年波斯人入侵时摧毁了雅典的神庙。但在公元前 336 年腓力能够将其计划付诸实施之时，他被谋杀了。关于谋杀的真实情况模糊不清，众说纷纭，有些情况表明亚历山大和他的母亲奥林匹娅丝牵涉其中，但也可能是波斯人策划了谋杀。

亚历山大继承了父亲留下的事业，他巩固了自己在希腊的权威，迅速镇压了底比斯的叛乱，随后，在公元前 334 年渡海进入小亚细亚。他在格拉尼库斯河附近（靠近达达尼尔海峡）击败了一支波斯军队，征服了爱奥尼亚海岸的城镇——包括位于萨迪斯的波斯统治中心，然后挥师东进。接下来的一年，他在伊苏斯（靠近现代叙利亚和土耳其边境的地中海海岸）战役中击败了大流士，身先士卒，带领自己的"王伴骑兵"发动了决定性的进攻。亚历山大随后挥师南下，夺取了沿海的城市，征服了埃及，建立了亚历山大港。之后再次东进，公元前 331 年，在第三次战役中，于现今伊拉克库尔德斯坦的摩苏尔和伊尔比尔附近的高加米拉，亚历山大击败了大流士。大流士逃离了战场，不久被大夏总督拜苏斯所杀。

此处我们不考虑亚历山大领导战争的细节，但他的军事才华说明了一些可能乍一看有违直觉的认知——最高级军事天赋中女性的一面。成功的高级统帅与诸如使用蛮力、虚张声势、大男子主义、自负甚至是勇气之类的男性特质几乎或完全无关，除非有必要不时向军队宣传这些以激励士气。相反，它与人们可能认为更为女性化的特质有关——感性、敏锐、直觉，把握时机，迂回前进，冷静分析强弱的能力（基于一种直觉，利用真实的信息，理解对手可能的举动），避免与强者对抗，使之迷惑，伺机徘徊，汲取力量，在合适的时机出其不意对其弱点进行精确打击。军事史一次又一次表明，在统帅层面，可预测的男性行为表现在正面进攻、单纯依赖强力上，往好了说是一种不利因素，往坏了说是指挥层级的灾难性浪费。按照一种精妙或称为女性气质的方式，军事力量才能发挥最大效用。不要将此简单地与亚历山大的双性恋倾向联系在一起，他对战争的指挥很好地证明了这一点。

亚历山大继续向巴比伦、苏萨行军，最终到达了波斯波利斯。公元前 330 年，在长达数周甚至数月的狂欢之后，他将之焚毁。有个故事说军中有一个妓女名为泰依丝，她在亚历山大酒醉之际劝说他摧毁宫殿，以报薛西斯焚毁雅典卫城之仇，并且自己扔出了第一支火把。但这次破坏行动很可能是一场精心策划的政治行动，表明阿契美尼德王朝已经成为过往。尽管摧毁了波斯波利斯，但至少自高加米拉战役以来，亚历山大更多将自己塑造为阿契美尼德王朝的继承者而不是希腊复仇者。[21] 从此以后，他表现出遵循一种审慎的波斯化政策，鼓励他的战士与当地女性结婚，并在殖民点定居。他自己也迎娶了几位波斯公主，包括大流士三世的女儿斯塔蒂拉，还有后来大夏的奥克夏特斯的女儿罗克珊娜（她的名字与现代波斯语单词"roshan"同源，意为"光明"）。亚历山大继续作战，深入之前帝国最遥远的地区，扫除一切抵抗，此外他还进入了现在印度的旁遮普地区。但他的军队逐渐厌倦了无休止的战争，对他所认为的波斯优先政策感到不满。

亚历山大于公元前 323 年死于巴比伦，可能是一场宴会酗酒后导致的自然死亡。他的帝国由何人继承还不明确，其结果是他的将军们进行了一系列战争，瓜分了他所征服之地。此时，马其顿人的凶残和任性完全显露了出来。亚历山大的秘书卡迪亚的欧迈尼斯曾一度重新统一了分裂势力，支持亚历山大与罗克珊娜所生的遗腹子。但其他将士并不喜欢欧迈尼斯，因为他是希腊人，而且是个学者。公元前316 年，他遭到了背叛并被杀害。几年后，罗克珊娜和亚历山大的儿子也被谋害。

　　尽管亚历山大英年早逝，但他的目的——促使波斯与希腊之间的交互影响，并建立一个东西方融合的文明——实现到了一个惊人的程度。但这个目的最终还是未能彻底实现。亚历山大死后，在超过一个世纪的时间里，波斯由塞琉古的后代统治，塞琉古是亚历山大的一位将领，希腊的影响从此持续存在。但在塞琉古时期，君王的统治方式更像波斯式的，而非希腊式的。这可以从统治埃及的托勒密王朝那里得到证明。当罗马崛起并统治整个地中海盆地时，罗马帝国分裂成希腊化的东部和拉丁化的西部，但东部希腊的风格表现出受到已灭亡的阿契美尼德帝国的影响，建立帝国的雄心壮志转而影响了从庞培到埃拉伽巴路斯的罗马人。

　　尽管伊朗人臣服于外来的统治——这在他们历史上不是最后一次，但希腊的影响流于表面，并最终成为过往，只在前希腊军人建立的殖民点有所留存。马兹达教的信仰依旧存在且愈发坚定，成为反抗希腊人以及缅怀亚历山大的焦点。

　　一般认为，关于亚历山大及其生平的历史描述是有失偏颇的，主要是由一些怀着敬畏之情的作家进行的二手记录。它们都是西方的描述。尽管东方的描述中，有人认为亚历山大（称之为"Iskander"）是一个战争英雄，但琐罗亚斯德教的传统对他的看法十分负面，提供了故事的另一个视角。在西方史料中，几乎没有关于亚历山大如何采取举措建立并巩固自己统治的记载，但琐罗亚斯德教的记录中说他杀害了许多马吉和教师，许多神庙中点燃的圣火也被熄灭了。这可能只是简单反映了马其顿军队劫掠造成的毁灭和杀戮。但很可能是因为马吉教士是支撑阿契美尼德政权的宗教主体，他们也是持续抵抗和叛乱的核心，无论如何都会成为镇压的目标。

　　无论到底发生了什么，伊朗人都不太可能像西方史家后来认为的那样，在亚历山大的和平政策下顺从地合作。在后来琐罗亚斯德教的文献中，亚历山大是唯一一个和恶灵阿里曼一样获得"guzastag"（意为"受诅咒的"）头衔的人。[22]

第 2 章

伊朗的复兴

帕提亚人与萨珊人

我们询问过罗马帝国和印度诸国对于民众的统治……朕从不因为不同的宗教信仰和出身而排斥他人。朕从不刚愎自用，心怀猜忌疏离他们。与此同时，朕不以了解他们所坚持的事物为耻。事实上，拥有关于真理和自然学科的知识，并研习它们，这是一个君王最能昭彰自己之事。对君王来说，最有失体面的事是鄙视学习，以探索自然学科为耻。这样的人既不博学也不明智。

——"不朽者"霍斯劳一世

（拜占庭史家阿加提亚斯语）

塞琉古·尼卡特于公元前 312 年建立的帝国，似乎是在亚历山大征服领地上所承袭的政权中最为强大的一个。它控制着叙利亚、美索不达米亚、伊朗高原，还有（至少是理论上）其他更东部的领地。这个国家的都城最初定在巴比伦，后来迁到底格里斯河畔新建的塞琉西亚，最终迁移到了地中海沿岸的安条克。

塞琉古王朝的国王奉行亚历山大的东方化政策。他们在东方建立起了希腊的军事和贸易殖民点，在军队中使用伊朗兵源。但他们的政治意图是针对西方的，尤其是与另一个马其顿／希腊王朝——埃及的托勒密王朝——竞争。在东部，像索格底亚那、大夏这样边远的总督辖区，逐渐成为独立的领地，后者在希腊人后裔的统治之下，于今阿富汗北部建立了一种融合了东方与希腊文化的不朽文化。

马上勇士

东北部马背上的文明，曾经给亚历山大和他之前的阿契美尼德王朝带来过麻烦。像大益和萨基这样的部族，他们所说的语言属于伊朗语族，帝国一直很难对他们进行统治。凭借完全基于马背上的军事力量，他们能够快速机动，并且在受到威胁时能消失在咸海以南广阔的荒漠与半荒漠之中。公元前 281 年塞琉古·尼卡特去世，在两代人的时间内大益人中一个部族或几个部落——帕尼人——在帕提亚和里海以东的其他地区建立了霸权。他们驱逐了当地塞琉古王朝的总督安德拉戈拉斯——此人在公元前 250 年左右发动叛乱，试图让自己成为帕提亚的独立统治者——并且开始威胁塞琉古王朝在东部残存的土地。帕尼人的统治家族以带领他们控制帕提亚的领袖阿尔沙克／阿萨息斯之名自称为阿萨息斯王朝。然而，尽管阿萨息斯王朝拓展了他们的统治，但他们小心保留了希腊殖民城镇中的财富和文化。帕提亚的国王后来在他们的货币上，使用了"菲尔赫勒诺斯"（意为"希腊人之友"）的称号。

几位塞琉古国王向东发起远征，以恢复自己在帕提亚和大夏的统治。阿萨息斯王朝的帕提亚人有时选择和他们结盟，甚至臣服于他们，而不是与之对抗。但塞琉古人总是会撤回西部。在阿萨息斯王朝米特拉达梯一世统治时期（公元前 171—前 138 年），帕提亚人重新开始了扩张，夺取了锡斯坦、埃兰和米底。随后在公元前 142 年他们夺取了巴比伦，一年之后又夺取了塞琉西亚。

之后几十年，帕提亚人在东西两边分别受到了萨基人和塞琉古人的攻击。他们的命运飘摇不定。公元前 128 年帕提亚人击败了一支塞琉古军队，将之俘虏，并意图使用这些战俘对付萨基人，却发现塞琉古军队和萨基人有共同的目标。他们合力击败并杀死了帕提亚国王弗拉特斯。但米特拉达梯二世（米特拉达梯大帝）在公元前 123—前 87 年的漫长统治中征服了东西两方的敌人，巩固并稳定了帕提亚人的统治。他也获得了"众王之王"的称号，刻意使用了这个可以回溯到阿契美尼德君主的称号。所有这些迹象都表明伊朗人在重获自信。

在塞琉古人和帕提亚人长期斗争的背后，丝绸贸易悄然兴起，这对于许多伊朗人的城镇来说，在长达千年的时间里都至关重要。最初，希腊人和希腊城市涉足丝绸贸易，可以在一定程度上解释对帕提亚时期希腊文化的保存，以及帕提亚国王对它的尊重。尽管他们是希腊人之友，但他们并不是出于对审美的感情需要或者对高等文化的维护，而是想保护这只下金蛋的鹅。[1]

米特拉达梯同时与中国的汉武帝以及苏拉独裁下的罗马共和国保持着外交联系。为了在美索不达米亚建立长期的统治，他或者是他的继任者戈塔尔泽斯在塞琉西亚附近的泰西封建立了一座新城。尽管底格里斯河对岸的塞琉西亚经常被用作行政中心，埃克巴坦那／哈马丹也经常被当作夏都，但是泰西封仍然在 700 多年的时间里作为首都存在。

帕提亚人建立了一个强大的帝国，并成功地统治了数个世纪。他们做到这一点还是比较轻松的：吸收了之前统治者的做法，对臣服于他们的省份中的宗教、语言、文化的多样性实行宽容政策。他们建立了一种继续依赖总督的权力下放体制（被称作"parakandeh shahi"，在后来阿拉伯的史料中被称为"muluk al-tawa'if"），总督之位依旧保留在之前塞琉古时期的家族手中。[2] 帕提亚书吏仍然继续使用阿拉米语，就像在阿契美尼德时期一样，并且该地似乎一直保持宗教的多样性。"米特拉达梯"和"弗拉特斯"（后者的名字与《阿维斯塔》中的守护灵"弗拉瓦希"有关）这样的名字，表示出阿萨息斯人对于马兹达教的忠诚。但巴比伦人、希腊人、犹太人以及其他民族被允许遵从自己的宗教传统。和之前一样，马兹达教本身也包含了多种宗教实践和信仰。在犹太人的传统记载和记忆中，帕提亚人对犹太人宽容而友善（除了后来一位国王的统治）。[3] 这可能反映了现实中帕提亚人在东部的兴起，得益于在巴勒斯坦与塞琉古人长期斗争的犹太马加比家族。帕提亚人并非只是粗野的游牧民，他们认为其臣民缺少自己的文化或者至少没有保留下来自己的文化。帕提亚人的雕塑有自己的风格，着重强调正面，和之前的文明都不同。帕提亚人的建筑以在尼萨（位于今土库曼斯坦）发掘的为例——第一次出现了接待来宾的大殿或称为"伊万"（ivan），这在后来萨珊和伊斯兰时期的建筑中十分重要。帕提亚人证明了伊朗人最伟大的天赋：承认、接受并包容自己所统治的文化及其影响的复杂性，同时又以保留自身核心的独特性和完整性为原则。

罗马在东方的劲敌

帕提亚人同样精于战事，正如接下来一段时期他们与罗马的冲突所展示的那样。像庞培、卢库鲁斯、克拉苏这样的政治巨头，受到征服广大地域的野心驱使，将征服和军事荣耀视为对成功的政治事业的必要补充。罗马共和国在公元前 1 世纪上半叶夺取了之前希腊人称霸的东地中海，并且开始继续向东推进。罗马人与帕提亚人主要冲突的地区是亚美尼亚、叙利亚和美索不达米亚北部。

公元前 53 年，拥有惊人财富的罗马政治家马库斯·李锡尼·克拉苏成为罗马行省叙利亚的新任总督。他早年曾在意大利南部镇压过斯巴达克斯奴隶起义。克拉苏希望通过对东方的征服，以便与恺撒在高卢取得的成就相竞争。他率领一支四万人的军队向东进军至卡莱（即现代的哈兰）。亚美尼亚国王出于情谊，提出一条取道北方、更不易暴露的线路，但克拉苏十分自负，拒绝了他的建议。在卡莱，克拉苏的军队在旷野中遭遇了一支一万人的帕提亚骑兵。这支骑兵规模较小，但行动迅速，其中包括大量弓骑兵，以及少量作为支援、使用重型长枪全副装甲的重装骑兵。而罗马军队主要由重装步兵构成，装备有刀剑和重型标枪，还有一些高卢骑兵，他们着轻甲或者根本就

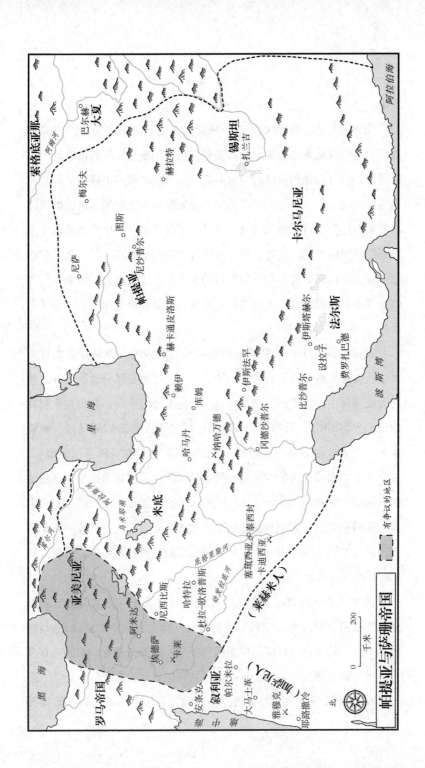

帕提亚与萨珊帝国

无甲。

面对克拉苏，帕提亚人以一种罗马人之前从未经历过的方式作战，罗马人对此束手无策。罗马步兵推进，帕提亚弓骑兵就在他们面前撤退，绕行向他们纵队的侧翼射箭，几个小时接连不断的箭雨对罗马人倾泻而下。尽管他们身着重甲，但帕提亚人强劲战弓射出的箭仍然呼啸而过，穿过盾牌的边缘，透过脖子处头盔与护甲的缝隙，攻击脆弱的链甲连接处，或者伤害士兵没有保护的手和脚。罗马人在酷热之下疲惫而饥渴，他们因不能对付帕提亚人而感到沮丧，转而士气大跌。当他们看到帕提亚人从大量的载重骆驼处补充箭矢时，这种感觉更甚。

克拉苏的儿子一度带领包括高卢骑兵在内的分遣队进攻帕提亚人。帕提亚人假装混乱后撤，但他们真正的意图是将分遣队引开，使之无法得到主力的支援。当高卢骑兵去追击弓箭手时，帕提亚重骑兵向他们发起冲击，用长枪刺杀着轻甲的高卢人和他们的马匹。绝望中，高卢人试图下马攻击帕提亚人的马匹，他们在马匹下滚来滚去，试图攻击它们没有防护的腹部，但这种孤注一掷的战术也没能拯救他们。随后，帕提亚弓骑兵向分遣队发动全力进攻。越来越多的人中箭，他们在帕提亚人战马掀起的尘土中迷失了方向。克拉苏的儿子将自己的人撤到一座小山之上，在那里他们最终被包围歼灭，只有大约500人被俘，幸免于难。

击败分遣队鼓舞了帕提亚人，使罗马主力士气更加低落。最终克拉苏试图与帕提亚人的将军苏伦谈判，却在混战中被杀死并斩首。罗马军队中的幸存者在混乱中撤回到罗马控制的叙利亚。而同时有多达一万人的罗马战俘，被帕提亚人押往帝国遥远的东北部。

根据希腊历史学家普鲁塔克的记载，克拉苏的首级被送给帕提

亚王奥罗德斯，当时国王正在观看演员表演欧里庇得斯的剧作《酒神
的伴侣》(*The Bacchae*)。掌声中演员拿起首级，说起底比斯女王阿
佳芙的台词，剧中她在酒神制造的恍惚中，不知情地杀死了自己的儿
子——国王彭修斯：

> 我们今天猎获了狮子的幼崽，
>
> 从山上带来了高贵的猎物。[4]

一些人认为那位帕提亚将军——西方史料中记载为苏伦——正
是后来被人所牢记的武士英雄罗斯塔姆，并在 10 世纪波斯诗人菲尔
多西的《列王纪》中名垂千古。苏伦和罗斯塔姆都出生于锡斯坦（这
一地名源出萨基斯坦——萨基人之地），并且和罗斯塔姆一样，他和
国王的关系很糟。奥罗德斯对苏伦取得的胜利心怀愤恨，将之杀害。

卡莱之败让罗马人在东部的声望大跌，此后帕提亚人将他们控
制的范围扩展到了亚美尼亚。但在罗马共和国末期激烈的政治竞争环
境下，克拉苏的兵败、受辱、身死，更多地变成了一种挑战，也是一
种警告。在克拉苏失败之处成功——战胜帕提亚人——成了一项诱
人的政治奖励。另一项动机是丝绸贸易带来的财富。只要敌对的帕提
亚人控制着通往中国的主要道路，罗马的富人们为了给自己的妻女购
买昂贵的丝绸衣物，只能心有不甘地看着大量黄金落入自己最可怕的
敌人手中。

下一个正面挑战帕提亚人的罗马人是马克·安东尼。但在克拉
苏和安东尼的远征之间，帕提亚人与罗马人还进行了其他几次作战，
双方各有胜负。公元前 51 年，卡莱之战中的一些罗马幸存者在安条
克附近伏击了一支入侵的帕提亚军队，并将之歼灭。但是，公元前

40年由奥罗德斯的儿子帕克鲁统率的另一支帕提亚军队（在罗马变节者昆图斯·拉比努斯的协助下）突破了叙利亚，并征服了巴勒斯坦和大部分小亚细亚的省份。公元前44年恺撒遇刺后，帕提亚人利用罗马内战的混乱，兵不血刃地降伏了许多城镇。但大约一年后，马克·安东尼的部将普布利乌斯·文蒂迪乌斯带领恺撒麾下老兵组成的军团，收复了东部的省份。他在一系列战役中击败了帕提亚人，杀死了帕克鲁和拉比努斯在内的所有帕提亚主要指挥官。回到罗马后，文蒂迪乌斯对帕提亚人的胜利被视作少见的荣耀。眼见自己的副将受此赞誉，马克·安东尼也渴望为自己赢得战胜帕提亚人的荣耀。

公元前36年，他率领规模超过克拉苏两倍的军队进入上美索不达米亚地区。[5] 安东尼很快就遇到了许多曾困扰克拉苏的问题。罗马人发现，他们对付帕提亚人弓箭的最好方法就是组成被称为"龟甲阵"的密集阵形，阵中士兵紧密相连，前排的士兵组成盾墙，后排的士兵将盾举过头顶，重叠而成屋顶。这形成了有效的防御，但军队的行进慢如爬行。罗马步兵还是不能回击帕提亚人的弓骑兵，后者的机动性令他们得以任意驰骋，环绕行进中的罗马人，攻击最为薄弱的环节。帕提亚人还可以进攻安东尼的补给队，由于寻找食物和水源比较困难，军队庞大的数量成了一种负担，而不是优势。在南方路线受挫之后，安东尼试图从北部进攻帕提亚领地，侵入如今是阿塞拜疆领土的地区。但他少有斩获，被迫在寒冷的冬季穿越亚美尼亚撤退，损失多达2.4万人。

安东尼随后在亚美尼亚的作战中挽回了一点颜面。但综合所有罗马人与帕提亚人交战的信息，他们在作战形式和区域地理方面形成了对抗的僵局，任何一方都难以打破。在罗马控制的多山、较封闭地区，帕提亚骑兵很容易遭到罗马步兵的伏击，并且他们缺少夺取罗马城镇必需的攻城装备。同样，罗马人在美索不达米亚的开放平原也容易遭到帕提亚人的攻击，并且当他们面对帕提亚人高机动性的军队时，很难保护自己的补给线。这些因素基本上是不变的。

可能意识到了这种棘手的情况，奥古斯都在公元前 31—前 30 年的内战中击败安东尼，最终获得罗马帝国的最高权力之后，遵循了与帕提亚人外交和解的政策。通过这种方式，他收回了在卡莱战役中被缴获的军团鹰徽。帕提亚人似乎也利用西方的这段和平时期，在旁遮普建立了一个新的印度-帕提亚帝国，它处于苏伦家族的统治之下。但在尼禄统治时期西方战端再起，帕提亚王沃洛加西斯一世拥立了一位新的亚美尼亚国王，而罗马帝国将此地视为一个独立的政权。罗马将军格奈乌斯·多米提乌斯·科尔布洛在公元 58—60 年征服了亚美尼亚，但帕提亚人随后进行了相当成功的反击，俘获了一支罗马军队。[6] 有人认为，常见于电影和儿童图书中的罗马板甲就是科尔布洛在与帕提亚人作战期间，为了对抗帕提亚人的弓箭而发展出来的。亚美尼亚战争的结果是罗马人和帕提亚人签署了条约，同意在亚美尼亚建立一个独立的阿萨息斯王朝作为缓冲国，但王位的继承必须要得到罗马的许可。

沃洛加西斯一世可能在马兹达教史上也具有重要意义，他开启了向现代琐罗亚斯德教转变的大门。后来，琐罗亚斯德教的文献中提到国王沃洛加西斯（并没有指明是哪一位，阿萨息斯王朝有几位国王都为此名）第一次告诉马吉教士们，收集一切有关他们宗教的口头和书面资料，并系统地记录下来。这开启了之后长达数个世纪收集《阿维斯塔》文本和其他琐罗亚斯德教经卷的进程。[7] 如果确实是沃洛加西斯一世做出了这一指示（他的兄弟提里达提斯也以对马兹达教的虔诚而闻名，这一事实支持了这一推测[8]），这就与他统治时期的其他决议和政策相吻合，它们似乎坚持强调希望重申伊朗的国家特征。沃洛加西斯一世被认为在塞琉西亚和泰西封附近，建立了一座以自己名字命名的新首都，目的是为了避开这些地区的希腊特征。他的一些货币印有阿拉米文（帕提亚人通常用这种文字写作），而不是之前使用的希腊文。同样，也有迹象表明他敌视犹太人，这在阿萨息斯王朝时期是不寻常的。[9]尽管随后他的直接继承者没有继续贯彻这些革新，但这实实在在地预示着萨珊王朝的一些政策。希腊影响力的逐渐衰退和伊朗认同感的逐渐强化，是沃洛加西斯一世之后统治的特点。

太阳神

罗马士兵从他们的对手那里带回西方的另一样东西是一种新的宗教——密特拉教。在阿契美尼德时期，密特拉曾经是马兹达的下属神祇之一，在西传之后逐渐成为他们自己宗教的核心神之一（在西方，更多地称之为"密特拉斯"，而不是"密特拉"）。或许，密特拉的重要性是在早期波斯或小亚细亚的个别文献或地区中发展起来的，而有些人认为这种崇拜是全新的，只是名字来自波斯而已。[10]在西方，密特拉首先是作为战士之神而加以崇拜（可能强调了与帕提亚人战争之间的联系）。对于那些在各地之间频繁调动的士兵来说，他们在自己的生命中一次次离乡别友，因而密特拉是他们军人生活中一个重要的纽带要素。尽管密特拉是和太阳（sol invictus，意为"无敌的太阳"）联系在一起的，但密特拉教似乎采取了一些西方异教祭仪的特点，抛弃了马兹达教大部分的伦理概念，成为一种类似共济会的秘密社团。其信条包括秘密仪式（密仪）、入会仪式以及成员的等级阶层。密特拉的地下庙宇在帝国各地随处可见，远离伊朗，例如伦敦的沃尔布鲁克、哈德良长城的卡拉堡。崇拜的早期流行和传播是在 1 世纪。

密特拉教受到了一系列来自伊朗西部地区的重要宗教和思想的影响，并且被认为对早期基督教会有着重要影响，因为基督教的主教们也转变信仰，试图让之前的异教徒尽可能接受新的宗教（尽管密特拉教的兴起在时间上只比基督教早一些而已）。密特拉斯的信众相信他出生在 12 月 25 日，由处女所生（有一些记录说他从岩石中诞生），牧羊人是他最初的崇拜者。他的仪式包括一种洗礼和圣餐。另外一些仪式表明了他的马兹达教源流——密特拉斯被认为曾经杀死一头牛作为牺牲，其他的一切生物都从牛血中诞生。密特拉斯还是阿胡拉·马兹达对抗世界邪恶之首阿里曼的盟友。

在接下来的一个世纪，伟大的军人皇帝图拉真设法发动一次对美索不达米亚新的入侵，以打破东部战略上的僵局。此前，帕提亚的沃洛加西斯三世罢黜了一位亚美尼亚统治者，任命了另一位罗马不喜欢的人，这给予了他开战的理由。图拉真没有在酷热中冒着箭雨徒步南下泰西封，而是沿着底格里斯河顺流而下，穿过美索不达米亚。到达泰西封和塞琉西亚时，他们击退了帕提亚的守军，使用了罗马最精锐的围攻工程技术。两座都城陷落了，图拉真将美索不达米亚的省份并入了罗马帝国。他率领自己的军队远达波斯湾，想效法亚历山大走得更远。但 116 年在围攻他的军队之前绕过的哈特拉城时，他病倒了。一年后他去世了。

图拉真的征服，尽管足以让他获得"帕提亚征服者"的称号，但还是没能摧毁帕提亚人更东方的权力中心。最终，事实证明他们并没有比公元前 40 年帕克鲁以及拉比努斯在巴勒斯坦和小亚细亚的征服更为成功。在图拉真逝世前，罗马人已经在美索不达米亚和其他东部省份遭到了叛乱的攻击。他的继任者哈德良放弃了图拉真在亚美尼亚和美索不达米亚征服的土地，与帕提亚王奥斯洛斯议和，恢复了以前幼发拉底河的旧边界。然而，图拉真克服了卡莱战役的阴影，并且为他的继任者展示了如何克服美索不达米亚的战略问题。

也许，图拉真的入侵标志着阿萨息斯王朝衰落的开始。显然，美索不达米亚不再像之前那样安全。在一个世纪之内，罗马军队又两次攻入塞琉西亚／泰西封——165 年（维鲁斯时期）和 199 年（塞普提米乌斯·塞维鲁时期），与此同时，帕提亚人也全力反击（得益于 165/166 年罗马人中天花暴发），并且还入侵了叙利亚。

216 年，在皇帝卡拉卡拉的鼓动之下罗马人再次入侵，但只到伊尔比尔为止。卡拉卡拉是最残暴的罗马皇帝之一（215 年因为报告说亚历山大港的市民嘲弄他，他屠杀了数千人）。他可能是在靠近卡莱的一条道路旁解手时，被自己的卫士所杀。帕提亚人在阿塔巴努斯四世统治时期，对罗马人进行了反击，在尼西比斯大败卡拉卡拉的继承者马克里努斯。后来，218 年马克里努斯不得不屈服于巨额的战争赔偿，花费两亿塞斯特斯（据狄奥·卡修斯所说）求和。

无论战争对阿萨息斯王朝的君主政体有什么确切的影响，但无疑都是精疲力竭、损失惨重的，尤其是在美索不达米亚和西北部地区，在好年景那里是帝国最富庶的省份。阿萨息斯王朝的继位之争总是残酷且旷日持久，这是宫廷政治的本性使然，也牵涉一些贵族家族（阿萨息斯王朝统治的关键在于和一小群富有家族的联盟，包括苏伦、卡伦、迈赫兰等家族）。但这些继位者之间的纷争似乎变得越来越频繁，越来越难以解决，加剧了君主权威的衰落。

波斯的复兴

3 世纪初，一股新势力在法尔斯——阿契美尼德王朝发祥的省份——兴起。一个与阿萨息斯王朝结盟的家族崛起为该地的地方统治者。224 年 4 月，这个家族新任的领导者将自己的势力拓展到包括克尔曼和伊斯法罕在内等城市，领导了一支反对阿塔巴努斯四世的军队，在胡齐斯坦舒什塔尔附近的霍尔木兹甘战役中将之杀死。这位胜利者名叫阿尔达希尔，这个名字可以追溯到"阿尔塔克沙特拉"（亚达薛西）——几位阿契美尼德君王曾用过的一个名字。阿尔达希尔自称阿契美尼德家族的后裔，可能是为了掩饰自己家族更短的历史、更卑微的出身（他们自称萨珊王朝，因其祖先萨桑得名）。

阿尔达希尔同样也将他的事业与法尔斯地区流行的马兹达教紧密地联系在一起（他的父亲帕佩克曾经是伊斯塔赫尔宗教中心阿娜希塔的一名教士）。阿塔巴努斯的倒台，后来被雕刻在费罗扎巴德的一块令人震撼的石刻中，表现了阿尔达希尔和他的追随者疾驰冲锋，用长枪将帕提亚王和他的军队打下马背的场景。

阿萨息斯王朝的统治没有立刻崩溃，在美索不达米亚，他们的货币直到 228 年还在被铸造。但在 226 年夺取泰西封后，阿尔达希尔加冕为"众王之王"。几年之内，他就控制了之前帕提亚帝国的所有领土。这一事实表明了几个帕提亚的大家族（224 年之后，他们在当地的统治仍旧得以存续）在改朝换代中与他合作了。

阿尔达希尔从一开始就下定决心，他的新王朝将会以一种新方式维护并证明自己。他（及其继任者）的钱币铸有波斯铭文，以取代阿萨息斯王朝使用的希腊文，背面显示的是马兹达教的圣火庙。这反映了尤为重要的一点——萨珊王朝的国王都是信奉马兹达教的伊朗人。在波斯波利斯附近的帝陵（Naqsh-e Rostam），另一块引人注目的大型石刻雕绘了阿尔达希尔在马背上从奥尔莫兹德（中古波斯语中对阿胡拉·马兹达的称呼）那里接过王权象征的场景。阿塔巴努斯四世被描绘成被阿尔达希尔的马踩在脚下，而阿里曼被奥尔莫兹德所乘之马踩在脚下。这传递的信息再清晰不过——阿尔达希尔是神选之人。他对于最后的阿萨息斯王的胜利是得到了神的协助。他在斗争中战胜了阿塔巴努斯，直接等同于奥尔莫兹德战胜了混乱与邪恶之首阿里曼。[11] 铸币的铭文也宣称阿尔达希尔是神的后裔。这一革新随后带来了强烈的反响。

矛盾的是，对这位伊朗君主来说，这一观念可能来自之前希腊时期的影响。一个新的专制君主，出身多少有些不清晰，在一段时期的混乱后武力夺权，并声称神的抉择引领了他的胜利，为他正名——这一模式是霍马·卡图泽安的伊朗史中反复出现的主题，可能这幅石雕遗迹就是这种思想的原型。[12] 阿尔达希尔的反叛同样也有重要的宗教寓意，与之前和之后的伊朗宗教革命遥相呼应。

上文所述波斯帝陵的岩石遗迹，同样也是我们所知的最早提到"伊朗"一词的石刻，尽管在《阿维斯塔》中可能有早于萨珊时期的文献。这一称呼也出现在阿尔达希尔的货币上。根据同时期的其他证据，"伊朗"一词表示这一碑铭所能影响到的领地，即被认为有责任遵从马兹达教信仰之地。或者表示说伊朗语族之地（尽管这一说法将巴比伦尼亚和梅塞尼包含在内，令人怀疑）。或者，可能表示了一些之前没能清晰定义的概念，对于宗教和语言都有涉及，且关于人而不是领地。

可以更加确定的是随着"伊朗"概念而来的是"非伊朗"的概念——那些受萨珊沙阿统治，但不被视为伊朗的领土。这包括叙利亚、奇里乞亚和格鲁吉亚。[13] 无论这些词语的确切意义是什么，它们用在石刻上，强烈表示一种伊朗人的认同感，可能是以法尔斯为中心，但意义远不止于此。同样，阿尔达希尔提出这些概念也并非空穴来风。它们为他所用，巩固了他的权威。为了有效实现这一目标，它们必须与自己的臣民有所共鸣——对于一种触及土地、民族和政治文化的更古老情感的回应。

之后几年，为了使自己能更加名正言顺地接手帕提亚帝国，阿尔达希尔试图沿着上美索不达米亚和叙利亚的旧边界，向罗马人发动进攻。这表明，他认为自己需要通过对罗马人的胜利，证明他获得权力的正当性。而由此延伸，帕提亚人也意识到与罗马人争斗的失败，是他们衰亡的部分原因。罗马帝国与波斯之间一系列旷日持久的战争（既发生在帕提亚时期，也发生在萨珊时期），给人的第一印象是毫无意义的。这场战争持续了数百年，对于双方都有潜在的经济收益——有争议的都是富裕的省份。但很显然，在阿尔达希尔时期，战争耗费巨大，任何一方想要彻底击败另一方都是非常困难的，而且任何一方获得的成果都是难以持久的。战争以及有争议的省份更多承担了一种象征的价值——它们变成了波斯沙阿和罗马皇帝证明自己统治的一种工具。这解释了他们为什么要亲自上阵，还有那些罗马的凯旋式和法尔斯山区的岩刻遗迹。上美索不达米亚、亚美尼亚还有叙利亚，不幸成为王公贵胄的竞技场。

阿尔达希尔最初在自己对罗马人的战争中并没有取得成功，但几年之后他重新夺回了尼西比斯和卡莱。在其人生的最后几年，他和儿子沙普尔共同统治，241 年他逝世后，沙普尔继承了王位。也正是沙普尔取得了与罗马长期战争中最辉煌的胜利。这都始于 243 年他在马西切击败了罗马人，此战中罗马皇帝戈尔迪安被杀。244 年沙普尔接受了罗马皇帝"阿拉伯人菲利普"的投降，以及亚美尼亚的割让。259年或260年，瓦勒良皇帝领军对阵沙普尔，但在埃德萨以西兵败被俘。这些事件在纳克什·鲁斯坦（即上文所述的波斯帝陵）的另一幅壁刻中记录了下来，表现了沙普尔在马背上接受了两位罗马皇帝的投降。碑铭声称菲利普支付了50万第纳尔作为赎金，沙普尔在战场上俘获了瓦勒良（"我们亲手擒住了他"）。[14] 对于此后瓦勒良发生了什么，有不同的记载。较为惊人的说法是（来自罗马史料），经受了多年的羞辱之后，这位前皇帝最终被活生生剥皮，他的皮里塞满了稻草，作为展现波斯强大军队的纪念品展览。安东尼·赫克特曾以这个故事写过一首诗，节选如下：

> ……一具可怕的真人玩偶，填充着草秆，
>
> 外皮是罗马皇帝瓦勒良……
>
> 随着绳索，摇曳风中，挂在王宫的旗杆上
>
> 年轻的女孩被带来此处，
>
> 她们的母亲来教导男性的人体结构……[15]

但纳克什·鲁斯坦的碑铭表示，罗马俘虏被安置在帝国周边的几处地方，并且在比沙普尔和舒什塔尔有相关证据，在这些地方罗马人展现出了自己专业的工程技术，建造了一座坝桥，其遗迹依然可见（还有罗马人在别处建造的桥梁）。可能瓦勒良不是成了任人取笑的填草皮囊，而是在余生成为一座波斯城市的大祭司。鉴于其他证据，沙普尔总体而言表现得较为人道（纳克什·鲁斯坦遗迹本身的精神，似乎是要展现宽宏大量，而不是对敌人残酷的羞辱），可能之前的故事只是一个可怕的寓言，由那些不可信的罗马史家传播开来，他们并

不知道瓦勒良被俘后到底发生了什么，但他们选择去相信波斯人最坏的一面。大量普通人，包括许多来自安条克和其他地区的基督徒，在战后被沙普尔带走并定居在波斯。在与罗马人作战的同时，阿尔达希尔和沙普尔也在东部和贵霜人作战，最终在现今中亚大部、阿富汗及印度北部建立了萨珊王朝的统治。

阿尔达希尔和沙普尔对政府进行了改革，这可能与社会上发生的一些更深层次的变革是同步的。政府更加中央集权，官僚体系也扩张了，从帕提亚的权力下放体制（有时可能被误解为一种封建制度）中，演化出了一种新的形式。[16] 新的官职和头衔在铭文中出现，包括"迪比尔"（dibir，意为文士）、"冈赞瓦尔"（ganzwar，意为司库）、"达瓦尔"（dadwar，意为法官）。旧有的帕提亚家族依旧得以存续，但他们被赐予了宫廷内的官职，因此也可以说被驯服了（这让人想起 17 世纪中叶路易十四驯服法国贵族的方式）。大贵族角色的及时转变，有助于开创另一种社会文化气象，也具有重要的军事意义——士绅阶层"德赫坎"（dehqans）的出现。他们在后来的几个世纪控制了乡村，他们的村庄和农民都代表沙阿的利益，并提供重装骑兵，作为萨珊军队赢得战争的核心武装力量。（尽管中间有一段时期，大贵族家族在各省份很大程度上保留了自己的权力，提供的骑兵很大一部分是他们的扈从，这和帕提亚时代一样。）

沙普尔得以维持长期统治，并且实现了阿尔达希尔启动的政策，还有其他几方面原因。遵从他的父亲在费罗扎巴德和其他地方的先例，沙普尔同样也是伟大城市——比沙普尔、尼沙普尔，以及其他城市——的建造者。这些城市 [17] 的建立，还有旧城市的发展，是由庞大帝国内外贸易的拓展而推动的（尤其是丝绸之路沿线，以及通往印度和中国海路的逐渐发展），给波斯的经济带来了变化。与后来伊斯兰时期形制类似的巴扎集市，在城市中发展起来——它们是商贾和工匠之家，他们组建起了贸易行会。农业的发展满足了城镇对食物的需求，游牧畜牧业的重要性也降低了。坎儿井的使用将数千米之外高地上的水源通过地下渠道输送到村庄，在村庄再分配到田地，促进了土地的开垦。在美索不达米亚，农业也有所发展，在那里只要得到灌溉，广大河谷地区肥沃土壤的产量很有潜力，一年能收获数轮作物。

在文化领域，对于希腊人、叙利亚人以及其他来自罗马帝国的人的重新安置，带来了新一轮研习希腊学识的风潮，人们着手将它们重新翻译成巴列维语（巴列维语是萨珊时期所说的中古波斯语。较之阿契美尼德时期所说的复杂的古波斯语更简化）。最终，那些经过认定的学校，包括研究医学和其他科学的学校，在像冈德沙普尔和尼西比斯这样的城市蓬勃发展。碑铭也记录了沙普尔虔诚地建立起圣火祭坛，以他家族中不同成员的名字来命名。每座祭坛都有捐赠，以供养教士及其家人。这些捐赠，和其他大贵族的捐赠一起，加强了教士们的经济和政治力量。

黑暗先知

沙普尔统治时期出现的另一个现象是一种新的宗教——摩尼教——的兴起，以其创始者先知摩尼命名。除了善恶二元论的模糊区分，摩尼及其信条对于今天的人来说晦涩难懂。但对摩尼的思想和活动深入研究后，人们会发现它们具有重大的影响，尤其是在中世纪的欧洲。

摩尼于216年4月出生在帕提亚治下的美索不达米亚，他的父母是伊朗人，是阿萨息斯王室从哈马丹／埃克巴坦那迁来的一个分支的后裔。据说他生来就跛足，他的悲观主义，以及对人类肉体的厌恶，可能与此有关。和其他世界性宗教的创始者一样，摩尼出生在一个动乱的年代和地区。他的双亲似乎是基督徒[18]，在成长的岁月中他受到诺斯替派思想的强烈影响。（诺斯替派是基督教早期宗派之一，尽管有人认为其思想早于基督教，融合了柏拉图的思想。在犹太教，甚至之后的伊斯兰教中，类似的运动都被识别出来，打上了诺斯替派的标签。大体上，他们信仰一种神秘的知识——灵识，源自对神学的亲身体验。）在公元 240 年之前的某一天，摩尼声称得到了启示，让他不要吃肉，不要喝酒，不要和女人同房。摩尼的信条融合了基督教元素，但十分倚重来自马兹达教观念的创世神话（如果可以这样称呼），尤其是马兹达教中有悲观主义和宿命论倾向的分支——苏尔凡派。数个世纪以来，这在美索不达米亚地区尤其重要，吸收了像占星术这样的当地传统。

　　简而言之，摩尼教基于一种不稳定的观念，在错位的创世中，善——光明——早已被邪恶——恶魔——覆盖和主宰，而邪恶本身就是物质。通过交配和繁衍（本质上是罪恶的），邪恶将光明囚禁在物质之中，在尘世间建立了邪恶的统治。耶稣能够将人类从这种悲惨的境遇中解放出来，但只是暂时的，唯一真正的希望是死亡时灵魂最终的解放。这种以阴暗、丑恶的视角看待物质的观点，表现为一种从物质存在和邪恶中解脱的宗教。摩尼撰写过一系列的宗教文献和文学作品，其中许多言辞十分华美。243 年，与沙普尔会面后摩尼给沙阿留下了深刻的印象。[19] 他被允许在整个萨珊帝国内传播这一新宗教。可能沙阿并没能太仔细询问他——沙普尔以对所有宗教的宽容而著称，包括犹太教和基督教。摩尼试图引导他对摩尼教给予特别地位。

在那些与罗马对抗的年月，摩尼经常在战时伴随沙普尔。巧合的是，伟大的新柏拉图主义者普罗提诺，也可能在同一场战役中在另一方陪伴着罗马皇帝。

摩尼的学说得到了快速广泛的传播——从波斯传入印度、欧洲和中亚。它们作为一个开放而非受迫害的地下运动，在中亚存续的时间最长，在那里产生了大多数的权威文本，今天的学者通过这些文本理解摩尼教。摩尼组织了成队的文士，将他的作品翻译成不同的语言。[20] 他的追随者组成了一个信众阶层，专门推选出一位"教旨派"教士作为领袖。这些人遵从纯正、节欲和贞洁的律法，以及其他走向极端厌世的繁文缛节。但这一教派总体而言是受到轻视的，被视为异端，尤其是对于马兹达教的马吉，还有犹太人、基督徒，甚至是同样属于诺斯替主义的曼达派来说。最终，摩尼从旅途归来之时（沙普尔此时已死），气氛已经不再宽容。马吉对摩尼最为痛恨，因为他颠覆扭曲了他们的信仰，他们将之囚禁起来。277 年 2 月，在长达 26 天沉重锁链压迫的折磨之后，摩尼死于狱中。

但是摩尼死时，影响已经形成。将宗教的一切邪恶面都归于摩尼是愚蠢的，但他似乎在很大范围内卓有成效地影响了信仰体系，对于不洁、物质存在的腐化、性愉悦的罪恶这些最具破坏性的消极观念进行了打击。当然，他的一些观念对于厌女和决定论的倾向进行形而上的阐述，是有用的。他的思想就像潘多拉的魔盒，里面充满了邪恶，恶意粒子以畸形的翅膀飞往四面八方。正如研究波斯宗教的学者亚历桑德罗·包萨尼所说，摩尼似乎出于一种"存在的畸形"感受构建神话：

……神话有一个特别令人不快的特点，那就是不自然，并且出自卑微……不像琐罗亚斯德教的神话那样具有广泛的宗教社会性，因为它们几乎就是个人绞尽脑汁的疯狂幻想。[21]

但他的思想是复杂多变、不断更新的，并不都是负面的。随后，这些思想对伊斯兰教产生了一些影响——摩尼和 7 世纪的穆罕默德一样，都自称是"封印先知"，还有其他相似之处。[22] 但伊斯兰教的核心教义，在精神上是与摩尼教相反的。先知穆罕默德曾谈及多个教派和信仰，明确表示"所有的教派和信仰都要保留，只有一个例外——摩尼教"。[23] 摩尼的学说尽管遭受了很多谴责，但似乎在地下教派中持续留存。最令人惊奇的故事是摩尼在西方的影响。

基督教会的所有神父中，最有影响力的可能是希波的圣奥古斯丁。奥古斯丁给未受教化之人写下了解释基督教的旷世之作——以基督教术语解释罗马帝国的衰亡，赦免基督徒的罪恶（一些人，比如吉本，依旧不相信这一点）；奥古斯丁同样以感人的人性化语言解释他自己的人生、他自己对罪恶的感受，以及他（后来）对基督教的皈依（"哦，主啊，使我圣洁——然而，还未能实现"）。随后几个世纪，奥古斯丁的思想在教会中占统治地位。他也在基督教的语境中解释了摩尼教是异端的原因。但令人惊奇的是，实际上，在皈依基督教之前奥古斯丁是一个公开的摩尼教徒，曾经劝导他人加入该教派，甚至还可能曾经是一位摩尼教的教士。这存在争议，但奥古斯丁的思想中摩尼教的印迹是明显而深重的。

奥古斯丁学说中的很多思想，成功地整合进了基督教天主教的教义中，特别是原罪论（与他的性观念有很大关联）、预定论、"选民论"、（众所周知的）对未受洗婴儿的诅咒。这些思想至少部分起源于基督教会早期的内部争论，尽管这些讨论曾受到类似的诺斯替派思想的影响，但这些思想也曾启发了摩尼。其中许多关键的概念——尤其是核心概念原罪——与摩尼教的教义显示出惊人的一致性。奥古斯丁真的没有将被称为异端的摩尼教的观念成功混入基督教会吗？然而，这种事似乎确实发生了，奥古斯丁也确实受到了当时人们的指控——尤其是自由意志传道者伯拉纠，他在 5 世纪早期和奥古斯丁就这些神学问题进行了长期的苦战。伯拉纠失败了，他自己成了异端。这可能是基督教会做出的最具破坏性的决议。[24]

像后来中世纪欧洲的西方基督教会所追求的那样，摩尼教／奥古斯丁话语下的全套完全阴暗的思想出现了，使数百万人的人生变得萎靡不振，直到今日它们仍然有可悲的影响——对人类身体的厌恶、对性的罪恶感及厌恶、厌女症、决定论（无责任感的倾向就源出于此），对精神的过分理想化，对物质的蔑弃。这实际上与耶稣最初的教导相去甚远。有人会提出，摩尼教中物质邪恶与精神良善的极端二元对立，在诸如教会穷追猛打的纯净派和鲍格米勒派（Bogomils）这样的异端中表现最为强烈（英语中"bugger"一词就源于"Bogomils"）。伟大的学者、波斯学家包萨尼（我许多关于摩尼教信仰的叙述就取自于他）对这些与西方异端之间的联系表示怀疑[25]，但他们的许多信念和实践都显示出与摩尼教的特点接近，这一点不容忽视。中世纪教会迫害纯净派和其他异端的暴行，真正的缘由是异端教义与正统教义之间可怕的相似性——他们只是将正统的教义进行了极致的逻辑推演。教会试图摧毁自己丑陋的阴影。东方的东正教会表现得十分明智，从来没有接受奥古斯丁的神学到同样的程度。

奥古斯丁正统学说的真正对手是伯拉纠派，该派如同一条简单而又自然的金线，时隐时现，穿越整个中世纪，在文艺复兴时期的人文主义中重放异彩。如果有哪位基督教思想家值得封为圣徒，那么非伯拉纠莫属。如果有哪两位思想家配得上尼采所说的"世界诽谤者"[26]的头衔，那就是摩尼和奥古斯丁了。

言归正传，回到波斯，我们应该还记得摩尼教在早期就被马兹达教的马吉们抨击为异端，更准确的看法是，这是对伊朗思想的扭曲——或者实际上是一种披着马兹达教外衣的基督教诺斯替派的分支——而不是伊朗思想中经久不衰的典型代表。

新一轮战争

沙普尔击败罗马人，导致罗马帝国在 3 世纪几近崩溃。在 260 年皇帝瓦勒良被俘后的一段时间内，罗马人处于无法反击的状态，似乎整个东部地区都向波斯征服者敞开了大门。但是一股以叙利亚城市帕尔米拉为基地的新势力拔地而起。这股势力由罗马化的阿拉伯人塞普提米乌斯·奥迪纳图斯和他的妻子芝诺比娅领导。

奥迪纳图斯扫荡了罗马的东部省份，一些西方的史料认为他在萨珊帝国的西部作战，也同样取得了成功，尽管对此尚有争议。奥迪纳图斯在 267 年左右被刺杀，由芝诺比娅继位。她在 269 年征服了埃及，但在 273 年被奥勒良皇帝击败。奥勒良恢复了罗马在这一地区的统治。与此同时，沙普尔去世了，他可能是 270 年 5 月在比沙普尔病逝，但也有些人推断他死于 272 年。[27]无论如何，他的统治都极大地提升了萨珊王朝的威望，在东方建立起了可与罗马帝国比肩的波斯帝国。

沙普尔死后，他的几个儿子先后继位，进行了短暂的统治。一位名叫克尔迪尔的马兹达教教士逐渐提高了自己在宫廷中的地位。克尔迪尔利用自己的地位，开始更加积极地宣扬正统的马兹达教，他不仅成功处死了摩尼，迫害了他的追随者，还迫害了犹太教徒、基督教徒、佛教徒和其他信仰的追随者。在伊朗政治史中，这不是最后一次由热忱的宗教领袖领导的对少数教派的迫害（可能最终也导致迫害者名誉扫地）。

283 年罗马人再次入侵了波斯领土，战争的结果是建立了新的定居点，将亚美尼亚从两大竞争的帝国之间分离出来，波斯人失去了一些沙普尔曾征服的省份。298 年在沙普尔另一个儿子纳塞赫（他在克尔迪尔事件的余波之下登上了王位）的统治下，由于一系列的军事失利，波斯人做出了进一步的退让。双方签署的和平协议持续了很多年，而亚美尼亚被确定成为一个处于罗马保护之下的阿萨息斯王国。纳克什·鲁斯坦的一幅岩石浮雕显示，纳塞赫由萨珊王朝的传统女保护神阿娜希塔授命为王。这表示在后克尔迪尔时代，对传统的宗教宽容政策的回归。[28]

310 年，在一系列继位纷争之后，一位幼童登基成为沙普尔二世。他统治了很久，直到 379 年。他统治时期最值得注意的一点是巩固了修订、校对、编纂马兹达宗教典籍的进程，这在阿尔达希尔即位甚至之前的时期就已经开始了。根据较晚时期的琐罗亚斯德教传统，阿尔达希尔曾指示他的高级教士收集和拼凑分散的文献片段，以及留存的口传传统。沙普尔一世曾下令，要拓展一切能够在波斯以外搜集到的科学、哲学以及其他领域的知识，尤其是来自印度和希腊的。最终，沙普尔二世在马兹达教的不同派别之间组织了广泛的讨论，以确立一个单一且权威的教义。一位名叫阿杜尔帕特的教士接受了火焰的试炼，以证明他的观点是正确的。因为他毫发无损，所以被允许将最终的礼拜形式加入《阿维斯塔》中。这似乎是决定性的时刻，之前的分歧被解决了，琐罗亚斯德教从之前分裂的状态走向统一，成为唯一的正统——从此，现代的琐罗亚斯德教起源了。选择一个特定的时间以标志一个渐进的转变是武断的，不过从此刻开始，我们可以更合理地将之称为琐罗亚斯德教以代替马兹达教。[29]

沙普尔二世成为沙阿之前不久，亚美尼亚皈依了基督教，至少在官方层面是这样。在沙普尔的统治期间，君士坦丁皇帝也同样指定基督教为罗马帝国的官方宗教，声称自己是所有基督徒的保护者。因此波斯境内的基督徒都被怀疑为潜在的间谍和叛徒，这种逐渐紧张的局势，使得之前萨珊国王的宽容政策难以维持。琐罗亚斯德教的新正统教派，因其政治联系和影响，变得不能容忍波斯国内的竞争对手，而这导致了宗教冲突。紧张逐渐加剧，一个原因是君士坦丁在自己的宫廷中保护沙普尔的一个兄弟——霍尔米兹德，他是波斯王位的潜在竞争者。在对阿拉伯人的作战（沙普尔二世取得了成功，并且在胡齐斯坦重新安置了一些战败的部落）中学习到了战争的技艺之后，沙普尔二世要求归还沙普尔一世在美索不达米亚北部赢得但后来被他的继任者丢失的一些省份。与罗马的战争再次爆发，在 337—359 年持续不断，波斯人最终夺取了亚米达（即现代土耳其境内的迪亚巴克尔）。

363 年，在后来继位的罗马皇帝中比较有趣的尤利安——他是一位学者和异教徒，竭尽所能颠覆君士坦丁所建立的基督教帝国——发动了一场恢复罗马人在叙利亚地位的作战，并将波斯人赶回老家。尤利安在西部已经是一个成功的指挥者，他带着觊觎王位的霍尔米兹德，率领一支八万人的大军顺幼发拉底河而下到达泰西封。但他被劝不要攻城，并且可能由于意外，烧毁了自己的船只。炎热、干渴、供给不足、士气低落等问题接踵而来，似乎要重蹈克拉苏的覆辙，于是罗马人选择了退军。最终，尤利安战死沙场，他的继承者约维安签订

了对波斯人有利的条约。这个条约恢复了沙普尔一世统治后期的边
界，还有一些附加条件。沙普尔二世得以自由插手亚美尼亚的事务，
开始着手吞并亚美尼亚。但断断续续的战争在他于 379 年去世前，一
直持续着。沙普尔二世取得的更大成就是，他有几次不得不兵锋东
转，迎战匈尼特人的进攻，后者在中亚河中地区、大夏建立了自己的
政权。[30]

冲突、革命和自由之爱

沙普尔二世是个强大而成功的国王，享有极高的声望。但他的
继任者倾向于容忍少数教派，制定和平的对外政策，在一定程度上维
持公正，保护穷人。诸王在限制神职人员和贵族阶层时遇到了问题，
这些人倾向于甚至习惯于不宽容以及战争，他们不喜欢任何有损自己
社会特权的举动。阿尔达希尔二世、沙普尔三世以及巴赫拉姆四世，
都死于谋杀或其他可疑的原因（巴赫拉姆被叛军指挥官乱箭射死）。[31]
他们的继任者伊嗣俟一世从 399 年起开始统治，在统治期间与罗马
人保持了和平，东罗马帝国皇帝阿卡迪乌斯甚至还邀请他成为自己儿
子狄奥多西的监护人。这一姿态直白地象征着两大帝国之间的对等地
位，此时双方进入了合作的阶段。沙珥与皇帝合作（尽管出于慎重，
保持了一定距离），以应对内外部的威胁，并彼此保持威慑。雄心壮
志的英雄时代已经落幕，尽管在 6 世纪两大帝国再次爆发战争，但这
不是由它们渴求荣耀的帝王发动的，而是它们的将军。

伊嗣俟一世继续遵循宗教宽容政策。他对犹太人很友善（他们
称之为新居鲁士），并且任用犹太人担任官员。正是在他的统治时
期，一个与众不同的波斯基督教派出现了，成为通常所说的聂斯脱利

派，其第一次宗教会议在 410 年举行。这一举措显然避免了波斯的基督徒成为罗马人的第五纵队。但不是人人都同意。沙阿的宗教政策在教士中不受欢迎，伊嗣俟像他的前任一样被谋杀了。他的名字被后来的几位继任者所采用，这一事实表明他在宫廷的圈子内仍被怀念和敬重。

沙普尔二世之后的统治是意义非凡的，因为这标志着一种王权理论的出现，超越了与特定宗教或阶级联盟或认同的体系，主张沙阿有责任去为全体臣民主持正义。这种理论我们可以从后伊斯兰时期的史料中发现，建议后世的统治者以萨珊时代确立的标准模式和思想为基础进行统治。国王基于神圣的恩典（中古波斯语／巴列维语称为"科瓦拉"，这个概念可以回溯到《阿维斯塔》和阿契美尼德时期，主要由战争的胜利证明）进行统治，允许加税和征兵，但前提是他必须公正统治而不是行暴政。不公正和暴政，会打破保证农业丰收和贸易的和平。这反过来会减少税收，减弱君王奖赏士兵的能力，威胁到他统治的稳定性。公正是将邪恶的循环转变为良善的关键。但实际上，像伊嗣俟这样的国王统治并不公正，他是根据自己的判断力，而不是琐罗亚斯德教士的思想。抽象的原则可以被任何一方用作武器。

在一番混乱之后，伊嗣俟的儿子巴赫拉姆五世继承了他的王位。他又被称为戈尔（意为"野驴"），因为他热衷于猎杀这种动物。巴赫拉姆成了一个传奇人物，围绕着他有许多故事广为流传。它们在详尽描述他的慷慨和英勇之外，也描述他对于女性、音乐和诗歌的热爱。他在希拉由阿拉伯养父抚养长大。这就是势力强大的教士们不喜欢他的原因之一。在战争中，巴赫拉姆·戈尔成功地保护了东方的波斯边界，重建了波斯人对亚美尼亚的控制，并且与罗马人签订了条约——在两大帝国都保证宗教宽容。但他对狩猎的热爱，导致了自己的灭亡。据说，438 年或 439 年他在米底泽地的一次追猎竞技活动中，葬身于流沙。

伊嗣俟二世继承了巴赫拉姆·戈尔之位，他似乎成了一个更偏向琐罗亚斯德教士的统治者。他试图在亚美尼亚重新强行推行琐罗亚斯德教，在那里挑起了内战。他似乎也允许在波斯再次恢复对基督徒和犹太人的迫害。研究萨珊波斯的专家图拉贾·达利亚义认为，伊嗣俟二世也更倾向于东方源自《阿维斯塔》及其中提到的凯扬王朝诸王的王权神话，而不是西方的阿契美尼德式的版本。[32]

在这一时期，来自北部和东部游牧部落的威胁不断加剧（罗马人也处于同样的压力之下，这也是此时波斯与罗马的战争减少的原因之一）。伊嗣俟在大多数情况下都成功地应对了他们，但在 454 年他被迫撤退。三年后他逝世。在一次家族斗争之后，他的儿子卑路斯 / 费鲁斯在被称为嚈哒人（白匈奴）的部族帮助下取得了王位。但 469 年嚈哒人在战场上俘虏了他，卑路斯被迫支付巨额赎金，割让土地，这才得以获释归国。这一时期也经受了不少苦难，还发生了旱灾，爆发了饥荒。卑路斯在 484 年再次与嚈哒人作战，却战死沙场，波斯人被彻底击败了。他的继任者为了避开东部的敌人，只得纳贡，但最终还是被废黜了。

值此危急之时，卡瓦德一世在 488 年即位了。嚈哒人已经将波斯的东部省份分割成了碎片。不断发生的饥荒、贵族们的强取豪夺以及为了纳贡而征收的税款，使农民落入苦难的境地，西部和西南部的省份则陷入了叛乱。

随后，最重要的是摩尼教的一个异端教派在一场新的革命运动中出现了。其成员鼓吹财富和对女性的欲望导致了这个世界的所有问题，所以财富就应该被平均分配，而女性应该被共有。（后者一般认为是教派敌对势力的夸张之词，但有证据证明曾建立过"圣殿和客栈"，以供人们自由约会、做爱。）[33] 这一运动以其领袖马兹达克之名，被称为马兹达克派。尽管有人怀疑，马兹达克在这场运动中到底具有多少核心作用。卡瓦德自己似乎皈依了这个新教派，将之视为一次打击贵族和教士的机会。谷仓向民众敞开，土地被重新分配。但贵族和教士试图制服卡瓦德，囚禁了他，并让他更温和的兄弟取代他的位置。乡村（尤其是美索不达米亚，但也包括其他地区）陷入了混乱。最终卡瓦德从狱中逃出，在嚈哒人的帮助下重获权威。

阿拉伯史学家塔巴里表示，卡瓦德是通过自己的女儿才逃脱的。她面见监狱长官，表示只要让她见父亲一面，就与他同床。[34] 她与卡瓦德相处了一天，之后和一个健壮的仆人一同离开，这名仆人扛着一张卷起的毯子。长官问起毯子，但女孩告诉他这是她自己睡过的毯子，因为她正值经期，要带回去清洗。长官给女孩让开了路，没有进一步检查地毯，因为他"不想让自己沾上晦气"。但等女孩和仆人出了监狱以后，卡瓦德就从毯子里滚出，他们一起逃至嚈哒人处。对于经血不洁的迷信和忌讳被证明对贵族和教士有杀伤力，这是一种宇宙真理。

在卡瓦德剩余的统治时期，以及他的儿子和继任者霍斯劳时期（531—579 年），两位国王推行了一系列重要的改革，使萨珊帝国最终成形。这两位国王都利用马兹达克革命造成的混乱，削弱了贵族和教士的力量（这在卡瓦德统治的最后几年明晰可见，当时霍斯劳的继承存在问题——教士和贵族被迫支持霍斯劳，因为害怕卡瓦德另一个支持马兹达克派的儿子成为沙阿）。或许最为重要的是，税制的改革确立了人头税，测量了纳税的土地以保证税收的公正。[35] 帝国被分成了四部分，每一部分都在一位军事长官（"斯帕波德"）的统治之下，有一位大臣（"迪万"）辅佐他，为军队提供补给。此外，还建立了一个新的教职——贫民保护人，他负责强化教士们的道德义务，以关怀社会最底层的利益（对于这一义务，他们之前可能有所忽视）。这一改革创造了或者说极大地巩固了一个新的阶层——德赫坎，这些乡绅在村庄收税，并且他们自己就是小土地所有者。德赫坎还提供了战无不胜的波斯骑兵，他们构成了沙阿军队的主力。但从此开始，他们接受沙阿的军饷，受其制约，而不是大贵族。这一关系有利于沙阿的利益，并且在提供战士的同时也提供了官员和廷臣。在伊斯兰征服之后，德赫坎阶层成为保留并传承萨珊波斯传统与文化的主要中介。

这些改革是在 520—530 年进行的。与此同时，卡瓦德觉得马兹达克已经失去了利用价值。[36]他似乎组织了一场诋毁他的教义的辩论，在这场辩论中不仅是琐罗亚斯德教士，还有基督徒和犹太人都声讨马兹达克。根据后来菲尔多西讲述的故事，卡瓦德将马兹达克和他的追随者移交给了霍斯劳，后者将这些极具感染力的追随者活埋了——头朝下埋在有围墙的果园中，只有脚露出地面。随后霍斯劳邀请马兹达克观赏他的花园，告诉他：

> 你会发现前所未见的树木，即使从古代的圣贤处也不曾听闻……

马兹达克前往花园，打开了园门，当看到霍斯劳所种之"树"，他放声大哭，昏了过去。霍斯劳将他双脚吊在绞刑架上，弓箭齐发射死了他。菲尔多西在结尾处写道：

> 如果你是明智之人，就不要重蹈马兹达克的覆辙。贵族只有这样才能保住自己的地位、妻儿和财产。[37]

这个故事可能记录了当时人们的一些态度。我们知道菲尔多西的作品是源自对事件更早期的记录。我们不能确定马兹达克是怎么死的，但清楚与其相联系的宗教革命是一个重要的事件。虽然没能成功引导共享财富的新秩序（更不用说自由恋爱了），但它确实削弱了大贵族的力量，至少为较低的社会阶层争取了一点利益，最主要的受益者是德赫坎。但如果我们换个视角，就可以看出社会与政治利益交互影响的重要信息，动乱本身可能也会呈现出一幅不同的图景。马兹达克和他的追随者，至少在最初十分倚仗国王的权威来推行他们的革命。甚至，即使卡瓦德对自己释放的力量有所误判，他还是在聪明地操纵着事态。他对于教士和贵族来说太过重要，即使是被囚禁和他们想要杀死他时也是如此。他是防止他们彻底毁灭的最后屏障。这场革命是一次迟到的提醒，提醒他们，他们的特权是建立在何种基础之上，以及君主制在维系社会方面多么重要。公正，即使不够完美（更不要说平等了），也胜过空口白话；至少，公正的原则，即使不是一个必需的权利，也让所有人对这个体制有一个合理的期待。君主的声望和权力都再次得到了确认和巩固，现在它进入了所谓的黄金时代。

"不朽者"霍斯劳

霍斯劳在 531 年即位之后，继续他父亲的改革，彻底摧毁马兹达克教派。[38] 他的宫廷成为学术中心，尤其吸引了一些希腊的新柏拉图主义者，他们在雅典的哲学院被尤利安皇帝关闭了。但正如吉本所说，这些柏拉图主义者是"柏拉图本人也羞于承认的"：

> 沮丧令哲学家无视波斯人的真正美德；较之他们的专业，他们本身更引人注意。他们妻妾成群、乱伦成婚，将死尸暴露给野狗和秃鹰，而不是葬入土地或者用火焰销化。他们用突如其来的返回来表达忏悔，大声宣布自己宁可死在帝国的边境，也不愿意享受野蛮人的财富和关爱。但是从这次旅途中他们也有所进益，这反映了霍斯劳性格中最纯净的光芒。有七位哲人造访波斯宫廷，他免除了尤利安因为他们是异教徒臣民而加于他们的刑罚；这一特赦通过和平协议而得以确认，得到了强大的调停者的保证。[39]

霍斯劳鼓励翻译源自希腊、印度和叙利亚语言的文献，据说也是在他统治时期，象棋游戏从印度引入（对此可能进行了一些修改）。他鼓励编修波斯历史和天文历法。他在国内巩固了琐罗亚斯德教的地位，但他个人更倾向于理性主义，还阅读哲学家和其他宗教的作品。由于其明智和公正的名声，霍斯劳后来获得了"不朽者"的头衔。在西方——部分由于他和新柏拉图主义者的联系——他被称作"哲人王"。在后来的记录中，阿拉伯人认为他是"公正的"。他建立了华丽的宫廷，在泰西封建起了宫殿（巨大的"伊万"拱顶到今天依然可见），其延伸出去的花园和屋内遗址已经消失。霍斯劳的统治，以他在精神领域的成就，成为萨珊王权观念的典范，是萨珊统治的巅峰。在后来的几个世纪，即便萨珊王朝已经消失许久，他还是几乎成了柏拉图主义者认为的君主模范。

霍斯劳也在战争中取得了成功，不仅击败了嚈哒人，还击败了突厥人。突厥人在早期曾对削弱嚈哒人有所帮助，但此时对帝国的北部和东北部边界造成了压力。530 年和 531 年，霍斯劳的父亲及其斯帕波德阿扎莱塞斯曾经在尼西比斯和卡利尼库斯击败过伟大的贝利撒留将军。霍斯劳继承了他们的胜利，也与东罗马（此后通常称作拜占庭）进行了一系列的战争，他总体上取得了胜利。拜占庭与波斯人重新签订了条约，支付了大量金钱，以阻止他们通过高加索入侵小亚细亚。最终，霍斯劳在 572 年重夺战略重镇达拉，这使他能够再次派遣部队袭掠叙利亚，远至安条克。拜占庭人签订了进一步的休战协定，用大量黄金收买波斯人。[40]

579 年霍斯劳逝世，他的儿子霍尔米兹德四世继承王位。霍尔米兹德似乎想竭尽所能维持父亲建立起来的平衡——支持德赫坎以对抗贵族，维护下层阶级的权利，同时抵制教士们东山再起的意图。但他是通过死刑实现了这一点，因此被琐罗亚斯德教记载为一位残酷且不公正的国王。在这种情况下，将军巴赫拉姆·楚宾向泰西封进军，他曾在东方的战争中取得过战绩，却被霍尔米兹德批评在西方表现不佳。巴赫拉姆是古帕提亚阿萨息斯一脉的后裔，来自迈赫兰家族。在其他贵族的帮助之下，他废黜了霍尔米兹德，将他弄瞎并随后杀死，将霍尔米兹德的儿子霍斯劳二世扶上了王位（大约在 589 年或590 年）。

但随后巴赫拉姆自立为王，复辟阿萨息斯王朝。这对于大多数政治阶层来说都太过分了，他们都强烈坚守王朝原则，支持霍斯劳二世的统治权。失败之后，霍斯劳二世被迫逃往西部，他在东罗马皇帝莫里斯的支持下返国，驱逐了巴赫拉姆，巴赫拉姆逃往突厥人的领地（图兰），在那里被杀。

"胜利者"霍斯劳

经历了贵族们的各种纷争和叛乱之后，在亚美尼亚和拜占庭的支持下，霍斯劳二世在 600 年得以重建自己的权威，获得了"胜利者"的头衔。这一头衔十分贴切，但霍斯劳二世并没有和自己同一名字的祖父所具有的远见和高尚品德。他可能和自己父亲被杀有牵连，他的人生充斥残酷和恶毒的事件。随着他的不断成长，这些事件愈演愈烈。他不断对自己的臣民课以重税，积聚了大量的财富。尽管他因和基督徒女孩席琳的伟大爱情故事为后人所知，但他拥有一个庞大的后宫，妻妾成群，拥有大量供他娱乐的舞者、乐师和其他艺人。他在巨大的园囿中狩猎，里面饲养了各种猎物。在宫廷里，他坐在华丽的王座上，头上是由隐藏的行星仪机械驱动的天球。

但他做得最过分的还是体现在战争之中。602 年，霍斯劳二世的恩人、拜占庭皇帝莫里斯被篡位者弗卡斯谋害并取代——一份记载上说，莫里斯被迫看着自己的五个儿子被处死，随后自己也被杀。拜占庭的领土接连陷入混乱和内战，而基督教教派间的分裂使形势进一步恶化。弗卡斯派出一支军队对付安条克持不同信仰的基督徒，并在那里展开屠杀。在埃德萨，当地一位拜占庭将军抵抗弗卡斯的军队。霍斯劳以莫里斯被害为借口，发动对弗卡斯的复仇战争，解救了埃德萨。他得以从此处扩展自己对拜占庭边境据点的控制。随后，经过一番准备，他派出自己的军队，进入拜占庭帝国东部。拜占庭人已经将自己的力量集中在西部边界，对抗阿瓦尔人，因而在东部的力量相对薄弱。

到这时（610 年），弗卡斯已经被赫拉克利乌斯废黜，后者被证明是所有拜占庭皇帝中最有能力的皇帝之一。赫拉克利乌斯拥有亚美尼亚血统，他试图与波斯人讲和，但霍斯劳无视了他。杰出的波斯将军沙赫尔巴拉兹和沙欣带领波斯军队穿过美索不达米亚、亚美尼亚和叙利亚，进入巴勒斯坦和小亚细亚。他们在 611 年夺取了安条克，613 年夺取了大马士革，随后在 614 年攻占了耶路撒冷（这让整个基督教世界震惊）。在耶路撒冷，基督徒抵抗者拒绝献城，在三个星期的攻击后城市陷落，遭到洗劫。根据拜占庭基督徒的史料，城市和周边地区的犹太人（他们数百年来遭到城市的迫害和排挤）加入了屠杀，杀死了六万基督徒。[41] 波斯人将真十字架的遗物运送到了泰西封。在接下来的四年，他们征服了埃及，控制了小亚细亚的大部分地区，直到位于博斯普鲁斯海峡君士坦丁堡对面的卡尔西登。自从居鲁士以来，没有哪位波斯沙阿曾取得这样的军事成就。

但随后，幸运女神就转变了自己的态度。赫拉克利乌斯经过精心准备，通过冲突的宗教层面发动了圣战，将自己和军队奉献给了上帝。后来的基督教编年史家，将他的出征纳入描绘十字军的篇章中。在 622 年（同一年先知穆罕默德从麦加逃往麦地那）的一次大胆进攻中，他率领一小队精英战士，从水路到达黑海的东南角，绕过所有在小亚细亚的萨珊军队，并从此地插入亚美尼亚，他故意毁坏了自己所经之处的乡村。赫拉克利乌斯给沙赫尔巴拉兹送去一封信，暗示霍斯劳想要杀他，使他按兵不动。在来自高加索北部的突厥哈扎尔人支持之下，拜占庭人进军阿塞拜疆，摧毁了波斯人最神圣的圣火庙，现在这里被称为"所罗门王的宝座"。

波斯人从小亚细亚撤军，627 年在尼尼微遭遇惨败。次年年初赫拉克利乌斯兵临泰西封，霍斯劳二世被废黜，他的儿子卡瓦德二世成为沙阿。卡瓦德向东罗马帝国请求讲和，条件是归还之前波斯人征服的所有土地，协议在 629 年达成。霍斯劳受到了审判，被控一系列罪行，包括弑父（他共谋杀害霍尔米兹德四世）、残酷对待臣民（尤其是军人和女性）、对拜占庭忘恩负义、贪得无厌，以及虐待自己的子女。[42] 但卡瓦德自己并没有表现为一个更公正的统治者，他杀害自己所有的兄弟以清除对手。这些杀戮（重现了阿萨息斯时期一些最可怕的残酷行径）意味着在接下来的年份明显缺少合法的王储。

　　战争摧毁了两大帝国一些最为富庶的省份，波斯所需支付的税款使剩下的省份陷入穷困。突厥人在波斯的东部省份肆无忌惮，哈扎尔人在西北部取得了优势。而阿拉伯人在穆罕默德的圣言号召下重新团结在了一起，他们开始劫掠，并且在美索不达米亚定居。在敌对的大贵族之间爆发了内战，洪水摧毁了美索不达米亚的灌溉系统，将丰饶的土地变成了沼泽。疫病出现，在西部省份夺取了许多人的生命，包括卡瓦德自己。内斗和混乱带来了一系列短命的君主（两年内出现了 10 位），包括之前的将军沙赫尔巴拉兹和两位女王——布兰和阿扎米杜赫特（霍斯劳二世的女儿布兰试图用一些明智的举措恢复帝国的秩序，但在有所进展之前就被另一位将军除掉了）。最终，632 年霍斯劳二世的孙子伊嗣俟三世加冕称帝。他只有八岁。

第 3 章

伊斯兰与入侵

阿拉伯人、突厥人与蒙古人

夜过图斯城，颓垣埋荒草。

故园栖鸾凤，今夕鸣夜枭。

我谓尔旧国，"朝暮何所思？"

断壁空嗟叹，大地唯苍茫。

———沙希德·巴尔希（卒于973年）

（夜枭／猫头鹰象征死亡。）

在伊朗历史中反复回响的一个问题是前伊斯兰时代、伊斯兰时代和现代伊朗之间的连续性。在萨珊统治时期，君主制和琐罗亚斯德教这些伟大的波斯体制到达了顶峰。这些都随伊斯兰征服而荡然无存，在三个世纪内几乎没有明显的留存。

但是也有一些无可辩驳的事实指向了另一个方向。首要的就是语言。波斯语留存了下来，而其他许多阿拉伯人征服土地上的语言，都被阿拉伯语取代了。波斯语较之中古波斯语，或说是帕提亚和萨珊时期的巴列维语有所变化，从阿拉伯语借用了大量词语，并在晦暗不清的两个世纪后重新现身，变成了现在伊朗人所说的优雅简洁的语言。[1]有些人可能会说波斯语成为一种新语言，就像英语在中世纪诺曼征服之后的变化一样。人们继续说波斯语，波斯语开始用阿拉伯文书写，现代波斯语自11世纪以来没有显著的变化。尤其是那个时代流传下来的诗歌，很容易被现代伊朗人理解，它们在学校里被研习，经常被人们吟诵和引用。

还有另一座不朽丰碑留存了下来，其本身就和语言、历史、民间传说和诗歌有关——菲尔多西的《列王纪》。这是过渡时期最伟大的单体诗，其中所含的篇章和故事，甚至时至今日也为大多数伊朗人熟知。菲尔多西重构了传统故事典籍，其中的伊朗国王和英雄，已经在其他史料的片段中为人所熟知。他精心写作，仿佛在一个时间胶囊中，尽其所能保留了前伊斯兰的文化。故事本身的语言，避免使用一切阿拉伯语外来词，除了少数在菲尔多西时代已经成为必不可少的日常用语的阿拉伯语借用词，尤其是书面语。这就是影响了后续几乎所有伊朗诗人的诗歌特点。而故事中的人物——凯·卡乌斯、罗斯塔姆、苏赫拉布、霍斯劳、席琳——对现代伊朗人而言就像菲尔多西时代一样为人熟识。

但在讨论菲尔多西之前，我们要提前介绍一些事件，理解伊斯兰教的重要意义和穆斯林统治最初三个世纪的历史，这对于我们理解他是非常有必要的。

穆罕默德

穆罕默德时代的阿拉伯人并不只是单一的贝都因人。穆罕默德是一个商人的儿子（570年左右出生在麦加），后来他为一位富有的寡妇担任商队的护卫和领队。最终，他与那位寡妇结婚，并自己运作生意。这是一个社会和经济领域都发生变革的时代。像麦地那和麦加这样的城镇成了阿拉伯半岛的重要生活区。而在简朴的游牧价值观和精致复杂的城市生活方式之间也存在着紧张的关系。在部落的传统多神教和城市犹太人的一神教之间这一问题尤其突出（在阿拉伯半岛存在重要的犹太人社群——特别是在麦地那，但别处也存在）。和在波斯一样，宗教思想和商人的贸易货物一起穿越整个半岛，乃至更远方。在阿拉伯人的市镇，基督教隐修者、犹太人和有多神信仰的阿拉伯人比肩而居。阿拉伯人作为雇佣兵同时为萨珊和拜占庭效力。南方加萨尼人和莱赫米人的阿拉伯王国，和北方的亚美尼亚一样，充当两大帝国的缓冲国。阿拉伯人居住在现今伊拉克的西部，向北远达叙利亚。

穆斯林相信，穆罕默德大约于 610 年，在麦加附近的山丘上，从天使加百列处得到了他的第一次启示，这出现在《古兰经》第 96 章的开篇五行中。早期的启示声称有一位公正的神，他在审判日会依据人一生中的基本功业，决定是前往极乐世界还是地狱。他们谴责虚荣自大、无视穷苦、欺凌弱小，强调祈祷的义务。613 年左右穆罕默德开始布道，传播他在麦加得到的启示，他受到的待遇反映了社会的分裂与紧张的局势。他早期的皈依者主要是穷人——弱小氏族的成员和较富裕家庭的幼子。但他的布道创造了社会权威的另一极，威胁到了麦加既有秩序的维护者。同时，他还谴责多神教，而多神教的各种事务能给统治家族带来源自宗教朝拜者的收入。

最终，来自麦加统治家族的敌意，使得穆罕默德在此地无法立足。他逃离了麦加，并在 622 年进入麦地那，受到一群精英公民的接纳。麦地那的生活已经被对立各氏族之间的竞争破坏，对穆罕默德的欢迎似乎反映了他们需要一位仲裁者，防止进一步冲突。结果证明，穆罕默德到达麦地那，标志着一种新的精神领导原则得到接纳，取代了之前基于家族亲缘的结构。穆斯林将转移到麦地那称为"希吉拉"加以纪念，意思是"迁移"，在早期伊斯兰历史中有重要意义。迁出麦加，并在麦地那建立起穆斯林社群，是伊斯兰教历起始的时间。

一开始，穆罕默德身边的这个群体是向犹太人和基督徒开放的，但逐渐明确的是，这种启示被述说成为一种新的宗教，与犹太教和基督教都不相同（尽管建立在其之上并超越了两大宗教先知的教导）。简而言之，穆罕默德排斥三位一体和耶稣的神性，而犹太教也拒绝穆罕默德按照《旧约》中犹太先知的模式将自己塑造成为先知的形象。

在麦地那的时期很重要，因为这里有三个重要的犹太人部落。早先，穆罕默德将耶路撒冷作为朝拜的方向，并且做出了其他对犹太教怀柔的规定。伊斯兰教最早、最基本的要素在内容和意义上和犹太教惊人地一致。但犹太教拒绝接受穆罕默德的启示，他们和穆斯林之间的关系恶化了。犹太部落被指控暗中和麦加人勾结，他们相继被驱逐出麦地那。在约 627 年他们企图于壕沟之战中背叛麦地那人之后，他们的财产被没收，所有部落男性被屠杀。[2] 其余的居民都皈依了伊斯兰教，麦地那随之成为一个统一的穆斯林公社的模板——乌玛（umma）。

伊斯兰教此时有些像它最终在《古兰经》中所表现的模式了。信仰建立在五大支柱的基础之上：萨哈达——承认唯一神的存在的义务，穆罕默德是他的先知；祈祷；天课；朝觐；还有斋戒。这五大支柱提供了社会的规范和秩序，强行推行理性的道德准则以取代之前混乱的部落习俗。它们建立了一个共同性和兄弟关系的首要伦理，同时强化了一些家族和氏族忠诚的传统。血亲复仇和离婚受到打压和约束。乱伦被取缔，商业活动中的诚实和公正受到鼓励。

女性在穆罕默德生平的故事中有着重要的地位——首先是赫蒂彻，随后还有他后来的妻子阿伊莎和其他人，以及他的女儿法蒂玛[3]，这在他为她们所做的规定中有所表达，在保持男性最高地位的同时，限制男性加于女性之上的权力。《古兰经》鼓励在婚姻中尊重女性，尊重她们的谦逊和隐私。虽然没有特别规定女性的穿着或者面纱，但一些人提出面纱起源于一种精英的惯例，袭自基督教拜占庭的宫廷，也许可以和维多利亚时代英国贵族阶层女性的习俗相比较。《古兰经》给予女性以自己的名义拥有财产的权利，同样也劝阻前伊斯兰时代杀死不需要的女婴的习俗（在第 81 章谈到审判日时说："……当被活埋的女婴被问及她因何罪被杀时；当人的功过记录被打开之时，天国被剥得赤裸；当地狱猛烈地燃烧，而天国接近之时，随后所有的灵魂将会知道曾经做过什么。"）。许多人判断，较之后来的阿拉伯和穆斯林实践，《古兰经》的思想和穆罕默德的榜样，更有利于女性。[4]

希吉拉后的 10 年，人们对麦加统治家族的敌意持续不断，最终与麦加统治家族爆发了战争，同时传教士们也在向整个阿拉伯半岛的部落传教。穆罕默德和他的追随者逐渐取得了优势，最终在 630 年麦加人接受了伊斯兰教和穆罕默德的最高地位。麦加的克尔白成为伊斯兰教最核心的圣地。伊斯兰教对于麦加抵抗者的胜利，使其赢得了绝大多数的阿拉伯部落。到 632 年先知去世之时，绝大多数阿拉伯部落统一在这个新的宗教之下。伊斯兰教精力充沛、充满理想，并决心扩大自己的统治范围，创造一个强大的宗教、政治和军事力量，以改变这个地区和整个世界的面貌。

阿拉伯征服

穆罕默德逝世，穆斯林乌玛面临分裂的威胁。不同的派别对继承有不同的想法，一些部落寻求重获自身的独立。穆罕默德的友人阿布·伯克尔被选为先知的继承人，成为第一个哈里发（意为继承者）并许诺遵从穆罕默德的榜样，自然也包括像穆罕默德曾做过的那样，致力于传播伊斯兰教的启示——通过谈判和武力，包括袭击敌对的领地。最初，这意味着统一阿拉伯半岛的南部和东部，随后向北扩张进入现今的伊拉克和叙利亚。扩张的动力有助于稳固最初四大哈里发的统治（他们被逊尼派穆斯林称为"Rashidun"，即正统哈里发），但他们的统治仍然动荡不安，其中三人死于非命。

从劫掠转变为精心策划的征服战争，其关键点是 634 年加沙附近的阿吉纳代因之战，在此地阿拉伯穆斯林击败了一支被派来恢复巴勒斯坦秩序的拜占庭军队。由此次胜利激发出来的自信心，激励了进一步的胜利：636 年大马士革被夺取，同一年一支拜占庭援军在雅穆克战役中被彻底击败，确立了穆斯林对叙利亚的控制。他们的敌人发现，在作战时伊斯兰教给予阿拉伯人几乎无与伦比的团结力和自信心。这一特质后来被伟大的阿拉伯史家伊本·赫勒敦描述为"阿萨比亚"（asabiyah），可粗略翻译为"群体意识"。在随后几年，穆斯林军队转向东进攻萨珊帝国。

波斯和拜占庭一样，因霍斯劳二世统治时发动的战争而被削弱。萨珊王朝最初击退了阿拉伯人进入美索不达米亚袭扰的军队，但在637 年国王伊嗣俟三世的王室军队在卡迪西亚（靠近现今伊拉克的希拉）被击败，此后阿拉伯人占领了泰西封和整个美索不达米亚。阿拉伯将领劝说哈里发继续进攻波斯，使伊嗣俟无法反击。641 年，他们在哈马丹附近的纳哈万德第二次击败了他。在此之后，萨珊王朝的抵抗实际上崩溃了，伊嗣俟逃往东部，乞求当地统治者帮助他对抗阿拉伯人（651 年他在梅尔夫被杀死——不是被入侵者，而是像大流士三世一样被他的一位臣属杀死）。尽管像库姆和卡尚这样的城镇曾在投降之前苦战，塔巴里斯坦地区里海沿岸省份的抵抗持续了多年，但阿拉伯人逐渐确立了他们对伊朗高原的统治。[5] 呼罗珊在 654 年被征服，尽管里海南岸沿岸还有东北部的外围领土进行了抵抗，但这些地方都被夺取，巴尔赫在 707 年被占领。

在大多数情况下，征服并没有伴随大规模的杀戮、强制转变信仰或者我们今天所说的种族清洗。反而，新的阿拉伯主人满足于简单取代他们所征服土地上的统治精英，并将之作为一项政策。阿拉伯军队驻扎在新土地的武装营地内，位于已有的城市或者新定居点的边缘，或者位于耕地和未开垦土地之间的空地，以便放牧牲畜。阿拉伯

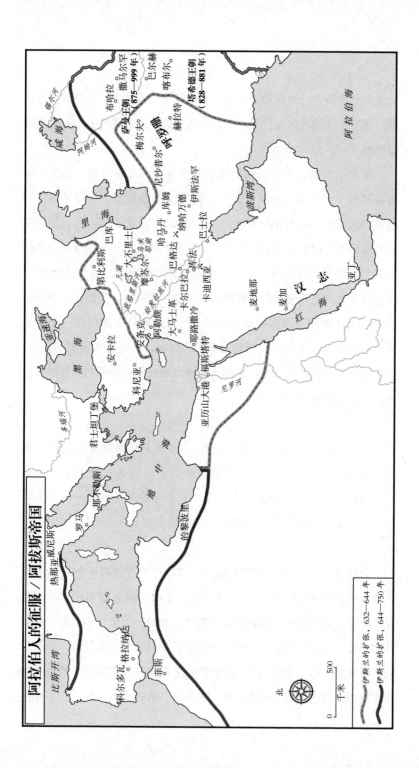

人通常允许地主、农民和商人去正常运作他们的营生，只没收国有土地、琐罗亚斯德教神庙以及那些在作战中逃亡或者战死的旧有精英成员的地产。

　　征服结束后，宗教政策同样显示出宽容而又有限制。穆罕默德明确规定了对基督徒和犹太人（"有经者"）的宽容，条件是他们要纳贡，这成了一种对非穆斯林的专门税收（"吉兹亚"）。但这使伊朗人的琐罗亚斯德教处于一个灰色地带。在琐罗亚斯德教徒受到正常的宽容、归属于"吉兹亚"之前，许多圣火庙被摧毁，教士被杀死。[6]新统治者的示范和阿拉伯士兵进入新领地的定居点，开始了一个缓慢的伊斯兰化进程，许多伊斯兰戒律与马兹达教具有相似性——正义的思想和举动、审判、天国和地狱等，因而这一进程变得更加容易。这一时期有一次宗教动乱，期间许多概念和规则跨越不同的教派成为共识。考虑以下内容：

　　　　……无论他何时死去，会有 80 位少女天使带着花与他相会……还有一座金质的床架，她们会对他说不要害怕之类的话……而他的果报，将化身为一位奇妙的神圣公主——一位不朽的贞女——来到他的面前……她将引领他前往天国。[7]

　　这段给人留下深刻印象的篇章，借用了马兹达教中达埃纳引领灵魂至天国的观念，将之与《古兰经》相似的极乐世界中"天国之女"的概念联系起来。但这个文本是摩尼教的，以来自中亚的伊朗粟特文写成。包萨尼指出了在琐罗亚斯德教的经文和《古兰经》的篇章中一系列重要的对应。[8]除却穆罕默德受启示的那些坚定、明确的指导性原则，其他的早期观念不断涌现出来，有时会在一些更为多样化和包容的伊斯兰教派中重现。

伊朗的有产者和精英阶层有兴趣皈依伊斯兰教，以免除"吉兹亚"。他们和一些更为温和的民众转变了信仰，依附于阿拉伯氏族或家族，成为"马瓦利"（即委托人），有时会取阿拉伯语名字。但绝大多数伊朗的居民在几个世纪中都没有成为穆斯林。对征服者的限制，可能是对征服成功的另一个重要的解释——新帝国的许多臣民可能比之前少受重税，而普通的伊朗人可能从贵族阶层的代换中受益，而且伊斯兰教制定的教士体制更加平等，他们强调普通穆斯林对于穷人的义务。但和其他时代一样，胜利者书写了历史；如果更多来自同时期被征服民族的史料得以留下来，这一幅宽容的图景将会变得有些黯淡。在雷伊和伊斯塔赫尔存在大屠杀，这两处都是马兹达教的宗教中心，因而要比别处抵抗得更厉害。[9]

伍麦叶王朝和阿拔斯王朝

在穆罕默德逝世后的 20 年，他的阿拉伯继承者征服了我们现在称之为中东的绝大部分领地。100 年后，他们控制了从大西洋延伸至印度洋的区域。从此之后，伊朗"扎明"（zamin，即伊朗的土地）在近千年的大部分时间里都由外族君主所统治。但征服、财富与权力的问题，也在胜利的阿拉伯人中制造了新的紧张关系。

第四位哈里发阿里是穆罕默德的堂弟，他娶了穆罕默德的女儿法蒂玛。尽管阿里与先知有这种亲密关系，加上他自己也享有虔诚之名，但阿里的哈里发生涯被他与前任哈里发奥斯曼的追随者之间的内战所摧毁。当 661 年阿里遇刺时，奥斯曼的近亲穆阿维叶宣称自己是哈里发，标志着伍麦叶王朝的开始，这一名称可以追溯至麦加的统治家族之一，在麦加臣服于伊斯兰之前，穆罕默德曾经与之战斗。

　　不久，新帝国采取了集合其先例罗马与萨珊波斯的管理模式。首都迁至大马士革（当然，那时这是一座几世纪以来经历基督徒、罗马人和拜占庭统治而形成的城市），并且从此之后，哈里发主要是父死子继。伍麦叶王朝在统治帝国时强烈偏向阿拉伯人，对臣民进行区别对待，但是此种做法在阿拉伯人中遭到批评，认为太过世俗化并做出了太多妥协。他们远离了自己的本源，在宗教仪式中松懈，依赖雇佣兵，而不是血亲和氏族的追随者。随着帝国及他们职责的扩展，这些改变必然不可避免，但这也成了一种回应——伊斯兰教中虔诚与政治权威之间永恒紧张关系的一部分。

　　这一时期，人们对于伍麦叶王朝的统治权一直存在不满。一个群体——哈瓦利吉派——认为，哈里发应该从受到大众认同的正统穆斯林中推选，并且如果有过错就要将之罢免。从长远来看，另一个群体被证明更为重要，他们不满正统的逊尼派伊斯兰教（他们的名称来自"sunna"——先知的言行），最终创建了一个持久的分裂派别。这些穆斯林认同阿里，以及通过他延续的先知家族血统。他们认为阿里应该成为第一位哈里发，并且哈里发应该出自他的支系，而这（通过阿里的妻子法蒂玛）也是先知本人的家系。阿里的次子侯赛因试图在680年发起反叛，但在卡尔巴拉受到伍麦叶王朝军队的镇压，并被杀死。这是一次决定性的事件，我将在下一章详细解释其重要意义。最终，对先知家族的依赖——对阿里及其后裔——演化出了一套神学理论和坚定信念，即阿里的后裔是伊斯兰教中唯一合法的权威，成了我们现在所说的什叶派。

　　紧张与不满在8世纪中叶达到了顶点。在8世纪40年代，库法爆发了针对伍麦叶王朝的叛乱。他们对外在中亚河中地区和安纳托利亚分别被突厥人和拜占庭人击败。随后在 8 世纪 40 年代末，一位波斯皈依者——阿布·穆斯林，发起了一场反抗呼罗珊伍麦叶统治的反叛，在那里留存的旧波斯土地贵族（德赫坎）与新的阿拉伯定居者之间富有创造性的互动最为强烈，通婚和转变信仰时常发生。这显示出了文化的真正融合，阿拉伯定居者接受了波斯人的语言、服饰，甚至一些前伊斯兰时代的波斯节日。

　　阿布·穆斯林以先知家族之名领导叛乱，因此隐藏了运动的最终目标，并确保获得广泛的呼应。阿布·穆斯林及其追随者得到了呼罗珊阿拉伯定居者的支持，这些人对自己担负的税收怨恨不已，并且感觉遭到了伍麦叶王朝的背叛。他们击败了当地的反对派，以梅尔夫为起点，在黑色旗帜下领军向西。他们在 749—750 年的一系列作战中，击败了伍麦叶王朝的哈里发派来对抗他们的军队，750 年在库法宣布新哈里发——阿布·阿拔斯（阿拔斯王朝因他得名）——即位。阿拔斯并不是阿里的后裔，而是穆罕默德另一位堂弟的后人。不久之后，新哈里发对呼罗珊地区给予阿布·穆斯林的持续强烈支持感到不安，于是将他处决了（755 年）。[10] 其影响是认可了逊尼派的正统地位，再一次将最初支持反抗的哈瓦利吉派和其他追随阿里的群体边缘化。但阿布·穆斯林的反抗是伊朗的另一次重要宗教革命。他被伊朗人还有后来伊朗的什叶派长久怀念，他们认为他是一位正直、勇敢、成功的革命者，却被由自己推上权力之位的人背叛。

　　阿拔斯王朝将新首都建立在巴格达，而非之前的大马士革，巴格达就在原先萨珊王朝的都城泰西封附近（尽管阿拔斯政府的所在地后来向北移到了萨马拉）。在更深层意义上，帝国的重心也向东移动了。随着时间的推移，波斯人对于新王朝宫廷的影响越来越显著（尤其是通过波斯的巴尔马克官宦世家），并且一些历史学家将阿拔斯的至上权力描述为一次波斯人对阿拉伯征服者的文化再征服。在伍麦叶王朝统治时期，波斯人的影响就已经开始增强。但这时萨珊宫廷实录文献被翻译成阿拉伯文，并且被新的官僚机构所运用。这创造了一个更加阶层分明的管理模式。哈里发与诉愿人之间的联系被官员屏蔽，这与早先伍麦叶王朝的做法有所区别。那时哈里发仍旧在集会中接受部落领导人的建议，并且以古老的父权制操纵他们的忠诚与联盟。此时，新的官员在阿拔斯王朝的政府中出现，包括维齐尔，即首席顾问、首席大臣，日常行政分配给几个独立的部门，即被称作"迪万"的机构。这些机构直接取自萨珊宫廷，在伊斯兰统治下存续了千年。

这种影响也显示在阿拔斯王朝的建筑构造中，波斯建筑师建造了许多巴格达的建筑。甚至新都城的圆形设计，也是仿照自法尔斯费罗扎巴德的萨珊王城。伍麦叶王朝倾向于遵循拜占庭的建筑模式，而阿拔斯王朝的风格则基于萨珊的风格。这显示在拱墙环绕的公共空间、灰泥装饰的使用、穹顶构建在下方直墙体建筑之上等方面，尤其显示在萨珊建筑的典型标志"伊万"之中。这是大型的开放拱门，通常在宫廷一侧的中央，带有向每一侧延伸的拱廊，用作会客厅。和其他来自萨珊波斯的文化遗产一样，这些建筑设计在伊斯兰世界中留存了多个世纪。[11]

特别是在阿拔斯王朝哈里发曼苏尔治下，许多波斯官员和学者来到宫廷，主要来自呼罗珊和河中（尽管他们依然用阿拉伯语工作，许多人还取了阿拉伯语的名字）。这些波斯人遇到了一些阿拉伯人的抵触，后者称他们为"阿贾姆"（Ajam，意为哑巴或者说话不清的人）——对他们糟糕的阿拉伯语的蔑称。波斯人通过所谓的"舒欧比亚"运动，捍卫自己和自身文化的独特性，对抗阿拉伯沙文主义，这个名称来自《古兰经》第 49 章的一段诗文，其中安拉要求不同的民族之间应该互相尊重。这主要是在波斯文士和官员中兴起的一个运动，他们的对手（包括一些波斯人）往往是学者和语言学家。但"舒欧比亚"有时超出了平等的主张，支持波斯文化，尤其是文学的优越地位。鉴于波斯的宗教史，以及许多波斯人对于马兹达教或者马兹达教分支派系信仰挥之不去的依恋，"舒欧比亚"同样意味着对伊斯兰教的挑战，或者至少是对阿拉伯人所实践的伊斯兰形式的挑战。一则同时期的讽刺故事记录了一个典型的年轻文士的态度，清晰地体现在记录萨珊君主制历史和规程的文献的字里行间：

> ……他的第一个任务是攻击《古兰经》的行文，并谴责其矛盾之处……如果有人在他面前承认先知创作的高明，他就拉下脸来，在他们的优点被赞美时背过身去……随后他马上打断谈话，说起阿尔达希尔的异教政策、"不朽者"的统治，以及萨珊王朝令人钦佩的国家运作方式……[12]

最终解决这一冲突的方式被证明是同化并形成综合体，但"舒欧比亚"给予了巴格达的波斯人一种集体的自信，并帮助他们确保了在这个综合体中，前伊斯兰的波斯文化作为一种强大的要素留存了下来。[13]像同时期关于自由意志和《古兰经》性质的宗教争论一样，"舒欧比亚"是一种冲突、改变和创造活力的标志。

受到波斯人创造力的鼓动，阿拔斯王朝的统治确立了一套标准，后来此段统治期被视为黄金时代。巴格达发展成为中国以外世界上最大的城市——到9世纪它拥有约40万人口。阿拔斯王朝尽力避免宗教虔诚与政府之间的紧张关系，摒弃了伍麦叶王朝阿拉伯人优先的原则，同时在所有穆斯林中建立起平等的原则，用以在所有穆斯林中巩固他们的支持。这种包容精神甚至将基督徒、犹太人和阿里的后裔都纳入政府之中——只要证明他们对政权忠诚即可。

整合阿拉伯所征服的广大区域，使之归于阿拔斯王朝的哈里发和平而又有序的统治之下，这带来了新的又有活力的贸易，同时也释放了巨大的经济能量。哈里发鼓励发展农业，尤其是灌溉，这将创造新的繁荣，尤其是在美索不达米亚和伊朗高原。随后的几个世纪，那里广泛引入了稻米、柑橘类的果树，以及其他新奇事物。[14] 呼罗珊和河中地区，从通往中国的古代丝绸之路的贸易复兴、农业的进步、阿拉伯人与波斯人的新旧交融中获得了巨大的利益。因为这些改变，这些地区进入了自身经济和文化的黄金时代。

阿拔斯王朝的体制，首先依赖各省份总督所设立的地方控制网络，它们跨越帝国的广大领地，其次是依赖使这些总督与巴格达中央联系起来的官僚体系。总督在当地收税，扣除他们自己的花费（包括军事支出），剩余的交至阿拔斯王朝的宫廷。中央政府对地方的控制程度相对较低，因为这种安排将相当大的权力放在了总督的手中，长此以往将会削弱哈里发的权威。

阿拔斯王朝的宫廷变得富有了，文化氛围也变得浓厚起来。历代哈里发，尤其是哈里发马蒙（813—833 年在位，他本人是一个波斯嫔妃之子），鼓励并支持学者将古代文献翻译成阿拉伯文。最初这些文献翻译自波斯语，后来也译自古叙利亚语和希腊语，来自广阔的被征服土地。阿拔斯王朝第二任哈里发曼苏尔（754—775 年在位）建立了一座新的图书馆——"贝特希克马"（即智慧宫），试图吸纳所有的知识，并将之翻译成阿拉伯语。这一理念直接借用了萨珊王室图书馆的模式，智慧宫广泛收纳了来自胡齐斯坦冈德沙普尔的文献和学者，那里曾是萨珊王朝最著名的学术中心。[15] 冈德沙普尔在此之前一

1.新巴比伦王国国王尼布甲尼撒二世曾率军两次征服犹太王国，大批犹太民众、工匠、祭司和王室成员被掳往巴比伦，直至公元前538年波斯国王居鲁士打败巴比伦，被囚掳的犹太人才获准返回家园。这幅描绘"巴比伦之囚"的油画由法国著名画家雅姆·蒂索于约1896—1902年所绘。

2.琐罗亚斯德教是伊斯兰教诞生之前西亚最有影响的宗教，也是古代波斯帝国的国教，曾被伊斯兰教徒称为"拜火教"。图为现代伊朗一处由印度的拜火教徒出资修建的火神庙。火神庙上方镌刻有阿胡拉·马兹达的形象。

3.火神庙里的小厅有一间用玻璃和栏杆严密隔开的房间,里面有一个大鼎,圣火就在里面燃烧。

4.居鲁士大帝的陵墓旁有一根巨大的石柱,上面用古波斯语、埃兰语和古巴比伦语这三种文字镌刻着"我,居鲁士,万王之王"的碑文。

5.这幅图为伊朗亚兹德的一处寂静塔，即天葬台。寂静塔是琐罗亚斯德教推崇的陵墓葬俗，他们将死者暴露在寂静塔中，供鸟类分食。

6.位于伊朗法尔斯省帕萨尔加德遗址的居鲁士大帝陵墓。

7. 波斯波利斯古城遗址描绘波斯士兵行军场景的浮雕。

8. 波斯波利斯古城遗址。这幅图是被称为"万国门"的宫殿正门。门边侧柱上雕刻着人面兽翼像，人面的老者形象象征智慧，翅膀则是自由的象征。门上刻着用古波斯语、埃兰语和古巴比伦语这三种文字所写的铭文"薛西斯一世创建了此门"。

9.波斯波利斯古城遗址塔查拉寝宫的石头基座浮雕，刻绘的是波斯士兵的形象。

10.苏萨大流士的宫殿釉面砖，描绘的是波斯军队里的弓箭手，有可能是著名的长生军，约公元前510年。

11. 这幅浮雕描绘的可能是阿契美尼德王朝国王薛西斯正在杀死一名希腊重装步兵的场景，约公元前 500—前 475 年，现存于大都会艺术博物馆。

12. 波斯"帝王谷"（Naqsh-e Rostam）是古波斯阿契美尼德王朝四代国王的墓地。这幅图从左至右为大流士二世、亚达薛西一世、大流士一世的陵墓。和这三座陵墓山体右侧成直角相连的山上开凿了薛西斯一世的陵墓。

13. 大流士一世的陵墓。

14. 亚达薛西一世的陵墓。

15.庞贝古城描绘伊苏斯之战场景的马赛克画。

16.波斯"帝王谷"中的一块大型石刻,描绘的是阿尔达希尔在马背上从阿胡拉·马兹达手中接过王权象征的场景。

直存在着，但似乎从此之后与巴格达相比黯然失色。与此同时，学术的传播也得益于中国造纸术的引进，昂贵而又粗笨的莎草纸和羊皮纸得以被取代。

马蒙似乎鼓励将重心转向占星术、数学以及希腊文献的翻译，由胡奈恩·伊本·伊沙克牵头和监督。这些发展导向了我们所说的 9 世纪复兴，波斯学者用阿拉伯语写作，发现并应用了希腊人的经验，尤其是哲学、数学、科学、医药、历史和文学。新的学术不只是被动的，更是创造性的，产生了新的科学著作，文学、历史以及诗歌的旷世之作，构成了长久之后文化成就的基础——包括接下来几个世纪的欧洲。

得益于有名望的哲学家金迪和法拉比，亚里士多德和柏拉图的哲理通过翻译得以获得特别的影响。伟大的史学家塔巴里也于这一时期在巴格达工作。通过科学化的解剖学、流行病学和其他学科的研究，医学在古典时代希腊医师盖伦的成就基础之上，获得了显著的进步，并最终远远将之超越。许多成就后来得到整理，并通过另一位波斯人的作品而为西方人所知，就是伟大的阿维森纳（原名伊本·西纳，980—1037 年）。阿维森纳的作品在东西方都很重要，因为他陈述了亚里士多德的哲学理论，尤其是逻辑学。从阿维森纳的时代开始，基于亚里士多德体系的论辩，开始成为东部宗教学校（madresehs）高级教学的核心。

这是一个在学术领域充满动力、激情和探索的时代。对于接下来的几代人而言，阿拔斯王朝的宫廷成了统治和其他领域的典范，在精神文化领域也是如此。11 世纪由波斯人在巴格达完成的阿拉伯文译作，后来在 12 世纪通过像克雷莫纳的杰拉德这样的译者，在西班牙托雷多翻译成拉丁文，介绍给了西方的读者。接触这些作品给西方学术界带来了新的活力。阿维森纳和后来的阿拉伯亚里士多德学派的主要代表阿威罗伊，成了欧洲新兴的大学中耳熟能详的人物，在托马斯·阿奎那的时代之后，亚里士多德的哲学以他们的范式，统治欧洲学术界200多年。

但与此同时，在帝国境内的各城镇发展出了一种独立的伊斯兰学术传统。这一门学问独立于哈里发的权威，转而基于《古兰经》和《圣训》的权威（关于先知生平、言行的记录以及其他相关材料，在他逝世后几个世纪收集整理而成，可靠度各不相同）。乌理玛——从事这些宗教文献研究和解释的学者——倾向于反对宫廷的繁复世故与富丽堂皇。这在马蒙和他的继承人时期尤其明显，这时的哈里发和宫廷倾向于被称为"穆尔泰齐赖派"——它偏向于意志自由论——的宗教思想，这种学说源自《古兰经》所创立的基础，以及（部分受到希腊哲学的影响）基于理性对宗教文献进行解释的合法性。

与之相反，许多宫廷圈子之外的乌理玛倾向于一种决定论的立场，并且出于对自身文献的自满，极为守旧。他们也不赞成伊斯兰以外的影响。阿拔斯宫廷与乌理玛的文化共存，传递出了伊斯兰教统治下政治权威和宗教之间的持续紧张关系。最终，传统主义的倾向在四大逊尼派学派——罕百里、沙斐仪、马利基和哈乃斐——中获胜了，但做了一些变动和妥协。

穆尔泰齐赖派思想的多个方面，在独立的什叶派传统中受到了更为强烈的影响。伟大的阿拉伯史学家和社会理论家伊本·赫勒敦在14世纪指出，大多数的《圣训》学者和神学家都是以阿拉伯语写作的波斯人（逊尼派四大学派中的两个就是由波斯人创立的）。创立阿拉伯语的语法，并将之正式记录下来的语言学家也是如此。[16]在伊朗的土地上，乌理玛的习惯用法是将阿拉伯词汇引入波斯语的主要途径，直到今日，波斯毛拉的阿拉伯化倾向都最为显著。

在更大众的层面，宗教派别和团体在伊朗村镇激增，包括被穆斯林和琐罗亚斯德教徒二者都视为异端的派别。这些团体通常包含马兹达克派的思想，被贴上"胡拉米派"的标签[17]，这一称呼可能来自一个表示"粗俗"或者"欢乐"的词语。这样一些团体最初牵涉进了阿布·穆斯林的起义，但也涉及其他的动乱，包括乌斯塔德·西斯起义（767—768 年）、穆盖奈尔起义（780 年），都主要以呼罗珊为核心，还有 817—838 年发生在现今库尔德斯坦和阿塞拜疆的巴贝克起义。这些动乱中有几个显示出了千禧年主义以及其他特征（包括以酒和女性作为主题的反穆斯林的庆典），部分参照马兹达教，这些特征随后在什叶派和苏菲派中重现。例如关于女性的，有同时期的材料这样描绘胡拉米派：

> ……相信可以公开地与女性亲近，只要女性本人同意，而且只要自己从中得到快乐、出于天性使然，就有权自由使用任何物品，前提是没有人会因此受到伤害

还有，

> 他们说，女性就像花朵，无论何人亲其芳泽，都不会有丝毫损失。[18]

早在哈里发哈伦·拉希德（786—809 年在位）时期，扰乱与分裂阿拔斯统一帝国的进程就已经显现出来了。各省的总督因其地方权威而受到重视，并且出于这一原因得以留任，他们开始将自己的统治

权传承给子弟，创立了地方王朝。这些人获得了自己的宫廷、新的文化和权力中心。此举也大大增加了他们的支出，因而送往中央的税收余额减少了。他们很快在事实上独立了，尽管他们中大部分人依然顺从于哈里发，继续将其视为伊斯兰的核心权威。

从帝国历史的性质来看，它们的故事是从衰落继而灭亡的角度进行表述的。历史学家总是找寻事件的说明、原因和起源。当论及帝国时，这往往意味着它们的终结在历史长河中投下了漫长倒退期的长长阴影。例如，这将使得阿拔斯帝国的体制和机构从一开始就看起来是有缺陷和错误的。这会将人引入歧途。阿拔斯时代是一个人类取得巨大成就的时期，在政治上如此，在文化、艺术、建筑、科学和文学上也是如此。新思想得以解放，并且在一个庞大的领域和旧思想进行交融，总体上聚合而成一个行仁政、宽宏大量的政府，带来了一种具有活力且产生巨大影响的文明，远远领先于当时的欧洲。

第一个与中央政权分庭抗礼的地方王朝是呼罗珊的塔希德王朝（821—873 年），随后是锡斯坦的萨法尔王朝（861—1003 年）以及布哈拉的萨曼王朝（875—999 年），它们都是源于伊朗的王朝。萨曼王朝以布哈拉和巴尔赫附近的区域为基础，宣称是萨珊王朝王子巴赫拉姆·楚宾的后裔。这些王朝（尤其是萨曼王朝）和那些随后的王朝（特别是伽色尼王朝与白益王朝）都倾向于设立以波斯官僚、学者、占星术士和诗人装点的宫廷。这些地方宫廷以这种方式模仿巴格达伟大的哈里发宫廷，提高了自己王朝的声望，同时隐藏自己所占有的权力。否则，这种权力会赤裸裸地依靠残酷的军事力量加以体现。这些宫廷的赞助者致力于在伊朗的东部土地上促成知识和宗教的萌芽，当时一种新形式的波斯语的潜力正有待挖掘，一大批精彩绝伦的诗歌文学创作开始大规模涌现，包括一些有史以来最出色的诗歌。这些诗歌对于大部分西方读者太过陌生，其内容太过新奇惊人，其影响对后来伊朗和波斯化文化的区域十分重要，以至于需要得到更详细的关注。

爱寓于酒中
诗人与苏菲派，突厥人与蒙古人

从一开始，波斯诗歌的宏伟主题就是爱情。这是一片充满爱意的大陆——性爱、神圣之爱、同性之爱、不求回报之爱、无望之爱与有望之爱。这是对于遗忘、结合、慰藉和绝望之爱的渴求，通常会同时包含以上两种之爱或更多。它们相互交融，通过隐喻进行模糊的暗示。而在其他时代，爱甚至不会被提及，尽管如此，爱还是会通过其他的隐喻加以呈现，尤其是通过另一个伟大的诗歌主题——酒。

可能，这一时期的波斯诗歌从失落的萨珊王朝宫廷诗歌——爱情诗歌与英雄诗歌——传统中继承了思想和模式，例如菲尔多西的《列王纪》，就来自广为人知的波斯诸王的传统故事。但大部分的诗文形式都直接沿用了之前的爱情主题，源自之前的阿拉伯诗歌传统，并且反映了伊朗人和阿拉伯人在征服战争多年之后，在语言和文化材料方面的交流。而这些诗歌的片段在早先的时代就为人所知，最初，大量的诗歌来自塔希德王朝时期的著名诗人。但第一个被称为伟大诗人的人——鲁达基，来自萨曼王朝的宫廷：

> 你的心从未有残酷之意，
>
> 凝视我时，你的双目未曾有泪水柔情
>
> 奇怪的是，我爱你胜过爱我自己的灵魂，
>
> 因为你对我的伤害超过敌人的千军万马。[19]

鲁达基（在 940 年左右去世）和另一些诸如沙希德·巴尔希、达吉基·图西的诗人一样，都从萨曼王朝宫廷刻意的波斯化政策中受益。萨曼王朝为诗人提供赞助和庇护，并且总体上鼓励他们使用波斯语而不是阿拉伯语。菲尔多西（约 935—1020 年）就没有这么幸运了。他出生在萨曼王朝统治时期，但后来当萨曼王朝的统治崩溃了以后，他处在源自突厥人的伽色尼王朝统治之下。他的《列王纪》（这一史诗由萨曼王朝的达吉基开始，他续写并将之完成），可以被视作合理地实践了萨曼王朝的文化政策——避免使用阿拉伯语，赞颂前伊斯兰时代的波斯诸王，超出了非伊斯兰的立场，明确支持马兹达教。《列王纪》结尾处的一些语句，仿佛恰好在萨珊王朝军队于卡迪西亚战败和伊斯兰教来临之前说的，呼应了大流士在比索通的最早的马兹达教碑铭。这在 11 世纪的伊斯兰背景下令人震惊（第一句就提到"敏拜尔"——一个凸起的平台，类似教堂里的讲经台，在清真寺里就是从此处引导祈祷者的）：

> 他们将讲经台置于与王座等高的位置，
> 将他们的孩子取名奥马尔和奥斯曼。
> 随后，我们辛苦的劳作将化为乌有。
> 哦，漫长的衰落从此起始……
> ……
> 此后，人们会打破自己同真理的联系，
> 而歪曲和谎言会被人看重。[20]

因此，当后来菲尔多西的巨作完成之时，伽色尼王朝的统治王公对此不甚热衷也就不足为奇了，因为他们的观点更为正统。关于这位诗人历经几个世纪流传下来的故事是不可靠的，但其中一些至少反映了真实事件的一些方面。一个关于《列王纪》的故事说，伽色尼王朝的苏丹希望不同人物的篇幅都短一些，只给了菲尔多西很少的赏赐。诗人十分不快，将钱分发给了一个当地卖酒的商人和一个浴室侍者。苏丹最终阅读到了《列王纪》中一段尤其精彩的篇章，意识到了其伟大的影响，想要送给菲尔多西一份丰厚的礼物，但太晚了——当载着赐给菲尔多西财宝的牲畜从一座城门进入他所居住的城镇时，他的尸体已经从另一座门抬出去埋葬。

《列王纪》的伟大主题是英雄在马背上以长枪弓箭所建立的功绩；他们内心忠于良知还是君主的冲突；他们与活泼女性之间的风流韵事，这些女子亭亭如柏树，明艳如皓月；充满争斗与享乐的王家宫廷——"战歌宴舞"。从中不难读出一个来自小土地所有者的士绅阶层／德赫坎的思乡之情，他们是官僚和学者，并且为萨珊王朝的军队提供了引以为豪的骑兵。他们以笔为剑，目睹阿拉伯人和突厥人进行战争与政治的宏大游戏。

> 英勇的罗斯塔姆回复他们：
> "我不需要凯·卡乌斯。
> 这个马鞍就是我的宝座，这个头盔就是我的王冠。
> 我的长袍就是锁子甲；我心已视死如归。"[21]

《列王纪》在波斯文化中有其重要意义，可与英国的莎士比亚或者路德翻译的德语版《圣经》相比，甚至有过之无不及——已经成为教育和许多家庭的核心文献，其次才是《古兰经》和 14 世纪伟大的诗人哈菲兹。《列王纪》对修正和统一语言起到过作用，为道德和举止提供了模范，并且为伊朗人提供了身份认同感——回溯到了伊斯兰征服之前，否则这种认同感可能会随着萨珊王朝的终结一并消散。

《列王纪》中的诗歌及其关于马背上的英雄、爱、忠诚与背叛的主题，与中世纪欧洲的浪漫主义有许多共同之处。这种思想的碰撞首先在第一次十字军东征前几十年就已经小有影响，将西方的欧洲和地中海东岸土地之间的联系提升了一个层次。也有一种理论认为，游吟诗人的传统，以及成果丰硕的中世纪欧洲宫廷爱情的比喻，至少有一部分源自阿拉伯统治时期西班牙的苏菲派。[22] 但也可能只是一种平行发展的情况。

伽色尼王朝没有废除萨曼王朝的赞助模式，继续鼓励以波斯语进行写作。但后来的诗人不再严格遵守语言的纯洁性，而是更满足于使用常见的阿拉伯语外来词。更西部的白益王朝源出塔巴里斯坦的什叶派穆斯林，曾经扩张吞并了美索不达米亚，夺取了巴格达（945年），终结了阿拔斯王朝哈里发的独立统治，从此之后以他们的名义进行统治。而伟大的文学复兴继续以东部为中心。

约 1003 年出生于巴尔赫一带的纳赛尔·霍斯鲁被认为可能在一生中写作了 3 万行诗，其中有 1.1 万行留存了下来。他一开始是一个什叶派穆斯林，在 1050 年去麦加朝圣，之后他在回到巴达赫尚开始写作前转变成了伊斯玛仪派穆斯林。他的大部分诗作是关于哲学和宗教的：

> 了解你自己，因为如果你了解了自己，
> 你就将了解善良与邪恶之间的区别。
> 首先与你内在的自我相处，

随后掌控全局。

当你了解了自己，你就了解了一切；

当你了解了这一点，你就逃离了一切邪恶。

觉悟一次吧：你已沉眠了多久？

看着你自己：你足够绝妙。[23]

多年以来，阿拔斯王朝的哈里发们及其他王朝都雇用突厥佣兵，从中亚将之掠为奴隶，来为自己作战并守卫领土。突厥人在帝国政治中变得重要，时有取而代之的危险势头——伽色尼王朝在帝国的东部地区就成功地做到了这一点。但在 11 世纪中叶，一个在塞尔柱突厥人领导下的突厥部落联盟则更进一步。他们在东北部击败伽色尼王朝，攻入帝国的核心地带，夺取了巴格达并继续向西进军。1071 年他们击败了拜占庭人，占领了小亚细亚的大部分内陆地区。

与阿拔斯政权及其继承者数百年的接触令突厥人伊斯兰化，这也使他们相对容易被同化。塞尔柱突厥帝国第二任苏丹阿尔普·阿尔斯兰任命波斯人哈桑·图西·尼扎姆·穆勒克（1018—1092 年）为他的维齐尔，不久之后，这个王朝就像其他王朝一样，依据波斯化的阿拔斯王朝的模式进行统治。尼扎姆·穆勒克为阿尔普·阿尔斯兰的继任者写了一本指导之书——《政治论》。几个世纪以来，作为一种向王公提供忠告的文学体裁的模范，它（与稍早时期的《卡布斯教诲录》一起）为统治者提供引导和指南。它同样也影响到了此类著作的欧洲版，直到马基雅维利和他的《君主论》的时代。

尼扎姆·穆勒克是奥马尔·海亚姆（约 1048—1124 年或 1129 年）的朋友。关于他们的友谊，也有一些真实性存疑的故事。[24] 但真

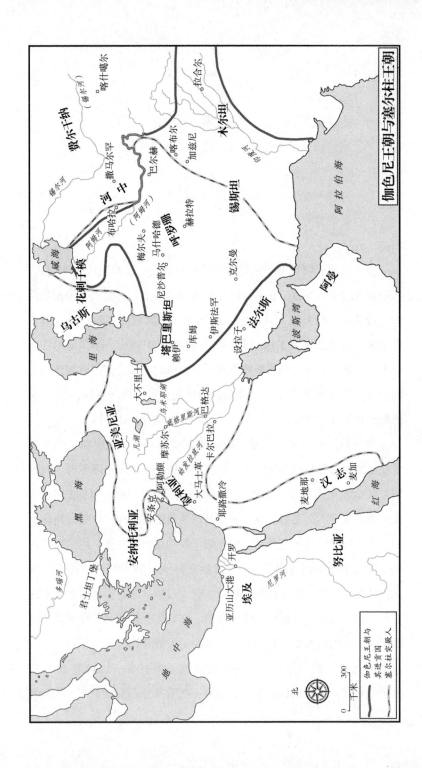

伽色尼王朝与塞尔柱王朝

喀什噶尔
拉合尔
木尔坦
锡斯坦
阿曼
阿拉伯海
法尔斯
波斯湾
汉志
麦加
麦地那
红海
努比亚
埃及
开罗
亚历山大港
尼罗河
地中海
塞浦路斯
黑海
君士坦丁堡
多瑙河
安纳托利亚
亚美尼亚
里海
咸海
河中
锡尔河
药杀水
撒马尔罕
布哈拉
阿姆河
乌浒水
花剌子模
塔巴里斯坦
呼罗珊
马什哈德
梅尔夫
尼沙普尔
库姆
伊斯法罕
设拉子
克尔曼
赫拉特
加兹尼
喀布尔
巴尔赫
克尔白河
大不里士
乌尔米湖
凡湖
摩苏尔
巴格达
卡尔巴拉
幼发拉底河
底格里斯河
大马士革
耶路撒冷
阿勒颇
安条克

北
千米
0   300

伽色尼王朝与
其进贡国
塞尔柱突厥人

实情况可能是当尼扎姆·穆勒克成为维齐尔后，他对奥马尔·海亚姆给予了一些经济上的资助，可能也提供了一些庇护。伊朗人通常认为奥马尔·海亚姆的数学家和天文学家之名要胜于诗人之名。对于这二者价值的评估，如同硬将苹果和台球做比较。他致力于欧几里得几何、三次方程、二项展开式以及二次方程的研究，因而数学家认为他颇具影响力且十分重要。他基于对太阳的精确观察，为塞尔柱苏丹发明了一套新的历法，其精确度至少可以和 16 世纪欧洲天主教会提供的格里高利历相比。[25] 他可能首次证明了夜间星座在天空中的运动是由于地球围绕自身轴线转动，而不是之前所认为的天空围绕固定的地球运动。

奥马尔·海亚姆诗歌中枯燥的怀疑主义风格，使他在波斯诗人中独树一帜，但这也反映了他在其他研究领域的卓越地位所带来的自信，他在这些领域的认识已经超越了之前所知。通过爱德华·菲茨杰拉德的翻译，他的声名传遍了西方，呈现给读者的是一种享受吃喝玩乐的精神面貌。这并不很准确。菲茨杰拉德的译本是自由翻译，带有 19 世纪的习语（尽管他的诗句很好）和猛烈的惊叹印迹——"哦"和"啊"，一定程度上错误地表现了最初作品的沉静力量。在此举例，菲茨杰拉德的译文如下：

"How sweet is mortal Sovranty!" —think some:

Others— "How blest the Paradise to come!"

Ah, take the cash in hand and waive the Rest;

Oh, the brave Music of a distant Drum!

"凡间的国度是多么甜蜜啊！" —— 多想一想：

再想一想——"即将到来的天国是多么有福啊！"

　　啊，在手中拿着金钱，将其他搁置一旁；

　　哦，远处的鼓声传来雄壮的乐声！

原文如下：

Guyand kasan behesht ba hur khosh ast

Man miguyam ke ab-e angur khosh ast

In naqd begir o dast az an nesye bedar

K'avaz-e dohol shenidan az dur khosh ast

这是更贴近字面意思的翻译：

It is said that paradise, with its houris, is well.

I say, the juice of the grape is well.

Take this cash and let go that credit

Because hearing the sound of the drums, from afar, is well.[26]

据说天堂，还有其中的天国之女，是美好的。

我说，葡萄的汁液是美好的。

拿着金钱，不要考虑借贷，

因为听到来自远方的鼓声，是美好的。

　　众所周知，翻译诗歌是十分困难的，甚至一些人会说这完全是徒劳。例如，"khosh"一词就有着广泛的含义，并且在波斯语中有着一系列合成词，在任何一部词典中都要占用几页篇幅。它的意思是美味的、可喜的、甜蜜的、欢乐的、愉快的、高兴的、善良的、兴旺的。人们可以从这首诗出现这个词的诗句看出这些意思的不同方面。这首诗的体例是四行诗或称"鲁拜"（ruba'i），其复数是"rubaiyat"。其他的波斯诗歌形式包括"嘎扎勒"（ghazal）、"玛斯纳维"（masnavi）、"卡斯台"（qasida）。

　　奥马尔·海亚姆留存下来的诗歌中的大部分是"鲁拜"体的，但人们一直心存疑惑的是，这千余首鲁拜诗中有多少真正是他的作品。似乎其他人的诗歌——那些有怀疑主义和反宗教倾向而因此可能引起反感的诗歌——也被归于他的名下，可以借助他的伟大诗名而获得魅力。与此同时，可能在他的诗歌中他写下了怀疑，而这些怀疑不过是他对神的思考的一部分。但人们可以从他的诗歌中读出面对严酷的现实生活时所呈现出的一种粗犷的人文主义，以及对于带有抚慰性质的简易回答的不耐烦，这预示着一种存在主义：对于存在的复杂性、存在问题的棘手，以及要有原则地接纳的认识。他的哲学作品主要围绕自由意志、决定论、存在和本质的问题展开。[27]

> 善与恶，哪一种是人类的本性，
> 喜悦与悲伤，哪一种存在于机遇和命运之中，
> 不要将它们归于天国的机制，因为按理来说
> 比起你自身，那种机制的作用不及千分之一。[28]

　　我们可以拿出几十首四行诗来阐明这位伟人精妙的才学，但这不是一本只关于奥马尔·海亚姆的书。接下来的诗歌来自一份早期手稿，由英国学者阿伯里归于奥马尔·海亚姆名下，从阿伯里的时代起就被质疑了。但它也出现于其他手稿中，许多学者仍将这首诗归于奥马尔·海亚姆最好的诗之一。即使不是由他创作的，这也表现出与他

在其他地方所表达的精神相近的具有挑战性的个人宣示：

> 如果我饮用了禁酒，我就是如此。
>
> 如果崇拜爱情、无赖行为和伪神，那么我就是如此。
>
> 每个人都可以存有自己的疑虑。
>
> 我知道我自己：无论我是谁，我就是如此。[29]

11 世纪见证了独一无二的神秘主义运动高潮——苏菲派[30]，在这首诗歌中奥马尔·海亚姆和其他地方一样，使用了苏菲派诗歌中常见的术语，并且作为关键概念加以使用，往往具有隐喻性质。例如，"mey-e moghaneh" 意为魔力之酒——琐罗亚斯德教的禁酒；"rend" 意为一个狂野的年轻人、流氓或者浪子；"Kharabat" 是房子的废墟、酒馆；"saqi" 是侍酒的男童，同时也是同性情欲的对象。尽管一些评论者声称奥马尔·海亚姆是一个苏菲主义者，毫无疑问他对苏菲主义抱有同情，但他更多的是为自己发声，这种声音是独一无二的，无法归入任何宗教范畴中。并且，他的怀疑主义太过强烈。

苏菲主义是一个庞杂的现象，从 11 世纪的小亚细亚、北非到现代的巴基斯坦及其之外的地区，在不同时期、不同地区有着非常不同的各个侧面。它的起源并不明确，但伊斯兰教从一开始就保有神秘的元素——正如其所示，一些人可能会说，能追溯到麦加之外的旷野中，《古兰经》昭示于穆罕默德之时。苏菲主义的本质是寻求一种对个人精神境遇的确切追求，在神的面前放弃自我和一切世俗的自我主义。

但无论是在现实还是想象中，苏菲派在伊斯兰征服后的几个世纪，也参与到了宗教动乱之中，反映了前伊斯兰时代广受欢迎的思想和影响，包括带有神秘主义倾向的新柏拉图主义和诺斯替主义运动。这些影响伴随谨慎的无政府主义和唯信仰主义的倾向，使得苏菲派从一开始就与那些基于文本、学院派带有城市传统的乌理玛关系紧张，后者只是阅读和重释《古兰经》与《圣训》，宣称重新定义了沙里亚法（伊斯兰教法）。紧张与冲突并存，并且一些苏菲派或者神秘主义的思想者被乌理玛谴责为异端，例如哈拉智和苏瑞瓦尔迪被处死（分别在 922 年和 1191 年）。苏菲派在 11—12 世纪的重新崛起，可能在一定程度上反映了伊斯兰实践和伊斯兰研究逐渐集中于学院，直接处在乌理玛的视野之下，这种情况在此段时期发生了。

这一时期，苏菲派在伊斯兰土地上的重要性有时被忽略了，但实际上它是无处不在的。在波斯，其文化影响从波斯语诗歌中显露出来，同时存在于所有存有苏菲派"扎维叶"的土地上。"扎维叶"是苏菲派云游修行者的住所，也为当地民众宗教集会所用。在更大的城镇，可能有为不同的苏菲派团体而建的"扎维叶"，还有集市行会和其他与苏菲派有联系的组织。甚至，小村庄也可能有"扎维叶"。这与中世纪欧洲为男修士设立的托钵修会团体有相似之处。和修士一样，苏菲派密切卷入了普通民众的宗教生活，并且参与了波斯国境内外的传教活动。鉴于当时低下的读写水平、绝大多数民众居住在农村这样一些事实，苏菲派主要在城镇和城市之外进行扩展就显得顺理成章。他们活动的中心在波斯，尤其是呼罗珊，但他们可能是将波斯文化从博斯普鲁斯海峡传播到德里及其之外的地区，并巩固和产生广泛影响的主要中间人。[31]

许多苏菲主义者，尤其是许多苏菲派诗人，公然蔑视乌理玛，认为其自视甚高。苏菲主义者对他们进行挑战和攻击，认为他们被教条所困，被虚荣的自尊所蒙蔽，忘记了真正所需的无我精神。这就不难见到为什么一些正统的穆斯林（尤其是瓦哈比派以及 18 世纪以来他们的同情者）将苏菲派革除教门，并加以迫害。但在我们正讨论的这个时代，云游的苏菲主义者（亦被称为苦行僧）的传教活动是十分重要的，可能对于新皈依的穆斯林是最为关键的。在像塔巴里斯坦这样偏远的乡村地区，情况确实如此。在那里，正统的伊斯兰教渗透得十分缓慢。在像安纳托利亚这样新征服的土地，以及东北部偏远地带（突厥人的中亚故土），情况尤其如此。

苏菲主义的第一个大理论家是加扎利（1058—1111 年），他是呼罗珊图斯城的一位当地人士（尽管苏菲派的重要人物所属的时代要早很多，例如在约 910 年去世的朱奈德）。正统的逊尼派和苏菲派之间的关系不是一种简单的对立，而且加扎利最初属于正统逊尼派的沙斐仪学派，他曾写作品攻击穆尔泰齐赖和阿维森纳，并且引入了希腊哲学的观点。但他也写了一部有影响力的苏菲派作品——《幸福的炼金术》。总体而言，他试图消除正统派与苏菲派之间的障碍，使后者成为前者的一个合法派别。在苏菲派发展的最初几百年，较之逊尼派，什叶派对苏菲派修行者的敌意更甚。[32]

萨纳伊是第一个明确忠于苏菲派的伟大诗人，一些人将他的文学风格与加扎利相提并论。萨纳伊的长诗《真理之园》（于 1131 年完成）是一首经典的苏菲派诗歌，但他在此之外还有大量诗作。在这些作品中，可以很容易察觉出传统的爱情诗与神秘主义悸动的融合：

> 自从我的心被爱情的罗网所俘获，
> 我的灵魂成为爱情杯盏中的美酒，
> 啊，我通过爱情体察到了痛苦。
> 自从我像一只雄鹰，落入了爱情的罗网！

> 困于光阴之中，我成了一个酒徒，
>
> 沉醉于令人心动、滤去渣滓的爱情杯盏。
>
> 惧怕爱情带来的强烈苦恼，
>
> 我不敢表达爱情之名；
>
> 而更惊奇的是，我看到
>
> 大地上的一切生灵都与爱和谐共处。[33]

　　这里，酒再次成了爱的隐喻，将这一意象带入了另一个复杂的维度。对此，正统的穆斯林可能倾向依据宗教法律而节欲，而萨纳伊所说超出了法律，进入了背弃信仰的境地——留下自己贪婪、淫荡的灵魂，苏菲主义者找到了另一条通往神的道路。这一观点就是爱情与酒都会成为人忘却自我的途径。这些是自我感改变或泯灭了之后熟悉的体验。这样的体验可以使人感受到（也因此提供了一种隐喻）面对神时那种失去自我的神秘体验——失去自我是必要的真实宗教体验，对它的渴求如同恋爱中的人渴求被爱一样。

　　塞尔柱时期产生了大量诗人，我们不可能对他们一视同仁。但尼扎米·甘贾维在 1180 年和 1188 年分别创作了《霍斯劳与席琳》（Khosraw va Shirin）和《莱拉与玛吉努》（Layla va Majnoun），这两部作品十分重要，因而他值得我们关注。这两首长诗都在复述更久远时期的故事——前者是来自萨珊宫廷的故事，后者源出阿拉伯人。他还写了其他许多作品。这两首长诗写的都是爱情故事，广受欢迎，但它们有更深层次的回响，反映了尼扎米的宗教信仰。莱拉与玛吉努坠入了爱河，但随后他们分离了，玛吉努就疯了（Majnoun 意为“疯狂的”），在旷野里游荡。他成了一名诗人，以第三人的身份向莱拉写信：

哦，我爱，在你如同茉莉的怀抱中！爱着你，我的生命凋谢了，我的嘴唇枯萎了，我的眼中饱含泪水。你无法想象我对你有多么"疯狂"，我失去了自我。但那条路只有那些忘记了自我的人去走。在爱情中，忠实必须用心中的热血来回报；否则他们的爱情就不值一颗黑麦粒。所以你指引着我，揭示对爱情真正的信仰，即便你的信仰会永久隐藏。[34]

对他的爱情失去希望之后（莱拉的父亲不让他们成婚），玛吉努就将爱情精神化了。进入荒漠，在疯狂中失去了自我，越出了寻常的礼教，并且写作诗歌，他实际上成了一名苏菲主义者。[35] 所以，即使是这样一个公然亵渎神灵的故事，其精神维度也不是一眼就能望见的。但要具备精神力量，它所传递的隐喻和精神信息首先需要我们对恋人们的困境抱有同情之心。这首诗歌不仅是关于苏菲主义者是如何接近神的，还是一个爱情故事，其中包含人类的诉求。在伊斯兰世界中，这首诗歌几乎被翻译成了每一种语言；在伊斯兰世界之外，它也已被译成多种语言。

法里德丁·阿塔尔在约 1158—1221 年（或 1158—1229 年）生活在尼沙普尔，在其一生中写作了 4.5 万行诗。确立了"爱的宗教"的基本要素，阿塔尔对后来所有的苏菲派诗人都产生了强烈的影响。他发展了"卡兰达尔"（qalandar）的观念，即旷野之人、世外之人，唯一指引他们的是宗教伦理：

那些坚定朝向爱情迈步的人，

将会超越伊斯兰和无信仰的境界。[36]

阿塔尔的经典诗歌是《百鸟朝凤》，这是最为家喻户晓的波斯诗歌之一。它讲述了众鸟寻求神秘凤凰（即神鸟斯摩夫）的故事，引人入胜。它也是关于谢赫萨南的故事，以极其逻辑化的方式，揭示苏菲主义的全部含义。在伊斯兰的语境中这个故事颇为挑衅，令人震惊，对苏菲派后来的发展产生了深远的影响。

谢赫萨南是个博学且备受敬重的圣贤，他总是做正确的事情。他曾经前往麦加朝圣 50 次，斋戒祈祷，授教 400 名门徒。他对宗教法律提出了重要的观点，得到众人钦佩。但他经常陷入一个反复出现的梦境，梦中他居住在罗姆（这可能是意指安纳托利亚属于基督教的那一部分或者是君士坦丁堡，而非罗马本身），并且在那里的基督教堂内礼拜。这令人不安，他的结论是要解决这一问题，他必须前往基督徒的领地。他出发了，不久之后他遇到了一个基督徒女孩——"在美丽的庄园里，她如同太阳……"

> 她的双眼向那些身处爱情之中的人诉说着希望，
> 柳眉在上，弯曲如月，风情万种，
> 柳眉一瞥，秋波暗送，
> 填满她爱人的心房。

并且，正如时有发生的那样，这个老头坠入了爱河：

> "我失去了信仰，"他哭喊道，"我献出的心
> 现已无用；我成了这个基督徒的奴隶。"

谢赫萨南的同伴试图使他恢复理智，但他的回复更为震惊，更

具有破坏力。他们让他祈祷，他同意了——但并不是像穆斯林那样朝向麦加的方向，他反而询问她的脸庞在何处，那将是他祈祷的方向。另一人问他是否后悔背弃伊斯兰教，他回答，只后悔之前自己愚昧，后悔自己之前不曾沉醉于爱情。另一人说他已经失去了理智，他说是的，还有自己的名望——随它们而来的还有欺诈和恐惧。另一人劝他在神面前忏悔自己的可耻行径，他回道："是神自己点亮了这一火焰。"

谢赫在他所爱之人门前的街道上居留了一个月，与狗和尘土为伴，最终病倒了。他向她乞求，希望得到一些怜悯、一丝爱，但她嘲弄他，说他已经年老——他应该找寻一件寿衣，而不是爱情。他再次乞求，她说他必须做四件事以赢得她的信任——焚烧《古兰经》、饮酒、封印住信仰之眼，还有向圣像顶礼膜拜。谢赫犹豫了一会儿，但随后就答应了。他受邀入内饮酒，还喝醉了：

> 他喝醉了，完全遗失了自己的灵魂。
> 酒和他的爱融合在了一起——她的笑声似乎
> 在挑动他去获取梦寐以求的极乐。

他同意了女孩要求的一切，但这还不够，她还要黄金和白银，而他很穷。最终，她对他有所怜悯，不再看重金银，但条件是他愿意当一年猪倌照看猪群。他同意了。

从其极端的程度来看，稍后这个故事有了一个更合乎传统的转折，如果此书不想被禁和销毁，这样做也是有必要的。因而出现了如下场景：先知介入，谢赫回归了信仰，女孩后悔自己对待谢赫的行为，成了一名穆斯林，随后死去。但这并不能消除隐含在故事第一部分中的刺痛感，因为传统的符合习俗的虔敬不够充分，这可能会在实际中导向错误的道路，并且依然表示解除传统的束缚、在爱情中失去自我是通往更高精神境界的唯一途径。正如阿塔尔在开头介绍这个故事时所写的：

> 当亵渎和信仰都不再留存时，
> 躯体与自我都被杀死；
> 道路将会问求刚猛的勇气，
> 你的所有，及你自身是否能胜任我们的任务。
> 毫无畏惧地开始旅程；保持镇定；
> 忘记什么是伊斯兰，什么不是……

　　从整体上看，这个故事显得模糊不清，但它包含了对于当时的宗教习俗惊人的挑战。[37]

　　爱情使徒阿塔尔死于 13 世纪 20 年代的某个时刻——在蒙古人入侵呼罗珊和波斯时，和尼沙普尔的大多数民众一起被屠杀了。蒙古人的入侵给伊朗的土地带来了一场空前的劫难。阿拉伯人和突厥人对那些土地相对比较熟悉，他们是有所克制的征服者，而蒙古人既是异域之人又格外残酷。

　　塞尔柱帝国在 12 世纪末分裂了，原因是附庸国花剌子模的崛起，其领导者将自己确立为帝国东部的统治者。他们被称为花剌子模沙阿。在 13 世纪早期，在位的花剌子模沙阿摩诃末隐约察觉到，在河中之外的草原地区有一股新的势力在崛起。这并非谣言，被证明是事实。尽管有一些外交接触的尝试，但失败了，导致一些蒙古商人和使节死亡。与流行的看法相反，蒙古人不是一群未受教化的贪婪暴徒、兽性未泯的杀手。他们的军队受到严密的控制，拥有良好的纪律，效率极高。他们并非肆意毁灭。[38] 但他们最重要的基础是军事首领成吉思汗的威望，以及无法被忽视的耻辱。在蒙古使者被杀之后，蒙古人出于复仇目的，接下来在河中和呼罗珊地区造成了极其可怕的后果。随之而来的是蒙古人的一系列入侵，他们的最初目的是惩罚摩诃末——从悲剧变成了喜剧，他被一支迅捷的蒙古军队追击，向西逃至雷伊，随后向北逃到里海的一个岛上，并在该地死去。这些入侵随后发展成了征服与占领。在蒙古人征服并摧毁河中地区的诸城之后，对于不幸的伊朗人而言这意味着什么，可以从梅尔夫发生的事情加以解释：

……在接下来的一天，即 1221 年 2 月 25 日，蒙古人到达了梅尔夫城门。拖雷（成吉思汗之子）在 500 名骑兵的护卫下亲自骑马绕城。蒙古人持续 6 天侦察对方的防御情况，得出结论，他们备战充分，可以承受长期围城。第七天蒙古人发动总攻。城中军民在不同的城门发动了两次突围，但都被蒙古军队击退了。他们似乎失去了抵抗的全部意志。第二天，总督在得到了承诺之后献城投降，但实际上这些承诺没有被兑现。全体居民都被赶出城至旷野中，这个过程持续了四天四夜。400 名工匠和一些儿童被选出来作为奴隶，剩余居民不论男女老少都被下令杀害。为此，在军队中对他们进行了分配，每个士兵被分配处死三四百人。这些军队从占领的城镇征税，志费尼记录说，萨拉赫斯和梅尔夫的民众长期不和，在屠杀穆斯林同胞时，其残暴胜过了异教徒蒙古人。梅尔夫的苦难仍没有结束。当蒙古人撤退时，那些逃脱了死亡的人从自己藏身的洞穴走出来。他们总计有 5000 人。一支作为后卫的蒙古分遣队来到该城。他们也想参与屠杀，就将这些不幸的难民召集出城，来到旷野，每人带着用一条裙子就能装下的粮食。掌生杀予夺大权的他们屠杀了这座最伟大的伊斯兰城市之一最后留存的老弱……[39]

当时在梅尔夫的见证者估计，被杀的人数是 70 万～130 万。这个数字庞大但可信，反映了当时呼罗珊北部和河中地区高度繁盛的人口。这个数字可能比正常值要高，因为百十里内的乡民和避难者会在围城开始前逃入城中。当我们谈及 20 世纪屠杀和种族灭绝的规模时，仿佛它们是前所未有的，有时会忘记早先几百年间以冷兵器犯下的如此巨大的暴行。奥马尔·海亚姆所在的尼沙普尔、图斯、赫拉特以及呼罗珊地区的其他城市遭受了同样的命运。对于居民们来说，除了屠杀以外，唯一的选择就是在蒙古军队出现之时立刻投降。

一些地方受到摩诃末的儿子札兰丁抵抗宣传的鼓动，试图在入侵者面前守住城市，但结局悲惨。到了 1231 年末，尽管对蒙古人以及其他敌人获得了一系列辉煌的胜利，甚至可以和菲尔多西所写的英雄相比，札兰丁还是死去了。如果花剌子模沙阿是一个更为明智、少一些派头的人，对于伊朗人来说可能更是一件幸事。

蒙古人前去惩罚那些坚持抵抗的人并建立他们在已征服土地上的政权时，呼罗珊再一次受到严酷的打击。在他们作为治所的图斯城，起初蒙古人发现那里只剩 50 座房屋未倒塌。[40] 呼罗珊的黄金时代结束了，在一些地区，农业再未真正恢复。曾经是城镇和灌溉农田的地区，被征服者及其同盟者转而用于放牧。伊朗的大片土地重新回到了游牧生活，但这些游牧民成了另一种更为危险、无情的马上战士。臣服的农民所要交的税赋高到要因此破产，而且税收是按照军事行动的方式征收的。许多人逃离了土地或者被迫为奴。而那些在屠杀中幸存下来的城市工匠，被迫在工坊里为他们的征服者劳动。少数族裔也同样受苦。在 13 世纪 80 年代，一名犹太人被蒙古人任命为维齐尔，但这项任命引发了民众的不满，他被迫下台，并且该犹太人受到城里穆斯林的攻击，这种阴沉的氛围在之后几百年持续不退："（他们）攻击帝国每个城市中的犹太人，向他们发泄自己因蒙古人而衰败的仇恨。"[41] 这确实是个悲惨的时期。呼罗珊受到的影响比其他地方更严重，但是经济的全面衰落波及了整个区域。

那些在大不里士建都的蒙古人，在接下来的几十年稳固了自己的征服成果，摧毁了厄尔布尔士山区的伊斯玛仪阿萨辛派，实现了塞尔柱人在 1220 年之前多年未能实现之举。一些臣服于蒙古人的较小统治者，被允许继续做封臣，西方的塞尔柱帝国残部在安纳托利亚得以幸存，成为罗姆苏丹国。1258 年，蒙古人夺取了巴格达。他们将阿拔斯王朝末代哈里发用毯子裹起来，马踏至死。

然而，令人震惊或者说可以预见的是，在短短几十年内，波斯的学者和行政官僚成功地以计谋征服了这些征服者——这是第三次。没过多久，他们就使自己不可或缺。什叶派的占星术士纳西尔丁·图西在对伊斯玛仪派的作战中被蒙古人俘获，随后为蒙古王公旭烈兀效力，在对巴格达之战中为他献策。纳西尔丁·图西随后在阿塞拜疆为旭烈兀建造了一座观星台。波斯志费尼家族的成员之一成了巴格达的总督，并写下了蒙古人的历史；另一位成员成了后来蒙古伊儿汗或称国王的维齐尔。花费了几代人的时间，波斯官员稳固了自己在伊儿汗国宫廷中的位置，像他们之前在塞尔柱王朝、伽色尼王朝和其他更久远的王朝一样。蒙古人最初保持自己的异教信仰，但在 1295 年他们信奉佛教的统治者和军队一起皈依了伊斯兰教。1316 年阿鲁浑的儿子完者都逝世，所葬陵墓至今仍矗立在苏丹尼耶——伊朗最宏伟的伊斯兰纪念建筑之一，标志着伊朗文化的适应力和同化力。

另一次重要的入侵发生在蒙古人入侵呼罗珊稍早一点的时候——波斯和突厥的穆斯林入侵并征服印度，建立了后来为人所知的德里苏丹国。我们已经知道帕提亚人和萨珊王朝曾在不同时期入侵印度北部，并且在那里建立了统治王朝。伽色尼王朝及其行省总督，也曾进入印度北部劫掠。在 12 世纪后半叶，总督穆罕默德·古里更进了一步，征服了木尔坦、信德、拉合尔和德里。此后，印度出现了一系列王朝。德里苏丹国的扩张，东达孟加拉，南抵德干高原，创造了独一无二的印度-伊斯兰文化，融合了波斯、印度斯坦、阿拉伯和突厥的元素，并且在西北部创造了乌尔都语。印度北部处于强大的伊斯兰影响之下。苏菲派来此传教，该地在接下来的几百年成为波斯文化发展的重要地区。

高 峰
鲁米、伊拉基、萨迪、哈菲兹

在蒙古人征服之后的时期，重申波斯人对其征服者的影响并不是唯一不同寻常的特征。人们可能认为，在蒙古征服的黑暗低沉余波中，诗歌陷入了停滞或者至少其发展会中断一段时间。但三位伟大的波斯诗人都在此时处于创作高峰，不久后第四位也紧随其后到来。鲁米生于 1207 年，伊拉基生于 1211 年，萨迪也于这个时期出生，哈菲兹则在一个世纪之后。伊朗人通常认为鲁米、哈菲兹和萨迪（还有菲尔多西）是他们最伟大的诗人，这里篇幅有限，只能简要介绍一下他们的生平，对他们的作品则浅尝辄止。伊拉基也是一个重要人物，尤其是在苏菲派中。这些诗人一起代表了自阿拉伯征服以来波斯文学发展的高峰。

哲拉鲁丁·鲁米（波斯人通常称他为毛拉纳），于 1207 年出生在巴尔赫。这绝非一个好的时间和地点。和其他惧怕蒙古人逼近的人一样，他的父亲于 1219 年离开了巴尔赫，一开始去麦加朝圣，后来去往安纳托利亚的科尼亚。鲁米余生的大部分时间都在科尼亚。最初他和父亲一样，属于正统的乌理玛阶层，以哈乃斐学派的教义研习布道。他也学习苏菲派，但约 1244 年他在另一位苏菲派神秘主义诗人沙姆斯·大不里士的影响下，完全转向苏菲派。鲁米与他有着密切而又感人的友谊（至少）。三四年后沙姆斯失踪了，可能是被人谋害。从此至 1273 年去世，鲁米写作了大约 6.5 万行诗歌。他的诗歌构成了一个自主的世界——一个高度复杂的神秘世界，近些年在美国流行起来。一些人说，鲁米是现今在美国最受欢迎的诗人，至少他的书比其他诗人的卖得要好。鲁米最有名的一些诗句来自他的诗作《玛斯纳维》的开篇，表达了一种灵魂与神结合的渴望：

> 聆听芦笛哀沉的歌声，
> 它在泣诉分离之苦。
> 自从人们将我从芦苇地割离，
> 我的悲歌总让人们流泪。
> 我找寻因分离而破碎的心，
> 因为只有他们才懂得相思之苦。
> 每一个背井离乡的人，
> 都在盼望归乡团聚的那一刻……
> ……

> 芦笛的歌声抚慰那些被迫分离的人，
>
> 芦笛的歌声揭开心灵的面纱，
>
> 何处有毒药像它一样苦涩，
>
> 又有像它一样的解药，聊解相思？
>
> 芦笛的歌声讲述了前路的艰辛，
>
> 让人想起玛吉努泣血的爱情。
>
> 少有人从芦笛的歌声中听出真相，
>
> 人们失去了理智，只能如此表述……[42]

上述简朴理念就是鲁米思想的核心——神的合一、人的精神与神的合一、对于与神重新合一的渴望（柏拉图在《会饮篇》中借阿里斯托芬之口提出了类似的思想）。鲁米在接下来的鲁拜诗中，以不同的方式表达了同样的思想〔"所爱的"（the Beloved）是苏菲派表示神的一个常用术语〕：

> 所爱的，开始如太阳般闪耀，
>
> 爱人开始像尘埃一般旋转，
>
> 当爱情的春风开始吹动，
>
> 所有的枝叶不再枯萎，开始舞动。[43]

鲁米的许多诗都或明或暗地提到了沙姆斯·大不里士：沙姆斯在阿拉伯语中的意思是太阳，这种引用是显而易见的。但这并不意味着"所爱的"只是沙姆斯；"所爱的"也是神、太阳，某种程度上也是鲁米自己。

伊拉基尽管叫此名，却是 1211 年出生在哈马丹附近的伊朗人。

当时，这一西部省份被称作"伊拉克·阿贾姆"——阿贾姆（不说阿拉伯语的人，即波斯人）的伊拉克。因此，他得名"伊拉基"。关于伊拉基生平的故事，给我们带来了他个性鲜活的印象——放浪形骸、形容古怪。他的诗作亦如其人。伊拉基早年在学习和学术方面展露才华，但他在十几岁时转变了方向，当时苏菲派的一些"卡兰达尔"——旷野之人，来到了哈马丹。伊拉基毫不犹豫地加入了他们：

> 我们已经将自己的卧榻从清真寺移到废墟客栈，
> 我们已经在写着禁欲主义的书页中乱涂乱画，抹去了所有虔诚的奇迹。
> 现在，我们以马吉之道与爱人同座，
> 在放荡之人的酒馆里，从他们手中接过酒杯痛饮。
> 如果现在心灵应该拧住体面的耳朵，为什么不呢？ [44]

在另一首诗中，他说道：

> 一切对神的敬畏，所有自我怀疑，我都否认；拿酒来，唯酒无他。
> 以最高的诚意，我后悔我的崇拜，它们是虚伪的。
> 是的，给我拿酒来，我宣布放弃一切要放弃的东西。
> 就我看来，所有我夸耀的自以为的正义之举，都是虚张声势。 [45]

伊拉基与其他流浪者一起旅行。他写下了许多关于年轻男子与男童美貌的诗篇，并且波斯诗歌中的同性恋倾向在他的作品中尤其明显。但他同时代的捍卫者声称，他只是远远地倾慕这些男子。最终，他受到了苏菲派哲学家伊本·阿拉比一位追随者的影响，伊本·阿拉比可能是最伟大的伊斯兰神秘主义思想家，逝世于 1240 年。

伊本·阿拉比的思想——首先深受《古兰经》和传统《圣训》的浸淫，但也受新柏拉图主义和早期苏菲派思想的影响——详细阐述了很像柏拉图形式论的一个观点：现实世界的现象是最原始的表象，本质的真理在一个更高的领域（如我们早先所知，其自身的思想可能取自伊朗的马兹达教）。因此，真正的现实反而位于此外一个精神的、形而上的世界，现实世界只是它的影子。伊本·阿拉比的思想核心也是"万有单一论"（wahdat al-wujud）和"想象"（khiyal）的统一性观点。

伊本·阿拉比从早期思想家那里发展而来的另一个关键概念是"完人"（al-insan al-kamil）。根据这一概念，非神的存在范畴被划分为宏观世界（即超越人的世界）和微观世界（即人的内心世界）。这两个世界互为映射，通过宗教冥想以及自我发展，人可以"明智"以达到这两大世界的和谐。人可以提升并完善自我，直到他以神圣的形式呈现出来，成为"完人"。[46] 之后，他就成为上帝的意志在这个世界的通道。这个境界可以通过宗教的修行和神秘的奉献来实现，这一理念在随后的伊斯兰思想中极其重要。阿亚图拉鲁霍拉·霍梅尼曾对这些思想着迷，并且撰写了一部著作（早期作品之一，对于伊本·阿拉比《智慧珍宝》的评注）。

同样思考一下接下来的摘录，关于神秘的存在能够造访真实现实另一个尘世的可能性：

> 随后，他遇到了这些形式，它们位于通道的入口处，并且看守着入口，神专门为它们指派了这一任务。其中一个快速

走向新的造访者，为他穿上一件符合自己阶层的袍服，拉着他的手，与他一起在尘世漫游，随心所欲地行事。他流连于审视艺术的神作；每一块石头、每一棵树、每一座村庄、他遇到的每一件事物。如果他愿意，可以与之说话，如同人与同伴交流……当他实现了自己的目的，想要回到自己居住之地时，他的同伴与他同行，将他带回来时的入口。在那里她与他告别；她脱下给他穿的那件袍服，与他分别……[47]

经验世界仅仅是超越形式的现实世界的影子的思想，在精神诗歌中具有巨大的隐喻潜力。这一思想的痕迹可以在许多波斯诗歌中得见。将它们推向神境的是沙贝斯塔里，他在《神秘的玫瑰园》中提出了一种完整的美学观点，根据这一观点，"所爱的"眉毛、卷发或上嘴唇上的绒毛可能代表神圣或形而上学的概念。

伊拉基在自己的余生一直致力于伊本·阿拉比的思想研究。他写作了《神爱之歌》（*Divine Flashes*）来阐释它们，当他于1289年逝世时，他被葬在大马士革，紧邻伊本·阿拉比之墓。他从未定居下来过一种传统的生活。一个故事说，当他旅行到开罗的时候，苏丹赐予他骑乘自己御马的荣誉，并赐予华服；但他骑马穿过街道时，同行的许多学者和要员却徒步，伊拉基突然取下自己的头巾，放在自己面前的马鞍上。见他衣着华丽却光着头，围观的人都笑了。苏丹得知这一情况，十分不悦，因为这有损他的颜面。伊拉基解释说，他摘掉头巾是为了避免罪过。他骑马前进时突然想到之前从未有人像他这样享受此等荣耀，因而在他感到志得意满时，他要故意贬低自己。[48]

一些评论者认为，在接触伊本·阿拉比的思想之前，伊拉基的诗歌更好也更有活力，之后变得过于形而上学。但关于伊拉基和他的诗歌有一些特别感人的东西，尤其是在他早期的作品之中。它也许比任何其他苏菲派诗歌更清楚地表明了摒弃以自我为中心的虔诚和对于正统派所追求的纯粹规则自以为是的遵守。它也通过公然蔑视他们的规则来震撼并挑战正统派。在这一点上，驱使苏菲主义者的冲动非常接近于耶稣对于法利赛人的教导（"悲哀啊，你们这些文士和法利赛人，虚伪之人！"）。耶稣因这一点而为许多伊朗穆斯林（不只是苏菲派）所尊崇——言语发自灵性的内心，同时避免陷入其中。

在对萨迪与哈菲兹的阐述中，我们用尽了盛赞之词。他们二人都对普通伊朗人的思想产生了深远的影响，他们诗歌中的词句都是日常言辞。波斯语教师过去使用萨迪的《蔷薇园》来教导学生，让他们背熟其中的摘录，以帮助他们理解词汇，并记住语法和常见用法。他的作品是 18 世纪最初翻译成欧洲语言的作品之一。《蔷薇园》中的一段出现在纽约的联合国总部大厦入口上方：

> 亚当子孙皆兄弟，
> 兄弟犹如手足亲。
> 造物之初本一体，
> 一肢罹病染全身。

然后是：

> 为人不恤他人苦，
> 活在世上枉为人。

萨迪出生在设拉子（此城因为其统治者较早投降蒙古人的明智

决策，得以保存而不被他们毁灭），可能是在 1213—1219 年的某一时间。在他的诗歌中有许多关于旅行的故事，其中一些尚存疑。他大约在 1256 年回到设拉子，约 1292 年逝世。他与苏菲派关系密切，但不是公开的信徒。他的《果园》是一首关于道德的长诗，但并不只是鼓励智慧与美德、谦逊与善良，还有常识和实用主义。一些人物出现在接下来的欧麦尔与乞丐的故事之中（欧麦尔是阿布·伯克尔之后的第二任哈里发，即逊尼派四大正统哈里发之一）：

> 听人说在一个狭窄的过道，
>
> 欧麦尔不慎踩了一个人的脚。
>
> 那可怜的贫汉不知他是何人，
>
> 有道是穷愁潦倒时便敌友不分。
>
> 他怒喝了一声："莫不是你瞎了双眼？"
>
> 这时公正贤明的欧麦尔才开口发言：
>
> "我眼不瞎，这乃是一时之过，
>
> 且请息怒，望多多包涵把我宽赦。"
>
> 看这高贵的贤人气度如此恢宏，
>
> 这样温和善待一个平头百姓。
>
> 谦恭有礼者末日定有好的报应，
>
> 狂傲无礼者难免无地自容。
>
> 如若你心中惧怕末日清算，
>
> 就应及早把惧怕你的人赦免。
>
> 不要对手下人欺侮虐待、苛刻刁难，
>
> 须知强中还有强者，天外尚有青天。[49]

　　有人认为，萨迪的实用主义在相对主义和超道德主义的方向上偏离得太远，以《蔷薇园》第一个故事中众所周知的格言引证为例，"息事宁人的谎言，胜过搬弄是非的真话"。[50]但萨迪并不是唯一提出这一说法的文学人士——人们可以从亨利克·易卜生的剧作《野鸭》中发现类似的道德主题，却没有将易卜生归为超道德的相对主义者。萨迪的观点则不同，有时还是矛盾的，但这是其复杂性的反映。萨迪以他的警句为人所知，因为他有以生动的语言传达精辟思想的天赋：

> 那些貌若天仙、言如蜜饴之人，
>
> 他们竟然遮住了自己美丽的容颜，多么遗憾啊！
>
> 但面纱也不是没有价值；
>
> 丑陋之人应该戴上，美丽之人则应取下。[51]

　　还有，

> 选择一个日夜隐藏的角落，
>
> 或者点燃爱情之火，让房屋燃烧。
>
> 隐藏与爱情无法和谐共存。
>
> 如果你不想撕下面纱，就封住你的双眼。[52]

　　哈菲兹也出生在设拉子，但是在一个世纪之后，约1315年。"哈菲兹"是笔名，表示他曾经用心研习《古兰经》，他的真名是沙姆斯丁·穆罕默德·设拉子。对于他的生平，我们所知甚少。他逝世于约1390年，此时已经开始能感受到帖木儿的冲击——另一轮的入侵、战争和大规模屠杀，其残暴与苦难堪比蒙古人。学者阿伯里认为，哈菲兹最后一些嘎扎勒诗就是这些新的灾难促成的：

> 时间再一次越过了节点；再一次
> 因为酒，一瞥所爱的乏软之态，使我不安。
> 命运之轮是一件非凡之物：
> 接下来，它将会给高贵的头颅与低贱的尘埃带来什么？
>
> 这是个著名的故事，关于大地的欺诈；
> 黑夜孕育：黎明会带来什么？
> 平原上的骚乱和血战肆虐：
> 带上血红色的酒，再倒满一杯。[53]

　　但在战争和屠杀的硝烟再次笼罩天空之前，哈菲兹已经将先前的波斯诗歌形式，提升到了新的、难以超越的表现高度。在接下来的嘎扎勒中，酒与所爱的这些熟悉的意象互相波动、介入、重叠、映射，因此胜过了直白的情欲，跃而指向对精神世界的渴望。这是说，一旦献出了爱，就必须被接纳；一旦被接纳，就要痛饮至烂醉如泥，因为爱需要全心全意的投入。只有这样，其真实意义才能被理解——爱是最重要的恩赐，是生命的精髓，在时间之前就已赐予我们：

> 她的青丝依然缠绕，她的绣口仍旧沉醉酒中，
> 纵声欢笑，她的双肩香汗淋漓，衣衫
> 扯开，吟唱着爱情的歌谣，她的杯中装满美酒。
> 她的双眼充满战意，她的双唇

准备发出嘲笑。她坐下，

昨夜午时在我的床榻。

她的双唇在我的耳边呢喃，

轻声细语道："怎么了？

你不是我的旧情人吗——你睡着了吗？"

智慧之友，接受了

这杯偷去了睡眠的美酒，成了爱情的叛徒。

如果他不敬拜这杯酒。

哦，贞节烈女啊，你离开吧。不要和这些人争吵。

他们饮下苦涩的酒渣，因为这确实是

神在永恒之前赐予我们的恩典。

无论神向我们的杯中倒入何物，

我们饮下，无论这是

天堂之酒还是沉醉之酒。

酒的欢笑，还有所爱的凌乱卷发。

哦，多少个忏悔之夜——就如哈菲兹这样的人

曾经遭受这样的时刻而心碎。[54]

　　像这样的诗，直到今日仍然让许多伊朗人心神不宁。[55] 一些信仰虔诚的伊朗人会直接说，这些诗根本不是真的关于酒或者性爱——其含义完全是精神层面的，诗人自己从不沾酒。无论这是否属实（我个人对此存疑），事实是只有真正沉醉于情欲和酒精，这样的诗歌才会奏效。而它们会奏效是因为其真实性。因为它们听起来是真实的，并像只有伟大的文学著作才能做到的那样，直接反映我们的经历。它们似乎提醒我们，记住一些已经知道却莫名忘却的事物。否则，这些

隐喻只能成为一种手段，对传统的反叛至多不过是一种姿态。下列这首诗的冲击力和感染力更大。哈菲兹在一个官方强行推行宗教正统的时期，写下了下列诗句（一些人会强调它与当时伊朗的联系）：

> 他们会打开酒馆的门
> 并且放松对我们复杂生活的掌控吗？
> 如果关门能满足清教徒的自我，
> 不用在意，因为它们会重新开张以取悦神。[56]

后来哈菲兹受到了歌德的赏识，歌德将他的作品翻译出来。歌德对这首诗歌的热情，反映了当时许多其他欧洲人的热情。至于波斯人，他们如此尊敬哈菲兹，以至他的“迪万”（将诗人的作品汇集成一卷书的常规术语）被用作占卜，并且现在有时仍然如此。人们想知道自己的命运时，就会随手翻开一页，希望文本能解释为乐观的预兆。另一本这样使用的书是《古兰经》。

> 哦，风啊，悄悄地告诉她我的故事。
> 用一百种语言告诉她我心中的秘密。
> 告诉她，但不要冒犯她。
> 向她诉说，在言辞之间讲述我的故事。[57]

波斯人并没有在 15 世纪停止写诗。在哈菲兹之后还有许多重要的诗人，尤其是贾米和后来的贝迪勒。在那个时期，一大批具有无与伦比重要性的文学作品被创造出来。其数量之多、种类之多、质量之高几乎令人难以置信。可以将这一大批文学作品比作人类的大脑，并以一些理论家现在认为的人类意识的方式来看待它：意识不是存在于大脑的任何一个区域，而是数以百万计的不同细胞及其触发的突触之间令人不可思议的复杂交互作用的结果。某种程度上来说，这些诗歌中思想的结合与互动，以及其中包含的隐喻，显露出了伊朗人的灵魂。

大约每隔 100 年，西方的大众读者就会发现这些波斯诗人中的一员。在 1800 年是哈菲兹，在 1900 年是奥马尔·海亚姆，在 2000 年是鲁米。这种选择与其说是依赖诗人及其诗作的优点或本性，不如说更取决于能否为西方流行文学与文化潮流所解读。所以，哈菲兹可以被解释为适合浪漫主义的氛围，奥马尔·海亚姆与美学运动相关，鲁米则不幸受到了使大脑麻木的新纪元运动的青睐。当然，一个充满观察力和想象力的读者能够避开唯我主义的陷阱，尤其是当他 / 她能阅读一点波斯语的时候。但语言和翻译是镜子，是慰藉自身和自己时代的映射，意味着读者只能模糊得见，并不能洞见诗歌真正的深度——这令人更加不安。

从表面来看，800 年前这些苏菲派诗人的爱情宗教有些遥远而古旧。这一点与其说被鲁米和阿塔尔的迅速流行所掩盖，不如说被这些诗人所传达的更深层信息所掩盖。像理查德·道金斯这样的达尔文主义者，相信达尔文主义不可避免地需要思想上的无神论为基础，但是对于一个为进化论而放弃了神创论的精神世界来说，怎样才能更接近爱情的宗教呢？达尔文主义和进化论已经证明了，所有生命都高度关注繁衍与爱的行为。这一行为的精神及其背后的驱动力是生命本身的精神。还有什么比宗教更合适呢？它用这种行为背后的情感驱动来比喻一种更高的灵性，它渴望与神性结合——"这是神在永恒之前赐予我们的恩典。"

帖木儿

在约 1300 年之后（尤其是在合赞汗统治下），蒙古人的伊儿汗国伊斯兰化并且波斯化了，取代了他们之前巧取豪夺、毁灭、杀戮与焚城的统治方式。他们开始重建曾经被自己摧毁的城市，试图让之前废弃的灌溉系统与农田重现生机。他们取得了一些成功，新的都城大不里士确实兴盛了起来。气候湿润的阿塞拜疆因其提供了更好的草场得到了这些马上征服者的青睐。伟大的史学家拉施特（一位皈依伊斯兰教的犹太人）在伊儿汗国可汗的赞助下，在志费尼和其他人早先作品的基础上，撰写了一部宏大且颇具权威的史书。文化的流动不是单向的——波斯的细密画长期受到输入的中国美学的影响，还有其他例子。伊儿汗统治下的伊朗，尽管有复兴的迹象，但依旧是一个比之前贫穷而严酷的地区。伊儿汗的帝国开始不可避免地分崩离析。地方上的附属统治者慢慢地独立于中央，就像之前塞尔柱王朝和阿拔斯王朝经历的情况那样。

在 14 世纪中叶的呼罗珊，在萨布扎瓦，一场名为"萨尔贝达尔"（即绞索中的头颅）的反抗运动兴起了。它表现出一种平等主义的倾向，并且借鉴了什叶派和苏菲派的元素。[58] 与之前和之后的一些运动一样，萨尔贝达尔显示了当时伊朗流行的地方宗教兼收并蓄的性质。在其他地区，什叶派和苏菲派倾向于对抗，但是萨尔贝达尔似乎毫不费力地融合了不同信仰中明显矛盾的信条，而这种大众宗教的创造性融合后来也被证明是重要的。萨尔贝达尔在其他方面同样具有重要意义——他们再次代表了民众反抗侵略者的精神，独立于临时王朝的领导。同样的精神在阿拉伯人侵之后、蒙古人统治开始的时期也存在 [59]，后来在伊朗历史上再次出现。这可能会引起关于民族主义的问题，而这些问题很容易吞没此书剩下的内容。[60]在我看来，我们今天所说的民族主义是专门构建 19 世纪和 20 世纪现象的，用来考虑 14 世纪和更早的时期是一种时代错误。但在萨珊王朝及之前的时期，我们已经见识了存在一种伊朗人的意识，它超越了对于地方或王朝的忠诚，部分激发了后来的"舒欧比亚运动"、萨曼王朝和菲尔多西。民族主义一词不适用，但如果要否认这一时期伊朗人的认同感，需要严重曲解证据和逻辑。

从 1380 年起，朝气蓬勃的附属地方王朝建立者、城市与农民的复兴，以及大胆的萨尔贝达尔运动，都同样屈服于下一波帖木儿（跛子帖木儿或者用马洛的说法"帖木儿大帝"）领导的草原游牧民族入侵。帖木儿是河中地区一个突厥小封臣之子，他明确按照伟大的蒙古成吉思汗的模式，建立起了一支纪律严明的军队和随从武士。他迎娶了黄金家族的一位公主，自称"古列干"（即驸马）以获得其先辈的声望。他也继承了蒙古人令人畏惧的一面。

帖木儿最初在河中地区诸城立足，以撒马尔罕为基地，随后入侵波斯。城市被夷为平地，居民遭到屠杀，掠夺的财物连同一切有价值的幸存者都被送回撒马尔罕，用来装饰一个由花园和宏伟建筑组成的新乐园。为了恐吓他的敌人，帖木儿在他行军路过的波斯省份垒起了人头柱——仅仅在伊斯法罕城外（那里的人们傻到去进攻帖木儿的卫队）他就砍下了 7 万首级，随后垒起了 120 根人头柱。他的血腥侵袭使那片土地再次陷入荒芜，沙漠再次侵占了废弃的农田和水利设施。和蒙古人不同，帖木儿以伊斯兰正统逊尼派的名义进行征服，但这并没有和缓他所导致的战争。在夺取了波斯并在莫斯科周围的草原击败金帐汗国的蒙古人后，他进入印度，夺取了德里。随后他再次向西，在那里他征服了巴格达（又斩下 9 万首级），击败了奥斯曼苏丹，并将之俘虏带回撒马尔罕。他死于 1405 年，当时他正在准备进攻中国。

有一个故事说帖木儿曾会见哈菲兹，这可能是假的。但帖木儿确实会见过阿拉伯历史学家和思想家伊本·赫勒敦。回顾本章所述时期的伊斯兰世界历史，没有一名历史学家会忽视王朝兴起、衰落、游牧民族入侵这种循环的历史模式。伊本·赫勒敦提出了一个理论对此加以解释。[61] 他的理论以"阿萨比亚"开始，即游牧民族战士强烈的集体主义和群体意识。这是由在荒漠、山区、草原边缘地带条件严酷的移动部落生活中所必备的互相依赖精神所孕育的。这是一种凝聚精神，塑造了强大的游牧民族战士，使他们能够入侵并统治定居地区，征服城市。但在完成之后，他们的领导者必须稳固他们的支持。他们必须保护自己不被部落的其他成员排挤出去，并要庇护其他群体——城市居民、官僚和乌理玛。他们也兴建工程和壮丽的宫廷，向他们的臣民彰显威仪，并且雇用佣兵作为战士，因为他们更为可靠。所以，征服者最初的"阿萨比亚"逐渐淡漠并消失。最终，统治王朝开始相信他们自己的神话，并且逐渐放纵于虚妄的炫耀，弱化了都城内外的力量。乌理玛和普通居民则由于统治者的腐化而幻想破灭，准备去迎接另一波游牧民族征服者，后者将开启新王朝。这一循环周而复始。

这个理论——在其之上是一个极为简化的版本——并没有提出入侵周期影响伊朗的所有要素。我们曾见识过，丝绸之路的繁盛是如何在发展贸易的同时鼓动了劫掠者的入侵，以及给伊朗（尤其是呼罗珊）带来极大的经济与文化优势的中央地理位置，同时也使其脆弱不堪。阿拔斯王朝及其继任者，为了克服收税的困难而采取了反复削弱自身实力的举措。官员们变得腐败，同时榨取税收，所以统治者将这一责任转嫁给交税的农民，他们掠夺农民的农田，使得农业生产力快速下降。统治者能够将土地财产赏赐给军人，以换取军役。但这往往意味着，假以时日军人会认为自己是农民和地主，而不是军人。甚至统治者会在一个宏大的范围内行类似之举，将整个省份赏赐托付给可靠的家族，以换取财政贡赋和军事支持。正如我们所见，随后可能的情况是省份总督会变得足够强大而独立，甚至接管国家。

伊本·赫勒敦的理论并不能完全解释这一时期的历史，它用于北非的伊斯兰国家更为合适，这位史学家的大部分人生就是在那里度过的。但无论如何，这都是一个有用的模式，并且也解释了这些民族自身深处的一些倾向。伊本·赫勒敦并不是发明了这些倾向，而是观察到了它们。游牧民经常被认为（当然，尤其是被他们自己）具有一些远古的尚武之德。宫廷被视为颓废之所，会使其中的成员腐朽。乌理玛可能总是被视为冲突中权威的仲裁者。这些心理、社会以及文化架构本身也有助于影响历史事件。

就我们的目的来说，最重要的事是强调波斯学者-官僚这个少数阶层的恢复力和才智。他们对萨珊王朝英勇祖先的怀念，脱离了那些口是心非的官话和宫廷的繁复礼节，投入爱情与花园的美梦、宗教神秘主义以及华丽宫殿与清真寺的规划之中，或者复杂的数学、天文学和医学之中，他们从一次又一次的危机中恢复过来，适应他们的征服者，使自己再一次变得必不可少，最终再次控制了征服者。逐渐地，他们确保了（无论基于巴格达、巴尔赫、大不里士，还是赫拉特）自己语言文化的延续，以及才智领域无可比拟的霸权。这是在世界历史上最为引人注目的现象之一。在本章所写的历史背后，阿拉伯人的征服及其后续的帝国——阿拔斯王朝、伽色尼王朝、塞尔柱人、蒙古人、帖木儿帝国——都在讲述一个最终被证明更为重要的帝国：思想帝国伊朗。

帖木儿之后，历史的进程遵从着它惯常的模式。征服者扮演了被征服的角色。帖木儿的儿子沙哈鲁在赫拉特进行统治，继续赞助另一种波斯文化在此兴盛，并在他的继任者统治下得以继续，产生了伟大的建筑、手稿、插图和细密画，预示着随后莫卧儿和萨法维帝国的文化发展。和之前的其他王朝一样，帖木儿帝国逐渐分裂为由几个王朝继承国组成的拼凑国家。在 15 世纪后半叶，其中两个——两个强大的蒙古化突厥部落联盟，即白羊王朝与黑羊王朝——在饱受战争蹂躏的伊朗高原争夺霸权。白羊王朝最终胜出，但随后被来自突厥安纳托利亚的新王朝萨法维王朝所取代。但为了理解萨法维王朝，有必要先再次回到 7 世纪，深入理解一下什叶派的历史与发展。

第 4 章

什叶派与萨法维王朝

人们总是比我在历史的情节、规律与一切预设的模式中发现的要更智慧更博学。然而，这份和睦难以在历史中被我察觉。我在历史中只能看到一个个历史事件如连绵的海浪接踵而至。我尊重一个事实，即所有历史事件都是独特的，无法被一概而论。历史学家只有一个可靠的法则，即人类的命运与历史的发展常常是不确定也不可预见的，这绝非悲观主义和犬儒主义的论调。历史的进程在史书上常常只是宏观而轻描淡写的几页，而这种历史进程远非自然法则般固定。一代人夺得的土地也许在下一代时就被夺走。无论何种思想也都可能会导致灾难与野蛮行径。

——H. A. L. 费希尔

什叶派的起源

680年10月初[1]，一支不足百人、携带家眷的武装队伍向位于现今巴格达南部的幼发拉底河畔城镇库法前进。这支队伍从数百英里外的麦加出发，穿越阿拉伯沙漠而来。他们及其领导者侯赛因在离库法很近的地方，被一支多达千人的骑兵部队拦截。经过协商，他们同意在部队的护送下远离库法城，向北行进。第二天又来了4000人，他们带着哈里发的命令，要求侯赛因向哈里发叶齐德效忠。侯赛因拒绝了。此时，他们的饮用水耗尽，而哈里发的部队已经封锁了他们去往河边的路。

几天后，新命令来了：侯赛因与他的追随者将被武力镇压直至屈服。哈里发的士兵集结为战斗阵形，压制住侯赛因的队伍。侯赛因试图说服手下保全性命，让他独自面对敌人，但他们选择追随他。他大声斥责敌军，但对方不为所动。接着，哈里发的部队万箭齐发，一齐射向侯赛因一行的帐篷与牲畜。由于兵力悬殊，侯赛因的追随者一个接一个战死，箭像雨点一样落在帐篷和拴着的牲畜身上。他们中一些人向数倍于自己的敌军发起冲锋，也很快战死。最后，侯赛因是他们之中唯一还活着的人。他抱着他尚在襁褓中、脖颈却已经被弓箭穿透的儿子，战斗到体力不支而倒地，终被敌军杀死。

侯赛因的男性亲属中，唯有他的一个儿子由于生病躺在帐篷中没有参加战斗，存活了下来。侯赛因的头颅被带到了库法城中叶齐德的代理人面前，后者用力击打侯赛因的脸。一位目击者斥责他竟对一位被真主的先知亲吻过的人如此不敬。

侯赛因是先知穆罕默德的外孙，是先知的女儿法蒂玛和先知的堂弟阿里所生的儿子。与先知血缘上最亲近的家庭在卡尔巴拉遭遇了屠杀，这一记忆被一代代什叶派穆斯林传承下来。如很多历史事件一样，这个故事也有另一面。从另一个角度来看，伍麦叶王朝的哈里发们并没有这么邪恶，他们只是一些努力不让这个帝国四分五裂的实用主义者，而阿里、侯赛因以及他们的追随者更像是一群能力不足的理想主义者。然而，更重要的事情是理解什叶派如何看待这个故事。卡尔巴拉之战在什叶派的早期历史中是一个决定性的核心事件。卡尔巴拉的侯赛因墓是什叶派最重要的圣地之一。每年这一故事发生之日（阿舒拉日），什叶派都会进行集体宗教游行并虔诚地宣泄悲痛，因而这一天至今仍充满哀恸的气氛。从卡尔巴拉之战以来，什叶派穆斯林仍然念念不忘侯赛因的牺牲及其象征意义，并滋生出哀恸、背叛与耻辱的情感。

基督教的几次大分裂，不论是东西方教会分裂还是后来天主教与新教的分裂，都发生在基督时代数世纪以后。而伊斯兰教持续至今的逊尼派与什叶派的大分裂，其根源则可以追溯到伊斯兰教的早期历史，甚至早于卡尔巴拉之战，直至先知穆罕默德本人的时代。因此，将伊斯兰教的分裂与基督教的分裂相比并不合适。历史学家理查德·弗赖伊等人提出的另一种类比则更为适用[2]，即一边是强调教法与传统的犹太教与逊尼派，另一边是强调谦卑、牺牲与宗教等级制度的基督教和什叶派。阿舒拉日人们的悲痛与一些天主教国家的耶稣受难日所体现的精神颇为相似。将什叶派与基督教的一些方面进行对比并非旨在暗示它们多么相似（它们并不相似），也并非鼓励某种不同宗教手牵手实现大同的普世主义（这种想法过于天真），而是旨在说明一些看起来毫无共同点的东西，经过类比后也不见得真的如此对立。或者至少说明，什叶派并不比天主教更难以理解。

什叶派即"什叶-阿里"，意为阿里的派别。阿里是先知的堂弟，也是穆罕默德最早的皈依者之一。什叶派（在伊斯兰教早期有时也被叫作阿里派）指的是那些只希望被阿里与先知的血亲后代统治的穆斯林。其他的特质与教义是后来才发展出来的。

起初，穆罕默德的追随者，即最初的穆斯林，与世俗政权产生了冲突。穆罕默德、阿里等穆斯林在与麦加的统治者关系恶化乃至公开敌对后，被迫逃离麦加而来到麦地那。这种冲突在伊斯兰教的历史中反复发生，尤其是在什叶派的历史中。穆罕默德挑战了麦加人的生活方式，呼吁基于《古兰经》中真主旨意的启示、更道德也更虔诚的行为模式。而麦加政权则回以嘲笑和迫害。数个世纪以来，这种自大、世俗和腐败的政权与热忱、虔诚的宗教禁欲生活之间的冲突被确立为一种文化模式，一直延续到 1979 年的伊朗革命，乃至延续至今。

什叶派穆斯林相信穆罕默德指定阿里作为他死后的继承者，成为哈里发，但这一正统继承被别人篡夺。如同我们在前一章看到的那样，656 年阿里继任成为第四任哈里发时，伊斯兰统治者已经征服了从埃及到波斯的广袤疆域。这意味着以阿拉伯部落的一些大家族为代表的新势力的崛起（尤其是古莱氏家族的一些成员，他们中很多人在皈依伊斯兰教前都曾与穆罕默德敌对过），但这也要求阿拉伯统治者要采用新的统治与权力关系模式。

很多穆斯林不认同其中涉及的各种改变、政治交易和务实的妥协。譬如阿里，他为人清高，过着虔诚的修行与祈祷生活。他自然受到持不同意见者的关注，反过来又成为哈里发身边的人最为仇视的对象。这种对立第一次在伊斯兰教内部导致集权者与虔诚派的冲突。当阿里成为哈里发后，这种相互仇视演变为内战。当661年阿里试图达成和解时，一些更为激进的哈瓦利吉派支持者感到遭受了背叛继而谋杀了他，而他的老对手——穆阿维叶——随之夺取政权，成为伍麦叶王朝的第一任哈里发。穆阿维叶去世后，他的儿子叶齐德继任为哈里发，他便是680年卡尔巴拉之战中侯赛因的敌人。

什叶派坚信，侯赛因对于叶齐德政权的反抗是为了净化伊斯兰教，使之回归到最初的信条。这种净化既来自侯赛因与先知的血脉联系，也来自叶齐德与他的宫廷明显的不虔诚——在叶齐德的宫廷里饮酒是寻常事，前伊斯兰时代拜占庭与波斯的一些行为方式也被接纳。侯赛因希望能得到来自库法的支持，但叶齐德的部队先到达库法，迫使库法民众放弃对抗。一些什叶派历史学家相信侯赛因在卡尔巴拉赴死是故意和自愿的，因为他相信只有通过自己的牺牲才能实现他的理想（这是一些人将什叶派与基督教进行类比的另一个重点）。而由于侯赛因在库法的支持者没能帮助侯赛因，什叶派在有关卡尔巴拉之战的记忆中更加深了愧疚感。

卡尔巴拉之战后，叶齐德的伍麦叶王朝与他的继任者继续作为伊斯兰教的首脑统治着，也继续征服新土地。要理解什叶派感到的耻辱和悲痛，我们可以想象如果在耶稣死后，基督教的领导权落到了加略人犹大、本丢·彼拉多与他们的继承者手里，基督徒会有什么样的感觉。什叶派视自己为占据劣势与被剥夺的一方，而对手用权力与不义背叛他们、羞辱他们（尽管后来有一些强大的什叶派王朝崛起并统治了广大的地域）。对被压迫者的深切同情和怜悯的倾向以及视自己为比权贵更为正统者的倾向一直存在于什叶派民众的正义观中，并延续至今。早期的什叶派视伍麦叶王朝的哈里发为非法篡位者，希望通过反叛让权力回到穆罕默德、阿里与侯赛因的后代手上。这些后代便是什叶派的伊玛目，虽是旁支却是伊斯兰教的合法领袖。同时，他们是能与伍麦叶王朝和阿拔斯王朝的哈里发相抗衡的另一系血统。什叶派穆斯林也视自己为在由逊尼派穆斯林统治的国家里或多或少受到迫害的少数群体。

尽管存在分裂，但在早期几个世纪，阿里派或什叶派存在相当自由的思想交流、多元的信仰以及多样化的意见。总体而言，什叶派的神学与法律比逊尼派穆斯林显得更为宽松，对于理性主义的神学观点更为包容，更倾向于自由意志论而非决定论，对于伊斯兰世界中反复出现的异端派别也更为包容。这部分是因为什叶派涵盖更广泛的圣训传统，其中包括伊玛目的言行*。什叶派的神学观点也与逊尼派不同，这是因为它解决了什叶派特有的问题，例如受到迫害的行为。

第六代什叶派伊玛目贾法尔·萨迪克发展了一种用以摆脱迫害的策略，这种策略颇富争议。塔基亚（taqiyeh，意为隐瞒）原则允许什叶派穆斯林在必要时刻否认信仰以摆脱迫害。这是一种特殊的豁免，与天主教廷在反宗教改革时代出于相似的情况联合耶稣会授权的"对声明保留"（mental reservation）教条有着显著的相似性。正如耶稣会成员在新教教徒中有着虚伪与言语不可信的不良声誉（这也是英语中"Jesuitical"一词的由来），什叶派也由于塔基亚原则在逊尼派穆斯林中有着类似的坏名声。

有些评论家认为贾法尔·萨迪克的教义反映了什叶派的寂静主义时期，在这一时期什叶派远离政治、对抗或者推翻哈里发政权的企

---

*　逊尼派对于圣训的定义仅为先知穆罕默德的言行，而什叶派的圣训包括穆罕默德和历代伊玛目的言行。

图。这种寂静主义与它所代表的谦逊及含蓄的美德，在之后的数世纪里是什叶派的一条主线（至今仍是）。然而，即便在贾法尔生活的年代，什叶派运动也并没有完全遵循这种模式，什叶派积极参与了阿布·穆斯林反叛与建立阿拔斯王朝的全过程便是一例。765 年贾法尔·萨迪克去世，之后什叶派进一步分裂。其中，一派支持贾法尔的儿子穆萨，另一派宣称他的另一个儿子伊斯玛仪为第七代伊玛目，后者便是之后埃及的法蒂玛王朝统治者信奉的伊斯玛仪派，也被称为什叶派中的"七伊玛目派"。伊斯玛仪派还产生了恶名昭著的阿萨辛派——一个在暗中活动的神秘组织，其所作所为被西方编年史家严重歪曲。阿萨辛派于 12—13 世纪在厄尔布尔士山建立了政权，并在 13 世纪 20 年代蒙古人入侵前后成了历史舞台上的重要角色。

9 世纪，在第十一代伊玛目去世后，什叶派需要面对的是一个时间跨度更长的困境（在伊拉克的萨马拉曾残存第十一代伊玛目陵墓的一个穹顶，但这个遗迹在 2006 年 2 月被逊尼派激进主义者摧毁，这导致什叶派与逊尼派的新一轮严重冲突），因为伊玛目似乎没有留下活着的继承者。于是，非伊斯玛仪派的什叶派主流分支根据关于这一问题的不同神学解释，分化出多个教派。最终这些教派再次合并，共同认同了一种解释，即第十一代伊玛目有一个继承者——他的儿子，这个儿子在他父亲去世后被藏起来了，或者说"隐遁"起来以躲避迫害。在未来合适的时间（即一个混乱的危机时刻），这位隐遁的伊玛目将重新出现并重建真主在人间的正统统治。这与基督教关于天启与基督的二次降临有着明显的相似性（事实上，很多什叶派穆斯林相信耶稣会跟着隐遁的伊玛目一同现身）。这一教义也可与琐罗亚斯德教的弥赛亚信仰——苏什扬特——进行类比。

这一理论发展给什叶派添加了更深远的弥赛亚式千禧年主义成

分，但也同时加入了一种新的不稳定性和自我怀疑，以及一个永久围绕什叶派穆斯林关于世俗权威与宗教权威关系的问题。这个问题便是如果说唯有伊玛目才是合法权威，那么在伊玛目隐遁的时候世界怎么运行呢？什叶派本身就在世俗权力方面有难以解决的问题，而此时什叶派有一个关于本身权威的更深层次的问题。

隐遁的伊玛目是第十二代伊玛目，也是阿里的最后一代继承者，那些等待着他回归的人被称作什叶派中的十二伊玛目派。作为什叶派中最大的分支，十二伊玛目派是个分布很零散的教派，其成员散布在两河流域南部、围绕库姆的伊朗中部地区、伊朗东北部与中亚、黎巴嫩、波斯湾南岸等地（今天在阿富汗、巴基斯坦与印度也存在什叶派）。但当诸如法蒂玛王朝、白益王朝、卡尔马特派等强大的伊斯玛仪派或者其他什叶派势力纷纷衰落后，逊尼派再次占据主导地位。在蒙古人的入侵结束后，正统的逊尼派奥斯曼帝国崛起并控制了伊斯兰世界的西部。

萨法维王朝

15 世纪末，一支来自伊朗西北部与安纳托利亚东部、主要由突厥骑马武士组成的武装团体登上历史舞台。他们起初以阿尔达比勒为中心，逐渐发展成为一支重要的政治军事力量，并开始寻求向周围扩张。当时在安纳托利亚东部和阿塞拜疆有很多类似的武装团体，这些武装团体或多或少都带有军事化作风，其信仰也或多或少是激进而极端的（受到近邻其他武装团体的影响），并掺杂一些苏菲主义、千禧年主义、什叶派或者圣人崇拜的成分。这些武装团体的信仰渊源可以追溯到前伊斯兰时代的马兹达教派，传承自 8—9 世纪的胡拉米派。[3]

随着蒙古人与帖木儿王朝入侵这一地区并造成大量破坏与民众的流离失所，这些武装团体吸纳了大量受当地武人群体排挤的闲杂人员，例如被剥夺身份者、逃亡者、强大部落首领的敌人等。他们如同在伊儿汗国统治下呼罗珊的萨尔贝达尔叛军一样，发展成为一股新的势力。14 世纪，在更西边一个与他们并无本质区别的突厥武士团体已经凭借同拜占庭作战获胜所取得的名誉，初步创建了奥斯曼帝国。

位于阿尔达比勒的武装团体创建了萨法维王朝，这个团体以他们最初的领导人之一谢赫萨菲（1252—1334 年）的名字命名。谢赫萨菲信仰逊尼派和苏菲主义，鼓吹净化和复兴伊斯兰教，并有在世界上建立新的宗教霸权的野心。他可能有库尔德人血统。萨法维王朝的早期历史很复杂，各种细节至今尚未明了，但似乎是谢赫萨菲的继承者萨德尔丁（1334—1391 年）组织了这场运动，建立了等级制度和管理财产的制度。这使得萨法维王朝得以从一个松散的联盟变成了一个有秩序的组织，并通过恩惠或者联姻建立更广泛的部落联盟。之后，在萨法维王朝继任首领的领导下，更多的部落和团体联合起来，他们由这些联盟和宗教热忱 [4]（信奉伊玛目阿里作为军事和精神偶像是宗教感情的因素之一）团结在一起。在谢赫朱奈德（1447—1460年在位）的领导下，萨法维王朝及其附庸选择与白羊王朝（如之前章节中所述，由白羊突厥人建立）结盟，从而逐渐成为古代波斯疆域中的支配势力。萨法维王朝成功地侵略了信奉基督教的格鲁吉亚人所统治的土地，并借此发展为一个强大的军事力量，之后萨法维王朝不断与当地其他穆斯林部落团体作战。

在上一章讲述了苏菲主义与苏菲派诗歌之后，热衷于战斗和征服的苏菲信徒的表现似乎难以与之相互协调。不过苏菲教派内部其实是广泛多元的，包罗万象，对于“爱”的强调只是苏菲派思想的一个方面。一些苏菲派谢赫是博学的隐士，他们甘于贫穷，喜欢沉思。而另一些人相比于沉思则更热衷于传教，他们更激进，更倾向于通过世俗的行为来实现神圣的目的。他们对于使用暴力的态度也更模棱两可。大部分苏菲派团体都要遵守一个制度，即苏菲派修行者要服从他们的导师，在那些更为军事化的苏菲派团体中，这一制度也更为军事化，萨法维王朝便是其中一例。萨法维王朝的强大依靠的是麾下战斗力超群的突厥武士，即被人熟知的奇兹尔巴什（Qezelbash，意为"红头"），他们以佩戴红色头巾而闻名。一些奇兹尔巴什在战斗中骑马但不穿盔甲，并相信他们的信仰会让他们刀枪不入。大部分奇兹尔巴什信仰的苏菲主义都经过了简化，强调集体美德以及忠于集体——就像什叶派的教义对他们而言也仅仅是把阿里当作圣战士的典范而崇敬一样。但这种简化带来了一种强烈的集体凝聚力，他们将之称为"阿萨比亚"。

　　萨法维王朝何时转而信奉什叶派尚不清楚；在当时当地的宗教背景下，这个问题多少显得有些刻意。因为什叶派本身就是一个笼统的混合体。15 世纪末，萨法维王朝的新领袖伊斯玛仪已经有能力扩大王朝的影响力，但代价是白羊王朝因为动荡的政权交替而越来越衰弱。伊斯玛仪的外祖父是乌尊·哈桑——15 世纪六七十年代在位的白羊王朝伟大领袖。伊斯玛仪可能模仿了其外公富有人格魅力、伟人般的领导风格。1501 年，伊斯玛仪带领麾下的奇兹尔巴什占领了位于波斯西北部的大不里士（曾经是塞尔柱王朝的首都），并宣布自己为沙阿。那时他仅 14 岁。当时有一位意大利旅行者在描述他时，形容伊斯玛仪外表英俊，个子不算高，身体结实，肩膀宽阔，发色微红。他留着长胡须（这是奇兹尔巴什的特征，常见于当时的插画），是左撇子，擅长拉弓射箭。[5]

征服大不里士后，伊斯玛仪宣布十二伊玛目派为其领土上的新国教。伊斯玛仪的什叶派采取了一种极端的形式，竟要求信徒诅咒阿里之前的三位哈里发。这极大地冒犯了崇敬这三位哈里发、把他们和阿里一起并称为四大正统哈里发的逊尼派穆斯林。伊斯玛仪的这一行为加剧了萨法维王朝与其敌人，尤其是与西边坚定的逊尼派奥斯曼王朝之间的矛盾。近些年来，学界认为即便在这之前奇兹尔巴什就有偏什叶派的倾向，但1501年伊斯玛仪宣布什叶派的国教地位是一个深思熟虑后的政治决策。

在接下来的十年，伊斯玛仪征服了伊朗的剩余部分，以及包括两河流域和阿拔斯王朝旧都巴格达在内先前属于萨珊波斯的全部土地。他击败了白羊王朝的余党和东北部的乌兹别克人，也平定了多次叛乱。1504年一位叛乱首领的两个手下被抓捕并押送到伊斯法罕，随后他们就被穿在签子上烤成了肉串。伊斯玛仪命令其属下吃这些肉串以证明他们的忠诚（奇兹尔巴什把吃人肉作为某种极端癖好的故事并非仅此一例）。[6]

伊斯玛仪试图通过在新获得的领土上推行什叶派教义来巩固统治（尽管传统观点认为这一过程实行得很快，而且从别地来到伊朗的什叶派学者在这一过程中发挥了重要作用，但是这一观点目前受到了质疑[7]）。他同时也尽力压制敌对的苏菲派团体。这里必须重点强调，尽管在1501年之前伊朗就存在较强的什叶派力量，而且也存在诸如库姆和马什哈德等重要的什叶派圣地，但伊朗一直如同伊斯兰世界的其他部分一样由逊尼派主导。伊拉克南部的那些什叶派圣墓所在的城市才是什叶派曾经的中心。[8]

伊斯玛仪创作了一些诗歌（大部分用阿塞拜疆的突厥语方言写成，这种方言也成了萨法维王朝的官方语言），他的诗歌很可能被他的属下同其他宗教歌曲一起背诵和传唱。下面这首伊斯玛仪创作的诗歌表现了他对于宗教的热忱以及对于奇兹尔巴什军事实力的自信：

> 我是沙阿伊斯玛仪，
> 我站在真主一侧，我是这些战士的领袖。
> 我的母亲是法蒂玛，父亲是阿里，
> 因而我也是十二位伊玛目中的一个。
> 我要从叶齐德手中夺回父亲的血。
> 众人皆知我真如雄狮一般（阿里有"雄狮"的美誉），
> 是永生的先知希德尔，是玛利亚之子耶稣。
> 对于今天的人们而言，我便是亚历山大大帝。[9]

　　除了这些古代的伟大人物以外，伊斯玛仪还把自己比作领导起义并于 750 年推翻伍麦叶王朝、建立阿拔斯王朝的阿布·穆斯林。

　　伊斯玛仪还试图利用安纳托利亚东部多个突厥部落皈依什叶派而向西扩张。但是，他的这一宏图在 1514 年的查尔迪兰战役中破灭了。查尔迪兰位于大不里士西北部。在这场战役中，奥斯曼军队的火炮化解了奇兹尔巴什的凌厉攻势。相传伊斯玛仪对着一门大炮狠狠砍了一剑以发泄愤恨，以至于在炮管上留下了一个很深的缺口。

　　查尔迪兰战役的失败，使得伊斯玛仪无法再令奇兹尔巴什保持之前那样极高的忠诚度以及对于伊斯玛仪神圣使命的绝对信任。他变得悲观消极，还常常饮酒。逊尼派的奥斯曼帝国与什叶派的萨法维王朝之间的战争持续了很多年，而宗教分裂进一步激化了战争。大不里士、巴格达与伊拉克的什叶派圣城在双方之间多次易手。什叶派穆斯林在奥斯曼的土地上被迫害和屠杀，尤其是在安纳托利亚东部，什叶派被视作潜在的叛徒，因而处境更为悲惨。萨法维王朝则把伊朗转变为什叶派国家，直至今日。当时伊朗也间歇性地发生迫害事件，尤其是针对琐罗亚斯德教教徒、基督徒和犹太人，尽管这三类人中至少后两类一直由于拥有"有经人"的身份在明面上受到保护。我们可以把这种情况与4世纪的情况进行类比，当时不论是在沙普尔二世统治下的波斯，还是刚刚经君士坦丁之手将基督教升为国教的罗马帝国，宗教迫害由于两国紧张的关系变得更为严重。

　　尽管有着苏菲派的渊源，但萨法维王朝同样打压苏菲派。苏菲派被迫害到十分严重的程度：除了萨法维教团外，其他教团都消失或者转为地下活动了。长远来看，主要的受益者是什叶派乌理玛。强调这点是因为苏菲派曾在全伊朗，尤其是农村地区的宗教领域占据主导或者接近主导的地位。

　　这个由伊斯玛仪建立的帝国也出现了一系列问题。最突出的包括奇兹尔巴什难以控制的好战倾向、突厥人和塔吉克人相互不信任（突厥人蔑称波斯人为塔吉克人）以及有着苏菲派倾向而对宗教持兼收并蓄态度的奇兹尔巴什和坚持沙里亚教法传统的城市乌理玛之间的隔阂。如同伊本·赫勒敦预测的那样，这些问题朝着有利于波斯人和乌理玛的方向被解决。伊斯玛仪的儿子塔赫马斯普（1524—1576年在位）继位时年龄尚小，而萨法维王朝已经历了数年内战，西部的领土被奥斯曼夺走（1534年巴格达也被攻占），东北部的领土也落到了乌兹别克人手中。塔赫马斯普将首都从大不里士迁到加兹温以确保首都安全。但他去世后，在继任的两位沙阿的统治期间再度爆发了内战。直到阿拔斯通过与一些奇兹尔巴什部落结盟并于1587年登上王位，王朝的秩序才开始恢复。

阿拔斯大帝

作为沙阿，在从成功的军队制度改革到建造雄伟的建筑奇观等诸多方面，阿拔斯都有不小建树，这也是他常被称作阿拔斯大帝的原因。他是一位有才干的统治者和军事领袖，亦是一个冷酷无情的独裁者。他统治的时期是萨法维王朝最杰出、最有创造力的时期。但是童年时代经历的连年内战与动荡（他的很多亲人都被杀害），使得他猜忌成性和残暴不仁。

阿拔斯的大部分改革和创新都集中在军事领域。他有意将奇兹尔巴什部族边缘化，转而在新首都伊斯法罕创建了一支新的核心常备军。这支部队首次大规模地引进和装备了火药武器，包括当时最新式的火炮，还组织了一个火枪手兵团。这支部队在很多方面都效仿了奥斯曼的做法——火枪手兵团的作用等同于奥斯曼令人生畏的禁卫军。军队成员从奇兹尔巴什和城里、乡下的波斯人中招募。而格鲁吉亚人、亚美尼亚人等也被大量带至伊斯法罕，以至少是奴隶的身份编入军队，这些人远离家乡来到相对陌生的土地，只能依靠沙阿，因而更为忠诚可靠。格鲁吉亚和亚美尼亚的很多奴隶被提拔为指挥官、行政官员与地区长官。尽管建立了常备军，在沙阿奔赴战场时地方的奇兹尔巴什部队仍会出动，其数量远多于中央常备军。[10]

如同其他前工业时代的国家一样，萨法维王朝的土地与税收政策与军事必需物资联系紧密。在这些方面，奇兹尔巴什部落首领也是利益受损者。阿拔斯夺走了奇兹尔巴什曾拥有的很多土地，交给他的官员集中管理，还把一些土地作为图尤勒（tuyul）分封下去，图尤勒不分配给个人而是分配给国家机构，只要官员在任，他们就能从这些土地获得收入。但这些收入通常只占他们所管理土地收成的一部分而已。此种土地分配方式保证了这些官员最大限度地忠于国家，并将土地从沙阿手中落入一些有野心的地方权贵手里的可能性降到最低。通过加强政府对于商贸的管控，尤其是对于以吉兰省丝绸生产为基础的丝绸贸易的管控，国家财政收入大幅提高。这一时期，大部分波斯商人向东去往印度进行商贸活动，但也有一些丝绸主要经亚美尼亚商人之手，向西出口到了欧洲。与此同时，阿拔斯通过英国东印度公司（沙阿在 1616 年授予英国东印度公司在波斯境内进行贸易活动的权利）从葡萄牙人手中夺回了霍尔木兹海峡，并重建了波斯人在波斯湾的地位。[11]

如果是一个软弱的君主企图进行这些改革，他不可能顶着奇兹尔巴什的压力统治长久。但阿拔斯一方面巧妙地让部落相互为敌，另一方面通过战争中取得的胜利获得了巨大的声誉，这使得一切改革成为可能。他率领新的军队在东方打败了乌兹别克人，将波斯的东部边界推回阿姆河，并在西边打败了奥斯曼。他还两次夺回巴格达。为了巩固胜利，尤其是东北部的军事成果，他派遣大量的库尔德人，与卡扎尔、阿夫沙尔等奇兹尔巴什部落一道，成为新边界的守护者。这种安置政策同时也加强了他对于部落的管理，分化了各部落，从而削弱了他们的力量。他定期轮换各行省的行政长官，以防止他们中有人建立地方权力与中央分庭抗礼。他还将很多亚美尼亚人从西北部调到了伊斯法罕以南的一个郊区——新朱勒法。时至今日，很多亚美尼亚基督徒和他们的主教仍生活在那里。

新都城伊斯法罕的地位早在萨珊王朝就已经很重要了，后续王朝在该地建造了很多重要的纪念碑和清真寺。但直至今日它能作为全世界最雄伟、最吸引人的伊斯兰建筑中心，基本上是萨法维王朝时期造就的。那些位于城市中心的雄伟建筑、伊玛目清真寺高耸的蓝色拱顶大门、美丽的阿拉瓦尔迪汗桥、壮丽的阿里·卡普宫和四十柱宫、谢赫鲁特福拉清真寺，还有壮观的王侯广场等，要么建造于阿拔斯沙阿的时代，要么至少也是在他的时代开始动工，在之后的时代修缮完工的。这些建筑充分表现了萨法维王朝的强盛辉煌以及对什叶派的认同，创造出了难以被超越的伟大成就。

　　阿拔斯的一大成功原因是足够长寿，他的统治时间很长，能使他的诸多事业得以开花结果。但这也留下了一个新问题——继承问题。继承问题是很多王朝都有的难题。在欧洲，继承问题常常源于统治者没有子嗣，从而带来了一系列难题，比如企图离婚（亨利八世）、试图保证女儿或者一些血缘更远的亲戚继承统治以及由于继承权的争论导致战争。而在伊斯兰世界，继承权问题又有所不同。得益于一夫多妻制，统治者往往不会面临缺少子嗣的问题，相反，他们往往子嗣过多。这可能意味着老国王去世后，他的子嗣会伙同各自的党羽相互斗争。在奥斯曼帝国，这种斗争被制度化——敌对的王子们在他们的父亲在世时担任不同行省的长官，一旦听闻他去世，他们便争相冲向首都并声明自己是正统继承人。最先到达首都的王子会得到禁卫军的支持，随后他会杀掉所有的兄弟。后来，奥斯曼帝国采取了更体面一些的做法，即把所有的继承者候选人都软禁在后宫中直到他们的父亲去世。但这也使得继承者候选人缺乏治国理政必需的才能，继而导致维齐尔的权力大增，以至于维齐尔位高权重如同副王。继承人问题就是这样一个复杂难题。

　　很多父亲都与自己的儿子关系不和，甚至相互冲突，因而历史上国王与储君之间的斗争屡屡不止。阿拔斯也不例外，他正是通过废黜自己的父亲才夺得权力。与奥斯曼帝国的前辈们一样，他害怕自己的儿子会企图废黜他，于是把王子们软禁在后宫里。但他仍害怕王子们谋反，于是将他们弄瞎，还杀了其中一个。最终，他的一个孙子继位。这种将王室继承人软禁在后宫中令人不悦的做法被萨法维王朝的君主所继承。

虽然阿拔斯对于自己的苏菲派祖先位于阿尔达比勒的陵墓相当敬畏，但他一直致力于削弱奇兹尔巴什，当努克塔维苏菲派叛乱后，他甚至也把斩首等刑罚用于惩戒奇兹尔巴什。另一方面，阿拔斯对于乌理玛有好感，他慷慨出资支持他们，尤其是在什叶派圣城马什哈德和库姆。有一次他耗时 28 天从伊斯法罕穿过沙漠去马什哈德朝觐，以此来展示他的宗教热忱并为国民做表率。由于和奥斯曼处于长期敌对的状态，去往伊拉克南部的什叶派圣城成了一件充满困难与不确定因素的事情，而沙阿的表率让波斯的什叶派民众也纷纷改道去往波斯境内的什叶派圣城朝觐。伴随朝觐而来的是沙阿给予乌理玛更多的资助，这使得心怀感激的乌理玛更紧密地站在萨法维政权一边，成为王朝的坚实盟友。这对未来有着重大的影响。阿拔斯十分精明，他建立了一个保证国家财政收入的管理体系，他的王朝取得了前所未有的功绩。但在之后的一个世纪里，越来越多的土地被赠予宗教机构，有时候这种土地转让甚至只是一种逃避税收的方法，因为宗教资产不需要缴税。[12]

在阿拔斯沙阿的统治下，萨法维王朝在传统意义上的伊朗疆域内建立起了几个世纪以来比其他王朝更加复杂、强大而持久的管理体系。[13] 萨法维王朝的行政管理与它开创的将什叶派制度化的模式成了当代伊朗行政体制的范式与模板。萨法维王朝的物质文明——金属器件、纺织物、地毯制作、细密画、陶器，特别是建筑艺术——使这一时代以对于美的超凡创造力而闻名。什叶派与乌理玛获得的支配地位也带来了一个什叶派思想理论革新的时代，特别是那些被统称为伊斯法罕学派的思想家（米尔·达马德、米尔·芬德雷斯基和谢赫·巴哈伊），以及伟大的宗教哲学家毛拉·萨德拉。

毛拉·萨德拉于 1571 年或 1572 年出生于设拉子。他年轻时在加兹温与伊斯法罕学习，对于哲学、传统宗教学、苏菲派学说等都很感兴趣。他是当时两位伟大的思想家米尔·达马德与谢赫·巴哈伊的学生，他曾居住在库姆附近，也一度到处旅行，最终再次回到设拉子成为一名教师。他的思想（大部分都记录于名为《四次旅程》的书中）吸取了阿维森纳的哲学思想以及新柏拉图派的一些元素，但也承自传统的什叶派思想、苏瑞瓦尔迪的苏菲主义（照明学派）与伊本·阿拉比的哲学思想。毛拉·萨德拉的思想具有神秘主义倾向，由于神秘主义一向被乌理玛反对，毛拉·萨德拉的思想在当时广受争议。但通过阐释理性主义哲学与个人的神秘主义体悟都应作为个人沉思与修习过程中的一部分[14]，毛拉·萨德拉内化了被他称为"伊尔凡"（erfan）的神秘主义，从而将之纳入什叶派的传统宗教学体系。[15] 他的思想在之后的几个世纪都被当作伊斯兰哲学的核心。

波斯文化在伊斯兰世界的东部依然有着巨大的影响力，正是在萨法维王朝时期，波斯文化在波斯以外地区的影响力达到了巅峰，比如奥斯曼土耳其（波斯语被用作外交信件的书面语，土耳其语诗歌也仿照波斯语诗歌的体裁）以及中亚诸汗国。这种影响力在莫卧儿王朝统治的印度更为突出，波斯语是莫卧儿的宫廷语言，新的波斯化诗歌、音乐、宗教思想等在印度盛行。有些人将这一时代的波斯语诗歌统称作萨法维诗歌，也有一些人指出一个事实，即这一时代的诗歌中相当大一部分虽然是用波斯语写作的，但是创作于印度，因而他们将这一时代称为印度时代。对于这一时代诗歌的水平，人们也有不同看法：伊朗知名评论家巴哈尔就不喜欢这些诗歌；从 19 世纪中叶开始，人们对于这一时代的诗歌看法总体来讲偏负面，认为这些诗歌枯燥乏味，滥用相当陈旧的想象，缺乏真情实感。某种程度上，这种看法也反映出这些批评家更欣赏兴起于 18 世纪 60 年代、致力于摆脱萨法维风格的诗歌运动（诗歌运动只发生在波斯，其他波斯化地区没有这样的运动）；但也有一些人认为萨法维诗歌还是具有很多优点的。

无论对于诗歌水平持哪种评判观点，有一点是毫无疑问的，即这一时代的波斯文学文化盛行于从伊斯坦布尔到德里乃至撒马尔罕的广大地域。波斯文学还反过来强烈地影响了当时与后来土耳其语与乌尔都语的诗歌创作，这反映出波斯文学在知识分子群体、宗教领域与宫廷极其广泛的影响力。然而，这种波斯化的文化某种程度上在波斯的首都反倒是最弱的，因为首都的宫廷语言是突厥语，毛拉（意为伊斯兰教学者）也显得比诗人更受青睐。[16] 很多诗人与波斯人都迁移到了极度富有的莫卧儿宫廷任职去了。

由于政局动荡和受到波斯化影响的文化区域存在相互竞争的政权，波斯在萨法维王朝之前的几个世纪混乱不堪，这也让该地区对于宗教多元化和相对的思想自由有着相当大的容忍度（尽管这种容忍是不稳定的）。而在萨法维时代，由于其强有力的统治，波斯高原的核心部分免受侵略，这对于数个世纪以来遭受政治不稳定之苦的波斯来说显得弥足珍贵。但先前的思想自由氛围也逐渐萎缩。

萨法维王朝的什叶派和他们统治下的乌理玛，从一开始就有极端主义倾向，对于各种思想也不太宽容，之后与奥斯曼帝国发生的宗教冲突更是加剧了这一点。萨法维王朝从一开始就比之前的许多逊尼派统治者更虔诚地信奉宗教。这是一个微妙的问题，但必须正视之。苏菲派越发被排挤，知识分子的生活被引导到宗教教学。有一些阿訇奉承者和伪毛拉，他们比那些深沉博学的宗教学者更为极端，能在城里那些难以管理的年轻人之中吸引一群追随者；而什叶派长期被迫害的屈辱历史并没有让它在获得支配地位后对其他少数宗教群体保持宽容。异教徒的宗教不洁观念，尤其是犹太人，导致少数族群状况的普遍恶化，而在 1642 年后，出现了一段特别严酷的迫害与强制叛依的时期。犹太人被命令必须在衣物上佩戴显眼的红色补丁以表明他们的身份，他们的言辞在法律判决中近乎无用，他们被规定不得穿合尺码的鞋，不得穿华美的衣服或者系皮带，他们还被禁止在街道中间走或者走路超过前面的穆斯林，被禁止进入商店触摸商品，只能秘密举办婚礼，被穆斯林咒骂时必须保持沉默等。[17] 这些所谓的命令（直接违背了伊斯兰教对于有经人适当的容忍态度，让人想起在中世纪或者其他时代基督教欧洲发生的相似的宗教迫害恶行）可能更多的是一小群极端主义毛拉自己的想法而非历史上的真实情况。不同城镇的情况可能有很大不同，并会随着时间推移而发生变化，但这种说辞仍然表明了一些人的态度，甚至还会被一些人用来为自己的行为辩护。作为城镇与乡村的权威人士，谦逊博学的毛拉往往是犹太人、基督徒与琐罗亚斯德教教徒最重要的保护者。[18] 事实上，鲜有毛拉会去频繁招惹压迫这些弱小的群体。

有人甚至有些乌理玛也认为，萨法维王朝与什叶派神职人员之间的密切关系并非一种良性的状态。这种过分亲近的关系让一些毛拉忽视了什叶派对于政治、王权与世俗政权本应具有的强烈不信任感（这或许是什叶派最吸引人的特征之一），并紧紧抓住那些萨法维沙阿赋予他们的好处，比如任命、资金支持以及行使政治权力的机会。[19] 正如经常发生的"没有制约便会导致贪婪"的众多例子，这种过分紧密的关系导致很多什叶派高级教士跟随萨法维王朝而覆灭。

1629 年阿拔斯大帝去世后，萨法维王朝继续统治了近一个世纪。

但除了阿拔斯二世（1642—1666 年在位）一朝的短暂中兴，这一个世纪的发展是停滞的。1638 年巴格达再次被奥斯曼夺走；1639 年签订的《佐哈布条约》确定了奥斯曼与波斯的边界，这也成为今天伊朗与伊拉克的边界。1648 年阿拔斯二世从莫卧儿手中夺取了坎大哈，之后东部地区保持了和平。

从军事角度来讲，萨法维王朝在阿拔斯大帝与阿拔斯二世两位沙阿的时代到达了巅峰。尽管萨法维王朝与奥斯曼土耳其和莫卧儿王朝一道被归入火药帝国的行列（根据马歇尔·霍奇森的观点），但人们有充分理由认为，萨法维帝国的实践与架构相比其他帝国而言，在引进火药后变革较少。波斯军队确实装备了火炮和火枪，但它们都只是原先战争模式的附属，波斯没有像在其他地方那样彻底改变战争的形态。波斯地区长矛–弓箭的骑兵战争传统文化可追溯到菲尔多西，这种传统一直抵触引入那些笨重又嘈杂的火器。波斯军队中的骑兵数量通常胜过其对手，但波斯人不会像奥斯曼人或者莫卧儿人那样，在围城战时携带重型火炮或其他有更高技术含量的武器。波斯高原面积广阔，但可通航的河流较少，加上地形崎岖、道路质量差，使得这一地区不适于运输重型火炮。大部分伊朗城市要么没有城墙，要么城墙建于几个世纪前，已经不堪一击，而在同一时代各种复杂而昂贵的堡垒工事正在欧洲和其他地区拔地而起，以抗衡重型火炮的挑战。总体而言，波斯的军事改革是不完善的。[20]

根据有关萨法维王朝后期君主不算详实的资料，酒似乎有着重要的地位。在伊斯玛仪沙阿的时代或者之前，饮酒是奇兹尔巴什集体仪式的一个组成部分，这或许是传承自中亚蒙古人与突厥部落的古老习俗，也传承自激进苏菲派的实践以及波斯人"战歌宴舞"的传统。相传 1508 年伊斯玛仪攻占巴格达后，他曾在底格里斯河的船上一边观看处死敌人，一边饮用葡萄酒[21]，但在查尔迪兰战役失败后他酗酒的次数增加了。有一些资料甚至暗示酗酒是他在 1524 年英年早逝的一个原因。在更广泛的伊斯兰文化圈中人们对酒是怀有敌意的，但似乎在宫廷对饮酒的忌讳进一步加剧了它的诱惑力。我们可以做个类比：尽管新教不提倡饮酒，但豪饮一直是英国与其他传统新教国家的一个特征。塔赫马斯普沙阿曾在 1532 年或者 1533 年戒酒，直到 1576 年去世都滴酒不沾，但在当时的人们看来，酗酒或多或少是塔赫马斯普之后三代沙阿——伊斯玛仪二世、萨菲（1629—1642 年在位）与阿拔斯二世——的死因。[22]

　　其中一些观点或许可以归结为对那些普遍被认为是失败的统治者的道德批判。对于那些反对饮酒的作家而言，饮酒足以成为导致无能、怠惰、道德品质低下等坏品质的理由（或者至少是这些坏品质的标志）。（阿拔斯大帝也饮酒，但这丝毫没有败坏他的名誉。）有太多证据表明，这些所谓的饮酒带来的恶果很多时候都是历史记录者虚构的，并不足为信。在苏莱曼沙阿一朝，这种饮酒批判到达了巅峰。

　　苏莱曼于 1666 年登基，随后统治了 28 年。当时，有人记录道：

　　　　他高大、强壮、有活力，但作为统治者来说长相有些阴柔。他五官匀称，鹰钩鼻，眼睛又大又蓝，嘴巴不大不小，胡子被染成了黑色，精心修剪过并使之上翘，几乎到了耳朵的位置。他和蔼可亲但也颇具威严。他的嗓音浑厚而悦耳，说话文雅，值得称道的是当你向他鞠躬时他也会很合礼仪地点头回应，并常常回以微笑。[23]

　　苏莱曼统治的大部分时间是很安宁的。一些华美的清真寺和宫殿在其任内建造完工，但人们也可以将之视为国家的经济资源进一步向宗教倾斜，他与他的宫廷统治是狭隘而内向的物质象征。这两点从长远来看都对国家造成了不利影响。苏莱曼对于统治国家没有太大兴趣，他将国家事务交给官员管理。

苏莱曼有时候会强迫官员（尤其是那些最虔诚的官员）将一个巨大的高脚杯里盛满的美酒（这种酒被称作"hazar pishah"）一饮而尽，从而取悦自己。有时候官员会醉倒，不得不被抬出去。如果他们没有醉倒，沙阿可能会故意开玩笑，让他们阐述对于一些重要事务的看法。[24]

尽管苏莱曼沙阿有时候也因为担心健康问题或者由于宗教道德感发作而短暂节制饮酒，但总体而言，他酗酒严重。[25] 由于从小被软禁在后宫里，他贪图享乐，对什么事都漫不经心。他对于宫廷外的世界知之甚少，也没有兴趣去了解。他只想保持一直以来的懒散状态，享受登基前不能享有的奢侈生活。但当时一些记载声称，他在饮酒后会变得肆意妄为，有一次他弄瞎了自己兄弟的眼睛，还有几次他醉酒后下达了处决的命令。

这种情况证明了萨法维王朝的官僚系统是多么复杂与强大，竟能在缺乏强有力统治者的情况下继续运转。其他伊斯兰国家每每在这种时候，总会出现维齐尔或者首席大臣充当有力统治者的情况。而在伊斯法罕，其他重要官员（包括沙阿的姑婆玛丽亚姆夫人）常常会相互牵制，从而防止某一人独揽朝政的局面出现。但随着时代发展，官员们越来越关注他们自己以及派系的利益，阻止对手得利，而对于国家利益的关注越来越少。官僚系统本身不是道德标兵，而是需要强大的领导以及定期的改革才能保持较高的道德水准，不然就会走向腐化。如果官员发现他们的长官不负责任，他们也会跟着上行下效。

　　由于一方面国家对于乌理玛的政策倾向不断加强，另一方面沙阿越发无心管理国事，什叶派宗教领导人穆罕默德·巴克尔·马杰里希就参与管理事务，制定了一个蓄意迫害少数宗教群体的政策（至少迫害了信仰印度教的印度商人），该政策激起了人们心中最恶意的本性，以此来提高政权的受欢迎程度。[26] 迫害行为是不定期的，也难以预料，有时候针对印度人和犹太人，有时候针对亚美尼亚人，有时候又针对一些省份的苏菲派、琐罗亚斯德教教徒或者逊尼派。总体而言，少数群体，甚至包括具有有经人身份、理应受到保护的犹太人与基督徒都在法律上处于不利地位，每天都要忍受羞辱，还有一些有野心的传教者会通过鼓动城市中的不法之徒来攻击他们，以此提高自己的声望。尽管马杰里希是否应该对于苏莱曼沙阿时代少数群体日益艰难的境况负责尚有争议（比如他那篇名为《以雷霆之力打击犹太人》的文章，其实只是呼吁用伊斯兰教法的规定对待犹太人，远比文章题目来得要温和[27]），但他确实个人影响力巨大，并且在下一任沙阿的统治时期主导了局势。他的著作还包含强烈打击逊尼派与苏菲派的思想。参与宗教迫害运动的远不止马杰里希一个（这些迫害者可能对于一些派别态度极端，而对于另一些派别态度温和），但重要的是我们得记住这只是代表了当时什叶派的一面而已，还有很多什叶派乌理玛对于马杰里希的压迫政策持批评态度。[28]

　　当苏莱曼沙阿的时代快结束时，萨法维王朝虽然看起来依然强大，但实际上已经严重衰颓。萨法维王朝修建的建筑是那样雄伟，但曾经以宽容与见识超群而闻名的波斯思想界，此时却被一群思想狭隘的人领导着。

第 5 章

萨法维王朝的衰落、纳迪尔沙阿、18 世纪过渡期与恺加王朝早期

墙似峰峦，地若白练，越图城。

鸟雀惊起处，现凯·卡乌斯的骸骨。

昏鸦终不解人世，对枯冢，枉嗟吁。

金戈铁马何处寻？空余铜鼓悼亡魂。

——奥马尔·海亚姆

根据广泛流传的故事，1694 年在苏莱曼沙阿垂死之时，继位问题仍然悬而未决。苏莱曼沙阿召集自己的侍臣与官吏："如果你们渴望安定，就拥立侯赛因·米尔扎。如果你们的目的是国家的荣耀，那就让阿拔斯·米尔扎登上宝座。"[1]苏莱曼死后，掌管后宫的宦官们决定拥立侯赛因，因为他们判断他更容易受他们控制。侯赛因也受到后宫的掌控者——玛丽亚姆夫人——的偏爱，所以顺理成章成为沙阿。

　　这样的故事给历史学家提出了一个问题。它们听起来就像轶闻，尽管生动，但的确不符合现代历史写作规范，即便它们在当时广为流传，但也无法克服人们接受它们时的不情愿。临终卧榻边所说的话，对于两位王子个性简明的概括，官僚们可笑的选择，都恰如其分。但不假思索地否定之，也和对其信以为真一样是错误的。将这个故事视作对于动机以及事件本质的反映，是比较合理的，尽管实际的说法从未言及这一点。这个故事给人以苏莱曼沙阿随意疏忽甚至是不负责任的恶作剧印象，这些我们从其他史料中已经得知。正如结果所示的那样，这也给出了一幅关于苏丹·侯赛因沙阿个性及其侍臣动机的精确画面。非常可信的是，苏莱曼沙阿留下了开放的继承权，颇具权势的官员们可以选择他们认为最具可塑性的王子。

　　最初，苏丹·侯赛因沙阿表现得虔诚而正统，如宫廷最高教士穆罕默德·巴克尔·马杰里希所期望的一样。在后者的影响下，王家酒窖中的酒桶被带至王宫前的广场公开砸碎。根据传统，在加冕礼上苏菲派教士享有为沙阿扣上佩剑的荣耀（反映了萨法维王朝的苏菲派源流），而新的沙阿却改让马杰里希去做。年中他下达命令：酒馆、咖啡屋和妓院要被关闭，娼妓、鸦片、"迷幻的草药"、鸡奸，公开的音乐、舞蹈和赌博，连同放风筝这样无害的娱乐一起，都被禁止。女性要守在家中，举止谦卑，禁止与亲属以外的男性相处。只能穿戴伊斯兰服饰。尽管财政官员们抗议，警告说由于国家从娼妓和其他娱乐形式的税收中获利颇丰，这样会使收入锐减，相当于每天损失50千克黄金，但新法还是执行了。新命令在清真寺外宣读，在一些地方刻在了门口的石碑上，以保证能公之于众。稍后的一个命令规定，帝国境内所有的维齐尔、总督和世俗官员都要服从"谢赫伊斯兰"（赐予伊斯法罕高级教士的头衔）马杰里希。任何违反规定的人或者在过去曾这样做过的人，都会被惩处。[2] 这是一场伊斯兰革命。

然而，在登基后的几个月里，苏丹·侯赛因沙阿与他父亲一样纵饮。他的姑婆玛丽亚姆夫人（可能是因为马杰里希抨击女性自由而受到冒犯）开始宣称自己对宫廷的主导权。苏菲派失势了，但没有受到完全的镇压。这些法令没能在宫廷内实现节制的目的，并可能受到广泛的无视，但助长了对少数族群新的不宽容与镇压的气氛。尤其是在边境省份损害极大，逊尼派在边境省份的很多地区占大多数，尤其是俾路支、赫拉特、坎大哈和希尔万。这是马杰里希于1699年逝世前所取得的成就。其他宫廷教士此后也遵循他的精神。

苏丹·侯赛因沙阿是一个温和良善的人。他的个性中没有残酷的倾向，也没有记录显示在他统治期间（和他父亲一样持续了28年）曾下令处决任何人。他与世隔绝的成长环境与怠惰的本性，意味着他不喜欢被打扰或陷于事务之中。种种迹象表明，他就是我们所说的冷漠且需依赖他人而活的人，这是由于对宫廷以外的世界和自己不熟知之人缺乏信心而导致的。他享受美酒佳肴，但同时也虔诚而谦逊，将精力投入到在伊斯法罕西南方的法拉哈巴德构筑精巧的新园林楼阁。他的侍臣和官员们都鼓动他将国务交付给他们。他另一个主要的兴趣就是性爱。他的密使为他遍及国境搜罗美貌的年轻女子（来自除了犹太人以外的所有族群和信仰），将她们带到伊斯法罕，送入后宫，供其享乐。一段时间后，如果她们怀孕了，就再将她们带走，以金钱厚礼好生供养。其中一些还嫁给了显贵，所以当男性子嗣出生之后，他们就成为这些贵族的继承人。[3]

　　有人可能会提出，如果有更多像苏莱曼沙阿和苏丹·侯赛因沙阿这样——平和、消极，除了兴建楼阁、改建园林、饮酒、调情之外，没什么其他爱好——的君主，世界会变得更好。但战争和政治就如大自然一样，厌恶真空。1700 年，波斯是一个运作良好的国家：拥有坚固而自然的边境线，波斯的传统宿敌要么和它一样消极，要么被更紧迫的麻烦分散了注意力。对于其经济状况曾经有所争议，但现在看来，曾经被视为经济衰退迹象的事物，实际上主要是国家未能适应经济变化的迹象。[4] 欧洲贸易的扩张开始占据优势地位，损害了亚洲的经济，并使之处于从属地位，这已成现实。波斯的建筑师依旧建造美丽的建筑，苏丹·侯赛因在伊斯法罕修建的神学院展示出这一最后阶段萨法维建筑的瑰丽风格。尽管沙阿怠政，但是国家的行政体系仍持续运作，并有能力提升税收（尽管比应得的要少），组织强大的军队。但萨法维的中央政权是虚弱的，较之蒙古人及其继任者的时代，外部世界的严酷与竞争性绝不亚于当年。萨法维王朝终结的故事是对于保持政权核心安全重要性的有力提醒，即马基雅维利所说的"德行使统治者保有权力，维持其地位或国家"。其余的——宫殿、繁复的宫廷、宗教机构、广场与园林、华美的衣饰、绘画、珠宝等，纵然夺目，终为泡影。

阿富汗叛乱

导致萨法维王朝毁灭的一个主要人物是来自坎大哈吉勒宰部落的阿富汗人米尔·维斯。他富可敌国、结交甚广，对于穷人和友人素有慷慨之名，这使得他在看重艰苦朴素和虔诚、厌恶虚荣的阿富汗人中广得民心。萨法维派驻坎大哈的专横总督是格鲁吉亚人，同时又因为宣称什叶派的主导地位而遭受双重反感。他担心米尔·维斯有足够的影响力组织叛乱，并错误地将他送至伊斯法罕。在那里，米尔·维斯很快就得出了萨法维政权软弱无力的结论。

和绝大多数说普什图语的阿富汗人一样，米尔·维斯是逊尼派穆斯林。在伊斯法罕期间，他从沙阿那里得到许可，前往麦加朝圣。在那里他获得了一条伊斯兰教令，使得其对抗萨法维统治的叛乱合法化。回到坎大哈之后（他蒙骗了苏丹·侯赛因沙阿，轻易使之相信自己的忠诚），米尔·维斯发起了一场成功的叛乱，在1709年杀死了格鲁吉亚人总督。伊斯法罕派出了多支军队镇压叛乱，有证据显示，至少有一位维齐尔强烈提议，重建在苏莱曼沙阿时期就存在的炮兵部队。但出师不利，他们的失利鼓动了赫拉特的阿布达利部落也加入叛乱。伊斯法罕嫉贤妒能的侍臣，使手段阻碍积极有为的官员或将他们撤职，沙阿的介入也失败了。萨法维政权的威望日益衰落，在其他地区的臣属争相叛乱或分离——在俾路支、呼罗珊、希尔万和巴林岛。玛丽亚姆夫人试图敦促沙阿采取更坚定的行动恢复秩序，但收效甚微，她似乎在1721年逝世（这对她而言是幸运的）。

米尔·维斯死于1715年，但1719年他的长子马哈茂德侵入伊朗高原，远达克尔曼，占领了该城，并进行了可怕的破坏。受到这次成功的鼓舞，1721年马哈茂德带领一支由阿富汗人、俾路支人和其他冒险者组成的军队再次入侵。马哈茂德生性不安分，似乎正是这种不安分使他获得了成功。他在克尔曼和亚兹德遭遇了困难，但他没有像一个谨慎的领袖那样转身回去，而是大胆地向萨法维的首都进发。萨法维的维齐尔动员了一支军队对抗阿富汗人，可能兵力是其两倍，但在1722年3月8日古尔纳巴德之战那一天，波斯指挥官因为宫廷内斗而不和，在战斗中没有互相支援。苏丹·侯赛因沙阿留在后方的伊斯法罕（阿拔斯沙阿绝不会这么做）。他的格鲁吉亚卫队在战场上被包围和屠杀，而维齐尔的军队却隔岸观火。波斯火炮还没来得及轰几下就被击溃了，其余的萨法维军队逃回了首都。

阿富汗人起初可能还不敢相信自己的运气，之后封锁了伊斯法罕——他们的数量不够发起必胜的进攻，也没有重型炮兵来突破城墙。从3月到10月，首都经受着严酷的围困，饥馑缓慢地折磨着居民，最终他们只能啃食皮鞋和树皮。还有人相食的记录。他们错过了从外部运送给养和调集援军的机会。沙阿的一个儿子——塔赫马斯普——逃走了，他在波斯的北部地区寻求支援，但进展缓慢。终于，在10月23日沙阿骑着一匹借来的马，出城来到之前他在法拉哈巴德的花园，将都城和王位让给马哈茂德·吉勒宰。

在阿富汗人占领伊斯法罕之后，奥斯曼人抓住机会征服了伊朗的西部省份，包括大不里士、克尔曼沙阿和哈马丹（尽管当地居民予以激烈抵抗）。俄国的彼得大帝不愿意见到奥斯曼势力在这一区域不受限制地扩张，于是移师南下，发动了他的最后一次作战，占领了里海南岸。这些占领发生时没有遭遇明显的抵抗，似乎萨法维王朝在16世纪早期建立起的伊朗人政权已经寿终正寝。在伊斯法罕，马哈茂德与其坎大哈的基地相隔绝，只占据了之前萨法维王朝的一小部分相关区域，他逐渐精神错乱，陷于妄想。1725年2月，他在王宫的庭院内亲自屠杀了萨法维王室家族几乎所有留存的男性成员，直至前沙阿苏丹·侯赛因亲自介入才停手。不久之后，已经陷入疯狂的马哈茂德死于疾病或谋杀，王位由其堂弟阿什拉夫继承。阿什拉夫最初许诺保护退位的苏丹·侯赛因沙阿，但最终为了防止奥斯曼人试图助他复辟，将之斩首。

对于许多波斯人而言，18世纪20年代是悲惨的10年。在奥斯曼人占领的地区，许多人被掳为奴（因为逊尼派奥斯曼人认为什叶派为异端，允许奴役他们）。在阿富汗人控制的地区，波斯的城镇居民和农民受到频繁的攻击和掠夺，阿什拉夫颁布法令，命令将波斯人作为最卑下的群体来对待，比基督徒、琐罗亚斯德教徒甚至犹太人还要低下。[5]在占领者与抵抗者之间以及占领者之间的战斗不断，经济受到严重破坏，导致了进一步的穷困、艰辛和苦难。

塔赫马斯普之奴

此时，一位来自古老的阿夫沙尔奇兹尔巴什部落、名叫纳迪尔·戈利的年轻军人，在这个混乱无序的时代悄然崛起，成为东北部呼罗珊省份强大的地方统治者。同时代的人描述他高大且英俊，一双深色的眼眸闪耀着智慧的光芒。他对敌人残酷无情，对臣服于他的人宽宏大量，能够吸引那些他想打动的人。他精力充沛，热衷骑马，是一名杰出的骑士。他拥有十分洪亮的嗓音。他曾被认为仅凭嗓音就吓退一支叛军——叛军听到他下令进攻，才惊觉自己面对的不只是他的部属。[6]1726年秋，当这位声音洪亮的将领加入塔赫马斯普（苏丹·侯赛因沙阿之子，被其支持者立为沙阿，受到阿富汗人和奥斯曼人的追捕而遁向伊朗北部）的军队，并收复呼罗珊的首府马什哈德时，萨法维王朝的大业重获了一些动力。为了对他的效力予以表彰，塔赫马斯普给纳迪尔赐名塔赫马斯普·戈利汗，意为"塔赫马斯普之奴"。以这种方式被赐予王室之名是一种荣耀，但塔赫马斯普·戈利汗被证明是一个过于强大的奴仆。与纳迪尔形成鲜明对比的是，塔赫马斯普犯了与其父亲和祖父同样的错误——无为、怠惰，借酒浇愁。有其父必有其子。塔赫马斯普的一个侍臣评论说，他不可能进行成功的统治，因为他总是醉生梦死，没有人能劝服他。[7]

　　为了巩固自己的地位，纳迪尔向赫拉特发动惩罚性作战，威吓住了阿布达利阿富汗人，在塔赫马斯普的宫廷确立了自己的支配地位。终于，到了 1729 年秋，纳迪尔准备进攻盘踞在伊斯法罕的阿富汗军队。一份来自这个时代的希腊商人、旅行者巴塞勒·瓦塔特泽斯的目击材料，给我们带来了纳迪尔统军备战、日常操练的生动描述。我们知道在他的整个生涯中，这都是他的日常，但没有其他史料将他的操练描绘得如此细致。

　　瓦塔特泽斯叙述了纳迪尔骑马进入校场，向他的军官点头致意。随后他会停下战马，静坐一段时间，检阅集合的军队。最后，他会转向军官，询问这一天军队将会操练何种战阵、何种武器。接着，演习开始：

> 他们会从不同的阵地进攻，并且行车轮战与反向车轮战，收阵、冲击、分散阵形，随后在同样的位置再次收阵；还有撤兵，在撤兵时进行反击，快速将分散的军队聚集在一起……他们操练所有马上的军事技艺，会使用真的武器，但极其小心，不伤到自己的同袍。

在操练军阵的同时，骑兵也显示出他们使用个人武器的威力——长枪、刀剑、盾与弓。在杆子的顶端放了一个玻璃球作为箭靶，军人骑马向它奔驰，试图击中。少有人能击中。但当纳迪尔展示武艺时，他纵马疾驰，手持兵刃，大开大合如同两翼。他挽弓射箭，发矢三四可中二三，状"若雄鹰"。骑兵操练持续三个小时。步兵也一起操练：

> ……步兵——我指的是那些拿着火枪的——按照自己的队伍序列聚集起来，用枪炮射击靶子，不断操练。如果见到一名普通士兵经常出现在榜单之首，纳迪尔就会提拔他成为50人或100人的头目。他鼓励所有的士兵提升勇气、能力和经验。简而言之，他自己就做出了个性强悍、颇具武德的表率。[8]

瓦塔特泽斯的描述集中在骑兵演习和单兵武器技巧等方面，因为这些方面特别引人注目。但他关于步兵训练以及演习中昂贵火药和炮弹的描述也十分重要，因为这显示出纳迪尔关注将军队火力最大化，这将被证明是至关重要的。这些文字也清楚地说明了他注重选拔优秀军官，论功行赏。军队要想在他的命令下快速、明智且灵活地行动，就必须要有优秀的军官传达他的意图。每天三个小时的操练，逐渐使纳迪尔军队的控制力与纪律达到了高标准，这样一来他们在战场上的行动与作战几乎像纳迪尔本人的思想得以延伸一样。瓦塔特泽斯展现了纳迪尔以身作则告诉军人应该如何去做的场景，这也是他在战场上遵循的原则。训练、火力、纪律、控制以及个人垂范，都是他在战场上制敌的关键。纳迪尔将军队改造得十分先进了。

到1729年底，纳迪尔的军队已经在三场战役中击败阿富汗人，重夺伊斯法罕。塔赫马斯普重返旧都，成为沙阿。但纳迪尔强迫塔赫马斯普让出征税之权以供军需，方才同意追击败退的阿富汗人。征税之权使得纳迪尔能够基于军队，建立一个国中之国。

纳迪尔及时清除了剩余的阿富汗占领军。他继续将奥斯曼土耳其人逐出波斯西部，而后迅速东转，征服了赫拉特。在这些战斗中，他经过改造的军队和强大的火药武器，都高出对手一个等级，并显示出能够抵抗住阿富汗骑兵凶猛的冲击和奥斯曼地方军的进攻。但当他在赫拉特时，他得知塔赫马斯普已经和奥斯曼重启战端，结果兵败，与奥斯曼签订了屈辱的条约。纳迪尔发出宣言，不承认条约，同时向西行军。让人惊奇的是，他自作主张公开宣言，寻求民众的支持——这是一个具有现代意义的时刻，反驳了那些声称这个时代只存在拥护地方和王朝现象的人。

纳迪尔在 1732 年夏末抵达伊斯法罕。按照一贯方式精心策划，他蒙骗了塔赫马斯普，使之误以为安全，然后灌醉了他。随后，他将萨法维沙阿的不体面之态呈现在沙阿的侍臣与军官面前。由纳迪尔提拔的贵族们集合起来，宣称塔赫马斯普不适合统治，将他还是婴孩的儿子阿拔斯拥上王位取而代之。纳迪尔继续作为这个婴儿的总司令在加冕礼上宣称，要亲自将"绳索套在坎大哈、布哈拉、德里和伊斯坦布尔统治者的脖子上"。这些表现可能被认为空夸海口，但最终证明他们错了。

纳迪尔的第一个目标是再次进攻奥斯曼，恢复波斯在西部和北部的传统疆界。他在第一次进入此时隶属于奥斯曼的伊拉克时遭遇了挫折：一支强大的军队，包括奥斯曼的一些核心精锐部队，由一位经验丰富的指挥官统率，向东进军以解除对巴格达的围攻。这场战争与纳迪尔之前经历过的级别不同。他过于自信，在巴格达城外分兵，试图阻止补给品进入被围困的城市，结果遭到惨败。但几个月之内，他残酷榨取苦难的农民和市民，重整残军，再次上阵，重启与土耳其人的战争。这一次，他在基尔库克附近击败奥斯曼军队。随后他移师北上，在埃里温附近对一支新建的奥斯曼军队予以毁灭性打击。这次战斗发生在 1735 年 6 月。休战是在 1722 年之前存在的旧边界基础上谈判达成的，奥斯曼人撤军了。俄国人——纳迪尔抵抗奥斯曼人的盟友，已经从里海沿岸的波斯土地上撤走，他们的军团由于吉兰省潮湿的气候，因病减员甚多。

纳迪尔沙阿

除了坎大哈以外，纳迪尔已经恢复了对于所有萨法维波斯传统疆域的控制。他认为此时自立为沙阿正当其时。于是，他在穆甘平原召集所有大贵族、部落首领和波斯的高级教士，大家一致鼓掌同意。几乎没人有异议，但有人听到大毛拉私下里继续支持萨法维王朝的统治，因而他被勒死。婴孩阿拔斯被废黜，萨法维王朝的统治寿终正寝。值得注意的是，尽管纳迪尔后来有残暴的名声，但除了这个不走运的大毛拉之外（处决他自有其政治意味），他几乎没有使用政治暴力就崛起掌权。他废黜塔赫马斯普，在穆甘加冕，都不是依靠暗杀，而是通过精心的准备、宣传和狡诈的操纵以及拥有压倒性军事力量，总而言之是他的军事成就所带来的声望。

在穆甘还发生了另一些意义深远的事件。纳迪尔要求波斯人接受停止什叶派对逊尼派穆斯林的攻击（尤其是对前三位哈里发的诅咒），以此作为自己接受王位的条件。这一新的宗教政策有多种目的。对逊尼派的重新定位，有助于强化纳迪尔军队中大量逊尼派部队的忠诚，他建立这些部队是为了避免太过倚重传统的什叶派，他们往往更亲萨法维王朝。但这一新政策也冒犯了教条主义者。宗教少数派受到了更宽容的对待。纳迪尔对亚美尼亚人很大度，他的统治后来也被犹太人认为是一次源自迫害的拯救（尽管少数派和在他的暴力镇压和重税之下的其他人一样受难，尤其是在后来的年份）。[9] 这一宗教政策使得纳迪尔能够更容易获得什叶派清真寺和神殿的捐助，以此作为给军队支付军饷的一个额外的重要来源。在波斯人之中，纳迪尔只寻求改进宗教的习俗，而不是大规模强行推行逊尼派，但在波斯以外，他自己和整个国家都皈依了逊尼派 [10]，这使得纳迪尔将自己树立为奥斯曼苏丹的潜在对手，以争夺整个伊斯兰世界的霸权，如果他和自己的政权继续保持正统的什叶派，这是不可能实现的。

纳迪尔政权及其原则与萨法维王朝的不同之处表现在宗教政策上。他也另辟蹊径，尤其以倾向少数派的政策著称，并且给予自己的诸子总督之权，而不是将他们关在后宫。他在后宫的规模上也显示出节制之心，并宣布禁止掠拐妇女。这一改变可能是有意强调（至少在一定程度上）他的统治与萨法维王朝后期的统治截然相反。

加冕为沙阿，西部边境已安全，在波斯的核心地域确立了无可置疑的控制后，纳迪尔出发向东征服坎大哈。为负担这场新战役而征收的苛捐杂税，造成了极大的苦难，在国内的许多地方，经济几乎陷入停滞。纳迪尔在漫长的围攻后夺取了坎大哈，但他没有就此止步。以莫卧儿当权者为阿富汗逃亡者提供庇护为借口，纳迪尔跨过了波斯与莫卧儿帝国的古老边界，夺取了喀布尔，然后向德里进军。在德里以北的卡尔纳尔，波斯军队遭遇了莫卧儿皇帝穆罕默德·沙的军队。波斯人在数量上逊于莫卧儿军队，但得益于士兵们较好的训练、较强的火力，以及莫卧儿指挥官之间的内斗与不和，最终击败了他们。莫

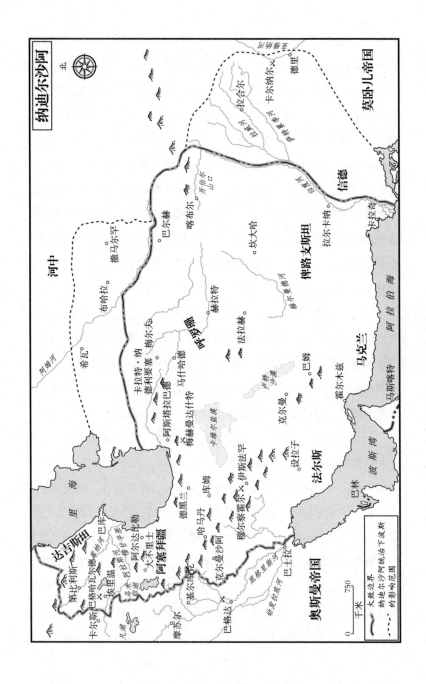

卧儿的指挥官乘坐在战象上，它们被证实在火药武器面前十分脆弱，容易野性大发而奔逃，这样会惊吓到它们高贵的乘坐者，以及任何恰好挡着它们路的人，这一情况也帮助了纳迪尔。

纳迪尔从卡尔纳尔的战场向德里进发，他在 1739 年 3 月抵达了那里。抵达后不久，骚乱爆发了，一些波斯士兵被杀死。纳迪尔离家如此之远，又面对已危如累卵的莫卧儿帝国的财富，因而他无法承受失控的后果。他下令进行无情的屠杀，估计有三万人丧命，许多是无辜的平民。在此之前，纳迪尔大体上（至少在战场之外）没有通过过多流血的方式就实现了自己的目的。但到德里之后，他可能认为自己之前的顾虑已经是多余的了。

纳迪尔以典型的威胁与外交混合的方式，从莫卧儿皇帝那里夺取了大量珠宝、黄金和白银，并接受了印度河以西的所有莫卧儿领土作为礼物。这些财宝可能价值 7 亿卢比。将这一数目结合当时的情境，总计相当于法国政府在七年战争（1756—1763 年）中的全部开支，包括支付给奥地利政府的战争资助，以及所有水陆作战的费用，大约为 18 亿里弗尔（法国大革命之前的标准结算单位），等价于当时的约 9000 万英镑，接近纳迪尔从德里攫取的价值——粗略估计为 8750 万英镑。他夺走的一些珠宝——最大、最引人注目的是"光之山""光之海""月之冠"——在随后的数十年间为其所有者带来了纷繁复杂且常常伴随血腥争夺的命运。

纳迪尔并没有企图吞并整个莫卧儿帝国。他的目的是征服德里，获得现金以支持他在西部的征服战争。在他加冕之时，单凭波斯的财富进行战争开始变得有些捉襟见肘。

纳迪尔的战争提醒人们波斯在这个地区所发生事件中的中心地位，其方式与今天类似。纳迪尔围攻的一些地区——巴格达、巴士拉、基尔库克、摩苏尔、坎大哈、赫拉特、喀布尔——和 21 世纪最初这些年所发生事件的地点十分相似。值得注意的是，在纳迪尔征战的这些地区，人们对于波斯文化的渗透力已习以为常。尽管他和他的萨法维前任拥有突厥血统，在宫廷里说突厥语，但波斯文化的影响如此之大，以至于德里和整个印度北部的宫廷与官方语言都是波斯语，与伊斯坦布尔宫廷外交通信的语言也通常是波斯语。对于这一地区的居民而言，波斯对于自德里到伊斯坦布尔的霸权从某种程度上来说，似乎是很自然的，这与早期那些帝国的波斯特征，以及波斯文学、宗教和艺术文化无处不在的影响遥相呼应。

纳迪尔吞并了印度河以西的莫卧儿领土，清除了阿富汗山区的地理屏障，这成为他统治的一个标志。如果其政权能够坚持下去，可以扩张进一步深入印度。另一个标志是他在波斯湾建立了一支舰队，这将极大地促进帝国不同地区之间的联系。他采用了一种新设计的货币，可以和卢比兑换。如果这些变成现实，尤其是如果途经巴格达、巴士拉并继续延伸的贸易线路被打通并且悉心管理，纳迪尔将会见证贸易与经济活力的释放，可以与 1000 年前的阿拔斯王朝相比。但这些没有发生。

在他自印度返回之后，纳迪尔发现自己的儿子——礼萨·戈利，在他离朝之时自立为总督，处死了萨法维王朝的君主塔赫马斯普和阿拔斯。纳迪尔对此不悦，他在印度之时就对礼萨·戈利受人蛊惑大兴土木有所不满，此时厌恨更深。作为回应，纳迪尔夺去了他儿子的总督权，并对他羞辱了一番。从此之后，他们的关系就恶化了，纳迪尔转而认为礼萨·戈利密谋对他取而代之。

从印度班师，纳迪尔在锡尔河以北及毗连的东部地区获得了大胜。随后他继续平定达吉斯坦列兹金人的叛乱，但在那里他遭遇了不幸。列兹金人避免会战，选择进行游击战来伏击波斯的补给队伍。纳迪尔的军队深受缺粮之苦，纳迪尔本人也受疾病苦痛，可能是最初由疟疾引起，随后因酗酒而加剧的肝病。这一病症在他从印度归来之后加重了，同时伴随着暴怒，使他无力继续统治。1742 年夏，他在达吉斯坦之时被告知礼萨·戈利受人蛊惑，意图对他行刺。礼萨·戈利否认自己的罪行。但纳迪尔不相信他，将他弄瞎，以防止他夺取王位。

纳迪尔在达吉斯坦的失利以及他的疾病，最重要的是对于弄瞎自己儿子的懊悔，带来了一场近乎崩溃的危机，他再没能从中恢复过来。可能是由于早年贫穷且受辱的经历，纳迪尔十分珍视家庭，并且到此时为止保持家族内部的忠诚是毋庸置疑的。这曾经是他建立自己统治的一个稳固因素。但这一基础已经丧失，纳迪尔的行动不再像之前一样积极并导向成功，他经受了精神和身体双重沉重的打击。他从达吉斯坦撤军，但没能征服列兹金部落，他再次召集了新的军队，根据几年前就已制订的计划，在隶属于奥斯曼的伊拉克发动另一次作战。

集合完毕，军队数量达到了 37.5 万人，比奥地利和普鲁士军队加在一起还多，这二者是 13 年后的"七年战争"中欧洲舞台上对抗的主角。[11] 这是当时世界上最为强大的一支军事力量，从长期来看，也是一个像波斯这样规模的国家无法维持的一支军队（直到 1980—1988 年的两伊战争，伊朗的军队才再次达到如此规模）。据估计，18 世纪的奥斯曼领地上有 3000 万人口，莫卧儿帝国大约有 1.5 亿人，波斯的人口已经从阿富汗叛乱之前的 900 万下降到 600 万。与此同时，这一时期经济崩溃了，这是入侵、战争、随战争而来的苛捐杂税所导致的结果。[12]

军队和供给军队的税收是有关纳迪尔的故事中反复出现的主题。这支军队是一支游牧部队，还是一支现代军事武装？在此，我们将这个问题拓宽为纳迪尔的统治方式是落后的，还是超前的？他的情况似乎容易从一个极端走向另一个极端，显得极为混乱。纳迪尔反复以帖木儿自比，在许多公开声明中都强调自己的突厥血统和帖木儿的先例。他以帖木儿的儿子和继承者的名字"沙哈鲁"为自己的孙子命名。他曾经一度把帖木儿的墓碑从撒马尔罕移到自己的陵寝，只是随后又还回去了（这一过程中墓碑不幸断为两截）。在多个场合，他将自己描述为神向罪孽深重的民众发怒的工具，就像早期亚洲征服者的方式一样。他的残酷统治，尤其是自他从印度返回之后，和许多游牧军事领袖和现代政治家的举动有共同之处。

但他绝不是一个简单意义上的部落领袖，从许多方面来说，他一生都是个看起来不太可能获得成功的竞争者。他并不是生来就获得了自己所属的阿夫沙尔部落的领导权，在他的戎马生涯中，大部分最为坚决的敌人都来自阿夫沙尔部落。从一开始，他的追随者就是分化的，尤其是包括库尔德人和札剌亦儿人的部落。后来他否认了自己所承的什叶派，转向逊尼派（最起码他公开利用了这一点），十分倚重自己的阿富汗部队。和其他的波斯领导人一样（也和拿破仑一样），他与自己的直系亲属关系密切，在政治上提拔他们；但在更广大的关系里，他是一个机会主义者，用于他及其王朝的"阿夫沙尔"一词是一种误导。他的名字"纳迪尔"意为"罕有的"或"奇迹"，这两种意思都恰如其分。他独具一格，是一个白手起家的英豪。

纳迪尔巧妙地利用政府体系，开始了重要而彻底的税收改革，拥有强大的行政支配权。他的宗教政策十分新奇，对精神信仰较为宽容。人们不应该对这一点夸大其词，但关于他对女性不同寻常的态度，一些同时代的人有所议论。在军事问题上他完全持具有现代意义的观点。他是海军的创始者，现在可以很清楚地认为这是一次军事革命的开端，就像杰弗里·帕克在欧洲情境下所描述的那样，也可以拿来在波斯形容纳迪尔沙阿。在纳迪尔的统领下，陆军的大部分部队第一次装备了火器。有必要着重强调操演和训练，这是之前一个世纪欧洲出现的军事发展的特点。在纳迪尔的带领之下，陆军的规模和花费都得到了极大的增长。他被迫提升了军队的攻城战能力。他开始重塑国家行政，使其结构更加有效。这些要素都是欧洲军事革命中曾经显露出来的典型特征。

如果纳迪尔的统治更加长久也更加明智，并且将此传承给一个得力的继承人，供养其改革成功的军队的动力，将会改变波斯的国家行政体系，最终也会改变其经济状况，如同在欧洲曾经发生的那样。这将使波斯成为一个现代化国家，有能力抵抗接下来几个世纪的殖民入侵。如果这些都得以实现，今日纳迪尔可能会在波斯和中东的历史中，作为一个可以与俄国的彼得大帝相比的人物被加以纪念：一个无情的军事改革者为自己的国家指引了一条新的道路。在 18 世纪 40 年代早期，他似乎在行此壮举：当时人们都屏住呼吸，观望他能否成功夺取奥斯曼所占据的伊拉克，在整个伊斯兰世界建立自己的霸权。不幸的是，纳迪尔在其人生最后五年精神错乱，这意味着他军事创新的代价是将波斯拖入了荒芜的境地，而不是发展了这个国家。他对于金钱贪得无厌的需求，导致自己及其王朝垮台。

纳迪尔的部队在 1743 年入侵奥斯曼统治下的伊拉克，迅速席卷了除去主要城市以外的大部分省份。巴格达和巴士拉被封锁。纳迪尔带来了一批新的攻城炮和臼炮，轰炸基尔库克，该城很快就投降了，但摩苏尔的抵抗更为坚决。纳迪尔的新型火炮击倒了城墙，摧毁了内城，但进攻未能得手，许多士兵阵亡。他不再有长期围城的意愿和耐心。撤军时，他向奥斯曼提出了和平提议。摩苏尔围攻战标志着他征服奥斯曼苏丹的野心，以及在伊斯兰世界证明自己卓越功绩的终结。这是另一个重要的转折点。

为了补偿达吉斯坦的损失并供应 1743 年作战的需要，最后一轮强迫纳贡与征用，导致了全波斯的苦难与愤恨。叛乱（由恺加部落的穆罕默德·哈桑领导，其子随后创立了恺加王朝）在阿斯塔拉巴德、设拉子以及其他地区爆发。1744 年初纳迪尔撤军驻扎在哈马丹附近，以靠近出现暴乱的地区，并协调行动以对付他们。暴乱以极其严酷的方式被镇压了。设拉子和阿斯塔拉巴德被摧毁，两地都竖立了白色的高塔，在壁龛里镶嵌着数百名被处决之人的头颅。

最终，纳迪尔意识到奥斯曼人不会接受他的和平提议，因为新的奥斯曼军队正在向他的边境进发。纳迪尔的儿子纳斯鲁拉击败了其中一支军队，同时纳迪尔在另一处（1745 年夏在埃里温附近）也取得了胜利。这是他最后一次大胜，借此他在接下来的一年与奥斯曼签署了和约。但此时由于纳迪尔的压迫，新的叛乱爆发了：纳迪尔所到之处都被他的部队和税吏洗劫，他们就像敌人一样四处劫掠。他对金钱的需求达到了疯狂的地步，毒打、肢解和杀戮成了家常便饭。他的病复发了，进一步加剧了他精神状态的不稳定。到了 1746—1747 年冬，他对于金钱的疯狂需求已经延伸到了亲近的家人和近臣，人人自危。他的侄子——阿里·戈利，加入了锡斯坦的叛乱，拒绝回来效命。与之前的叛乱不同，阿里·戈利及其同伙与纳迪尔的近侍有联系。1747 年 6 月，纳迪尔在马什哈德附近被自己护卫队的军官刺杀。他们在他熟睡之时闯入后宫的床帐。在他举剑自卫的时候，一名刺客砍下了他的手臂，随后另一人割下了他的头颅。[13]

17. 波斯"帝王谷"中的另一块大型石刻,描绘的是沙普尔在马背上接受两位罗马皇帝("阿拉伯人菲利普"和瓦勒良皇帝)投降的场景。

18. 描绘萨珊王朝国王巴赫拉姆五世狩猎一头雄狮场景的细密画,现存于哈佛大学艺术博物馆。

19.这幅图描绘的是波斯萨珊王朝国王霍斯劳与朝臣在花园里的场景,现存于布鲁克林博物馆。

20. 数百万什叶派穆斯林从各地到达卡尔巴拉的侯赛因圣陵朝圣。

21. 马什哈德的礼萨清真寺。

22. 马什哈德的什叶派第八代伊玛目阿里·礼萨圣陵。

23. 菲尔多西与伽色尼王朝的宫廷诗人。这幅插图现存于阿伽汗博物馆。

24. 伊朗民族诗人菲尔多西之墓。

25. 菲尔多西棺木上镌刻的诗文。

26.描绘阿塔尔的经典诗歌《百鸟朝凤》场景的细密画，现存于大都会艺术博物馆。

27. 波斯著名诗人鲁米与沙姆斯·大
不里士见面的场景。

28. 蔷薇园中的萨迪，来自萨迪的《蔷
薇园》手稿。

29. 描绘鲁米诗歌中所述场景的盘子，现存于布鲁克林博物馆。

30. 1256年旭烈兀率领蒙古军围困阿拉穆特，当时的阿萨辛派首领屈服了，率众出城投降。

纳迪尔所创功业并不长久，是他在伊朗以外少有人知晓的原因之一，但这不是充分条件。除了少数例外，18世纪同时期的欧洲人对纳迪尔产生了极大的兴趣，对他所书甚多，但19世纪他逐渐被人们所忽视。为什么会这样呢？

毫不夸张地说，这似乎是由于纳迪尔的活力和成功，与维多利亚时代对于东方的粗糙认识格格不入：无可救药的衰落和腐朽，殖民的时机已经成熟。纯粹从英国人的观点出发，他在军事上的成功，可能被认为会贬低之后克莱武和威灵顿在印度取得的胜利，并且与所谓的欧洲人固有的军备优势（大英帝国主义大厦的一个重要因素）这一神话相冲突。到了20世纪下半叶，正如卡莱尔所描述的那样，历史上的伟人们不再像之前那样饱受崇拜，纳迪尔也逐渐被遗忘，并且这种遗忘可能随着对征服者的普遍厌恶而有所加深。

但是纳迪尔的史官米尔扎·马赫迪·阿斯塔拉巴迪对此一点也没有显示出厌恶之情，他将纳迪尔的胜利视作受神眷顾的标志——凭借神的意志，纳迪尔得以统治。在这方面和其他方面，米尔扎·马赫迪的叙述在一定程度上反映了纳迪尔自己的看法。作为纳迪尔生活年代的官方史学家，米尔扎·马赫迪从不展现任何独立的激进思想。一个独立的旁观者看到他将纳迪尔描述为"明智、谦虚、有礼、专注，值得尊敬……"他的史书表述严谨，精确到日期和地点，只是偶有差池。他从早年起就在纳迪尔作战时伴随左右，因而处于得天独厚的位置，了解所发生的事实，但他偏爱对事件加以美化。有时，他还会故意漏提一些会对纳迪尔造成不好影响的举措。

到此时为止，米尔扎·马赫迪的叙述中最大的一个疏漏就是他没有记载1742年纳迪尔弄瞎礼萨·戈利事件。人们普遍认为，米尔扎·马赫迪的史书很大程度上是编年史，用于记录纳迪尔在世时发生的事情。但几年之后他增添了一部分，用于记录纳迪尔生命的最后几个月以及他遇刺后的余波。在这一部分，他在纳迪尔在世之时被强迫压制的批判喷涌而出。他描述纳迪尔是如何残酷，但残酷并没有使他平静下来，而是使他更加疯狂；多少人在他的压迫下，被迫放弃家园，前往荒漠和山区或者迁往国外。米尔扎·马赫迪在他史书最后一部分的开端概括了纳迪尔的一生，他写道：

> 从纳迪尔沙阿统治的开端到他从花剌子模返回、进军达吉斯坦，他全神贯注于自己的帝国以及司法体制的管理，而伊朗的民众为了保护他献出了身家性命；之后，他的表现完全变了。在一些敌对思想的煽动下，这个心有不悦的君主听信了心怀鬼胎的奸细的谗言，挖出了他最杰出也最亲近的儿子——礼萨·戈利——的双眼。在这一轻率的酷刑之后紧接着的就是懊悔，纳迪尔沙阿变成了一个疯子。此后，他陆续收到来自他治下各个地区的坏消息，这加剧了他的怒意。[14]

地狱的新地图

纳迪尔死后数十年充满了混乱、破坏、暴力和苦难。任何寻求恢复自己对于人性本善信仰的人，最好略过这一段历史。纳迪尔的侄子阿里·戈利将之刺杀并自立为沙阿，他自称阿德尔沙阿（意思是公正的沙阿，其实名不副实），并且派遣军队前往纳迪尔在呼罗珊的卡拉特·纳德利要塞。在那里他们杀害了纳迪尔几乎所有的子孙，只留下一个儿子和一个孙子，甚至切开后宫孕妇的肚子，除掉还未出生的后裔。

纳迪尔组建起来的军队在他离世后不再团结一致，因为他曾鼓励其中的指挥官和不同族群相互竞争。就像亚历山大死后的情况一样，军队各自跟随有魅力的将军，分崩离析。阿富汗人的指挥官艾哈迈德汗·阿布达利——他是1738年纳迪尔从坎大哈的监狱放出来的——在营地与刺杀纳迪尔的刺客奋战，随后班师返回故土。途中他及其手下掳获了大量的财宝，包括传说中纳迪尔从德里夺走的“光之山”钻石。到达坎大哈之后，艾哈迈德自立为杜兰尼王朝的第一位沙阿，基于坎大哈、赫拉特和喀布尔建立了一个政权，即现今的阿富汗。鉴于此，人们可以说阿富汗是建立在纳迪尔沙阿的点名册上的。另一位跟随纳迪尔一直到德里的指挥官格鲁吉亚人埃瑞科尔，回到故乡建立了独立的格鲁吉亚王国。纳迪尔在呼罗珊召集的其他民族和部落，也都返回故乡，包括起源于洛雷斯坦、在卡里姆汗领导下的赞德小部落和阿里·马尔丹汗领导下的巴赫蒂亚里部落。

阿德尔沙阿因为无力控制到处都是失业军人且陷入贫困的国家，一年后就被他的兄弟易卜拉欣废黜。其他统治者紧随其后，却轮番被废黜：先是纳迪尔幸存的孙儿沙哈鲁；随后是萨法维王朝苏莱曼沙阿的一位后裔；之后又是沙哈鲁（尽管在统治时期被弄瞎了双眼）。沙哈鲁留在宫廷中，从1750年一直待到1796年，似乎是得到了艾哈迈德·杜兰尼的许可，甚至是保护，他将沙哈鲁视作纳迪尔的后裔。但自18世纪50年代早期开始，马什哈德的政权很难在呼罗珊之外施加影响。[15]

阿德尔沙阿的兄弟易卜拉欣最初控制了伊斯法罕，但在他挥师东进之时，卡里姆汗和阿里·马尔丹汗夺取了西部省份，他们之间达成了协议，以另一位萨法维王子——伊斯玛仪三世——的名义进行统治。卡里姆汗一步步除掉了自己的对手，在 1754 年杀死了阿里·马尔丹汗，1759 年又废黜了伊斯玛仪。卡里姆汗也通过与外部的对手作战来稳固自己的统治：阿扎德汗是纳迪尔手下的另一个阿富汗指挥官，控制着阿塞拜疆；穆罕默德·哈桑则以马赞德兰为基业。卡里姆汗也和奥斯曼作战，征服了纳迪尔沙阿未能夺取的巴士拉。

卡里姆汗的统治在这个原本充斥血腥和毁灭的时代，创造了一个相对平静祥和的孤岛。在阿富汗叛乱和纳迪尔沙阿统治的年代，许多伊朗城市被战争和镇压摧毁（比如克尔曼遭遇了不止一次的灾难——分别是 1719 年和 1747 年，后在 1794 年再次遭受可怕的打击）。到 18 世纪中叶，故都伊斯法罕大部分建成的区域都已荒芜，只有猫头鹰和野生动物居住。在萨法维王朝的最后几年，它曾经是一个拥有 55 万人口的繁荣城市，是当时世界上最大的城市之一，与当时伦敦的规模相仿，甚至更大 [16]，到了 1722 年围城结束时，只剩下 10 万人了。尽管许多市民随后返回了，但其数量在阿富汗人占领期间及其之后进一步下降，到了 1736 年只剩下 5 万人了。[17] 据估计，由于战争、疾病和迁往他国，波斯的总人口从 18 世纪初的 900 万，到世纪中叶下降到了 600 万，甚至更少。人口水平在 1800 年 [18] 之前没有再次开始显著上升（与之相反，英格兰的人口从 1700 年的约 600 万，到 1800 年上升至约 900 万）。贸易下降到了之前的 20%。[19]

但是尽管国家衰落到了如此可悲的地步，主要的外部力量——俄国和奥斯曼帝国——都没有像 1722—1725 年那样介入。一部分原因是它们忙于别处，当然也是由于它们之前的尝试，无法鼓励他们故技重施。

18 世纪被描绘为部落复兴的时代，在这个世纪的大部分时间里争夺霸权的主要部落有阿夫沙尔、赞德和恺加，它们都指向一个目标。[20] 许多参与内战的军队大部分是骑兵，他们来自游牧部落，这些部落大约占总人口的三分之一至二分之一。这些部落的构成很复杂，远不是静态的，有许多不同的术语来表述不同种类的氏族、部落的分支、部落、部落联盟，并且部落之间的联盟时常破裂，又在新的联合中重建。在最好的时候——如果没有上千年，也有几百年——部落与数量更多的城镇与乡村定居居民之间有着令人不安的紧张关系。部落和城镇居民通常由种族、语言、宗教，甚至是这三者的综合来划分。部落成员生活在崎岖的山区和荒芜的土地上，因为自身具有粗犷坚韧的特点而适应更为边缘化的生活。他们牧养牲畜，以剩余的羊毛和肉类与城镇和村庄进行贸易，换取他们自己不能生产的物资——一些食物和武器。但在这种公开的交易形式之外，通常还有一种更为隐秘的交易，这种交易或多或少被伪装起来。农民可能会向当地部落首领纳贡，以便在收获季节保存他们的作物或者避免导致他们被掳为奴的袭击（尤其是在东北部）。另一方面，当地的部落首领可能会被选为地区的总督，这样他就可以收税以取代保护费。总体而言，部落和他们的首领往往占据上风，他们在政治上利用了这一点。但他们的霸权地位在 20 世纪到来时会遭到决定性的颠覆。

卡里姆汗并不像纳迪尔那样热衷战争、贪恋征服，他的管理体制也没有那么严密。在除掉伊斯玛仪之后，卡里姆汗拒绝自称沙阿，而是以"瓦基勒·拉阿亚"（意为人民的代理者或摄政者）这一听起来较为现代化的头衔进行统治，这可能反映了他意识到伊朗人民的疲乏，以及对和平的渴望。他在自己的领地上恢复了传统的什叶派信仰，放弃了纳迪尔所尝试的逊尼派信仰。卡里姆汗选择设拉子作为自己的首都，建造了今日依旧矗立于该地的清真寺、精美的园林和宫殿——消除了 1744 年动乱的伤痕，美化了这座曾经是萨迪与哈菲兹故乡的城市。卡里姆汗在此统治直到 1779 年去世。他是一个无情而坚韧的领袖，这在那些艰苦的时期是必须的，但他也收获了宽仁、稳重、悲悯、经世致用、管理良好之名，胜过其他的对手。他的声名在那个丑恶、暴力的环境下更显闪耀。

重启战端

在卡里姆汗死后，波斯再次落入内战的惨境。这时，争斗双方一边是赞德的诸位王公，另一边是以马赞德兰为大本营的恺加部落。恺加部落团结在阿迦·穆罕默德汗的统治下（穆罕默德·哈桑之子），他曾经在 1747 年或 1748 年落入阿德尔沙阿之手，在他五六岁时被阿德尔沙阿下令阉割。在那之后他成为人质，但受到卡里姆汗的善待。[21] 阿迦·穆罕默德成长为一个极具才智、功利务实之人，但也冷酷尖刻、脾气暴躁，恶毒残酷的倾向在他成年之后更为剧烈。他无法克服自己遭受阉割的痛苦。同时代描绘他的画作，都以满面愁容、光面无须为标志。

当卡里姆汗逝世之时，阿迦·穆罕默德逃往北方，在那里他成功安抚了恺加部落中与他的家族不和的分支。但他需要和自己的兄弟争夺，以获得统治权。阿迦·穆罕默德的崛起基于他的血统和恺加部落，远高于纳迪尔基于阿夫沙尔部落的程度。一旦在部落里取得最高权力，阿迦·穆罕默德就在长期支持他家族的盟友约穆特突厥人的帮助下，从马赞德兰清除赞德的势力，接着开始在厄尔布尔士山以南作战。但当他抵达德黑兰城外时，城门却对他紧闭。该城市民礼貌地告诉他，赞德部落在伊斯法罕掌权。这就意味着德黑兰人必须服从于赞德部落，但也暗示，只要阿迦·穆罕默德夺取了伊斯法罕，他们也会服从于他。阿迦·穆罕默德进军伊斯法罕，1785 年初将之征服。他随后在西部作战胜利，于 1786 年 3 月进入了德黑兰，从此之后就打算将自己确立为全国的统治者，德黑兰从那时起就成为首都。

在阿迦·穆罕默德能够称孤道寡之前，还有许多仗要打，他离平定南方为时尚早。伊斯法罕几度易手。但赞德部落也不能给予他致命一击，1789 年 1 月他们的首领贾法尔汗被刺杀了。随后，赞德部落的统治家族为了争夺领导权展开了内战。直到卡里姆汗的年轻侄孙卢图夫·阿里汗在 1789 年 5 月入主设拉子，确立了他的统治。

卢图夫·阿里汗年轻又具有非凡魅力，对于那些缅怀其叔祖声望的人来说，有着天然的凝聚力，但从一开始，他在军事上就处于不利位置。1789 年 6 月，他击退了阿迦·穆罕默德的一次进攻。但当他在 1791 年移师伊斯法罕的时候，设拉子在他背后发动了叛乱。他班师回朝，但被困在首都城外，不得不攻城。设拉子人向阿迦·穆罕默德求援，并且将卢图夫·阿里汗的家人当作囚徒送给他。卢图夫·阿里汗击败了恺加与设拉子的一支联军，但这座城市依旧坚守住了。随后在 1792 年，阿迦·穆罕默德亲率大军南下。这一次阿迦·穆罕默德展现出了他后来臭名昭著的暴怒与残忍心性。在看到一枚铸有卢图夫·阿里名字的硬币时，他勃然大怒，下令阉割赞德汗的儿子。

卢图夫·阿里汗发动了一场几乎可以帮他赢得战争的突袭。阿迦·穆罕默德在接近设拉子时，他及其恺加部队在波斯波利斯和伊斯塔赫尔的古代遗址附近扎营。在夜幕降临之后，卢图夫·阿里带着一支小规模的军队接近营地，在黑暗中分几路出击。混战爆发了。卢图夫·阿里派出三四十个人直逼营寨，冲到阿迦·穆罕默德的个人营地，那里只有几个火枪手防御。这时阿迦·穆罕默德的一位侍臣跑向卢图夫·阿里，告诉他阿迦·穆罕默德已经逃跑了。战斗似乎已经结束，卢图夫·阿里认为进一步战斗只会使自己的部队面临黑暗中自相残杀的危险。他命令下属收刀入鞘。他们中许多人散开了，去劫掠已经被他们控制的营地，留下一地狼藉。但当黎明到来之时，卢图夫·阿里惊恐地发现阿迦·穆罕默德还在那里。他并没有逃走，恺加军队在他身边重整了旗鼓。而卢图夫·阿里汗只有1000人，被包围且寡不敌众。他很快就撤兵，向东逃去。[22]

自此之后，对卢图夫·阿里汗的支持就减少了。他占领了克尔曼，但是阿迦·穆罕默德进军这座城市并展开围攻。恺加人在1794年10月通过叛徒突破了该城，卢图夫·阿里汗逃到了巴姆。阿迦·穆罕默德下令将克尔曼的妇女和孩童都赏赐给士兵为奴；幸存的男人都被弄瞎。为了保证命令得以执行，他要求挖出男人的眼球并装在篮子里呈给他，还将它们倒在地上。总共有两万只眼球。约翰·马尔科姆爵士记载，这些被弄瞎的受害者后来流落在波斯各地乞讨，讲述降临在他们城市的悲惨故事。[23]

卢图夫·阿里汗在巴姆遭到了背叛，他被套上锁链送给阿迦·穆罕默德，后者命令自己的突厥奴隶对他做"所多玛人对于罗得一家之举"。惨遭轮奸后卢图夫·阿里汗的眼睛被弄瞎，他被送往德黑兰，在那里他被折磨致死。[24]

阿迦·穆罕默德汗此时是伊朗高原无可争议的主人。他回到西北部，进军格鲁吉亚，重申波斯人的主权。1795年9月他在激战之后征服了第比利斯，尽管格鲁吉亚人寡不敌众，但似乎还赢了几场。在第比利斯有数千人被屠杀，1.5万名女性和儿童被掳为奴。格鲁吉亚国王在1783年就已经托庇于俄国人的保护之下，因而第比利斯的毁灭引发了圣彼得堡的怒火。后来，这给波斯在高加索带来了羞辱。

1796 年春阿迦·穆罕默德在穆甘平原加冕，整整 60 年前纳迪尔沙阿曾在此举行大礼。加冕礼上，阿迦·穆罕默德的臂章上镶嵌着从卢图夫·阿里汗那里夺来的"光之海"和"月之冠"，这些之前都属于纳迪尔沙阿。阿迦·穆罕默德汗喜爱珠宝。加冕后他向东进军呼罗珊，在那里他接受了纳迪尔的孙子沙哈鲁的投降。他折磨沙哈鲁，直到后者交出更多纳迪尔从德里夺取的珠宝。之后，沙哈鲁很快就因虐待而死于达姆甘。

除了阿富汗的省份以外，阿迦·穆罕默德沙阿重新控制了萨法维波斯的主要领土。但他并没有从这些事以及珠宝得到多久的喜悦。1797 年 6 月他在现今的纳戈尔诺·卡拉巴赫征战时，被两名仆从刺死，这两人原本被他判处死刑，却又被十分愚蠢地暂留了性命，并在晚上处于自由状态。

宗教变革
革命的种子

18 世纪的波斯并不只是一个充满屠杀与苦难的地方。虽然不是全部地区，但在大多数远离主要城镇的地方，大部分时期可能持续保持相对平静的状态。其他的发展也在进行，比如什叶派神学和宗教社会结构的改变，这在长时段内都至关重要。在阿拔斯时代逊尼派的环境下，传统与理性之间的古老争论在穆尔泰齐赖派及其反对者之间循环往复。这在 16 世纪和 17 世纪以一种不同的方式重新出现。这种争论主要在被称为"阿赫巴里"和"乌苏里"的学派之间进行，直到 19 世纪才得以解决。

阿赫巴里派声称，普通穆斯林应该自己阅读和解释经典，不需要其他媒介。传统（《圣训》），尤其是什叶派的伊玛目传统，是最好的指导。乌苏里派批判这一信条，认为以理性为根基的权威解释"伊智提哈德"（ijtihad）是有必要的，而且需要长期的学术训练，只有乌理玛中有特别天赋的学者才能将之实现，他们被称作"穆智台希德"（mojtaheds）。几乎所有的人类行为领域都向伊智提哈德敞开（阿赫巴里派秉持与之存在争议的观点，他们认为无法由神圣经典中的先例解决的问题，必须要提交给世俗的权威）。

乌苏里派最终在论战中获胜，这要极大地感谢伟大的穆智台希德阿加·穆罕默德·巴克尔·巴赫巴哈尼（1706—1790 年）的领导能力。但在纳迪尔沙阿统治时期，观点更接近正统逊尼派的阿赫巴里派在模棱两可但大体上亲逊尼派的政策之下，也曾有一个近乎胜利的时刻。[25] 直到恺加王朝早期，这些问题才得到充分解决，当时已经在此基础上发展起来一种解释理论和等级制度：每个什叶派穆斯林都必须有一个导师（marja-e taqlid）——一个"效法的对象"或者说一个宗教角色的模范。这必须是一个活生生的人——一个穆智台希德，这在实际中意味着每一代人中都只有仅仅一两个或者数个穆智台希德。因此一些人被提升，一个穆智台希德阶层被创造出来。他们之中，更高级、更具权威的人被称作"霍贾特伊斯兰"（hojjatoleslam，意为伊斯兰的证明）、"阿亚图拉"（ayatollah，意为神之印记）或后来的"大阿亚图拉"。和其他环境中一样，对头衔的竞争产生了一股攀比之风[26]：越来越多的人接受了最初的头衔，而新的、更尊贵的头衔必须要创造出来以满足需求。

因此，一种宗教——在隐遁的伊玛目缺席的情况下——仍旧正式声称所有世俗的权威都是不合法的，这反而给了一些宗教学者巨大的潜在权力。这种权力最终不仅在宗教方面，也在政治上显示了自己的力量。乌理玛的地位进一步强化，事实就是处于领导地位的马尔贾（marjas）通常居住在奥斯曼统治下伊拉克的纳贾夫和卡尔巴拉，位于波斯势力之外。什叶派取得了一个等级结构，类似于基督教教会，但与犹太教和逊尼派伊斯兰教不那么分明的等级序列截然不同。事后回顾，信仰的结合——在于世俗权威的不合法性、被压迫者的正义，以及有组织的教士等级的合法性——似乎是最终宗教革命的药方。

在这个宗教文化中，曾经有——现在也有——另一个更重要的因素：盛行的什叶派的各种表现，包括最为重要的阿舒拉节游行和悼念仪式。每年在伊玛目侯赛因于卡尔巴拉殉难的周年纪念中，伊朗和其他地区的什叶派穆斯林都会参与到穿越城镇和村庄的游行队伍中，以纪念那一天的苦难遭遇。悼念的最好方式是重新上演葬礼游行，其中对卡尔巴拉殉难者的奉献和认同就像在真正的葬礼上对死者的感觉一样生动而强烈。市集行会，以及来自"祖卡尼"（zur-khaneh，意为力量之屋，指那些聚集在一起以舞弄重石块、摔跤和其他方式健身的传统组织，但经常含有宗教意味）的大力士，竞相展现他们的奉献与悲悼。一些人扛着象征侯赛因棺木的大棺材或象征他战旗的巨大标志性横幅。其他人用锁链鞭打自己。一些人还会用刀割破自己的额头，但这些做法太过极端，逐渐引起了宗教权威的不满。阿舒拉节的活动构建了一系列悲戚、苦痛、不公与负疚（库法人最终没能救助侯赛因）之感，动情地重现了卡尔巴拉的悲剧性事件。当西方新闻媒体需要阐释什叶派的宗教狂热时，他们就会发掘这些游行势不可挡的景象，但悲痛与负疚的情感，以及重现受难的象征（在一些情境下甚至是流血），正如之前所提及的，与欧洲以及其他地区的天主教国家耶稣受难日的游行队列极其相似。以这样一种方式交错播放这两个场景的电影胶片，忧郁之情、眼泪和强烈的亲临感可能使得参与者几乎无法对它们加以区分。

"悼念"是一种街头宗教表演,在伊斯兰世界中独一无二,但在精神和形式上与中世纪欧洲的宗教神秘剧相似。此外,它们通常的主题是卡尔巴拉事件,但其表现会聚焦于表演的不同方面。表演者吟诵为人熟知的描绘事件的诗句,观众会加入其中。那些观看的人体验并流露出眼泪和强烈的情感。"悼念"通常发生在伊斯兰教历正月和阿舒拉节,但布道者会在一年中的任何时刻即兴吟诵篇章。在整个 19世纪,许多杰出的伊朗人为了显示虔诚,建造一些楼宇为"悼念"提供场所。之前,悼念仪式经常在帐篷和街角举行。[27]

所有这些活动都在提醒什叶派穆斯林铭记自己宗教的核心事件。但它们同样也强化了一种集体宗教感,其基础是一种不公正之感,这种感觉是许多在不同时期和地区受压迫和蹂躏的什叶派团体所体会过的。街头游行的情绪和习俗可能会成为集体行动和集体凝聚力的一种先例或模板,就像伊朗历史上曾出现过的几次那样。

但将阿舒拉节的悲痛之情具体表述为一种街头游行,甚至群体暴力(尽管在异常的环境下,这确实曾经发生)的训练场和发射架,则是一种严重的曲解。与什叶派更为正常相关的是一种被动的忧郁、谦逊,对自我牺牲有一种谦卑而正义的信仰,以及在不利环境下悄然行善的美德。

18 世纪的伊斯兰世界(这个概念本身就有问题——在伊斯兰说法中,我们主要谈论的是"12 世纪",尽管两大教历中的世纪并不确切一致),经常被描绘为一段衰退和堕落的时期。为何如此则显而易见:奥斯曼帝国失去了领土,萨法维王朝的君主制崩溃,莫卧儿王朝也是如此,开启了欧洲殖民者占主导的时代。这些都是不可否认的事实。但伊斯兰世界一些重要的转变、发展和活力的迹象时常被忽略。

一些人凭借自身的实力声名卓著，而另一些人则为未来的主要发展埋下了种子。我们已经见证了纳迪尔沙阿统治的重要意义，然而，其重要性要在 1804—1828 年的波斯-俄国战争的战火中才得以充分体现。同样，阿赫巴里派与乌苏里派之间的争论及其结果，对伊朗的什叶派乌理玛未来的发展也很重要，如果没有他们，就不能正确地理解 20 世纪的伊朗革命。

但在这一时期的伊斯兰世界中，还存在其他重要的发展，尤其是阿拉伯半岛瓦哈比派的兴起。根据一些记载，这一运动的奠基者阿卜杜勒·瓦哈比曾经在伊斯法罕研习过一段时间，尽管这值得怀疑。[28]他确实是逊尼派中一个真正的极端主义者，这个派别认为苏菲派、什叶派以及任何在事实或表面上背离一神教或所谓的"改良派"都是异端，对它们都怀有很深的敌意。瓦哈比派坚持回归其倡导者所认为的伊斯兰最初始的原则，这些原则是由穆罕默德及其最早的皈依者所证实过的。通过与沙特家族联盟，瓦哈比派的信徒在 19 世纪初期的阿拉伯半岛有所进展，在狂热之下摧毁了神龛和陵墓，并且在 1802 年洗劫了卡尔巴拉。这让什叶派穆斯林感到深深的震惊和极大的羞辱。到 1818 年，奥斯曼军队击败了沙特家族，恢复了自身对阿拉伯半岛以及圣地的控制。但沙特家族和瓦哈比派在 20 世纪恢复了对阿拉伯半岛大部分地区的控制。

法特赫·阿里沙阿

在阿迦·穆罕默德沙阿死后，波斯可能会像赞德的卡里姆汗死后一样，再次陷入混乱和内战。但这没有发生，得益于阿迦·穆罕默德沙阿对于 18 世纪 80 年代及之后的远见。他解决了恺加部落内的争执，并且准备让自己的侄子法特赫·阿里，还有法特赫·阿里的儿子阿拔斯·米尔扎继任。[29] 当时在阿塞拜疆发生了一些骚乱，法特赫·阿里汗进军此地，宣示自己的权威。他在加兹温附近击败了自己的敌人，惩处谋害前任沙阿的凶手，将阿迦·穆罕默德的遗体埋葬在纳贾夫。1798 年 3 月 21 日，他在新年宴会（诺鲁孜节）上加冕为王。

法特赫·阿里沙阿因各种偶发且不相关的原因，在伊朗历史上有突出地位。其中一点就是在他统治时期，欧洲人突然开始到来，并且从波斯传回大量信息，他们既是旅行者，也是肩负外交任务的国家代表。这是因为法特赫·阿里沙阿统治时期恰逢革命和拿破仑战争，欧洲各大强权都竞相伸出手来寻找新的盟友。另一个原因是法特赫·阿里沙阿鼓励了一波新的肖像绘画热潮，所偏好的主题是他自己，俊逸的黑胡须长及腰部，从腰带到手臂再到冠冕都闪耀着珠宝的璀璨光芒。这样一些展现他醒目财富的画作留存到了今天。和他的叔父以及像赞德卡里姆汗和纳迪尔沙阿这样的前任者不同，法特赫·阿里沙阿热衷奢华生活。他声名更盛的一个原因是他生育了数量惊人的子女，统计到他的统治结束之时，他总计和 158 名妻妾生育有 260 个儿子。最终，他统治了相对较长的时间——37 年。单凭这一点，他后来象征了一个时代。

将其中一些因素结合起来看，人们对于法特赫·阿里沙阿留下了鲜明的负面印象，这可能并不完全公正。在他的时代，一些欧洲人从波斯报回的信息是有意诽谤，有时是将波斯和欧洲比较之后的无知偏见。他们中许多人没有充分意识到之前的一个世纪波斯所遭受的创伤与苦难之深。另一个不可回避的事实是在法特赫·阿里沙阿统治时期，波斯在高加索将大量宝贵的领土割让给俄国，而他的军队在与俄国战争中的表现极为拙劣。

但从另一个角度来看，法特赫·阿里沙阿的统治似乎更为成功。在他叔父成就的基础之上，他避免了严重的内战（这本身就不是一件小事），并且他的统治见证了经济活力与繁荣的平稳复兴。波斯失去了领土，但保证了独立性，在国际冲突的危险与破坏性时期保护大部分国土远离战争。情况原本可能会更糟。约翰·马尔科姆爵士可能是那个时代在波斯的外国观察者中最为博学和公正的一位，他在 1814 年写道：

> 幸运的是，现在的波斯较之以前很长一段时期，更为幸福和平静；期间对之进行统治的君主，在王座上已经 17 年了。他的统治较为温和而公正，这已经使他在波斯历代君王中位于较高的位置。[30]

遭遇西方
外交与战争

在法特赫·阿里沙阿统治时期，波斯人与西方强权打交道的故事，即便其结果无论从长期还是短期来说，被证明不是那么有害的，都近乎滑稽。从个别欧洲国家自身的角度来看，鉴于战时的必要性，他们的行为都符合逻辑，即便短视。而从一个波斯人的角度来看，这似乎显得浮躁且愚鲁。

但开场是美好的：第一个欧洲代表团成功达成了一个协定，该代表团派自英国的东印度公司，他们知道如何处理事务。1800 年，该公司派来了一位非常有能力的年轻人——未来的历史学家约翰·马尔科姆，其随行人员大约有 500 人，包括 100 名印度骑兵护卫。队伍的仪仗近乎皇家气度，给人以深刻印象，该公司同样尽其所能慷慨献礼。英印政府对于 1798 年拿破仑入侵埃及感到震惊，也受到了 1796 年法国使团前往德黑兰的警醒。它们决定与波斯结盟，以确保去往印度的西方通道的安全。这一联盟也同样用于应对阿富汗入侵印度北部的威胁。1801 年 1 月政治与贸易协定得以签署，根据协定法国被排斥在波斯之外，并且法特赫·阿里沙阿同意如果阿富汗人入侵印度北部，他会进攻阿富汗。英国同意，如果阿富汗人或法国人进攻波斯，就运送给波斯"火炮和战争物资"。东印度公司在波斯的商业特权得到了确认和加强，一个稳固的盎格鲁–波斯同盟似乎正在成形。[31]

但这个协定的大问题是俄国，对波斯人而言，俄国的问题比法国更为紧迫。1795 年阿迦·穆罕默德在大不里士屠杀之后，格鲁吉亚成为俄国的保护国，1799 年起俄国在此驻军，随后在其国王死后废除了格鲁吉亚的君主制，实际上吞并了这片土地。法特赫·阿里沙阿继续宣称对于格鲁吉亚的主权，但这完全无效，俄国将军们想要进一步向南推进俄国的边界，直到阿拉斯河。1804 年，在一位名叫齐齐阿诺夫的残暴将军率领下，俄国人开始实施这个计划，夺取了占贾，并在此地杀害了 3000 人（包括 500 名在清真寺里避难的穆斯林）。他们与法特赫·阿里沙阿的儿子阿拔斯·米尔扎在埃里温城外进行了一场没有结果的战斗。但正如纳迪尔沙阿付出代价才发现的，以及包括托尔斯泰和莱蒙托夫在内的许多俄罗斯军人所证实的那样，高加索是一个不宜用兵之地。战争比齐齐阿诺夫所预想的还要艰难，不久之后，波斯人就成功地用计谋杀死了他。俄国人向巴库的波斯总督提出了一些谈判建议，但是波斯总督用心险恶，安排了一场暗杀。齐齐阿诺夫和总督都各带三名随从前往约定的会场，但当前者到达之时，总督的侄子却射穿了他的胸膛。[32]

与此同时，英国对于波斯的兴趣减退了。原因是复杂的：英国在与法国短暂和平之后，他们之间重新敌对起来；而且在 1801 年之前英国怀疑俄国想要与法国合作，染指印度，但此时英国人正与俄国结成联盟，对抗拿破仑。法特赫·阿里沙阿援引 1801 年的协定，向英国请求援助，在高加索对抗俄国，但相较波斯这个盟友而言，英国更重视自己的北方盟友。他们无视了波斯的请求。

法国人看到了机会，于是向波斯提议，1807 年 5 月法特赫·阿里沙阿同意与他们签署了《芬肯施泰因条约》（该条约是在东普鲁士签署的，当时拿破仑的军队刚从血腥的埃劳战役中恢复，准备对俄国人发动一场新的进攻）。这与之前和英国人所签的协定如出一辙：波斯人同意驱逐英国人并进攻印度；拿破仑承认波斯对于格鲁吉亚的主权，并许诺给予军事援助对抗俄国；法国人加尔达纳伯爵克劳德·马蒂厄领导下的一支使团，出发前往德黑兰以履行这些条款。但在加尔达纳伯爵到达那里之前，1807 年 6 月拿破仑在弗里德兰击败了俄国人，取得了决定性的胜利，并且在接下来的一个月于第比利斯与俄国沙皇签订了同盟条约。外交局面摇摆不定，合作伙伴再次发生轮换。

一个法国军事代表团在德黑兰训练波斯军队，以入侵印度。英国人再次感受到了与法特赫·阿里沙阿联盟的紧迫性。但由于伦敦政府和英国东印度公司在波斯政策上未达成一致，他们派出了两个存在相互竞争关系的使团：一个来自伦敦，由哈福德·琼斯爵士率领，一个来自孟买，再次由约翰·马尔科姆率领。马尔科姆率先到达波斯，但被要求不能越过布什尔，这是出于法特赫·阿里沙阿对法国的承诺；马尔科姆在那里待了三个月，毫无收获，因而于 1808 年 7 月乘船回到了孟买。与此同时，加尔达纳伯爵处境艰难，他训练波斯人，而这些人真实的兴趣是继续与俄国进行战争，收复格鲁吉亚。而俄国此时是法国的盟友。哈福德·琼斯在马尔科姆失败之地取得了成功，他在1809年3月进入了德黑兰。加尔达纳伯爵已不再受信任，他在一个月后悄然离开了波斯，放弃了法国对于波斯的承诺。

琼斯与波斯人签订了一个比1801年的协定更进一步的《友好同盟条约》，这给予了波斯更为严密的保证。波斯人将得到协助，对抗任何入侵的欧洲强权，即便英国与该强权达成了单独的和平协议也是如此，前提是波斯不是侵略者。协助的形式是派出英国军队，如果不能实现，将代之以战争补贴、火炮、火枪和英国军官。至于波斯这一方，沙阿不能做任何威胁英国在印度利益的举动，并且在阿富汗人进攻印度时予以军事协助。

尽管英国鼓励法特赫·阿里沙阿继续与俄国进行消耗战，但当1812年拿破仑进攻俄国时，英国与俄国再次结成同盟，英国人帮助波斯人对抗俄国人的热情也烟消云散。对英国人来说，在高加索进行的战争已经发展至一个需要收拾的尴尬局面。尽管在法特赫·阿里沙阿的儿子阿拔斯·米尔扎的率领下，波斯人历经苦战，取得了一些胜利，但他们遭遇的失败损失更为惨重，其顶点是1812年10月在阿拉斯河畔的阿斯兰杜兹被击败。1813年10月，俄国与波斯在戈莱斯坦签订了和约，英国人作为调停者。和约极为屈辱。波斯保留了埃里温和纳希切万，但失去了阿拉斯河以北的一切，包括达吉斯坦、希尔万和格鲁吉亚，以及数个世纪以来一直都是波斯帝国一部分的几个城市——达尔班德、巴库、第比利斯和占贾等。[33] 条款还包括，只有俄国可以在里海保留军舰，俄国才承认并支持波斯的合法王储。最后一条给予了俄国一个干涉波斯王室继承的支点，这将被证明是极其有害的。这些条款公布后，在波斯引发了民愤，一些城镇好战的毛拉引领民众，呼吁对俄国重启"圣战"。阿拔斯·米尔扎只把这个和约视作休战，在将自己所在的阿塞拜疆的军队转型为现代化武装，可以和俄国势均力敌之后，他就会立刻翻脸。

该和约没有生效，1826 年在阿拔斯·米尔扎从英国（最终在1815 年击败了拿破仑，再次变得更为反俄）得到进一步的援助后一段时间，波斯与俄国的战端再启。另一位极具侵略性的俄国将军——叶尔莫洛夫——尽其所能离间新臣服的民众，过度解释《戈莱斯坦和约》，进一步激怒波斯民众。事实证明，叶尔莫洛夫在和平时期比战争时期更好战，而波斯人最初取得了一些收获，他们向第比利斯进军，挺进到里海海岸。当地许多领导人转向波斯人一边，叶尔莫洛夫放弃了占贾。但不久，一位更加积极有为的俄国指挥官率领援军抵达了。战争一开始，英国就拒绝提供进一步的援助，依据是 1809 年条约中的条款：如果波斯是侵略者，己方的义务将被免除。在这一年结束之前，阿拔斯·米尔扎和他的兄弟穆罕默德·米尔扎在不同的战场上被击败。1827 年俄国人进一步挺进，在 10 月初夺取了埃里温，在当月稍晚时候夺取了大不里士。

高加索的山地与丛林是进行游击战的理想之所。尤其是在第二次战争中，当地部落对俄国人不满时，波斯人若以这种方式作战，他们可能会取得更大的成功。列兹金人曾经在 18 世纪 40 年代成功地用游击战术击退了纳迪尔沙阿，他们（和车臣人一起）在 1830 年后数十年间的长期战争中给俄国人带来了巨大的困难。但波斯人认为自己与俄国人势均力敌，并且渴求在开阔地作战。他们对高加索地区衣衫褴褛的逊尼派部落行使了数世纪的宗主权了，不屑于这些部落打了就撤的战斗方式。这就是他们所犯的错误：他们不够灵活，还误判了俄国人军事优势的程度。

最终，1828 年 2 月在土库曼恰伊缔结了和平条约，它的条款比《戈莱斯坦和约》更为屈辱。波斯失去了埃里温，边界设定在阿拉斯河。波斯必须要支付给俄国 2000 万卢布作为赔偿，所有战俘都要归还给俄国，甚至是 20 年前或更早被俘获的。根据同时签订的商业协议，俄国商人被允许在波斯自由行动，并且（这些规定被适时地称为投降协定）实际上享有波斯的司法豁免权。[34]

这一条约有一个暴力且无外交策略的附言。杰出的文学家、普希金的友人亚历山大·格里博耶多夫，作为俄国全权代表大臣进抵德黑兰，并着手强迫履行条约的条款，尤其是归还战俘的条款。他着手解救部分女性脱离波斯家庭，她们被俘时是基督徒，但后来逐渐改变了信仰。其中一些女性对于被拯救并不热心，并且俄国人干涉波斯的私人家庭事务，带来了极大的冒犯，激进的毛拉进一步煽动了这种不满情绪。1829 年 1 月 30 日，一伙暴徒聚集在俄国使馆外。一份记录说一名站在房顶的哥萨克射杀了人群中的一名男孩。[35] 暴徒们破门而入，找到并杀害了一位之前曾经服侍过沙阿的亚美尼亚宦官。两位女性也被拖走了，有几人在与驻守此地保护建筑的哥萨克冲突中被杀。尸体被抬到了清真寺，但随后暴徒们又返回了，再次破门而入，屠杀了所有俄国人，只有一个人装扮成波斯人的样子逃走了。格里博耶多夫显然确信这次袭击的幕后主使是沙阿本人。似乎他留下的最后文字是"法特赫·阿里沙阿！随你便吧！"[36]

法特赫·阿里沙阿可能曾试图控制局面，但导致了杀戮，然而，没有必要对他以任何严厉的方式进行谴责（一些俄国人也谴责英国大使，因为他煽动了暴徒，他阐释了此时两大强权在波斯的关系，但没有基于事实）。法特赫·阿里沙阿不得不派遣一个使团前往圣彼得堡，表达他的歉意，并平息这件事。

波斯-俄国战争及其后果，揭示了一系列关于法特赫·阿里沙阿政权的重要现实。在军事和经济上，它无法和欧洲列强相比。1826

年阿拔斯·米尔扎带入高加索的军队是 3.5 万名精兵，这较之 40 年前内战中的规模已经很大了，但俄国人 1812 年在博罗季诺抗击拿破仑时，仅仅一天的伤亡就超过了这一数字。俄国人在军队到达高加索后，对其供给有困难，但他们的人力和战争资源储备是波斯不可能相比的，即便波斯人能够在操演、训练和协作标准上赶上俄国也是如此。

问题不在于波斯人不是杰出的战士，也并不是他们在技术上真的落后了（还没有），只是恺加王朝不是一个这样的政权，同时也不致力于成为这样的政权。[37] 它通过代理人和与当地部落联盟的方式，松散地控制着自己的领土。国家官僚体系较小，和萨法维时代差不多，主要围绕宫廷运转。据估计，33%～50% 的人口仍旧过着游牧或半游牧生活。[38] 地方总督通常是部落首领。他们独立统治，首都极少介入，在扣除自身花费后，他们再往上上交税收，数量通常不多（阿拔斯·米尔扎任总督的阿塞拜疆省是其军队大部分征募和费用的源头）。为了给战争筹集费用，法特赫·阿里沙阿出让了王室土地，这加剧了权力下移的倾向。纳迪尔沙阿则会以不同的方式处理问题，但他的统治表现出的教训是雄心壮志、更大的整合、中央集权、军国主义和高税收同时出现，这使得重要的支持者离心离德，制造了反对者和叛乱，导向了内战。纳迪尔之后的所有波斯统治者，自赞德卡里姆汗始（甚至阿迦·穆罕默德沙阿），似乎都吸取了这一教训。他们拒绝了纳迪尔的模式，接受一个权力更加下移的政权，作为稳定和民众认可他们统治的代价。

这个故事的另一方面是当时绝大部分的伊朗人可能都倾向这种方式。在国家较小的城镇和乡村（这些地区还有人生活），亚美尼亚和希尔万的战事与他们相距甚远，可能关于它们只有零星（并且不准确）的消息。恺加与赞德之间的内战，更不用说在纳迪尔沙阿和阿富汗人时期更早的动乱，已经通过经济衰退直接或间接地影响了许多伊朗人。这些可怕的事件在人们的记忆中仍然十分鲜活，而绝大多数伊朗人对于自己能幸免于难心怀感激。在法特赫·阿里沙阿的统治下，这些传统社区恢复了一定程度的繁荣。

但民众对于战争的骚乱以及格里博耶多夫遇害的态度，显示出了毛拉的影响力，以及这部分毛拉之间的紧密关系，这至少是控制城镇民众情绪的一条重要线路（和通常一样，推断所有的毛拉想法一致必须谨慎，他们不是这样的）。在后来几十年，随着其他欧洲列强要求、确保、利用与俄国在土库曼恰伊一样的特权，民众对于恺加王朝的君主在维持波斯主权和尊严上的无能，越来越感到痛恨。

第 6 章

恺加王朝的危机、1905—1911 年革命与巴列维王朝的开端

无论发生什么事，都只会让情况变得更糟糕。只有尽可能地维护现状才符合我们的利益。

——1879 年 12 月索尔兹伯里勋爵描述波斯局势

难道我们是用蜡做的吗？

——1855 年 3 月纳赛尔丁沙阿 [1]

法特赫·阿里沙阿于 1834 年 10 月逝世，而他的儿子及指定继承人阿拔斯·米尔扎先于他去世。于是，另一个王子穆罕默德继任沙阿。穆罕默德在英国人与俄国人的支持下和平即位，正如英国人和俄国人的准确预判，即位后的穆罕默德维持了之前赋予两国在波斯的各项特许权。但穆罕默德沙阿的统治带给波斯人民的好处微乎其微。眼看着波斯与欧洲之间的差距进一步拉大，他却没能在发展国家或者维护国家权益的事业上做出多少贡献。他任命的第一任首相力图改革，但沙阿在 1835 年下令将他处以绞刑。各种廉价的欧洲商品，尤其是纺织品，以极低的关税甚至零关税进入波斯市场，严重破坏了波斯本土的手工业。对此，波斯商人开始抗议。但可想而知的是，那些从倒卖进口商品中获利的商人此时选择了沉默。

或许，这在一定程度上是人们对于国家在战争中失败、与外国人签订屈辱的《土库曼恰伊条约》、令波斯人厌恶的外国人数量越来越多，以及外国在波斯的影响力越来越大等情况不满的应激反应。19世纪 30 年代出现了针对少数族群的暴力袭击，其中犹太人是最大的受害者。但如同历史上的其他时期一样，那些处于边缘地位的传教士或毛拉无视什叶派高尚、仁慈的戒律，煽动人们的仇恨与极端情绪，激发并引导了不少暴力行为。1830 年大不里士发生了暴民攻击犹太人的事件，大部分犹太市民因此遇害或被迫出逃。事件的导火索可能是一个声称犹太人杀害了一个穆斯林孩童的不实传言（如同中世纪欧洲的类似事件）。[2] 阿塞拜疆也发生了此类事件，犹太人被迫陆续逃往其他地区。设拉子等地还发生了强迫犹太人皈依伊斯兰教的暴力事件。1839 年马什哈德发生暴乱，什叶派教士还没来得及制止暴行，很多犹太人就已经遇害了。犹太人要么被迫改宗，要么逃往别处。[3] 在这之后的很多年里，这些被迫改宗者（他们被称作 "jadidi"，意为新人）居住在自己的社区里，不愿与外界来往。他们私下仍保留犹太教仪式，其中一些人冒着被指控叛教的风险，最终重新皈依犹太教。在 19 世纪剩余的时间里，里海沿岸城市巴伯勒（1866 年）与哈马丹（1892 年）也发生了类似的暴乱。[4] 当时的犹太人及其他旅行者记录道，他们看到的犹太人普遍居住在贫困的犹太隔离区里，每天忍受低级的恐吓与羞辱，尽管犹太人的地位在 19 世纪末有所提升，至少在某些地区如此，但这类事件仍屡见不鲜。与此同时，伊斯兰世界的其他地区也有迫害犹太人的事件发生，一些人认为欧洲反犹主义著作的影响是造成此类情况的一个因素。[5] 毫无疑问，只有一小部分穆斯林参与施暴，同时有证据显示，一些穆斯林和乌理玛尽最大努力阻止或限制他们。但如同历史上其他时期、其他地点的同类事件一样，要不是大部分民众选择无视，这些暴力事件本可避免。当时，亚美尼亚人似乎大多没有受到这种程度的迫害。

尽管英国与俄国在继位问题上达成了一致意见，但在穆罕默德沙阿任内，两国在波斯、阿富汗与中亚地区仍保持对峙状态。这种对峙随后被称为"大博弈"（The Great Game）。1826—1828 年战争爆发前，英国曾支持波斯人反抗俄国；这时俄国支持穆罕默德沙阿收复失地，夺回曾经的东部领土赫拉特与坎大哈。穆罕默德沙阿于 1837 年向赫拉特派兵，围城数月。[6] 但为了避免印度受到威胁以及俄国势力进入南亚，英国人从不会容忍任何对于阿富汗的侵占行为。于是，英国占领了波斯湾的哈尔克岛，并要求穆罕默德沙阿退出阿富汗。沙阿于 1838 年撤兵，并在 1841 年与英国签订的新条约中做出了更多的经济让步。

哈吉·米尔扎·阿加西是穆罕默德沙阿的第二任首相（他曾在上一任首相被撤职与判处死刑的过程中扮演了重要角色），他有苏菲派倾向，还因此影响到了沙阿。法特赫·阿里沙阿一直谨慎地安抚乌理玛，但穆罕默德沙阿的苏菲派倾向让他失去了乌理玛的支持，又一次激起了什叶派一直潜藏的对于世俗政权的敌意。

巴孛运动、纳赛尔丁沙阿与阿米尔·卡比尔

穆罕默德沙阿任内的另一重大事件是巴孛运动在伊朗的兴起，并最终发展为巴哈伊教。巴孛运动兴起于 1844 年，即伊斯兰教历 1260 年，这是什叶派一直以来苦苦等待的第十二任伊玛目隐遁后的第一千周年。自 18 世纪以来，一个人称谢赫派的什叶派分支认为世上必然存在"巴孛"（Bab，在波斯语中意为"门"），隐遁的伊玛目通过巴孛与信徒沟通。"巴孛"毫无疑问指的是某个具体的人，随着伊斯兰教历 1260 年越来越近，谢赫派越发期盼巴孛在这一年出现。当这一年终于到来时，一些人便将一位来自设拉子的虔诚年轻人赛义德·阿里·穆罕默德视为巴孛。1844 年 5 月赛义德宣称自己就是巴孛，开始布道并攻击乌理玛的神学理论。他呼吁更好地对待妇女（因此吸引了众多女性追随者），取消伊斯兰教对商业利息的打压和禁止，减少严刑峻法和优待孩童等。一方面，巴孛的教导似乎更加进步，但另一方面，他的思想与正统伊斯兰教中温和派的传统思想实则差别不大。但从 1848 年起，巴孛及其追随者开始宣称巴孛本人就

是隐遁的伊玛目，而他们的信仰是一种超越先前伊斯兰教启示的新宗教。这使得情况有所改变，巴孛派从此和乌理玛直接对立。巴孛本人也很快被软禁。

巴孛最突出也最激进的追随者之一库拉特·艾因来自加兹温，她摘下自己的头巾以宣告抛弃伊斯兰教法。她是一位诗人，常与乌理玛讨论神学，宣传妇女解放。她一度被送往伊拉克躲避迫害，但之后返回波斯。与巴孛一样，她也被软禁了。但与巴孛不同的是，即便在软禁期间，她仍被允许与追随者交流。

1848 年穆罕默德沙阿去世后，他 17 岁的儿子纳赛尔丁在俄国与英国又一次的联合支持下继承王位。这位青年有一双黑色的大眼睛，显得聪颖而富有思想，但常常显得心不在焉，他有时候会数小时都沉浸在波斯的民间传说中。[7]

但当新沙阿即位后，他的政府残酷镇压了巴孛派在法尔斯、马赞德兰与赞詹等省份的起义。巴孛派的起义与当时整个世界的社会变动有密切的联系。起义被镇压后，巴孛于 1850 年在大不里士被处死。有传言说行刑队不得不开了两枪，第一枪仅打断了捆绑巴孛的绳子，使之摆脱束缚，这才不得已开了第二枪。巴孛派与恺加王朝之间的敌对状态迅速升级。1852 年 8 月，三位巴孛派教徒试图刺杀沙阿。尽管他们行动失败，政府还是随后对巴孛派展开了报复行动。同一年晚些时候，库拉特·艾因被关押她的狱卒杀害，一同被处决的还有大部分巴孛派起义的领导者，巴孛的信徒被当作异端和叛教者，遭受残忍迫害。这一新的信仰对于世俗与宗教权威来讲都是威胁，因此尽管巴孛运动吸引了大量民众改变信仰，却无法在波斯获得立锥之地。数千名巴孛派教徒被杀，其余的都离开了这个国家。

在流亡期间，这一运动继续发展。19 世纪 60 年代巴孛派分裂，新领袖巴哈欧拉宣称自己曾被巴孛预言将成为新的先知（"他便是神将启示的人"）。大部分巴孛派教徒都追随了巴哈欧拉，从那一刻起这一运动以巴哈伊教的名字被人们所熟知。在伊朗，巴哈伊教徒自创教以来几乎每隔十年就会遭遇一波迫害与清洗。

　　库拉特·艾因的故事与她对女性解放的呼吁是波斯女性史乃至整个波斯社会史的重要节点。或许有人会惊讶于此。生活在 21 世纪初的我们通过观察今日伊朗伊斯兰政权以及 1979 年革命后被重新强调的伊斯兰女性的传统角色（尽管这种描述并不是完全准确），也许会认为在 20 世纪以前所有伊朗女性都被束缚在家，只有在面纱的紧密包裹下才能走出家门。但这并非事实的全部。在工业化与城市化带来社会变革之前，伊朗的社会结构已经有了很大变化。在 1900 年之前，伊朗几乎半数人口都过着游牧或半游牧的生活，在这些紧密融合但无论是地理位置还是经济都处于边缘地位的游牧社会里，女性自然而然有着更为平等的地位与更少的限制。大体上来说，女性负责家庭事务，而男性则负责放牧。但随着男性的离开，女性不得不做出重要决策，通常是作为一个群体承担责任。到了部族迁徙的时候，每个人都必须积极参与。[8] 即使在今天，伊朗境内传统的游牧部族服饰仍多种多样，女人们常常穿着色彩斑斓、吸引眼球的衣服，而且往往不戴头巾。

　　剩余的人口中大部分都是农民和劳工。但在这些人中，女性依然在经济活动中扮演相当重要的角色并有着一定的自由（一定意义上，所有属于贫困阶层的人都可以被视作是独立的）。女性必须在田野里劳作，负担大部分日常工作，除了那些最繁重的。包裹全身的黑色罩袍同样不适合这种每日劳作的生活。

　　即便在城镇，大多数人也相当贫困，大多数贫困家庭的女性不得不出去工作养家。城镇中还有数量不小的妓女，她们自然无法得到尊重。因而，那种罩袍覆盖全身、很少出门，即便在家里都会回避无血缘关系的男人，被我们经常认为是"典型"的伊朗穆斯林女性，实际上在 1900 年之前并不普遍。这种"典型"的伊朗女性仅存在于城镇中产阶级或者高阶层的家庭里（确切来说，就是那些地位显赫、受过教育、能读会写的阶层，它们可能在所有的波斯家庭中只占到 4%或更少）。但很多男性还是会对这种家庭模式心向往之，尽管他们不具备使之成为现实的经济实力。人们可能把厚重的罩袍与面纱想象成一种作为社会精英的标志，这与 19 世纪欧洲那些让女人行动不便因而无法胜任大多数工作的穿衣时尚如出一辙。或许，一定程度上人们觉得只有城里的那些妓女才会抛头露面。当一个男人无法控制自己的妻子，放任她走出家门的时候，他便会成为众人嘲笑的对象。而对于女人来说，长期待在家里以及穿上罩袍都能显示自己的尊贵和丈夫较高的社会地位。我们很容易忽视或低估这种隐含的社会意义对于伊朗社会或其他地方的男人来说意味着什么。与其说它是传统宗教和社会的产物——《古兰经》和早期《圣训》（起源于不同的社会环境）中找不到其合法性，不如说它可能很大程度上支撑着传统的宗教及社会形态。占有物质财富往往有其模式与相应的社会影响，占有女人也是一样。

后来，随着人们逐渐过上城镇生活，在某种意义上来讲变得更富裕，更多的女性却也因此受到了更大的限制，她们待在家里的时间越来越长，用越来越厚重的面纱与罩袍遮掩自己。但我们不应认为这些是前工业化时代伊朗的典型现象，确切来讲，大多数女人囿于这种状态是 20 世纪的新景象。

与巴孛派的冲突并非纳赛尔丁在即位之时唯一需要处理的问题。

呼罗珊发生了严重叛乱，沙阿用了两年时间才将它平定，还有德黑兰的军队哗变，以及俄国与英国都参与干涉的宫廷官员之间严重的党争，这些事情接踵而至。在这种混乱而危险的时局中，沙阿的第一任首相阿米尔·卡比尔意图引导政府进行改革，力劝沙阿把更多的个人精力放到政府事务中。卡比尔对于年轻沙阿的巨大影响由来已久，当纳赛尔丁还是王位继承人与阿塞拜疆的地方长官时，卡比尔就已经成为他的左右手。俄国人认为卡比尔亲英，因而不喜欢他，但英国人也没有对他表现出多少好感。[9]

　　阿米尔·卡比尔聪颖且富有能力，他将所有精力倾注于保护王朝与国家的利益。他审理财政，强制削减政府开支，尤其是减少了官员的工资与退休金。他在西方人的帮助下办开了国立工艺学校（Dar al-Funun，意为教授技艺的地方），在之后的年月里这所学校主持翻译与出版了很多西方的科技书籍与文学著作。他还组织了彻底的军队改革，使之跟上时代发展。他发展农业，并试图建设一些工厂生产商品。所有这些改革都在短短三年内完成。阿米尔充分展示了波斯的发展潜力并许诺未来将有更大的改变。但错综复杂的宫廷政治阻碍了阿米尔·卡比尔。他曾错误地为纳赛尔丁的同父异母兄弟向沙阿求情，这冒犯了沙阿，也冒犯了沙阿在宫廷中颇具影响力的母亲。这时，阿米尔·卡比尔的反对者成功地进一步降低了沙阿对他的信任。失去了沙阿信任的阿米尔也不再有任何权力。1851 年 11 月，阿米尔·卡比尔被解除首相之职，发配到卡尚。1852 年初，在宫廷大臣与王室成员的影响下，纳赛尔丁步了他父亲与祖父的后尘，处死了自己的第一任首相。阿米尔·卡比尔死了，一切快速推进波斯发展的希望也随之破灭。而与此同时，不仅是欧洲，全世界的工业化与社会大变革都在加速。

丑陋的姐妹
俄国、英国与特许权

米尔扎·阿加·汗·努里取代阿米尔·卡比尔成为新首相，他的继任更符合宫廷的利益：就像宫廷显贵们希望的那样，新首相腐败又保守，上任之后再没有进一步的改革。之后十年，俄国获得了更大的影响力，又一支波斯部队被派去攻打赫拉特。这一次，他们成功占领了该城（1856 年 10 月），但波斯军队也陷入与英军的苦战。英军从布什尔登陆，打败了驻扎在当地的波斯军队，波斯人再次被迫与外国人议和。1857 年 3 月签订的《英波巴黎和约》规定，波斯必须放弃一切对于阿富汗领土的诉求。1858 年努里被罢免，从此以后纳赛尔丁沙阿兼任首相，但他对自己的这一安排并不感到满意。[10]

在这一时期以及之后数十年，俄国和英国对波斯政府的干涉越发频繁，以至于沙阿的独立自主一定程度上只在名义上存在。最能体现这一点的是沙阿从不会做任何可能让欧洲列强不满意的事情。如果英俄两国有一个支持他，他愿意随时去冒犯另外一个，但他不敢同时招惹两个国家。铁路的修建过程就能体现这一点：当时铁轨已经延伸到全球各个地区，波斯却不得不放弃修建铁路，尽管铁路的修建能够给绵延千里且道路难以贯穿的伊朗高原带来巨大的通信与商业利益。由于惧怕对方军队可以借助波斯的铁路迅速到达自己的边界，英国和俄国都出于战略原因反对波斯修建铁路。直至 1896 年纳赛尔丁沙阿统治末期，波斯仅有一条铁路。这是一条由比利时人修建的窄轨铁路，从德黑兰通往五英里开外的一个小圣城——阿卜杜勒·阿齐姆沙阿的圣陵所在地，但这条铁轨的修建为之后数年发生的几个重要事件埋下了伏笔。[11]

当时英国和俄国在波斯的真正利益是什么？这两国的干涉造成了多大破坏？回答这些问题需要考虑一些不同的要素。19 世纪的英国和俄国有着完全不同的立场，是欧洲模式的两个不同剖面。英国支持（或者表面上支持）进步、自由主义、科学、商业与发展。与之相对，俄国则代表欧洲的传统秩序，通过吸收一些现代因素来维持旧王朝的统治，同时支持东正教反对政治激进主义。这两个国家在波斯各自吸引了不同的利益群体。但不论这两国给人以什么样的印象，它们都只考虑自己在波斯的战略需求，很少考虑波斯人的利益。两国都谋求更大更多的特权。它们对于波斯的利益诉求比波斯对它们之中任意一方的诉求都要多。如果可以，两国自然都希望比对方在波斯的利益更多一些，但更满足于在波斯达成一种妥协，这意味着一种平衡状态，避免突发事件。英俄的对峙有一个好处，即双方都难以将波斯划为自己的殖民地。我们可以说，在 19 世纪是英国阻止了俄国彻底占领波斯，而反过来也是一样。但缺点是双方都警惕波斯的任何改变，更不信任任何雄心勃勃的波斯改革家，因为他们可能会打破平衡，使其中一方受益。随着时间的推移，沙阿也越来越不信任变化与改革。最后的结果便是波斯处于停滞状态。

经过十年独掌权力后，1871 年沙阿任命了新的首相。这次任命的是米尔扎·侯赛因·汗。他曾担任波斯驻外大使，特别是在伊斯坦布尔，在那里他看到了坦志麦特改革对于奥斯曼帝国产生的一些影响。由于坚信波斯也需要类似变革，他鼓励纳赛尔丁沙阿出国访问，亲自看看其他国家都经历了哪些发展。1872 年，米尔扎·侯赛因·汗成功说服沙阿同意授予一系列的路透特许权。这是一个重大创举，是一个全面改革发展的蓝图，包括修建从里海通往南方的铁路、发展矿业、建设各类工业等经济发展项目。这一合同为波斯带来了好处，但代价是波斯将不小的经济主权让渡给外国人——出生于德国的英裔犹太人、路透新闻社的创始人德·路透男爵，以获得他的资金支持。作为回报，德·路透预先支付给沙阿 4 万英镑。

过去几十年里，随着外国人进一步渗透伊朗市场，伊朗的经济模式发生了很大的变化。很多伊朗商品面对廉价的进口商品时缺乏竞争力，越来越多的农产品用于出口（比如棉花和鸦片）。国内粮食作物产量的减少导致多次严重的饥荒，最严重的一次发生于 1870—1871 年，据估计有近十分之一的人口死于饥荒。[12] 这些严重后果引发了人们的愤怒与对路透特许权的敌视。1873 年沙阿在欧洲结束访问回到国内，响应人们的呼声，将米尔扎·侯赛因·汗撤职。

路透特许权受到了俄国人的强烈敌视，而沙阿在欧洲访问时发现英国对此也没有多少热情。再加上国内的反对声音，沙阿找到了充足的理由在 1873 年废除了路透特许权。但随之而来的是围绕沙阿坚持的前进道路而发生的长期争论。最终，1889 年德·路透男爵得到了另一项特许权作为补偿，他被授权成立波斯帝国银行，并享有独家纸币印刷权。从那时起，英国可以通过德·路透男爵阻止俄国延伸铁路的提案。但是，1879 年俄国人帮助沙阿建立了由俄国军官领导的伊朗哥萨克旅。哥萨克旅成为波斯最现代、纪律最好的武装力量。新部队无疑忠于沙阿，但也有助于俄国人扩大影响力。

在 19 世纪 70 年代的一段时间内，英国政府开始以更积极的态度对待波斯，这本可以使波斯成为英国真正的盟友，而非一个被愚弄、受摆布的傀儡国。[13] 在这一时期，俄国征服了中亚，尤其是 1873 年希瓦汗国向沙皇投降，而与此同时，英国在阿富汗的影响力减退。1879 年，英国外交大臣索尔兹伯里勋爵短暂地停止了英国政府对于印度边界问题一向"巧妙的无为"方针，转而谋划将赫拉特转让给纳赛尔丁沙阿，同时给予沙阿来自英国政府的援助，帮助他进行内部改革。波斯或能由此成为英国的盟友与伙伴，成为英国殖民防御体系中的重要组成部分，而不再是一个用来实施各种破坏性政策以阻止俄国扩大影响力的舞台。这样一来，英国出于自己的利益将帮助建设波斯，而不是继续保持波斯的衰败。英国政府与由马尔科姆·汗带领的波斯使团在伦敦会谈。但最后纳赛尔丁沙阿中断了两国的协商。英国人认为这是由于俄国人从中作梗。接任的自由党政府不倾向于重启会谈，于是这一建立良性外交关系的机会就不了了之了，但这一事件证明了英国对波斯推行的现实政治并非一定是其帝国主义立场必然延伸的结果。某一项极端利己而不讲道义的政策，或者如同其支持者所声称的基于现实政治制定的政策，可能只是由于人们的懒惰与缺乏想象力，而不是别的原因被实施。一个极端利己的政策制定者并不会比一个尊崇道德的人对未来更有预见性，但他知道自己至少不能被人指责是一个不切实际的理想主义者。有时正是基于这种考量，利己主义者才会成为主导。真正富有远见的政治家有时候会坚持认为，如果秉承正确的原则，那么政策就可以自行调整并修复。但是这些原则往往会在过程中迷失方向，一旦如此，自私自利与短视就会成为主流。英国在波斯问题上的现实主义政策从长远来看有着相当大的危害。

马尔科姆·汗是 19 世纪后半叶的一位重要人士。他出生于 1833年，其父亲是一个改宗伊斯兰教的亚美尼亚人，尊崇约翰·马尔科姆爵士，于是用他的名字为自己的儿子命名。马尔科姆·汗曾在巴黎学习，回国后担任教职。但沙阿不信任他的改革理念与影响力，之后他在伊朗境外担任外交官，带有一点流放的性质。最终，在 19 世纪 80年代末，马尔科姆·汗完全失去了沙阿的信赖。他待在伦敦，创办了《法言报》，宣扬要终结独裁政府，建立基于宪法的法律制度。这一报刊流入伊朗并被受过教育的社会精英广泛阅读。纳赛尔丁去世后，马尔科姆·汗与政府和解。他于 1908 年去世。

19 世纪 80 年代，具有改革思想的官员继续在波斯四处奔走，但由于没有沙阿的全力支持，他们无法取得成果。沙阿继续与外国人商议签订特许权协议，但做得过了头：1890 年他与一家英国公司签订了《烟草特许权协议》，给予其垄断权，允许它不受任何竞争地买卖与出口烟草。这遭到了团结一致的反对者的强烈抵制：地主与烟草种植者发现他们被迫以固定价格卖出烟草；市集商人又一次发现自己被排挤在有利可图的经济领域以外；新的改革派报纸与民族主义报刊在海外撰文批判；乌理玛由于与市集商人关系紧密，一向不喜欢外国人出现在波斯。不同的利益群体抱团斗争成为一种范式，在之后的运动中一次次出现。通过与毛拉覆盖全国的关系网络合作（通过使用新的电报系统），1891 年民众在大部分主要城市组织抗议反对压迫，民众的抗议升级为发生在大不里士与德黑兰的暴乱与游行，随即与军队发生冲突，进而导致更大规模的示威游行。其中，最重要的宗教人士之一哈吉·米尔扎·哈桑·设拉子在 1891 年 12 月发布宗教判决，呼吁在全国范围内联合抵制烟草，人们纷纷照做，连沙阿的妻子们都不再吸烟。1892 年初，政府被迫取消了烟草特许权，并因此背负了巨大的债务。

纳赛尔丁受挫于民众对于烟草特许权的怒火。从那之后，俄国的利益在宫廷成为主导，沙阿随后颁布了更为压迫性的政策，减少了与欧洲的往来，禁止海外的波斯语报刊在国内流通，他曾大力兴办的教育事业也受到了限制，并再次任命了反对改革的保守派官员。据一些当时的观察家反映，沙阿更信任那些连布鲁塞尔是一个地方还是一种蔬菜都不清楚的官员。[14]

贾迈勒丁·阿富汗尼

19 世纪后半叶，伊朗等中东国家的一些思想家开始转变对西方的态度。他们从最初的迷茫、应激性的抵制或者毫无批判地钦佩西方，逐渐转变为适应、抵抗与改良。这些思想家中最著名的便是贾迈勒丁·阿富汗尼，尽管他的名字具有误导性，但他可能实际上出生于伊朗，在 19 世纪三四十年代以什叶派信徒的身份长大。之后他四处旅行，游历了印度、阿富汗与欧洲，并于 19 世纪 70 年代在埃及生活了数年。有人认为他给自己取名阿富汗尼是为了更方便被逊尼派群体所接受。在每个他游历过的地方，他都因强烈抵制欧洲的影响而吸引了不少追随者。阿富汗尼精力充沛，富有个人魅力，具有能够吸引不同国家的有权势者的才能。但他也傲慢自大，具有厌女倾向。

更确切来讲，阿富汗尼反对英国在包括阿富汗、埃及、苏丹与伊朗等伊斯兰国家施加影响的行为。他对于俄国人的心态则更加矛盾。他希望看到伊斯兰世界的复兴，并相信伊斯兰教只有在理性的光辉下与时俱进、灵活变通才能复兴。他宣称伊斯兰教与改革或者伊斯兰教与科学之间没有冲突。基于伊斯兰教的科学可以追上和赶超西方的科技成就。但阿富汗尼即便是对待伊斯兰教的态度有时候也自相矛盾，他在不同时间面向不同群体传达的言论是不一样的。他的思想中隐藏着谢赫派与神秘主义的影子，这也许是受他的传统教育背景所影响。但他并非禁欲者或者宗教教条主义者，相反他是一个崇尚实用主义的政治家，不推崇个人的圣洁。他挖苦和讥讽当时各个伊斯兰国家的政府，这导致他经常以失败而告终，但他对于后世的伊斯兰主义思想家产生了重大影响，尤其是在埃及与伊朗，即便他的思想过于新颖，以至于不被当时那些训练有素的传统乌理玛接受，无论是什叶派还是逊尼派。[15]

阿富汗尼在 19 世纪 80 年代受沙阿之邀回到伊朗，但双方在见面时没有产生共鸣。对沙阿来说，至少在那个阶段阿富汗尼的思想反英倾向太过强烈。之后，阿富汗尼又出国、回国了一次，但由于当时一些小册子明显受到了他的影响，攻击政府给外国人做出的种种让步，最终在 1891 年，他被驱逐出境去往伊拉克。

在伊拉克，阿富汗尼继续影响着伊朗反对烟草特许权的运动，并在穆智台希德哈吉·米尔扎·设拉子发布宗教判决抵制烟草前与之通信交流。之后，阿富汗尼积极活跃于两份海外波斯文报刊——在伦敦出版发行的《法言报》与在伊斯坦布尔发行的《星报》。当他在 1895 年到达伊斯坦布尔时，他拜访了曾在波斯入狱的米尔扎·礼萨·卡尔马尼。他们讨论了未来的计划，之后卡尔马尼回到了伊朗。1896 年 5 月 1 日，当纳赛尔丁访问阿卜杜勒·阿齐姆的陵墓时，卡尔马尼以递上请愿书的名义接近沙阿并开枪刺杀了他。之后不久，纳赛尔丁被安葬。卡尔马尼在 8 月被处以绞刑，而阿富汗尼在 1897 年死于癌症。

刺杀事件一定程度上反映了伊朗国内人们对于犹太人的复杂态度。在审问过程中，卡尔马尼表示当沙阿在公园里散步时，他实际上有更早杀掉沙阿的机会，但他没有这么做，尽管这可以让他更容易逃走，因为当日在公园里有不少犹太人，他们会首先被当成犯罪嫌疑人。卡尔马尼不想让犹太人因为刺杀事件被指责，也不想成为之后犹太人叛乱或者遭受迫害的导火索。[16] 相比于那些反犹主义教士与煽动暴民的人，那些谦逊、受过教育的伊朗人数量更多，他们可能是教士，也可能从事其他职业，都把帮助犹太人与其他少数族群当作自己的道德义务，并对极端主义嗤之以鼻。

沙阿的突然逝世带来了混乱与迷茫。但侍臣们暂时封锁了消息，哥萨克旅也及时驻扎德黑兰维持秩序，直到纳赛尔丁指定的继承者、他的儿子穆扎法尔丁从大不里士回到首都继承王位。

滑向革命

穆扎法尔丁即位时患有疾病，他被一群贪婪的大臣与阿谀奉承者所包围。他们在穆扎法尔丁还在大不里士时就缠着他，准备之后接管德黑兰，而新沙阿没有精力也缺乏控制他们的个人力量。一开始，他任命了一个致力于发展教育事业的改革派首相阿明·杜乌拉。新首相开办了很多学校，包括一些女子学校。审查被解除，沙阿批准了一些文化与教育协会的成立。这些新举措都独立于政府，并很少给政府增加开销。但相比于老沙阿，穆扎法尔丁的宫廷开销更大，特别是他频繁地奢侈出访欧洲就医。取消烟草特许权后，纳赛尔丁削减债务，保持国家财政平稳运行。但在穆扎法尔丁沙阿任内，债务不断增加，他不得不授予俄国人更多的垄断性特许权以获得贷款。首相阿明·杜乌拉提议仿照比利时建立海关管理机构以达到开源的效果，但当他向英国贷款失败后，沙阿在 1898 年罢免了他。新首相阿明·苏尔坦聘用了比利时人约瑟夫·瑙斯作为海关总署署长。之后，瑙斯凭借自身才干成了财政大臣。[17]

很多市集商人并不欢迎海关总署新的人事安排，因为相比之前他们要交更多的税，比外国商人还多。不仅如此，他们还要付钱给外国人，比如说令人厌恶的俄方贷款。乌理玛不喜欢新式学校，因为这些学校削弱了他们对于教育行业的长期控制。他们对于沙阿出访欧洲也持不信任的态度。取消审查制度以及自由结社的法令使得对政府的批评变得更容易也更公开。这让新的知识分子阶层受益，这一阶层由自由主义者、民族主义者、社会主义者、伊斯兰改良主义者等持不同观点的知识分子组成，他们出于不同但相互有所重叠的原因，对于君主制都充满敌意。这是一个充满变革和动荡的时代，也是一个充满怨气、令人不安的时代。

在这一时期授予的特许权之中，1901 年转让给另一位英国企业家威廉·诺克斯·达西的涉及渔业等领域的特许权协议值得一提，因为这一协议远比其最初的表面内容重要得多，威廉被允许勘探波斯南部的石油资源。

由于感到在上一轮"大博弈"中输了一步，英国人决定在 1902—1903 年联络一些乌理玛，比较著名的是阿亚图拉阿卜杜拉·巴赫巴哈尼，以此来反对包括任命比利时人担任官员与从俄国获得贷款等波斯海关的安排。资金就这样易手了。在一些城市出现了一些由乌理玛激起的骚乱，但这些大体来讲是针对外国人和非穆斯林的。1903 年在伊斯法罕与亚兹德发生的暴动，导致数名巴哈伊教徒死亡，犹太人与基督徒少数群体也遭到了攻击。

次年粮食持续歉收。随后，日俄战争爆发，紧接着便是 1905 年俄国革命，只好中断从北方的进口，这使得粮价进一步攀升。日俄战争期间，日军（在英制舰船的帮助下）让俄国人遭受了耻辱的失败，这一事件大大触动了伊朗的知识分子，他们从中发现欧洲列强的帝国主义霸权并非不可动摇。同时，商贸的中断使得例如大不里士与德黑兰等北方城市的小麦价格在 1905 年的前几个月提高了 90%，食糖价格提高了 33%。由于关税收入减少，政府财政遭受严重打击。沙阿试图取得另一项俄方贷款，即俄方提供 35 万英镑的贷款，但条件是沙阿要把一切军队的指挥权转让给俄方。沙阿拒绝了这一要求，取而代之的是进一步提高国内税收并推迟归还国内债权人的钱，这给市集商人带来了更大的经济压力。[18] 政府的财政问题意味着一些乌理玛的工资无法按时发放。

1905 年 6 月，正值令人哀恸的伊斯兰教历一月，经济原因和宗教因素混合在一起促发了德黑兰的大游行，这种不同因素的混合成了新的典型模式。200 名市集店主和放贷者罢市，来到阿卜杜勒·阿齐姆的陵墓，抗议政府的法令并要求解雇时任海关总署署长的比利时人瑙斯。示威者分发带有冒犯意味的瑙斯的图片——瑙斯在化装舞会上穿成毛拉的样子。仍受疾病困扰的沙阿只能与示威者谈话，承诺在即将到来的欧洲之行后满足他们的要求。但沙阿并没有履行诺言。1905 年 12 月，更激烈的抗议爆发了。抗议的起因是两名来自德黑兰的食糖商人因以过高的价格售卖食糖而被政府判处击打脚部的刑罚。其中一位是享有盛誉的年长市集商人，他曾捐钱修缮市集和三座清真寺。他申辩自己并非平地起价，之所以提高价格是受俄国局势影响，但他的申辩没有起到作用。

市集再一次关闭。这一次 2000 多名商人、宗教学校的学生、乌理玛等在巴赫巴哈尼和赛义德·穆罕默德·塔巴塔巴伊这两名穆智台希德的带领下，走向阿卜杜勒·阿齐姆的陵墓，在那里避难。

在那里，他们提出要求：罢免下令执行刑罚的官员，执行伊斯兰教法，解雇瑙斯，设立代表大会（抗议者称之为"adalatkhaneh"，意为正义之屋）。一开始政府反应冷漠。但随着市集持续关闭，几个月后沙阿罢免了地方长官，答应了抗议者的要求。

但随后几个月里政府没有任何组建"正义之屋"的行动。1906年政府试图采取行动镇压那些激进的宗教人士，其中一个是赛义德，他被认为是先知穆罕默德的后裔，遭到警察的枪杀，之后在当年夏季爆发了更进一步的街头抗议活动。赛义德的遇害激起了严重的民愤。阿亚图拉巴赫巴哈尼和塔巴塔巴伊带领 2000 名乌理玛及其学生从德黑兰前往库姆（与现在一样，库姆在当时也是全国的神学研究中心），同时很多商人、毛拉和其他人集合在一起来到位于德黑兰城北部戈尔哈克区的英国公使馆避暑别墅避难。英国临时代办尊重波斯人的庇护传统，集会者的数量最终接近 1.4 万。他们的食宿和其他需求由市集商人行会负责安排。这意味着乌理玛和市集商人同时罢工，很快就让首都的运转陷于瘫痪。戈尔哈克区变成了政治讨论和投机的温床，自由派和民族主义知识分子纷纷加入集会，向民众发表演讲。他们中有很多人宣传需要制定宪法以限制沙阿的权力，关于"正义之屋"的要求也变得更为具体，他们逐渐转向呼吁成立全国性的代表大会。各个省份的知识分子团体联同乌理玛一道向沙阿发送电报，声援这些请求。

立　宪

1906 年 8 月 5 日，自第一批抗议者来到戈尔哈克后已经过了一个月，由于沙阿无力支付军饷，哥萨克旅随时有哗变的可能。这种情况下，穆扎法尔丁沙阿妥协并签署了召开议会的法令。第一届议会于 1906 年 10 月召开，迅速通过了起草宪法的决议，而组成宪法框架的核心结构是"基本法"。穆扎法尔丁沙阿于 12 月 30 日批准了宪法与各项基本法，五天后沙阿去世。起草宪法不论在伊朗历史上还是在整个地区和世界历史上都是大事件。19 世纪 70 年代，在土耳其一个叫作奥斯曼青年党的政治团体建立了国民议会并试图将奥斯曼帝国改造为君主立宪制，但这一成果仅仅维持了数年就失败了。相比之下，伊朗立宪运动的影响更为持久，尽管这一运动也经常被描述为一个失败的革命，但议会保留了下来，该运动的一些成果还深深影响了 20 世纪余下的时间里发生的重大事件。而立宪运动最初的成功竟是通过和平而文明的抗议获得的，整个过程中几乎没有发生流血事件。

议会选举建立在各地区公民的投票基础上，分为两级系统，主要代表了曾在第一时间领导抗议活动的中产和上层阶层。具有选举权的波斯人包括地主（都拥有中等规模以上的土地面积）、乌理玛及神学院学生、商人以及中等以上规模产业的市集行会成员。在每个地区，选举人选择代表出席地区议会，而各地区议会总共推选出 156 名代表（只有德黑兰是直接选举议会代表）。从人员占比上看，市集商人和行会长老占据了议会的多数席位，议会中有自由派、温和派和保皇派三个党派，其中温和派人数最多，因而优势也最大。巴赫巴哈尼和塔巴塔巴伊两位阿亚图拉都支持温和派，尽管他们自己并非议会成员。除了议会以外，不论是在首都还是地区中心，选举促使大量民间政治团体纷纷成立，有些民间团体实力越来越强，甚至能够影响议会决议。一些民间团体代表某种行业，而在阿塞拜疆等地区也有一些政治团体代表了犹太人与亚美尼亚人等族裔和宗教团体。当时还首次出现了代表女性的民间团体。政治活动与政治讨论在全国越发高涨，还刺激了报刊业的大发展，革命前仅有 6 家报社，而此时已经超过 100 家。[19] 这股热潮也刺激了那些传统人士，尤其是一些思想保守的乌理玛。

议会渴望马上开始管理国家，并且施行新的理念。宪法（仿照比利时宪法起草，一直作为正式国家宪法持续到 1979 年）明确表示沙阿政权的合法性来自人民，沙阿的权力是由人民出于信任而赋予的，而非直接来自真主。乌理玛的权力和思想体系也体现在了宪法中。什叶派被宣布为国教，伊斯兰教法被承认，宗教法庭被赋予特殊地位，还有由高阶层的乌理玛组成的五人委员会监督议会的立法，以确保其宗教合法性（直到真正应充当这一角色的隐遁的伊玛目重现之前，都将如此施行）。非什叶派少数族群的民事权利也受到宪法保护，不少犹太人、巴哈伊教徒、亚美尼亚人等都参与了立宪运动。犹太人和亚美尼亚人在议会中拥有自己的保留席位（尽管第一名犹太议会代表因为一些议会议员的反犹主义倾向而退出议会，但犹太人之后选择了巴赫巴哈尼作为他们的代表。这又是一个能说明穆智台希德对于犹太人持同情态度的重要例证[20]）。

很显然，一切革命都是与社会活动与变革相关，也与领导权有关。立宪革命代表了恺加王朝君权政府时代的结束，并承诺开启一个由稳定、合法、现代等原则管理的新政府时代。但由于一系列原因（其中一些原因跟革命没有任何关系），立宪革命最终开启了一个充满冲突和混乱的时代。尽管如此，立宪革命仍是一个重大变革，是历史的分水岭。但除了对于外在社会的变革，大多数革命都会在革命涉及的人群和价值体系内带来自身的变化动力。很多革命者发现他们自身对于革命的期望、新政府的设想与新社会的幻想有时候随着革命的进程，逐渐受到挑战、破坏和颠覆。尤其是与以法国大革命为首的众多革命一样，伊朗立宪革命中出台的新法律也导致了一系列意料之外的结果。

主要的革命阶层是乌理玛和市集商人，除去他们的宣传影响，他们的革命动机根本上是守旧的。他们希望去除外国对伊朗的干涉，重建传统的商业模式与宗教权威。在革命的最初阶段，乌理玛是领导者。是他们为抗议正名，是他们凭借自身的阶级地位和社会资源组织和协调了示威活动。但自从抗议者驻扎在英国公使馆前时，"下一步往哪里走"的问题就出现了，针对这个问题乌理玛没有给出一个明确的答案。单纯罢免官员或者恺加王朝给出的种种不可靠的提案都不足以带来新的未来。沙阿个人的信誉不可靠，之前的数次抗议示威也没有取得持久的成果。呼吁立宪并不仅仅是一个模糊的提议或者一个讨好西方人的方案，它是在声明这个国家需要的是比以往的任何尝试都更加明确和永久的变革。尽管宪法明显是来自西方的舶来品，但起草宪法是伊朗历史的必然，即便是乌理玛的领导者开始时也支持它。不论是否完全理解了宪法的意义，乌理玛都接受了这一主张，并交出了主导权，这样一来革命的领导权就到了立宪理念提出者的手中，即那些推崇世俗统治和西式政治制度的自由主义者和民族主义者。他们中有很多人是国家官僚系统的成员，是阿米尔·卡比尔的精神继承者。他们愿意按照西方的发展轨迹改革国家，尤其是国家财政系统，同时也包括教育系统和司法系统。我们可以把他们视作新式的知识分子阶层，他们突然变得至关重要并开始反对传统的知识分子阶层——乌理玛。他们中的绝大多数都是来自阿塞拜疆和大不里士的议会议员，其中最突出的领导者之一赛义德·哈桑·塔基扎德便来自这一地区。他们的改革方案远远不止一部宪法。很快，不少乌理玛就越发明白，这场革命已经偏离了他们设想和期望的方向。

　　穆扎法尔丁沙阿的继承者是他的儿子——穆罕默德·阿里沙阿，他的性格比他的父亲更为独断专横。尽管他曾宣誓会忠于宪法，但他那时就已经决心推翻它，恢复先前的绝对君主专制。在 1907 年与 1908 年上半年，议会通过了税收与财政改革措施，也通过了关于教育和司法事务的改革措施。后者引起了乌理玛的不满，因为他们发现自己的传统地位受到了挑战。

　　谢赫法兹鲁拉·努里的事例代表了当时很多乌理玛及其追随

者态度的转变。1905 年努里是一位表现活跃的德黑兰教士，他在 1905—1906 年支持抗议。但到了 1907 年，他宣称议会及其各项决议已经偏离了抗议者的初衷，神圣的法律不容篡改。其他宗教团体在法律上与穆斯林地位相同，立宪主义者在引进"不信道的地区（比如西方）的风俗与实践"，这些都是不可接受的。努里还一度带领一群支持者进入阿卜杜勒·阿齐姆沙阿陵墓的内院。在那里他更加强烈地攻击立宪主义者，表明支持王权、反对议会，并宣称议会非法。他还斥责犹太人、巴哈伊教徒和琐罗亚斯德教教徒，夸大他们在立宪运动中的作用。一群宗教学者从神学中心纳贾夫发来电报声援他们。[21] 其他穆智台希德，比如塔巴塔巴伊，则更乐于接受西方思想作为政治框架，在隐遁的伊玛目回归之前代为管理世俗事务。但另一种说法也很有道理，即努里比起很多乌理玛都更理解立宪主义将把国家带往何处，或者从他的角度出发，立宪主义的危险性是什么。由革命催生的思想的普遍发酵与数年的异见，也影响了乌理玛。乌理玛从来不是一个思想统一的团体（并不比任何知识分子团体的思想更统一）。最终，另一位乌理玛领导人——呼罗珊尼，在纳贾夫发言攻击努里，称他不配作为一名穆斯林。

正如《伊利亚特》中特洛伊战争伴随着的是奥林匹斯山上众神的纷争那样，德黑兰城里激进派和保守派的论战伴随的是纳贾夫城中穆智台希德之间的不和。在 1906 年之前，纳贾夫的教士中最突出的一位是穆罕默德·卡泽姆·呼罗珊尼，对于众多什叶派教众而言是马尔贾，他曾在革命到来之际与塔巴塔巴伊一道支持宪法。但随着以努里为代表的乌理玛在德黑兰反对革命的声音越发强烈，呼罗珊尼被更为保守的强大敌人——赛义德·穆罕默德·卡泽姆·亚兹迪——压了一头。这种力量的转变在祷告时体现得最为明显：什叶派穆斯林在祷告时会坐在他们选择的马尔贾身后，有人描述当斗争达到最高潮时，仅有大概 30 个人坐在呼罗珊尼身后，而亚兹迪身后则坐了数千人。之后，不同派别的支持者在纳贾夫大打出手。[22]

1908 年 6 月，沙阿认为时机已到，可以开始行动了，于是调遣哥萨克旅攻击议会。军队炮击议会大楼逼迫议员们投降，最后议会关闭。很多议会领袖被捕或被斩首，还有一些重要人士，比如塔基扎德等，逃亡海外。沙阿的政变在德黑兰取得了成功，但不是所有省份都服从沙阿。在大不里士，当地议会的立宪主义者代表以及他们的支持者（比较有名的有出身草莽的萨塔尔·汗）成功地控制了该城，与沙阿及其军队公开为敌。

1907 年，英法俄三国结成联盟以对抗不断加速海外扩张的德国，英国和俄国终于暂时不再相互怀疑，在伊朗的利益问题上达成共识，签署了协议。这份协议并未对伊朗民选政府的国家主权表现出任何尊重，这表明 1906 年英国对于其公使馆前抗议的革命者的保护实际上没有什么真正意义。这一新协议将波斯划分为三个区域：北部的俄国势力范围，包括大不里士、德黑兰、马什哈德、伊斯法罕等大部分主要城市；东南部的英国势力范围，与英属印度接壤；中间的中立区域。

这一协议的结果之一是对于任何民众运动都持零容忍态度的俄国毫不犹豫地发兵大不里士以保卫当地的恺加政府，声援在 1908 年 6 月成功发动政变的沙阿。但一些革命者从大不里士逃到了吉兰，与当地人一同继续他们的反抗事业。1909 年 7 月，他们前进到德黑兰与来自南方的革命者会合，后者与巴赫蒂亚里部落组成了联盟，已经成功夺取了伊斯法罕城。穆罕默德·阿里沙阿逃到了俄国公使馆，他被废黜，最后逃到了俄国。他年幼的儿子艾哈迈德接替了王位，但艾哈迈德一直到 1914 年 7 月才正式登基。

立宪主义者再一次掌控了国家，但革命已经进入了一个更危险的全新阶段。新的议会成立（依据新的选举法成立，比上一届议会更为保守），但激进派和保守派之间的矛盾更加深化了。革命通过暴力手段重新夺取权力，也导致了新的结果，很多夺回首都的武装团体仍逗留于此。一些有权势的巴赫蒂亚里人把持了政府。乌理玛彻底分化，一些人站在保皇派一侧，反对立宪主义的一切行为。但没过几天，保守派乌理玛的领袖努里被逮捕和审讯，因为曾与 1908 年 6 月的政变有关系而被处以绞刑。双方政见不同，彼此之间实施了一系列暗杀，巴赫巴哈尼和萨塔尔·汗先后遇害。激进派，即议会中的民主党，被市集商人斥责为异端和叛国者，他们中包括塔基扎德在内的一些人不得不逃亡海外。同时还出现了诸如巴哈伊派才是站在民主党身后的黑手这样的阴谋论。1909 年在克尔曼沙阿，1910 年在设拉子，还爆发了针对犹太人的攻击行为，与之前一样，这些行动又是那些处于边缘地位的教士和毛拉所煽动。1922 年在德黑兰爆发了迫害犹太人的严重暴动，后被礼萨汗平定。[23] 多个省份陷入了无序状态。政府已经无法从地方收税，部落首领控制了一些地区，到处都是土匪。为了恢复秩序，也是为了减少由俄国教官率领的哥萨克旅的影响力，议会成立了宪兵队，由瑞典军官训练。

白马王子

尽管困难重重，但是政府仍然任命了年轻的美国人摩根·舒斯特作为财政顾问。舒斯特递交了一些思虑清晰、考虑深远的提议（制定法律法规、实现中央对于地方省份的控制以及更细致的财政事务），并开始付诸实践。对于英国现实主义政治深感失望的伊朗人（或者至少是一些伊朗人）对于舒斯特很是满意，他们把当时的美国看作伊朗长期寻而不得的那种反封建、反殖民、现代而且不是帝国主义国家的西方盟友，那种对伊朗的利益报以尊重而非仅仅把伊朗作为工具的真正对伊朗有利的外部力量。人们认为文学和民间传说中的故事其实数量有限，所有讲述过的类型多样的故事都可以归结为少数几个典型情节。如果真是这样，我们也许可以把 19 世纪的英国和俄国看作一对丑陋的姐妹，而当时的舒斯特和他的祖国美国就像白马王子。然而，这个故事的结局并非皆大欢喜。

俄国人反对舒斯特任命一位英国官员管理新成立的负责收税的宪兵队，因为按照英俄两国协议，在没有经过两国同意的情况下，伊朗不能在两国的势力范围内进行任何人事安排，而英国默认了丑陋姐妹俄国的这一说辞。舒斯特认为，俄国其实是希望波斯一直陷于财政破产、积贫积弱的境地（即希望伊朗能一直乞求俄国予以贷款），伊朗的实力越弱，俄国就越能更彻底地控制伊朗，他的这一评价或许是对的。任何可以使波斯政府的财政稳定的努力，比如说舒斯特的改革，都是对于俄国利益的威胁。俄国人下了最后通牒：舒斯特必须走人。一群女人涌进议会要求政府拒绝俄国人的最后通牒，议会同意了她们的请求，坚持要留下这位美国人。但是俄国人向德黑兰派遣了军队，随着俄军离首都越来越近，巴赫蒂亚里人和内阁中的保守派发动了政变，在 1911 年 12 月解雇了舒斯特，也解散了议会。[24]

后来，舒斯特根据他在波斯的经历写作了《扼杀波斯》（*The Strangling of Persia*）一书，尽管在今天的读者看来，这本书的写作风格偏散文，而且福音派特征明显，但作者还是清晰表达了他对于立宪革命时期那些与之共事的波斯人身上的道德感、勇气与责任感的钦佩之情。书中详细叙述了革命经过和当时波斯的情况，也展现了作者本人对于这个国家的感情，以及由此引申而来的美国之所以能够获得伊朗人高度评价的原因。在关于议会的部分中，舒斯特写道：

> ……它（议会）在这个国家比任何其他势力都更能代表波斯人最迫切的盼望和期待。它所遭遇的困难就如同围绕立宪政府的重重困境。它得到了广大波斯人民的忠诚拥护，这足以说明它本身具有充足的合法性。然而，俄国和英国一次次指挥它们驻扎于德黑兰的外交官员去争取这项特许权或是去阻挡那项特许权，而对于在一个胆小如鼠、腐败不堪的独裁者统治下的1200万波斯人民的生活和利益置若罔闻。[25]

　　将立宪革命的种种负面后果归因于外国人或许是不公允的。革命带来了议会中不同派别之间的冲突、怨恨和分化，正是这些导致了发生在1911年12月的一系列事件。我们可以根据历史上其他革命中革命者所实施的种种暴行以及其他各种理由推测，假如立宪革命没有刚好在一个时间点中断，暴力行为会更加严重，甚至会造成毁灭性的深远影响。但这种推测明显走得太远了。我们不可能知道在这种假设下会发生什么。不同的革命之间或许存在共性，但革命既不是时刻表也不是建筑蓝图，立宪革命无疑是在独特的政治和社会背景下发生的。毕竟在1911年12月以前，立宪革命为伊朗带来了很多正面因素，其中最重要的是，如同舒斯特所指出的那样，这个国家拥有一个真正意义上的民选政府，正因如此，新政府才会将国家财政结构问题视为需要优先解决的基本问题。革命者和人民团结一致，共同反对外国干涉，对于立宪政府和他们所选举出来的议会表现出了高度的热情。这种热情强烈到足够颠覆沙阿发动的政变，强烈到足够在之后的岁月里，尤其是 1919—1920 年，坚持捍卫立宪主义的原则。它让那些声称伊朗乃至整个中东由于文化原因，与宪政、代议制以及（之后的）民主政体不兼容的言论不攻自破。当这些政体展现在伊朗人面前时，伊朗人紧紧抓住它们不放，就像其他民族在其他时间和地点往往表现出来的那样。

波斯、石油、战列舰与第一次世界大战

在这段时期，甚至在 1906 年英国公使馆被抗议者用作避难所之前，局势的新发展就已经迫使英国人重新调整对伊朗的态度。至少自世纪之交（甚至可能更早）起，出于对好战且国力蒸蒸日上的德国的警惕，英国改变了与法国和俄国之间一直以来的对抗立场。法国和俄国在 1894 年结盟（意在对抗德国），英国和法国在 1904 年结盟，最后三国在 1907 年结盟（即三国协议）。最让英国警惕的是德国在那段时期的海军造船项目。自 1805 年的特拉法尔加海战以来，英国就是全世界无可匹敌的海洋霸主，这为"日不落帝国"的建立提供了坚实基础。但在德皇威廉二世的统治下，德国开始以极快的速度制造现代军舰，这威胁到了英国皇家海军的霸主地位。英国的造船厂也开足马力制造军舰以对抗德国。1906 年英国皇家海军的"无畏"号战列舰下水，这种战舰不仅速度快，而且火力系统简洁而协调，它的问世让之前的军舰一下子黯然失色。由于石油燃烧效率更高，体积也更小，英国海军于 1912 年用石油取代了煤炭作为新的燃料。然而，尽管英国本土拥有丰富的煤炭资源，却缺乏石油资源。根据之前授予的达西特许权，1908 年大量石油在伊朗西南部胡齐斯坦省阿瓦兹附近被发

现，这是中东地区首次勘探出石油。

几十年里，波斯对于英国最大的重要性在于保证印度西北边界的安全，随着时间的推移，尤其是在三国协议签订后，波斯的重要性略显下降。但这时胡齐斯坦的石油资源成为保证整个英帝国安全的重中之重。签署《英俄协定》后，英国的势力范围迅速向西扩展，覆盖了波斯湾沿岸的其余部分和油田。随后，英国-波斯石油公司成立，用于开采石油，1914 年英国政府获得了该公司绝大多数的股份。

部分是因为石油，也因为英国的敌人在随后数年里一个一个地消失，从 1911 年往后的十年里英国成为伊朗影响力最大的外部力量。这是一段混乱、贫穷和苦难不断加剧的岁月。1911 年 12 月爆发政变后，俄国在其波斯北部的势力范围，尤其是在马什哈德枪杀了很多革命者。马什哈德的抗议者躲进伊玛目礼萨圣陵避难，但俄国人随即向圣陵开炮，这一亵渎行为让整个伊朗都感到耻辱。1914 年，英国大使馆报告称中央政府在德黑兰以外的影响力极其有限。[26] 英国和俄国对于各自的势力范围有一定的控制力，但远不算很强。吉兰省的詹加勒运动（"Jangal" 意为森林，暗指里海沿岸的茂密森林）的成功便证明了这一点。詹加勒运动的领袖是充满个人魅力的库契克·汗，该运动包含的独立精神深深影响了革命。

人们常常认为立宪革命结束于 1911 年，但这个结论太过武断。毕竟革命后起草的宪法一直保存了下来，议会也在 1914 年 12 月重开。革命精神以及立宪主义者的期望和理想并没有被粉碎。相反，它们在之后的岁月中一次又一次重新露面。立宪革命是伊朗历史上的分水岭，之前各种朴素的思想在革命中以政治活动的形式会集、发展、转变，最终获得了永久性的影响。同时，由于德黑兰的政治讨论受到关注，而地方议会有向议会输送代表的职能，这一中央集权式的运作也加强了民众对于议会代表的民族主义同情。不论是最初在吉兰的起义，还是之后阿塞拜疆的革命，都旨在民族团结而非分裂主义。不可能再回到 1906 年之前的状态了。

在第一次世界大战期间，尽管波斯政府宣布中立，但国家仍被列强们瓜分，在不同地区维持驻军。北部有俄国军队和詹加勒起义军。德黑兰的军队，包括哥萨克旅和瑞典人训练的宪兵队，至少名义上由政府控制。与俄国敌对的是奥斯曼土耳其及其盟友德国。奥斯曼军队入侵了波斯的西部和北部。大多数时间里，这些军队都没能强大到控制广阔的领土或者建立霸权。大部分战斗的烈度和战略意义都很小。但在北部和西部奥斯曼军队和俄军发生了激烈的交火，当地村庄因此受到严重破坏，民众也深受其苦。在奥斯曼和德国的保护下，残存下来的立宪主义者在克尔曼沙阿继续活动，在 1915 年的一段时间里革命形势乐观。奥斯曼军队在北部的行动比较顺利，而德国人在南部与卡什加人等族群组成了联盟并取得了一定进展。英国人撤走了驻哈马丹、伊斯法罕、亚兹德和克尔曼的领事。

但在南部，1916 年春英国人组织了"南波斯兵团"，优先负责保卫油田。英国人和巴赫蒂亚里人以及胡齐斯坦和波斯南部法尔斯地区东部的一个游牧部落联盟中的阿拉伯部落关系密切。尽管当地的亲德势力在能与"阿拉伯的劳伦斯"相媲美的德国杰出探险家威廉·瓦斯姆斯的带领下发动了巧妙的游击战，但英国人还是慢慢重新占得上风，伊朗的局势就像整个战局一样，向着对德国人和奥斯曼土耳其不利的方向发展。1917 年俄国爆发了十月革命，之后不久俄国退出了第一次世界大战。就在 1918 年 11 月各参战国停战之际，瓦斯姆斯在伊斯法罕附近被俘，英国也恢复了在波斯的势力。

在战争结束之际，波斯的情况异常糟糕。1917 年与 1918 年爆发了严重的饥荒，导致饥荒的部分原因是战争造成商贸及农业中断。俄国革命对外贸造成了毁灭性的影响。在1914年之前，波斯65%的外贸是与俄国进行的，而在一战结束时降到了5%。紧接着饥荒而来的是在1918—1919年席卷全球的流感，还有不少人死于斑疹伤寒。国内到处都是土匪。尽管英国军队控制了一些地区，但是很多部族都自行武装，詹加勒起义军更是控制了吉兰省的大部分地区。詹加勒起义军最开始支持立宪主义者，此时则受到俄国布尔什维克的影响。1918年夏，起义军在布尔什维克的帮助下迫使莱昂内尔·邓斯特维尔将军率领下的英军放弃对峙撤出了吉兰。战败后的邓斯特维尔对于詹加勒军的了解显然比在1918年1月即将到波斯赴任时要多不少，赴任之前他曾在日记中写道：

> 我接到消息称里海边上的安扎利，也就是我的目的地，被一群叫作詹加勒的凶恶匪帮（听这名字就觉得可恶）占领了，他们收了德国人的钱，极度仇视英国人。[27]

而政治混乱（如果不算上经济灾难）的程度比人们预估的轻一些。毕竟，相比恺加王朝，地方部落首领向中央政府让渡了更多的权力。当时的一些资料显示，有人对立宪主义深表失望，并希望出现强有力的政府。但是不是所有人都持这种想法尚不清楚，而且立宪主义与中央权力的强弱没有直接关系。[28]

一战之后，英国在中东领土方面面临一系列复杂而沉重的问题，这些问题的解决将在几个不同的背景下对未来产生决定性的影响。战后土耳其的领土问题以及从奥斯曼脱离的国家——巴勒斯坦、叙利亚和伊拉克——的国家性质及边界问题都急需解决。英国还要考虑如何遏制，甚至有可能的话推翻俄国新成立的苏维埃政权。而需要面对这些问题的英国，在战争期间欠下了巨额债务，与此同时，伍德罗·威尔逊领导下的美国提出的新型国际关系理论，尤其是民族自决原则，严重动摇了英国帝国主义的根基。基于这些原因，英国的财政在当时捉襟见肘。伊朗民族主义者欢迎威尔逊的原则，再一次深受鼓舞并认为美国才是列强中伊朗需要的盟友。但如同以埃及为代表的其他中东国家一样，伊朗政府的代表团也被排挤在凡尔赛宫举行的和会之外，未能参加。

《英国–波斯"非"协议》与礼萨汗

尽管英国赢得了战争，在波斯取得了霸权，但当时的英国被四处牵制，到处都是问题，而且解决问题的手段严重不足，英国政府一时手忙脚乱。当时的英国外交大臣寇松爵士对波斯了解深入，他曾根据在 1889—1890 年访问波斯的见闻写了一本充满深思熟虑的权威著作——《波斯与波斯问题》。尽管在其著作中，寇松爵士曾在很多问题上都表达了对于波斯人民的同情，但在现实中他似乎并未表现出书中的那些道德准则，对于立宪革命的意义和影响他也不太重视。[29] 1919 年他倡议签署《英国–波斯协议》，更确切一点说是力图通过武力实施这一协议，协议旨在将波斯降为英国的保护国（与根据战后托管地决议而建立的伊拉克与巴勒斯坦处于同一地位），英国将全权管理波斯的军事和财政。这一协议更像是先前各个特许权协议的扩大版：提供安全保证、承诺建设基础设施以及贷款（提供 200 万英镑的贷款，其中大部分将用于支付英国军官、官员和顾问的工资）。

年轻的波斯沙阿艾哈迈德的政府欣然接受了该协议（该协议在

1919 年 8 月被签署），但当协议的具体内容被公布后，从民主派人士到乌理玛都表示不认可。尽管这一协议也许会对国家发展有一定好处，但有传言称英国方面为使其顺利通过而进行了大量贿赂，这进一步破坏了该协议的信誉。所有人都在攻击这一协议，社会主义者和民族主义前议会议员自不必说，权威的教士还特地从卡尔巴拉发来电报加以谴责。阿塞拜疆省爆发了革命，主张实施民主立宪的原则，将省份重新命名为"阿扎迪斯坦"（"Azadistan"，意为自由的土地），这一地方政权直到 9 月才被推翻。沙阿政府将五名议会的领导成员调任，但就连代表政府签署协议的人都逐渐发现人们对于它有多大的怨气，于是打消了召开议会批准协议的想法，根据宪法规定，只有议会批准后，协议才能生效。英国人试图强行让协议生效，还派遣了英国军官指挥军队，但这样做只不过是加速了政府的崩溃，首相也在 1920 年 6 月辞职。[30]

在伦敦，寇松爵士仍寄希望于强行让决议生效。但驻波斯的英国军官不这么想，对他们以及任何在伊朗居住的人来说，该协议已经名存实亡了。之前由邓斯特维尔率领的英军在与詹加勒起义军及其布尔什维克盟友的战斗失败后，1920 年 10 月转由艾恩赛德将军指挥。这两人符合爱德华时代道德模范的标准，甚至在文学上也有一定联系：邓斯特维尔是吉卜林笔下斯托基的原型，而有观点认为约翰·巴肯从艾恩赛德身上得到启发，从而创作出了英雄理查德·汉内这一文学人物。

英军（此时驻扎在加兹温）本就不受波斯人欢迎，从吉兰撤退后更加名声扫地，这样一来英军就没有能力压制民族主义者的不满了。艾恩赛德是一位机智、坚强、果决的职业军人，他之前曾受命协助哥萨克旅重新武装，该旅此时已经发展成为一支师级力量，不久前刚从里海沿岸撤到加兹温附近的驻地。他决定利用职权完成一些超出上级命令的事情。他声称尽管波斯军人声誉良好，但俄国军官道德败坏，政治立场反英，而且有被布尔什维克渗透的嫌疑，因此经过沙阿不情愿的同意后，他解雇了哥萨克军团剩余的俄国军官。艾恩赛德的所作所为没有得到寇松的批准，当寇松察觉时，事情已经发生了。艾恩赛德安抚波斯的哥萨克军团说他没有任命英国军官管理他们的意图，随后波斯军官被任命带队指挥。通过副官斯迈思中校，艾恩赛德选择了一位前士官礼萨汗作为带队士兵管理军队事务，这样一来礼萨汗就成了实际上的哥萨克军团指挥官。艾恩赛德担心随着时间的推移，英国人的地位会下降。而布尔什维克可能会被派遣到德黑兰，如果这样的事情发生了，哥萨克人可能会跟他们串通。艾恩赛德认为与其这样，不如让哥萨克人在英国还处于优势时接管自己的军队。到时，英军就能从波斯和平撤离。事情发生后不久，1921 年 1 月艾恩赛德在日记中写道：

> 个人认为，在我从这个国家消失前，我们要允许这些人发展自己的势力……事实上，一个军事独裁政府可以解决我们的问题，让我们免受任何麻烦侵扰，离开这个国家。[31]

尽管在这一事件上英国人扮演的角色广受争议，但没有任何直接的证据显示这件事是个阴谋。政治家反复宣传的阴谋论有着危险的误导性。艾恩赛德知道自己想要什么，他想要的无非是让英军离开波斯（他个人计划 4 月离开波斯，但这一时间被提前到了 2 月 18 日），而且点到为止。他唯一需要做的是让哥萨克士兵明白，如果他们要谋划反政府的行动，英国人不会干预。他认为无太大必要去请示首都方面或者英国驻德黑兰的外交官的意见。艾恩赛德对于挑选士兵有识人之明，而很多事情都反映出他还有精明的政治头脑，他选择礼萨汗无疑就是一个例证。礼萨汗在随后的事件中展现出来的政治嗅觉，比艾恩赛德所预想的，或者比一般士兵所能被预想的更加敏锐。

1921年2月16日礼萨汗带领2500名哥萨克士兵从加兹温附近的营地，向德黑兰进发。2月21日礼萨汗及哥萨克士兵没有遭遇任何抵抗便进入了首都。沙阿允许礼萨汗组建新政府，任命民族主义记者赛义德·焦尔丁·塔巴塔巴伊——请不要将他与穆智台希德赛义德·穆罕默德·塔巴塔巴伊混淆，后者已经在1918年去世——担任首相。礼萨汗被任命为军队总司令。几个月后，塔巴塔巴伊被罢免，一方面他由于裁减宫廷规模而被沙阿疏远，另一方面由于提议在军队中任命英国军官而失去了礼萨汗的信任。礼萨汗则在这几个月里结交友人以增强支持者的力量。他的地位得到巩固，成为国防大臣。

同年晚些时候，礼萨汗率军进攻吉兰省的詹加勒军并迅速将之击溃，詹加勒军的苏俄盟友在与波斯政府签下新的条约后离开了。起义军的领袖库契克·汗躲进了深山，最终死于严寒；尸体被找到后，他的头颅被带回了德黑兰。在取得这一人生前期的重大胜利后，礼萨汗将重心转向规范国家税收制度、扩大武装部队规模、加强中央政府对于全国领土的控制能力等。加强中央集权意味着与地方部落势力展开艰苦的斗争，一开始是和巴赫蒂亚里人和鲁尔人，之后则是与阿塞拜疆的沙希万人、东北地区的土库曼人作战。他还对西南地区与英国人结盟的阿拉伯部落采取了行动，再次取得了成功。这些军事行动受到了波斯人的广泛欢迎，一方面是因为外国势力常常是通过地方部落对伊朗进行干涉；另一方面，部落游牧民与农民及城镇居民之间的矛盾和相互敌视可谓由来已久。

第四次议会在 1921 年召开，礼萨汗通过与保守派阵营结盟，使他的改革计划在议会获得多数通过。1923 年，当沙阿出访欧洲之时（后来被证实沙阿在欧洲的假日被蓄意延长），礼萨汗任命自己为首相。同年年末第五次议会召开，随即通过了备受争议的关于引进征兵制的提案。之后，为了安抚乌理玛，神学院学生被免除了服兵役的义务。1924 年，礼萨汗（在受到土耳其阿塔图尔克改革等事件的启发后）提出要建立共和国，获得了四辆劳斯莱斯防弹车来协助维持德黑兰的秩序。但他错误估计了国民的想法，不得不短暂隐退了一段时间，并放弃了建立共和国的想法。1925 年礼萨汗通过去纳贾夫朝圣，巩固了人们对他的支持，也暂时掩盖了他的西化改革理念。他给自己取了巴列维的名字，一个来自中古波斯语、前伊斯兰时代的名字。当艾哈迈德沙阿在欧洲表达了要回国的想法后，议会在 10 月罢黜了他并终结了恺加王朝。在这一年即将结束之际，立宪会议同意了由恺加王朝过渡到巴列维王朝，礼萨在 1926 年初被加冕。而艾哈迈德沙阿没能回到祖国，1930 年在巴黎去世。

礼萨汗在 1921 年异军突起，有英国人出于自身原因帮助的因素，但这并不代表他的成功是英国外交政策的胜利或者他本身就是英国的政治傀儡。与之相反，艾恩赛德正是察觉到英国的外交政策已然失败才支持礼萨汗的行动。礼萨汗抓住了艾恩赛德给予的机会，但并没有表示以后会支持英国，也没有任何证据表明艾恩赛德要求他给予任何与之相关的承诺或保证。1921 年的政变及其后续影响更多只是当时各派利益暂时达成一致的结果而已。

从当时伊朗人民的角度来讲，将礼萨汗的成功看作在民主实验失败后，人们愿意看到一个强有力的领导人横空出世挽救混乱的时局也并非完全正确。有时候，人们会把 1921—1926 年这段时期与纳迪尔沙阿在 1736 年登基之前的摄政时期相提并论，因为纳迪尔同样是通过军事成功登上权力巅峰。然而，这种比较尽管有意思却不完全贴切。立宪革命跟其他政治运动相比，独特性就在于它旨在实现现代化、中央集权、强有力的政府以及结束列强对内政的干预。礼萨汗在 1925 年末、1926 年初被议会拥立为沙阿，正是因为议会判断他能够实现这些别人没能完成的革命目标。他在很大程度上证明了他们对他的信任是合理的，但他的改革成功是以牺牲自由的代议制政府为代价的。一定程度上他可以被看作立宪革命的掘墓人，同时也是革命的产物。[32]

第 7 章

巴列维王朝与 1979 年革命

成为国王，骑马凯旋穿过波斯波利斯，

难道还不算勇敢吗？

——克里斯托弗·马洛

礼萨汗在1921年发动政变成为全军总司令时年近42岁。尽管在他加冕后，社会上存在众多有关他的传言，但在他的身世问题上有一点可以确定：他出生于马赞德兰地区一个被密林环绕的小村庄——阿拉什特。有些人认为他的家族有突厥血统，也有人认为有普什图血统。他的父亲似乎在他还是婴儿时就去世了，之后母亲把他带到德黑兰，从此礼萨汗在他舅舅的家中长大。通过舅舅与哥萨克旅的关系，礼萨汗得以在15岁时进入这支部队。他长大后又高又壮，下巴粗犷，表情冷酷。为了完成现代化改革，他任命了一批受过良好教育的技术人员，他们中一些人发现他的言行举止异常粗鲁，还有一些人私下嘲笑他缺少文化。但没有人会当面对他说这些，大多数人都畏惧他的威严。[1]

行动派

礼萨汗的抱负和态度首先体现在他的行动中。他夺取权力不仅仅是为了像恺加王公那样成为沙阿和统治者——他非常鄙视恺加王朝低效的统治方式。巴列维王朝的特殊之处在于没有采取传统的波斯王朝模式。之所以建立王朝仅仅是由于礼萨汗建立共和国的计划遭遇了失败。对他而言，成为沙阿只是实现最终目标的手段，而非目标本身。他的抱负在于控制国家，让国家变得强大，使之发展从而获得真正的独立，使之现代化从而能与列强平起平坐，以及组建强大的军队从而抵御外国的干涉并稳定国内秩序，这样波斯就能像其他现代国家那样，实现真正意义上的自立自强。这些目标和用来实现目标的独裁手段都反映出礼萨汗的军事背景以及在哥萨克旅任职时期受到俄国的影响。最初他不得不向议会妥协，但历史会证明他并非自由政治言论派的好盟友。此外，他以凯末尔·阿塔图尔克为楷模。凯末尔在他富有成就的军事生涯结束后，成为土耳其的绝对权威，并在强大军队的支持下将世俗的民族主义原则推行到全国。阿塔图尔克还具有推行国家指导下的工业化及经济发展计划的强大决心。礼萨沙阿的所作所为与法西斯主义有一些联系，但他所处的时代是一个独裁者的时代，无论是法西斯主义者还是别的一些政治派别都滑向了独裁。对当时的礼萨沙阿来说，学习土耳其的模式已经足够了，至少在 20 世纪 20 年代是如此。

1926 年，伊朗的主体仍然是农村、游牧部落和小城镇（三者所占的比例按行文顺序递减），工业极其薄弱，总人口只有 1200 万，其中绝大多数是文盲。城市市集的贸易与经济运转已经融入世界的经济体系。在德黑兰等主要城市，一些现代化的代表物，比如路灯、机动车与铺设的路面等，早已出现。但主要城市以外的广大地域与纳迪尔沙阿时代没有太大区别。

礼萨沙阿推行的改革中，最先实施也最核心的便是扩军。强军是沙阿最为优先考虑的事务，也是其最大的利益所在，除此以外的大部分改革都可以看作为建设强大、高效与现代的军队提供支持。沙阿计划将军队分为五个兵种，每个兵种一万人，这一计划出台于 1922 年 1 月，但由于征兵制、财政与装备存在的种种问题，1926 年军队规模相比计划少了 20%。尽管征兵制在 1925 年 6 月开始实行，但这一制度的推行，尤其是在游牧部落中遭遇了很大的阻力。征兵制在 1930 年才开始有效实施，而在游牧部落中有效推行的时间则是在 20 世纪 30 年代中期以后了。但在 30 年代末军队规模已经超过 10 万人，并在理论上后备力量扩充到 40 万人。[2]

尽管如此，但军队效率的提高并不显著（主要是指德黑兰以外的地方，德黑兰所在的中央军区标准要高得多）。地方政府镇压部落骚乱时，仍需要像几个世纪以来一直所做的那样，征用其他部落的人丁作为临时的战斗兵员。普通义务兵的道德水平比较低。他们薪资低微，因为大部分的军队开支用于购买装备，包括坦克（来自捷克斯洛伐克的斯柯达军工厂）、大炮（来自瑞典）、战斗机（1936 年组建了一支由 154 架飞机组成的空军）以及步枪等。甚至在 20 年代，政府就已将 40% 的开支用于军费。之后大部分的石油收入也用于支付军费，尽管随着国家收入的提升，军费在总开支中的占比有所降低。[3] 1922—1927 年，国家财政由另一位美国人阿瑟·米尔斯波管理（在协商时伊朗人试图争取让舒斯特回到伊朗管理财政）。尽管沙阿与米尔斯波私交甚佳，美国人在公众中的良好形象也远非英国人或其他外国人可比，但沙阿还是对米尔斯波限制他的军费开支心怀愤恨。他们大吵了一架，礼萨·巴列维说道：“这个国家不能有两位沙阿。”[4] 于是，米尔斯波无法继续担任这一职务，1927 年他辞职了。

新政权的第二个主要成就是交通基础设施水平的提高。1927 年波斯有大约 3100 英里的道路可用于交通运输，其中近三分之一是在第一次世界大战期间由外国军队建造的。而 1938 年波斯已有 1.5 万多英里的道路。1925 年波斯仅有 150 英里的铁轨，而 1938 年铁路长度已略超过 1000 英里。在 30 年代，成本较低的公路运输已经开始取代铁路运输。

礼萨沙阿用于工业的投资与修建的铁轨花费相当。特别是那些旨在用国内生产取代进口的行业，比如纺织物、烟草、糖以及其他食品与饮料产品，超过半数的投资来自私人资本。[5] 但伊朗的工业发展相比土耳其来说显得较为逊色，更不用说与斯大林时代的俄国相比了。工业发展毫无疑问令人印象深刻，尤其是考虑到礼萨沙阿开展工业项目之前波斯工业的水平之低，以及过去历次工业化尝试都以失败告终。

更为引人注目的，也是长久来看更为重要的是教育的发展。学校的学生总数从 1922 年的约 5.5 万人增长到 1938 年的约 45.7 万人。1924 年波斯仅有 3300 名学生就读中学，而到 1940 年这一数目攀升至约 2.8 万人。但教育体系远没有达到普及的程度，大部分农村人口被忽视（尽管游牧部落地区也有少量办学成功的小规模学校）。当时的学校教育被批评非常狭隘和机械，教育内容僵化，缺少激发思考的训练。但这也反映出学校教育的主要目的：教育出富有效率且缺乏想象力的军官和官员。礼萨沙阿不想教育出具有自由思想的新一代来反对他的统治并鼓励其他人也这么做。但如同其他地区一样，历史证明了教育的狡黠性，很多受教育者在这种教育制度下仍然走向了质疑礼萨沙阿权威的道路，而这恰恰是他格外想避免出现的。在 20 世纪 30 年代，数目不多但留下深远影响的社会精英在政府奖学金的资助下到国外的大学学习（主要是在法国）。1935 年一所大学在德黑兰初步建立。1940 年，大学已经有了 411 位毕业生，而在 1941 年该大学的第一位博士生毕业。[6]

从成为沙阿的那一刻起，礼萨以不可忤逆的姿态强化了自己的地位与政权的独裁本质。尽管他在议会的批准下获得了权力，但当时他的反对者，比如穆罕默德·摩萨台（未来的首相）与赛义德·哈桑·穆达雷斯（当时乌理玛在议会中的首要代表），就已预言礼萨汗将抛弃宪法中的自由因素。但在礼萨沙阿加冕后，穆达雷斯等人企图向他妥协，以求得议会和宪政政府的些许自由空间。立宪主义者因此一度占据了多数部长的职位，包括在 1906—1911 年表现活跃的哈桑·塔基扎德。然而，他们大多仕途不顺。多位部长被解雇、入狱或流放，有时候甚至缺乏一个明确的原因，只是由于沙阿的怀疑，或者仅仅是由于沙阿想维护自己的权威。穆达雷斯自己没有谋求任何职位，但他的妥协无疑失败了。他在 1928 年入狱，被遣送到呼罗珊，受到监视和拘押，最终在 1938 年的一次礼拜时被谋杀。忠诚的部长们也遭逮捕，比如泰穆尔塔什、费鲁兹和达瓦尔，有的在狱中被人谋杀，有的被逼自杀。塔基扎德很幸运地以半流放的方式被送到海外生活。

由于审查越发严格，自由表达的权利被新政权褫夺，作家与诗人也遭受不公对待，这扼杀了 20 世纪初以来的文学繁荣，文学作品的数量越来越少。

萨迪克·希达亚特是 20 世纪伊朗最杰出的作家之一。1903 年他出生于德黑兰，在 20 年代于法国留学。作为一个热血青年，他热衷于浪漫的伊朗民族主义，将伊朗的问题很大程度上归咎于 7 世纪阿拉伯人的征服。他的短诗与短篇小说，包括《寻求救赎》《流浪狗》以及他最著名的《失明的猫头鹰》，涵盖了日常、幻想、讽刺等题材与风格。希达亚特的作品反对宗教、迷信与阿拉伯文化对伊朗人的影响（有时使用尖刻而生动的言辞进行批判），他的作品风格革新而现代，通过对于日常生活真实而不避讳的观察和描写达到了世界文学最高水平。他将卡夫卡、契诃夫与萨特的作品译为波斯语，对于奥马尔·海亚姆的诗歌钟爱有加。1951 年希达亚特在巴黎自杀，2006 年他的作品被艾哈迈迪·内贾德政府全面封禁。[7]

另一位于 1951 年去世的文学家是穆罕默德·塔基·巴哈尔，他是一位诗人，也是一位伟大的波斯诗歌批评家。他提出了波斯文学史的理论框架，特别是确定了 18 世纪后半叶的文学复兴，即当时诗人们反对萨法维风格，倡导回归 10 世纪与 11 世纪文学风格的思潮。在巴哈尔生活的时代，诗歌体裁迎来了新一轮的革新，如同希达亚特创作的散文那样，这种体裁变革与立宪革命时代人民的思想变化息息相关。尼玛·尤希吉是这一变革的第一位杰出代表。尼玛生于 1895 年，卒于 1960 年，他用新式体裁创作诗歌，打破了很多传统波斯语诗歌的条条框框。他不吝使用新的词汇，并通过观察自然创作出很多新的意象。多年来，他的新体诗歌受到了不少思想传统的人士的抵制。但最后他的作品被人们接受，深深启发了更年轻的诗人，比如著名的福露格·法罗赫扎德（1935—1967 年）。[8]

1934 年礼萨沙阿访问土耳其并与阿塔图尔克会晤，这一会晤象征着两个政权之间的相似性。这两个政权都有着明显的民族主义、现代化、世俗化与西化的特点。礼萨沙阿的教育政策支持建立女校，禁止女性佩戴面纱。他希望伊朗和伊朗人都更西化、更现代，因此不论男女都要改变服饰。男性被规定必须穿着西式服装，沙阿下令要求男性都要戴西式的帽子，一时间街上到处都是软呢帽和圆顶礼帽。[9] 如同土耳其一样，沙阿发起了语言改革，剔除非波斯语语源的词语，并用波斯词语取而代之。之后，为了使新政权有别于软弱无力的恺加王朝，1935 年沙阿通知各国政府不再继续使用"波斯"一词，而是将"伊朗"这个一直被波斯人用以称呼自己国家的古老用词作为正式国号。1927—1928 年，他终止了各项不平等条约。自《土库曼恰伊条约》签订以来，各项不平等条约赋予外国人可以免受伊朗当局法律制约的治外法权。

但礼萨沙阿的西化改革不如阿塔图尔克的那样彻底。比如，尽管他发动了语言文字改革，却没有像土耳其那样废除阿拉伯字母并改为使用拉丁字母。尽管他成功废除了一些最恶名昭著的不平等条约，他还是不得不继续保留英国在南部开采石油的特权：条约规定伊朗只能从丰富的国内石油资源中获得极少的回报（石油收入的 16% 归伊朗政府）。1928 年时任首相，也是沙阿当时最信赖的顾问泰穆尔塔什写信给英国-波斯石油公司，告知他们《达西石油特许权条约》中的各项条款需要重新商议。两国的商议持续了好几年，1932 年沙阿介入其中，单方面宣布取消特许权。英国向波斯湾派遣舰队，还将两国的官司告到了海牙的国际法庭。不久之后沙阿由于对两国谈判失败感到失望，罢免了泰穆尔塔什，将之逮捕入狱并在 1933 年 10 月将他杀死。最后两国修改了条约，仅仅将伊朗政府所得的比例提高到了20%。特许权被续约至 1993 年。[10]

与伊朗不同，阿塔图尔克领导下的土耳其没有给予任何国家资源开采权。相比之下，阿塔图尔克一直到去世都保持着他的个人声望，而礼萨沙阿在 30 年代末几乎疏远了掌权时得到的所有支持。乌理玛发现他们曾害怕立宪政府会做的很多事情都变成了现实，尤其是在教育和法律领域，他们无力干涉政府颁布法令。到 20 世纪 30 年代末，他们作为法官和公证人的声望和利益已经随着新政权的改革化为泡影。他们痛恨政府推行的关于西式服饰与面纱的改革，并在 1935 年发动了一场反对改革的游行。这场在马什哈德的伊玛目礼萨圣陵举行的游行遭到了政府的镇压，数百名游行者被沙阿的军队用机关枪扫射，这进一步降低了政府的威望。[11] 市集商人不喜欢政府为增加财政收入而实施的国家商业垄断政策。自由主义者和知识分子因为政府压制言论、实施审查制度以及关闭报社而和沙阿离心离德，更不用说谋杀关押在狱中的受欢迎的政治家了。即便在军队中也有反对沙阿的声音。当新的战争带来新的危机时，礼萨沙阿发现他的身边鲜有支持者。[12]

新的面孔，不变的丑陋老姐妹

人们常说英国和苏联在 1941 年占领伊朗是由于礼萨沙阿展现出亲德亲纳粹的立场，这让盟军担心他们若不干预，德国就能乘虚而入。但实际情况更复杂。1941 年在英国和苏联干涉伊朗时，没有德国武装力量直接威胁伊朗。直到在这之后的 1942 年夏，德军才推进到巴库与高加索油田一带。尽管沙阿本人之前在一定程度上鼓励了德国人，但他一直努力抵制德国在伊朗扩大影响力。

但当 1941 年 6 月希特勒进攻苏联，英苏结盟时，英国在中东的地位看起来并不稳定。英国在这一地区的核心利益是苏伊士运河与伊朗的油田。1940 年英军打败了从利比亚向埃及进军的意大利军队后，随即进入防御状态应对隆美尔和德国非洲军团的到来。1941 年春英军不得不撤往亚历山大港，只在图布鲁克留下一队驻军被围攻。几乎是同时，在德国人与纳粹德国空军的煽动下，伊拉克在 4 月爆发了反英起义。英军不得不介入伊拉克，在同年 5 月末控制了全国。6 月在伊拉克起义的刺激下，英国派遣军队进入黎巴嫩和叙利亚，推翻了与纳粹结盟的维希法国在当地的政府。

在这个背景下，1941 年 8 月英苏占领伊朗，这更像是盟军在充满不确定的危急关头在中东地区实施的总战略布局的一部分，也是冷峻的总体战争逻辑的一部分。但占领伊朗在另一个层面确实有着重要意义。希特勒在 1940 年与 1941 年初先后成功占领挪威、丹麦、波兰、法国、南斯拉夫与希腊，这意味着英国和苏联之间用以相互支持的途径被局限于通往北部的摩尔曼斯克、自然条件恶劣的北冰洋航线，或者南部的一些备用路线。而随着希特勒的巴巴罗萨计划实施以来，途经白俄罗斯与乌克兰的南部路线也无法继续使用，苏联人必须从西方获得新装备武装新组建的苏联军团，以填补之前被德军击溃并以俘虏的身份被遣送到集中营与奴隶工厂的苏军的大量人员空缺。此时从波斯湾通往里海的路线，尽管里程长、条件艰苦，但成为新的备选方案。截至战争结束时，有 500 多万吨的武器装备通过伊朗的公路和铁路送往苏联，尽管这些物资仅占总物资中较小的一部分。

　　礼萨沙阿在 20 世纪 30 年代与纳粹政权眉来眼去，德国外交官员亲眼看到沙阿推行的语言雅利安化运动，大受鼓舞。很多德国技术人员和工程师在 30 年代来到伊朗，沙阿对他们很是欣赏，用他们替换了深受很多伊朗人厌恶和怀疑的英国人。但就像痛恨所有外国干涉势力一样，沙阿也对德国一切可能的干涉行为表现警觉。他不欢迎任何新出现的政治活动者，无论是法西斯分子还是共产主义者，都被他视为自己政权的潜在威胁者。1937 年一个有着明显支持法西斯倾向的学生小组成员被全部逮捕，小组的领导者随后在狱中被杀害。1940年警察在大街上枪杀了一位活跃的琐罗亚斯德教教徒，因为他的儿子在德国发布亲纳粹的广播。一小群马克思主义者也在 1937 年遭到逮捕，他们中大部分都在狱中遭受酷刑，之后他们组建了持亲共产主义立场的伊朗人民党。[13] 这些也反映出当时欧洲政治在法西斯主义和共产主义之间严重两极分化的趋势。伊朗的一些激进主义者来自少数精英阶层，曾受政府资助在欧洲的大学接受教育。在 30 年代伊朗还出现了一批丑陋的反犹主义报刊，这些报刊的出现加剧了伊朗犹太人的焦虑，也可能让移民到巴勒斯坦的犹太人数目增多，但在 1941 年 8 月之前伊朗人民和政府的亲纳粹、亲德国立场有时候被夸大了。历史学家叶尔万德·亚伯拉哈米亚认为盟军的干涉与其说是为了赶走一个亲纳粹的沙阿，不如说是为了阻止一场亲德政变，就像在伊拉克发生的那样。[14]

盟军向伊朗提出驱逐德国人的要求，成为占领伊朗的导火索。在这一要求被拒后，盟军在 1941 年 8 月入侵伊朗，礼萨沙阿花费大量心血与钱财组织起来的军队仅进行了象征性的抵抗（这与纳迪尔沙阿最终倒台的情况很相似），三天后沙阿下达命令让军队停止抵抗。英国和苏联的军队在伊朗中部会合，1941 年 9 月 17 日进入德黑兰。

沙阿被迫将王位让予其子穆罕默德·礼萨，而盟军一直占领伊朗，直到 1945 年战争结束。此前礼萨沙阿与儿子的关系一直较为类似长官与下属。20 世纪 30 年代穆罕默德·礼萨·巴列维在瑞士接受教育，他的留学经历无法拉近他与父母以及他将在未来统治的伊朗人民的距离。穆罕默德·礼萨思维敏锐，但在人际交往方面时常表现羞怯，这与他的教育经历以及与严厉父亲的关系密切相关。

虽然盟军才是礼萨沙阿退位的直接原因，但大多数伊朗人民也乐意看到沙阿的离开，有观点认为由于沙阿不受民众欢迎，即便他接受盟军的要求，盟军也不会让他继续掌权。[15]最终沙阿被驱逐出国，逃往非洲南部（1944 年 7 月卒于当地）。

1941 年 12 月美国加入盟军，向德国和日本宣战。1942 年美军加入了英苏驻伊朗的占领军。1943 年末，德黑兰举办了同盟国第一次三国首脑会议。根据丘吉尔、斯大林与罗斯福在会议上达成的一系列关于战争安排的协定（包括 1944 年在西欧开辟第二战场等），盟军将在战争结束后的六个月内从伊朗撤军。

可怕的犹太大屠杀事件也波及了伊朗。1942年，一群从波兰的犹太人居住区和小集镇逃难至苏联的犹太孤儿到达伊朗。他们先是被苏联政府安置在西伯利亚，随后通过火车送往南方，经过重重苦难到达里海沿岸的伊朗。他们被带往德黑兰，得到了伊朗当地犹太人与犹太复国主义者的帮助。最终，848名犹太儿童摆脱了刚刚到达德黑兰时的窘困局面，到达巴勒斯坦。[16]

与此同时，恺加王朝后裔、被称作"伊朗辛德勒"的阿卜杜勒-侯赛因·萨尔达里·恺加，在伊朗驻法外交人员悉数迁到维希后负责看管巴黎的伊朗大使馆大楼。当时萨尔达里手中有大量空白的伊朗护照，在1942年纳粹抓捕巴黎的犹太人时，他将这些伊朗护照发给了居住在巴黎的伊朗裔犹太人，他们中很多人已经在巴黎生活多年并由此逃过一劫。他还争取到了德国当局不会逮捕迫害在巴黎居住的伊朗公民的保证。随着纳粹抓捕犹太人的行动在巴黎越发猖獗，很多非伊朗裔的法国犹太人也找到萨尔达里寻求帮助。萨尔达里开始意识到纳粹暴虐的犯罪行径，将500多份伊朗护照分发给了他们。战争结束后，萨尔达里因滥用职权发放护照的罪名被伊朗当局起诉，但穆罕默德·礼萨沙阿给予他特赦。在之后的岁月里，当人们问他在巴黎所做的义举时，他只是表示帮助伊朗公民是他的职责。而当人们问他为何将护照发给非伊朗裔的犹太人时，他说："这是我作为一个人的职责。"[17] 1981年，萨尔达里去世。2004年，西蒙·维森塔尔中心向已去世的萨尔达里颁奖。

战争期间盟军一直牢牢控制着伊朗，巴列维政府的权力十分有限。但穆罕默德·礼萨沙阿即位时便宣誓他将作为一位立宪君主进行统治。1944年，伊朗举行了自20世纪20年代以来第一次真正意义上的议会议员选举。很多曾在立宪时代为人们所熟悉的人物再次出现在民众的视野里，包括比较著名的赛义德·塔巴塔巴伊与穆罕默德·摩萨台，以及在礼萨汗成为沙阿之前活跃于政坛的民族主义土地所有者和官员。只不过，他们都变老了。

外国入侵所带来的羞辱感、盟军的所作所为、食物短缺、战争导致的经济崩溃以及政府的软弱无能等因素，激发了又一轮政治运动以及民族主义情绪的高涨。而英国-伊朗石油公司（AIOC）对于伊朗石油利润不公平的分配再次成为政治运动与民族主义情绪的爆发点（在沙阿宣布国名为伊朗后，该公司的名字也从英国-波斯石油公司改成了英国-伊朗石油公司）。当时，伊朗的工业是中东地区规模最大、最发达的。由于英国-伊朗石油公司向英国政府缴税，英国政府从石油工业所得的利润高于伊朗政府（1932—1950年几乎是伊朗政府的两倍[18]）。盟国占领军普遍不受欢迎，其中英军和苏军比美军更加声名狼藉。这方面的一个迹象是1942年11月曾在伊朗任职过的阿瑟·米尔斯波回到伊朗就任原职，管理伊朗的国家财政。尽管米尔斯波保持了对工作一贯的认真勤奋，但他对于当时伊朗的政治与社会情况缺乏敏锐感。他试图停止发放食品补贴，将国家机构私有化，这让他变得不受欢迎，并导致他在两年后辞职。

沙阿试图呼吁民众支持美国以换取美国的支持。他在演讲中将伊朗的民族主义和独立斗争与美国的民族主义及脱离英帝国的独立斗争进行比较。鉴于盟军占领下伊朗越来越激烈的政治辩论，年轻的沙阿感觉有必要体察民众的意见。如同立宪革命时代一样，各类新报社，以及新时代的产物——新的政治党派——纷纷成立并迅速发展。1943年，德黑兰有47家报社（1951年则超过了700家）。[19] 而那些新党派中，最有影响力的当属成立于1941年、亲共的人民党，该党派的出现激发了知识分子亲人民党、亲马克思主义的倾向。[20] 广播电台的数量也迅速增加，其影响力不断扩大，就连偏远农村的村民也开始关注国家大事与政治辩论。

战争快要结束时，人们越来越怀疑苏联军队是否会如期撤离阿塞拜疆。鉴于阿塞拜疆地区的社会民主主义传统与人民党的强大影响力，苏联人准备实施帝国主义政策，这预示并促成了冷战时期的对抗局面。苏联人支持阿塞拜疆地区包括库尔德人与阿塞拜疆人在内的亲苏分离势力（其中，库尔德人对于分离运动的热情本就高于阿塞拜疆人），有意恢复类似 1907—1914 年帝俄在伊朗的传统势力范围。1946 年 1 月起英军和美军开始陆续撤离伊朗，而苏联军队仍旧盘踞在阿塞拜疆，伪装成人民党与分离势力的保护者（当时，在该国的其他地方也发生了一些针对人民党的攻击行为），并与伊朗军队在阿塞拜疆省的边缘地带对峙。德黑兰的民族主义者认为西北地区的形势严峻。一些受人尊敬的知识分子，比如艾哈迈德·卡斯拉维写文章表示国家正面临彻底分裂的危险。

卡斯拉维于 1890 年在大不里士出生，最初在神学院接受教育，之后参与到阿塞拜疆地区波澜壮阔的立宪革命运动中。但当他在 1910 年看到彗星并得知这就是曾在 1835 年出现在夜空的哈雷彗星，而且欧洲的天文学家早就预测出该彗星会于该年回归时，他抛弃了自己的宗教训练："我很欣喜地看到知识已经在欧洲变成了如此清晰明了的东西。"从那时起，卡斯拉维由一个宗教拥护者变成了尖刻的批判者，他批判乌理玛，也批判当时伊朗社会中方方面面的事务。他创作的小册子《货仓满满的哈吉信仰的宗教是什么？》批判了商人们故作虔诚姿态却毫无廉耻地在商业贸易中唯利是图的行为。他另一篇名为《哈桑正烧掉哈菲兹写的书》的文章攻击了他所观察到的伊朗人喜欢胡乱引用古人的诗歌，却毫无顾忌地歪曲解读诗人原本思想的倾向。作为一个忠于立宪主义原则与世俗政府的民族主义者，他驳斥语言不同论等将伊朗人分成不同群体的言论，并认为这些言论会让伊朗人变得更加弱小。他以记者和作家的身份在教育部工作多年。1946年，一个自称纳瓦布·萨法维的男人及其追随者组成的伊斯兰极端主义团体刺杀了卡斯拉维。[21]

从多个角度来讲，卡斯拉维都是一个影响深远的人物。他代表了伊朗的某种思想流派，某种程度上还是巴列维时代特有的，致力于批判什叶派的落后性，将伊朗的很多缺点及失败归因于什叶派。这个流派在20世纪六七十年代再次变得重要起来。他的思想影响了很多受益于巴列维政府带来的机遇的中产阶级民众。

他反对波斯对于诗歌的极度推崇，这是个有趣的现象，因为它再次反映了伟大波斯诗人的文化中心地位，并指出了他们表达与坚持的是波斯文化的模糊性。罗伊·莫特胡德写道：

> 事实上，波斯诗歌体现了一种精神归宿。在这里，自由开放的波斯文化的核心、模糊性得以安放。波斯诗歌表达的并非一种有解的谜题，相反，这种谜题是无解的。波斯诗歌中外显的部分仅仅是其枝蔓。尽管波斯诗歌经历了数千次的发展演变，但它的精神内核并未改变，即波斯语这种委婉含蓄的语言通过其诗歌表达的是诗人不外露的个人情感。如果把它仅仅当作寓言来解读，或者不论用哪种阐释形式重新表达，诗歌都会暴露在公共空间里。为了保持情感的隐秘性，诗人们保持了把诗歌模糊化处理的传统。[22]

最终，经过一段紧张的谈判，在美国与英国施加的压力下苏联宣布撤离伊朗。1946 年 5 月底，苏联军队离开了。伊朗军队随后开进阿塞拜疆地区，通过武力让中央政府对当地恢复了控制。阿塞拜疆事件让伊朗人不再信任苏联，但人民党成员的名誉没有受到什么损伤。该党派的影响力继续增加，几位成员进入内阁推动了新劳动法的颁布，新法律确定了最大工作时长与最低工资标准。但是，1949 年人民党成员被指控教唆一场意图刺杀年轻沙阿的行动。随后该党派被禁止，只能通过地下活动以及对其抱有同情的作家与记者保持其影响力。得益于伊朗人对苏联的敌意，美国得以派出更多的顾问与技术人员，提供了包括军事训练在内的各项援助。欣喜于伊朗在阿塞拜疆地区恢复了完整的主权，民族主义者将注意力转向了其他问题，尤其是石油问题。

摩萨台

1949 年意图刺杀沙阿的行动在接下来很长一段时间引发了种种危机、示威游行与戒严。1950 年沙阿任命阿里·拉兹马拉为新首相，但民众对于拉兹马拉并不满意。他被怀疑亲英，他的军队背景也不禁让人怀疑沙阿意图恢复其父亲在 30 年代那种军事化的独裁政府。与此同时，穆罕默德·摩萨台与很多议会议员组成了之后被称为民族阵线的广泛同盟。民族阵线要求将石油产业国有化，人们相信摩萨台还与人民党达成了和解。沙阿政府试图与英伊石油公司就石油特许权协议进行谈判，但英伊石油公司迟迟不肯接受沙阿提出的各分总利润 50% 的要求，尽管五五分成已经成为当时全世界其他地区石油协定的共识。民族阵线在 1950 年的议会议员选举中变得更为强大，他们关于石油产业国有化的呼吁也得到了更多人的响应。1951 年 3 月，拉兹马拉被刺杀卡斯拉维的同一极端伊斯兰组织所谋杀。这样一来，摩萨台作为呼声最高的政治家毫无悬念地成为首相。

1951 年，摩萨台已经接近 70 岁。他拥有恺加王室的血统，曾在巴黎和瑞士留学，获得了法学博士学位。1919 年由于参与反对英国与波斯的协议，他被迫离开伊朗，后来因为反对礼萨沙阿的独裁统治而入狱，直到 40 年代他才再次出现在人们的视野中。他一生都致力于伊朗民族团结与建立立宪政府的事业。在他的主持下，1951 年 3 月 15 日议会投票通过了石油产业国有化的决议。4 月 28 日，议会正式任命摩萨台为首相。

然而，国有化随即陷入了困局。英国的技术人员在胡齐斯坦留下了石油开采设施，却对伊朗实施了封锁。伊朗的石油无法出口。国有化不仅没能增加财政收入，反而因为维持石油设施与支付石油工人的薪资加重了财政负担，带来了一大笔债务与一系列经济问题。摩萨台前往美国希望能获得一笔贷款，但遭到了拒绝。美国的石油公司也参与抵制伊朗石油，美国政府则越发不安于共产主义者明显参与石油国有化运动（人民党领导了罢工和示威游行）的迹象。事后看来，美国的立场似乎很奇怪，因为国有化得到了伊朗大多数阶层与不同观点的广泛支持。但国有化运动是明确反英的，甚至还有反西方的声音出现。在当时的氛围下，尤其是艾森豪威尔政府与乔·麦卡锡参议员上台后，在美国政府眼里任何由共产主义者暗中参与并得到苏联支持的社会运动都是不可容忍的。

尽管经济问题越发严重，获得美国支持以对抗英国的希望也越发渺茫，但摩萨台仍然继续担任首相，议会与民众对他的支持也没有减弱。民族阵线联盟内部不同派别之间的矛盾却开始增加，人民党的势力也有了明显增强，游行越来越多。新政府实施了一系列改革，包括改变地主与农民的关系以保护后者的利益，以及摩萨台本人利用民众的支持，再次提议限制君权。1952 年夏，当摩萨台要求在新内阁中获得任命国防大臣的权力以处理越发严重的社会动荡时，沙阿拒绝了他的要求，摩萨台随后辞职。继任的首相宣布与英国谈判解决石油争端，这一行为导致了全国范围内爆发大规模游行，其中人民党表现活跃。沙阿迅速介入，重新任命摩萨台为首相。之后，在摩萨台的主导下伊朗断绝了与英国的外交关系。事情发展至此，英国政府开始游说美国发动政变推翻摩萨台。

　　1953 年 8 月，该计划最终得以实施：摩萨台首相被罢免，他被扎希迪将军取代，后者是一个狂热的君主主义者。但这一计划没有得逞。摩萨台可能通过人民党察觉到了政变，得以先发制人。沙阿逃离了伊朗，反君权主义者开始发动起义。摩萨台派遣军警成功镇压了叛乱，但这也使他失去了包括人民党在内的很多支持者。两天后，即 8 月 19 日，又一轮游行爆发了，这次示威的对象是摩萨台，而他的支持者选择观望。示威者包括阿亚图拉阿布·卡西姆·卡沙尼来自市集的支持者和一些受美国中央情报局资助的人，卡沙尼之前忠于民族阵线，此时却站到了摩萨台的对立面。中央情报局给这次政变的代号为"阿贾克斯行动"。德黑兰城南的很多不法分子也参与进来，包括一些黑帮头子，比如沙邦·贾法里·比莫赫（Sha'ban Ja'fari Bimokh，意为"无脑的沙邦"）。[23] 在游行的冲击下，摩萨台被逮捕，军队和扎希迪控制了局面，沙阿回到了国内。军事法庭指控摩萨台犯有叛国罪，将之软禁于自己的住所中直到他在 1967 年去世。

　　如果不是摩萨台本人犯错，政变可能不会发生，事实上它差一点就失败了。但假如美国中央情报局和英国秘密情报处没有介入，政变绝对不会成功。[24] 尽管政变的前后经过多年来都不为人所知，直到现在这些信息都没有全部公开，但是伊朗人从那时候起就一直激烈地谴责这两个情报机构。那种"所有发生在伊朗的政治事件都是外国人暗中操控"的想法再一次被激发，并在之后的年月里产生了很多毫无根据的阴谋论。摩萨台成为跨越大多数意识形态、阶层和宗教界限的民族英雄。

此次政变在其他方面也产生了深远的影响，让美国成为伊朗最重要的盟友和巴列维政权的守护者，也达到了大幅度削弱苏联对伊朗影响的目的。但政变也使得之前美国作为与传统列强不同的道德楷模的形象大打折扣。这一政治事件深远的影响需要时间才能领会。在政变之后的一段时间里，伊朗人仍相信或者希望美国人实际上是受了英国的蛊惑，美国的基本价值观会让他们幡然醒悟。我们可以把美国的行为与英国在 19 世纪 70 年代或者其他时候所做的决定进行类比。英国人经常为了自己国家的短期利益，将伊朗看作实现目的的工具，而不是一个需要尊重的合作伙伴。从长远来看，就如同英国在 19 世纪的行动一样，摩萨台的下台对于美国长远利益的损害是当时所无法想象和估量的。

1951—1953 年发生的一系列事件令很多伊朗人对年轻的沙阿感到失望，这使得在随后数十年民众对于他的支持充其量也就是模棱两可了。在伊朗以外，伊朗人旨在石油国有化的斗争在整个中东引发了广泛共鸣。比如，伊朗人的反抗在埃及贾迈勒·阿卜杜·纳赛尔（一般称为纳赛尔）的思想体系中占有重要位置，人们普遍相信他在 1956 年 7 月发动苏伊士运河国有化的运动时效仿了摩萨台。在这之后，伊朗爆发的更多政治事件还会给中东带来更多或正面或负面的深远影响。

但是，摩萨台时代让很多伊朗年轻人对政治和变革不再抱有幻想。贾拉勒·阿勒·艾哈迈德就是其中之一，他是个复杂的人，反对很多事情，仅含糊地支持少数事情。1923 年他出生在德黑兰的一个乌理玛家庭，但转向了反宗教立场（读了卡斯拉维的作品后），随后在哈利勒·马利基的影响下成为马克思主义者，哈利勒·马利基就是 1937 年被礼萨沙阿逮捕入狱的一大批人之一。但艾哈迈德太过尖刻与个人主义，终究成为不了那种符合常规的共产主义者。如同马利基一样，他不赞同人民党在二战后一直依附苏联一方的做法。他积极支持摩萨台，但摩萨台下台后他开始剧烈而公开地批判政治。与卡斯拉维一样，他厌恶古典波斯文学的种种陈规，喜欢用浅显的写作风格，激发习惯说波斯语白话的普通民众的共鸣。他的思想中最有影响力的当属 "gharbzadegi"，这个概念常被翻译为 "西方的毒害" 或者 "西方的侵蚀"，贾拉勒数次演讲都提到了这点，1962 年他出版的一本书还以它为题。它指责伊朗人不加批判地吸收、宣扬和在学校教授西方思想。贾拉勒说，这样做的结果就是使得民众和文化变得不伦不类，既不伊朗也不西方。之后，他引用了莫拉维·鲁米创作的一个故事：有一天一只乌鸦看到一只鹧鸪走路姿势非常优雅，于是乌鸦试图模仿鹧鸪走路，一次次失败又一次次尝试，最后的结果是它忘掉了乌鸦走路的姿势，却也没能学会鹧鸪的步法。

随着时间的推移，阿勒·艾哈迈德又逐渐转回到宗教（他一开始的心路历程就像他蔑视和讽刺的希达亚特一样），但他依然不喜欢很多乌理玛的迷信和空洞的传统主义——"满足于做一个墓园的门卫"。之后，他注意到石油收入花在了进口那些前几代伊朗人并不想要的荒唐东西上，同时穆罕默德·礼萨沙阿开始展现一些人为制造的历史遗产作为巴列维王权统治的基础。阿勒·艾哈迈德给伊朗文学带来了西方现代主义一些令人厌倦的道德失范因素，同时又保持强烈的伊朗民族之声。他虽然翻译了萨特和加缪的作品，但那种根深蒂固的知识分子的真诚以及不断寻找生活真谛的精神只是源于自己的本心。1969 年他英年早逝，他的妻子西敏·达内希瓦尔在其死后透露的他在二人婚姻生活中的暴躁和自私仅仅让他的名誉稍加减弱。他深深影响了整整两代伊朗知识分子——与他同时代的一批，以及之后的一批。[25]

穆罕默德·礼萨沙阿的统治与白色革命

推翻摩萨台的政变终结了从 1941 年礼萨沙阿倒台开始的思想多元时代，并开启了穆罕默德·礼萨沙阿几乎不受宪法限制的个人独裁时代。石油争端通过一项新协议得以解决：伊朗政府从一个财团（美国公司持有 40% 的股份）获得 50% 的利润，与 AIOC（英伊石油公司，1954 年改名为英国石油公司，"British Petroleum"，简称 BP）获得的利润相同。石油收入的增加，以及随之而来的石油产业的发展，让政府有能力大幅增加开支。这些开支中有很大一部分就如同礼萨沙阿时代一样，用于购买军备。美国的军事援助在 1953—1963 年增加了 5 亿美元。很多政府决策圈中的成员都感觉军费开支太大，这种争论导致规划与预算部门的负责人阿布·哈桑·艾布特哈吉辞职。[26] 作为西方国家让步的回报，沙阿毫不含糊地与西方结盟，并在 1954 年与英国恢复了外交关系。但从 1953 年起，众所周知，美国已经成为伊朗支配性的外部力量。

政变之后，沙阿政府一直紧紧抓住权力不放。1954 年举行的第十八届议会的议员是由政府挑选的，议会表现得十分顺从。1955 年沙阿罢免了扎希迪，将权力有效地控制在自己手中。摩萨台的民族阵线被禁止活动，安全机构（从 1957 年起以"萨瓦克"之名为人所熟知）在美国中央情报局和以色列情报机构摩萨德的帮助下迅速发展，无情地追捕人民党的同情者，行径越来越蛮横。由沙阿的支持者控制的两个傀儡政党——民族党和人民党（并非上文提及的那个人民党）——在议会成立，人们将它们讥讽为"赞成"党和"是的，长官"党。[27] 一些重要的乌理玛，比如卡沙尼与宗教领袖阿亚图拉布鲁杰迪，曾支持 1953 年的政变，因为他们担心摩萨台的世俗主义倾向及人民党的影响。之后他们继续支持沙阿，因此沙阿和布鲁杰迪的关系极为密切。但其他一些教士随着时间的推移变得越发不满，并充满敌意。

伊朗人口在 20 世纪初有 1200 万，到 1938 年增长为 1500 万，1950 年为 1930 万，在 1968 年迅速增加到 2730 万，而到 1976 年已经攀升至 3370 万。尽管政府对于工业和教育行业投入了大量资金，但农村地区的发展依然落后。在政府投资以外还有可观的私人投资，1954—1969 年每年的经济增长基本保持在 7% 到 8%。[28] 除了军费开支，大量政府收入还用于修建炫耀性的庞大工程，例如大坝，这些大坝有时候根本没有像政府宣传的那样与灌溉系统相连。如同任何其他时代发生的巨变一样，新的暴发户使旧有的得利者面临边缘化的危险，变化带来的好处也没能公平分配。但是，人民的生活水平确实普遍有所提高。受过教育的新兴中产阶级发展壮大，这一阶级包括进取的企业家、工程师、经理以及一些较为传统的职业从业人员，比如律师、医生和教师。

1957 年一位英国外交官凭借其超乎常人的洞察力记录了他在德黑兰的所见所闻，预测了紧张局势将在六七十年代大为缓解，这座城市也将有所分化，北部更为西化，而南部则较为传统和落后：

在那里（南城），每天晚上教士们都会向拥挤的人群布道。他们的布道都是些富有情感但缺乏思想性的宗教复兴主义论调。也有一些知名的教士通过理性地展示他们一直以来的美德，吸引城市中的知识分子……我们在伊斯兰教历一月十日（即阿舒拉日）看到的德黑兰与平时那个被凯迪拉克轿车、酒店、古董商店、别墅、游客和外交部笨拙而浮夸地装扮起来的我们熟知的德黑兰完全是两个不同的世界，仿佛不在同一个世纪，也不在同一个文明……但南部的旧城和暴发户般的北城的区别不仅在于南城贫穷、愚昧、脏乱。南城的贫民窟有着远胜于那些拥有自来水、碎石马路和明亮街灯的街区的自我意识与团结。资产阶级民众有时不知道自己的邻居是谁，但贫民窟的居民对街坊四邻都很熟悉。在贫民窟，"百事可乐文明"虚伪的祝福没有摧毁传统的生活方式，每个人的舒适与安全感都建立在自发、非政治的对于传统文化的体察上。城市南部居民的礼仪和道德，比起那些居住在塔杰里什别墅中的人更好也更严格：伤害邻里、勾引其他男人的妻子、欺负孩童的行为，都会得到人们不求任何回报的自发惩罚。[29]

1960 年沙阿颁布了土地改革的规划，但是当时经济增速开始下降，美国政府（在 1961 年 1 月后为肯尼迪政府）向沙阿施加压力要求自由化改革。很多高级乌理玛不喜欢土地改革（土地改革会威胁他们通过宗教基金获得的大量地产，很多乌理玛认为侵犯财产权是非伊斯兰的思维），布鲁杰迪还颁布了宗教判决反对改革。改革随即被搁置。在美国的推动下，沙阿解除了对于民族阵线的禁令，民族阵线成员对政府的批评与经济问题一起导致了罢工和游行。1963 年初沙阿重启了一系列改革，称之为白色革命。其中包括新的土地改革政策、国有工厂私有化、妇女的选举权，以及将一群受过教育的年轻人组织为"识字军团"去农村地区扫除文盲。尽管民族阵线组织了一场公民抵制运动（他们坚持这种改革举措应该由根据宪法选举出来的议会提出倡议，而不是沙阿），但这一计划在全民公决中获得了大量支持——610 万选民有 550 万投票表示支持。[30] 于是该计划继续进行，深化和扩大了这个国家已在进行的变革。

但在 1963 年初，一个为宗教圈以外的人知之甚少的乌理玛——阿亚图拉鲁霍拉·霍梅尼，已经开始在库姆布道反对沙阿政府。他批评政府腐败，忽视贫穷的民众，在与美国的外交来往中没能保护伊朗主权，他还反对伊朗出口石油给以色列。1961 年阿亚图拉布鲁杰迪去世后，伊朗什叶派不知道该把谁当作下一个宗教权威，这时霍梅尼开始了他的行动。同年 3 月，在伊玛目贾法尔·萨迪克牺牲纪念日，军队和萨瓦克特工攻击了霍梅尼正在布道的宗教学校，逮捕了他，并杀掉了他的几个学生。他很快被释放，之后继续批评政府。他在 6 月 3 日，即伊斯兰教历的阿舒拉日当天，发布了一个言辞特别强烈的演讲，两天后被逮捕。[31] 他被逮捕的消息被人们知道后，德黑兰与其他重要城市均爆发了游行。人们从哀悼伊玛目侯赛因的沉重氛围中抽出精力，随后几天又爆发了多次游行。沙阿颁布戒严令，将军队派遣到街道上，但（至少）有数百名游行者在抗议结束前被杀害。他们的遇害，尤其是在阿舒拉日当天遇害，使人们把他们联想为卡尔巴拉的殉难者，而把沙阿联想成暴君叶齐德。

8 月，霍梅尼被释放。尽管萨瓦克声称他已经同意保持沉默，但霍梅尼并未如此，于是他再次被捕。最终，1964 年他在一场演讲中激烈抨击美国与伊朗政府后被流放到国外。在这场演讲中，他抨击了伊朗与美国政府达成的一项新法规，即给予驻扎伊朗的美国军事人员相当于外交豁免权的特权：

> 他们让伊朗人民的地位比美国的狗还低。如果有人追赶美国人养的狗，他会被起诉。即便沙阿自己追赶美国狗，他也同样会被起诉。但如果一个美国厨子追赶沙阿这个一国领袖，没人有权利干涉这个美国人……[32]

这一法律在议会通过后不久，美国便同意给予伊朗两亿美元的贷款，以帮助沙阿购买军备，这又让所有人想起纳赛尔丁的时代同外国人所做的交易。霍梅尼先是流亡到土耳其，之后是伊拉克，最终在 1902 年（在沙阿向伊拉克政府施压，将霍梅尼赶出什叶派圣城纳贾夫后）到达巴黎。抗议逐渐消失了，只在德黑兰大学校园里与少量乌理玛群体里还有一些牢骚。对于沙阿来说，这一事件的前后经过无异于说明了他能够独揽大权，完全可以通过镇压解决短期的异议。而从长远来看，他相信他的发展规划将为他的人民带来切实的好处，也能让自己的政权更为稳固。

霍梅尼

1902 年，鲁霍拉·霍梅尼出生于位于伊斯法罕与德黑兰之间的小城霍梅恩。他来自一个可能发源于尼沙普尔的圣裔家族（seyyed，即先知的后裔），家族男性家长多担任毛拉。18 世纪他的一位祖先旅行到印度，随后全家生活在勒克瑙附近的金图尔，直到约 1839 年霍梅尼的祖父回到了波斯，定居于霍梅恩。他的祖父以赛义德·艾哈迈德·穆萨维·欣迪之名为人所熟知。他的祖父在当地买了一所大房子，有钱有势。艾哈迈德的儿子穆斯塔法曾在伊斯法罕、纳贾夫与萨马拉学习，还娶了一个显赫的神职人员之家的女儿为妻。穆斯塔法在乌理玛中属于较高阶层，不需要像一般毛拉那样担任教师、公证人或者传道者以赚取生活费用。他的社会地位使他成为当地的重要人物，1903年他被谋杀时正试图调停当地的一桩纷争，那时候他的第三个儿子鲁霍拉才仅仅六个月大。[33]

鲁霍拉在霍梅恩长大，经历了立宪革命与第一次世界大战期间的动荡岁月，彼时霍梅恩数次遭到洛里族部落民的袭击。1918年他的母亲死于霍乱疫病，留下他作为一个孤儿进入了苏尔塔纳巴德附近的神学院就读。或许是童年时代父亲的缺失以及过早成为孤儿的经历激发了青年霍梅尼的抱负，获得了优异的成绩。之后他来到库姆，成为谢赫阿卜杜勒·卡里姆·哈埃里的门徒，戴上了表明自己圣裔身份的黑色头巾。在库姆他接受了传统教育，学习毛拉的必修课——教法与逻辑学，在1936年成为穆智台希德。[34] 如此年轻就拥有这样大的成就，也象征着他的大好前程。从那时起，他开始教书、写作。他总是有一点不合规矩，对于传统毛拉一直唾弃的诗歌与神秘主义有很大的兴趣。他阅读了毛拉·萨德拉的《四次旅程》与伊本·阿拉比的《智慧珍宝》，他最早期的作品也是一些关于神秘主义与哲学文章的评论。20世纪30年代他跟随米尔扎·穆罕默德·阿里·沙哈巴迪学习神秘主义和哲学，沙哈巴迪是神秘主义方面的权威，认为应该用普通大众都能理解的话语解释宗教理念。沙哈巴迪反对礼萨沙阿的统治，这一点也影响了霍梅尼的政治观。[35]

霍梅尼极其重视自我意识与乌理玛阶层的尊严，常常穿着干净整洁，不像很多年轻毛拉那样对于服装和外形不予重视。很多人认为他冷漠少言，还有人认为他狂妄自大，但他数量不多的学生和朋友都知道他私底下为人慷慨、富有活力。作为教师与毛拉，霍梅尼必须保持严肃，以显示他的权威和尊严。在四五十年代他继续在库姆教书。我们或许可以理解霍梅尼的政治立场处于阿亚图拉卡沙尼反殖民反英的激进主义与阿亚图拉布鲁杰迪保守、内敛、安静、更少政治干预主义的立场之间。[36] 但霍梅尼的思想力度、好奇心与不拘一格，让他与上述两者都不同：一方面他更有创造性，另一方面他坚持要维持乌理玛阶层的等级制度，听命于他的上级。霍梅尼在 1961 年 3 月布鲁杰迪去世后成为阿亚图拉，当时他已经能够通过关于道德的讲座吸引数目可观且还在不断增加的学生了。他被学生们视作宗教典范与榜样。

1963—1964 年发生的事件让霍梅尼成为反对沙阿的主要政治人士——与摩萨台一道，但他仍被软禁在家，因此实际上处于中立状态。尽管霍梅尼个人不赞同立宪主义，但他谨慎地选择了在公共场合为宪法说好话。[37] 他攻击关于美国驻伊朗军事人员地位的新法规，这让他获得了民族主义者的口碑，他们中有很多人曾对宗教人士持怀疑的态度。一些知识分子给予霍梅尼热情的支持，比如阿勒·艾哈迈德。他还懂得要激发民众的不满以及避免支持者因为某事出现分歧的政治手段，这让他后来成为一名国家领导人。

但 1964 年霍梅尼就被逐出伊朗，对于所有人来说，之后他就已经远离伊朗政治。从某种程度上来说，随着政府控制与审查伊朗的报社媒体、持续操控选举，萨瓦克将人民党活动家与其他异见者逮捕关押，伊朗政治逐渐呈现自我放逐的状态，越来越多的伊朗学生与流亡海外的人士都不再参与政治。

石油产业的繁荣与扩张

土地改革计划从 1963 年后逐步推进，结果喜忧参半。地主们被规定每个人只能拥有一个村庄的田产，但有些地主想出了一些规避政策的方法，比如把财产转让给亲戚，或者用手头的田产创办机械化农场（这样做可免受这些政策的影响）。大约 200 万农民第一次拥有了属于自己的土地，其中一些人开始依靠自己的土地发家致富。但很多农民只得到了面积很小的土地，根本不足以养家糊口，而且还有大量农业劳动者由于在改革前没有作为佃农的耕种权，被完全排除在土地的重新分配之外。与土地改革同步进行的是农业机械化，这样一来能够提供给这些农业劳动力的岗位就更少了。改革加剧了农村的失业情况，越来越多的人从农村来到以德黑兰为首的城市寻找工作。有人估算 1972—1973 年每年平均有高达 8% 的人口在国内流动[38]，而到 1976 年德黑兰的人口数量已经激增至 450 万。

这些涌入德黑兰的新居民往往居住在贫穷的城市南部边缘地带，栖身在条件比棚户好不了多少的房屋中。他们往往和同族或者同乡的人居住在一起。他们如果知道某位毛拉来自自己的家乡时，由于漂泊感和对生活的无力感，会不假思索地信任他、追随他。[39]

从 1963 年到 70 年代后半期，伊朗的经济得到了巨大发展，人均 GNP 从 200 美元增长到 2000 美元。[40] 在一些新发展起来的工业领域单人产能急剧增加，比如煤炭、纺织、汽车制造等行业，工业的发展提供了数目众多的新岗位，吸收了离开农村的大量剩余劳动力。然而，工业领域的薪水很低。政府在发展教育与医疗服务方面的投资也初见成效：在小学就读的儿童数量从 1953 年的 160 万增长到 1977 年的 400 多万；新的大学与学院拔地而起，接受高等教育的人数从约

2.5 万增加到约 15.5 万。出国留学的人数从少于 1.8 万增加到 8 万多。病床总数从约 2.4 万增加至 4.8 万。生活条件、卫生设施与健康服务的改善，让婴儿死亡率锐减，也使得人口飙升情况一直持续到 90 年代。在 70 年代中期半数人口年龄小于 16 岁，三分之二小于 30 岁。他们将成为革命的一代。[41]

受益于石油收入的提高，投资增长出奇地高，尤其是在沙阿和外国石油财团重新谈判后，他对于石油的产量与价格的控制力加强了。在 1973 年的赎罪日战争结束后，石油价格增加了一倍，同年年末又翻了一番，当时沙阿以石油价格跟不上其他国际贸易大宗商品的价格为由，率领其他 OPEC（石油输出国组织）国家要求提高石油的价格。虽然有一部分石油收入流入了西方，尤其是美国与英国，但更多的资金进入了伊朗的财政系统，并最终被用于购买新式军备。沙阿从英国购买了更多的酋长式坦克，其数目甚至超过了英军，还从美国购置了 F-14 战斗机。

但经济过热导致货币太多、商品太少，这使得经济陷入瓶颈，物资出现短缺，最终导致通货膨胀率急剧上升，尤其体现在房租与食品上，以德黑兰为最为严重。最初沙阿把价格提升归咎于小商人，派遣黑帮（背后是萨瓦克）进入市集逮捕所谓的奸商与囤积货物者。商店纷纷关门，政府向商人共开出了 25 万里亚尔的罚款，8000 名店主被逮捕入狱，他们中实际上没有一个能够真正对国民经济产生哪怕一点影响。市集中的工匠和商人早就因为进口货、新建的工厂、郊区的商店与超市的出现排挤他们的产品和生意而不满，此时沙阿的罚款和逮捕更加激起了他们的怨恨。

包括政府在内，很多人都发现，经济发展已经失控。约在 1977 年 6 月，新首相出台了一项新的通货紧缩经济政策，试图恢复经济稳定。但结果是失业率突然攀升，越来越多到达城市的新居民要么失去现有的工作要么找不到新工作。穷人无疑是受通货膨胀与突然的经济衰颓影响最大的群体，但其他人也都受到不同程度的影响。对于居住在德黑兰的中产阶级工程师、经理与专业人员来说，房租居高不下，而那些新产业的持股者也深切感到了通货紧缩带来的影响。

70 年代的德黑兰是个奇怪的地方。一大群极度富有的人——很多人富裕到大多数欧洲人只有做梦才能想到的程度——与一群比西欧任何地方都要穷的人生活在一起。城市已经基本上成为一个钢筋混凝土丛林，只有中心地区有少量建筑年代早一些的宫殿与政府大楼。尽管交通拥挤、城市面貌丑陋，古老的伊朗仍存在于街上随处可见的女人的罩袍里，存在于黄昏时的礼拜声中。西方文化，特别是美国文化随处可见，从各地出售的可口可乐、百事可乐、美国汽车到美国广告均可体现，但对于美国事物的厌烦和敌意也随处可见（同时还伴随有对于美国的钦佩与随之而来的对于经济发展的憧憬）。

70 年代，德黑兰到处都是美国人。作家、教授詹姆斯·A. 比尔曾估计，在 1944—1979 年有 80 万～85 万美国人在伊朗生活或参观。1970 年在伊朗生活的美国人人数少于 8000，而 1979 年增加到了近 5 万。仅伊斯法罕周边的军备工厂便有 1 万多人在此工作。确实有一些在伊朗生活的美国人努力去了解这个国家，但很多人没有。很大程度上，美国人过着丝毫不与伊朗人接触的生活，他们通常居住在美国人的社区，在美国商店购买生活用品（伊朗有世界上最大的同类商店）。很多在伊朗的英国人也过着类似的生活。德黑兰的美国学校只允许持美国护照的孩子上学（这在各个国家的美国学校中并不多见），偶尔出现的关于教授美国孩子一些关于伊朗知识的建议均遭忽视，1970 年美国学校的一位教员说他们的指导方针是"把伊朗踢开"。60 年代中期，一家美国医院雇用了一些受过良好教育的伊朗护士，以补充人手。但伊朗员工不被允许讲波斯语，甚至他们之间用波斯语交流都不行，员工食堂只允许美国公民就餐，而把伊朗员工排除在外。伊朗护士不得不在值班室就餐。美国医院只为美国病人提供服务。有一天，一位绝望的伊朗父亲想把他的孩子送进该医院接受治疗，他的孩子刚在街上被汽车撞到，严重受伤，但被美国医院拒收，只能被送往另一家医院。其他美国人，尤其是和平队里的，与普通伊朗人并肩工作，他们更受伊朗人赞赏。但大部分美国人来到伊朗都是为了钱和奢侈的生活，这些都是他们在美国国内负担不起的：

> 随着方兴未艾的淘金热与不断增加的合同数，美国人的数量越来越多。美国人里最好的与最坏的都出现在伊朗的城市。随着时间的推移与人数的增长，那些一心只想发财的财迷、那些想分一杯羹的金融玩家，还有那些刚在东南亚碰了一鼻子灰而来到伊朗的人的比例越来越高。那些拥有数十亿美金生意的公司急需人手，迫于时间压力，只得不加筛选地盲目招人。在伊斯法罕，仇恨、种族主义与愚昧无知交织在一起，因为美国员工对伊朗社会做出了负面和咄咄逼人的回应。[42]

伊朗人也给予了回应。美国居民和伊朗人之间的冲突事件，导致报纸上刊登了关于美国人酗酒与猥亵行为的报道，更加鼓动了反美情绪。

伊朗社会还有另一种矛盾。那些居住在德黑兰南部的年轻人中有很多刚从乡下更传统的聚落来到这里，没有工作或者仅有微薄的收入。他们常看到（在他们乘坐公共汽车或者出租车进城时）那些年轻貌美、家境富裕的中产阶级女性一个人或者仅在女伴的陪同下悠闲地

逛街，穿着流行的西式服装，炫耀她们的自由、财富与美貌，在一定
程度上这似乎显得不太道德。[43] 在广告牌上，衣着清凉的女明星花枝
招展地为新上映的电影做着广告。有没有社会地位不仅关乎金钱，还
关乎性与欲望。德黑兰是一个令人向往的城市，但在 20 世纪 70 年代
末，对于许多人来说，它成了一个充斥着怨气与失意的地方。

罗伊·莫特胡德在他一篇令人印象深刻的文章中，将德黑兰的
这段时期形容成"蒙太奇时代"。当时从外国进口的商品在德黑兰组
装好，但质量往往堪忧，难称完美。在罗伊看来，这是德黑兰的一切
似乎都"与机场密切相关"的时代：

> ……在开玩笑中，德黑兰人把各种东拼西凑的伊朗版本的
> 外国思想视为伊朗蒙太奇的绝佳典范。[44]

最明显的"蒙太奇"例子就是无处不在的派坎汽车，这种汽车
在德黑兰城外的生产车间用进口零部件组装而成（汽车由英国人希尔
曼·亨特尔设计），但蒙太奇的概念同样可以用于其他事物，比如充
满腐败的财产交易、混凝土不足的新建高楼、混乱的交通以及随处可
见的沙阿装饰壁画和雕像。

70 年代，随着时间的推移，沙阿政权的执政风格一方面变得越
发专制与强硬，另一方面显得越来越疏离和衰弱。萨瓦克在那些年里
有了新的目标，即处理那些随时准备采取暴力手段攻击政权的激进势
力。这些激进势力中，最著名的当属菲达伊组织和人民圣战者组织，
这两个组织的意识形态杂糅了马克思主义和伊斯兰教。萨瓦克扩大了
规模，严刑拷打也成了常态化手段。1975 年，大赦国际称沙阿的政
府是全世界最违反人权的政府之一。前文提到的议会中的两个傀儡政

党合并成了复兴党，其作用仅仅是支持与拥护沙阿的一切政令。政治规则变成了谁最会在公共场合阿谀奉承沙阿：

> 沙阿唯一的错误就是比他的人民优秀太多了，他的理念太宏伟，以至于我们无法实现。[45]

沙阿极少会见伊朗的寻常百姓。遭遇数次刺杀后，他选择乘坐直升机出行，并在阅兵等重大场合坐在用防弹玻璃制成的隔间里。1971 年他在波斯波利斯与帕萨尔加德的历史遗迹上举办了重大的庆典，庆祝伊朗王权建立 2500 周年。庆典规模巨大，仪式华丽无比。各国领导人都被邀请参加，但是那些施行君主制国家的君主优先被邀请。埃塞俄比亚的海尔·塞拉西受到了特别的荣誉邀请，而法国总统蓬皮杜的名字却列在优先邀请名单靠后面的位置。蓬皮杜很不高兴，因而只派遣总理参加。[46] 数千人装扮成古代的米底人和波斯人，这次庆典的电视报道通过卫星向世界各地转播，参会的嘉宾畅饮香槟酒和其他进口佳酿（巴黎的马克西姆餐厅承包了庆典的酒席，他们支起了 3 个安装了空调的大帐篷，还有 59 个小一些的帐篷。整个酒宴开了 2.5 万瓶进口香槟酒，有传言说总开销高达 2 亿美元[47]）。沙阿发表演讲称自己与居鲁士一脉相承，表示要重现古代波斯的伟大荣光。

但对大多数伊朗人来说，阿契美尼德王朝意义不大，因为他们可能从来没去过波斯波利斯，对于古代伊朗的了解主要来自菲尔多西的《列王纪》中记述的故事，而不是希罗多德的书或者阿契美尼德遗迹的考古发现。长久以来，伊朗一直存在反神权、世俗化的民族主义思想，它迎合了前伊斯兰的君主制传统，但这股思想毕竟太过羸弱，就像一根纤细的芦苇，不足以承担推销其政权的重任。对于大多数伊

31.伊斯法罕壮丽的阿里·卡普宫。

32.伊斯法罕的四十柱宫。

33. 伊斯法罕的伊玛目清真寺。

34. 伊斯法罕的三十三孔桥。

35. 这幅画描绘了阿拔斯二世会见莫卧儿王朝派来的使者的场景。

36. 纳迪尔沙阿从德里夺走的"光之山"钻石，后为英国王室所有。

37.恺加王朝华丽的格列斯坦宫，见证了恺加王朝统治者的荣耀和奢靡。

38.设拉子的莫克清真寺，因内部大量采用粉红色瓷砖装饰而被称作"粉红清真寺"。

39.巴列维王朝的宫殿外景。

40.大不里士的伊朗哥萨克旅士兵，约1910年。

41.1943年，德黑兰郊外的波兰难民营。

42.1943年，穆罕默德·礼萨·巴列维与富兰克林·罗斯福在德黑兰会议上亲切交谈。

43.德黑兰阿扎迪自由纪念塔，建于1971年，是巴列维王朝末代国王穆罕默德·巴列维专为举办波斯帝国建国2500周年庆典而建。之前称王塔，伊斯兰革命胜利后更名为自由塔。

44. 伊朗伊斯兰革命后，美国大使馆被占领，52名美国外交官和平民被扣留为人质。这场人质危机始于1979年11月4日，一直持续到1981年的1月20日。导演本·阿弗莱克以此为背景拍出了电影《逃离德黑兰》。这幅图为人质危机发生后，美国大使馆围墙上的一幅涂鸦。

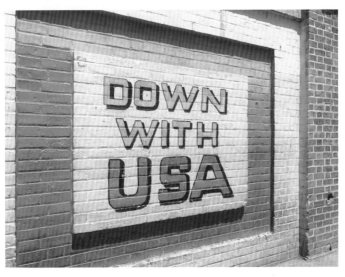

45. 人质危机后，美国驻伊朗大使馆围墙上的另一幅涂鸦。

朗人来说，伊朗的文化传承源自伊斯兰，波斯波利斯的狂欢令民众感到困惑不已。霍梅尼在伊拉克谴责庆典，他大为震怒，认为伊斯兰教的根本原则之一就是反对王权，而历史上的伊朗国王都罪行累累，即便是那些被人承认的好君主，也实际上"既邪恶又残暴"。[48]沙阿还将伊斯兰教历换成了以居鲁士登基为元年的新日历，这让大部分伊朗人感到愤怒和迷惑。

对于伊朗的一些少数群体来说，穆罕默德·礼萨沙阿的时代相对自由且迫害较少，是个好时代。尤其是一些犹太人和巴哈伊教徒，由于更重视教育，获得了可观的财富和社会地位。但那些居住在城镇的穷苦犹太人依然被当作二等公民[49]，与此同时，还有很多伊朗犹太人移民到了美国或者以色列。1967 年沙阿出台了新的家庭保护法，以及更为公平公正的离婚法，法庭根据离婚案件的是非曲直处置孩子的监护权，而不再是简单地将监护权判给父亲。

沙阿的法律有些获得了成功，有些则被证明是失败的，无法一概而论。一些让沙阿沾沾自喜的经济发展成就确实令人瞩目，但还有一些确实太过流于表面。最大的失败是政治层面上的——沙阿没有任何恢复代议制政府的计划，他对待异议的唯一解决方案是镇压。假如他当时能够让民众参与王国的政治，王权想必可以延长一段时间。然而，王权变得离普通伊朗百姓越来越遥远，他们的意见无法得到沙阿的反馈。也许是长期跟马克思主义者斗争，沙阿也受马克思主义的一种错误认知的影响，认为假如他能够通过发展经济确保国家的物质繁荣，每个人都会支持他。但事实证明，几乎很少有经济体能无限期地实现持续的发展。

1977 年沙阿开始慢慢减少一些镇压，假如不是当时新上台的美国卡特政府直接向沙阿施压，那也一定是沙阿意识到卡特政府对于专制盟友的容忍度远比前任低。当年2月，一些政治犯被释放。随后，当局修改了法庭规则，允许囚犯进行适当合法的陈述，有权诉诸民事法庭而非军事法庭。沙阿会见了大赦国际的代表，同意改善囚犯待遇。5月，一群律师向沙阿递交了一封信，信中抗议政府介入司法事务。6月，民族阵线的三位活动家，包括卡里姆·桑贾比、沙普尔·巴赫蒂亚尔和大流士·弗鲁哈尔，一齐向沙阿递交了一封语气更为强硬的信，信中他们批评独裁统治，要求重建宪政。当月晚些时候，从1964年起就一直受压迫的作家协会重新活跃起来，表达了同样的愿望，要求解除审查（作协成员中有很多人都是人民党的同情者或者广义的左派）。7月，沙阿罢免了担任首相一职已长达12年的阿米尔·阿巴斯·胡韦达，任用更偏向自由派的贾斯姆希德·阿姆泽加尔。同年秋，更多政治协会建立或者重新建立，包括桑贾比、巴赫蒂亚尔与弗鲁哈尔领导下的民族阵线，以及在马赫迪·巴扎尔甘和易卜拉欣·亚兹迪领导下与民族阵线结成紧密同盟的自由运动组织。[50]

11月19日，作家协会在歌德学院召开了诗歌晚会，这是一系列文艺晚会中的第十次活动。大概有1万名学生参加，而警察试图驱散他们。于是学生涌入街头开始抗议，警察随即出手攻击示威者，导致1人遇害、70人受伤、近百人被捕。但这次是民事法庭审理学生，很快将他们无罪释放。

在流亡期间霍梅尼不断发表批评现政权的信息和演讲，这些信息和演讲常以磁带的形式走私进入伊朗，并在伊朗国内传播开来。在将他的反对理论发展为成熟的伊斯兰政府构想后，霍梅尼在《伊斯兰政府：法基赫的监护》（*Hokumat-e Eslami: Velayat-e Faqih*）一书中阐述了这一点，这本书以1970年他在纳贾夫的演讲内容为基础。[51]在这本书中，霍梅尼将乌苏里派在之前两个世纪的主流观点——一种帮助乌理玛发展等级制度，并且实际上允许他们代替隐遁的伊玛目的思想——在逻辑上发展到了极致：允许乌理玛直接统治。这就是术语"法基赫的监护"的含义，必须在此说明一下。瓦里（vali）意为摄政者或者代理人，即真正有权威的人的代表。卡里姆汗·赞德在18 世纪为了避免称呼自己为沙阿，而首先采用了这一称号称呼自己。"velayat"意为摄政、监护、代理，更确切地说是代理或摄政的权威。"faqih"意为法学家和伊斯兰律法的专家——"fiqh"。这个概念的逻辑是伊斯兰教法（沙里亚法）源自真主的话语和先知的示范，是用来规范人们行为唯一合法的法律。在隐遁的伊玛目不现身的情况下，穆智台希德就是解读与使用伊斯兰教法的不二人选。因此，他们毫无疑问也是最适宜的统治者。不然，还有谁更合适呢？基于这一点，霍梅尼要求沙阿退位并建立伊斯兰政府。这个要求主旨清晰、逻辑自洽，伊朗人民都能够理解（起码人们认为自己可以理解，尽管伊斯兰政府在实践中的确切含义可能还不甚明了），这让霍梅尼逐渐成为反对沙阿的焦点所在。

　　"法基赫的监护"思想并不被所有的乌理玛接受，实际上也没有被那么多人接受。但自从第一次世界大战以来，乌理玛作为传统社会权威一直遭受世俗的巴列维政府的排挤。而在 60 年代末和 70 年代，穆罕默德·礼萨沙阿治下的伊朗政府试图（作为白色革命的一部分）用新的宗教管理方式代替传统的乌理玛模式管理清真寺与毛拉，让他们顺从于国家。尽管民众对于这种"国家宗教"的热情很低，但这种模式的推广足以让整个乌理玛群体与沙阿离心离德。在 1970—1972年德黑兰大学和库姆爆发骚乱后，蒙塔泽里和塔莱加尼这两位阿亚图拉被逮捕并判以国内流放。[52] 但在人民党、民族阵线以及暴力激进分子多年来与萨瓦克的对抗中逐渐衰弱、瓦解的时候，毛拉和宗教领袖的非正式全国性网络能延伸到每个社会阶层、每个市集商会与每个村落，他们在 70 年代末的势力相比于 1906 年时丝毫未减。这种持续的影响力反映出了乌理玛在伊朗什叶派社会中作为另一股政治势力的巨大能量。在"法基赫的监护"和霍梅尼的理论中，乌理玛有了明确的政治理念和领导人，这是他们在 1906 年所缺失的。

1977 年末沙阿疏远了乌理玛和市集商人，创造了一个人数众多、极度贫穷且与主流社会隔离的德黑兰劳动者阶层。他还疏远了受过教育的中产阶级民众，他们本是沙阿的天然支持者，却因为沙阿的压迫和对人权的践踏疏远了沙阿。沙阿疏远的这些人中有很多由于经历过 60 年代末和 70 年代欧洲的左翼政治活动变得更加激进。但还有一个重要的因素影响了这一代人，那便是阿里·沙里亚提。

1933 年，沙里亚提出生在呼罗珊的萨布扎瓦尔附近。在那里他成长为一个活泼、聪颖、外向的青年，具有很强的幽默感，喜欢捉弄老师。沙里亚提一方面受到父亲的影响，他的父亲经常倡导进步的伊斯兰教思想；另一方面也深受希达亚特以及叔本华、卡夫卡等西方思想家的影响。之后，沙里亚提去往马什哈德大学学习，紧接着又前往巴黎留学。在巴黎，信仰马克思主义的教授成了他的老师，他阅读了切·格瓦拉与萨特的书，与出生于马提尼克的理论家、革命活动家弗兰茨·法侬交流，并获得了社会学博士学位（1964 年）。他的政治活动受到了萨瓦克的关注。1965 年沙里亚提回到伊朗，先后在马什哈德和德黑兰教书，他的授课吸引了大批学生，同时他也创作了一批重要的书籍与演讲稿。其中，最基本的思想是认为什叶派教义提供了一种关于社会公正与反抗压迫的意识体系。但这一点被迷信和顺从于君权的虚假什叶派所掩盖（例如"黑色什叶派"或萨法维什叶派），但其宗教真谛是永恒的，以侯赛因及其同伴的殉难为核心。沙里亚提不是马克思主义者，但他可以被认为用一种革命思维重新诠释了什叶派，这种革命思维与马克思主义模式相似："不论何地，皆是卡尔巴拉，不论何时，皆是阿舒拉。"[53] 对于沙阿政权来说，沙里亚提的思想太过激烈，难以掌控。于是，1972 年他被捕入狱，1975 年虽被释放但软禁在家，直到 1977 年政府才允许他去往英国。他于当年 6 月在英国去世，其死因被确定是心脏病，但不少伊朗人相信他是被萨瓦克谋杀的。霍梅尼从没有直接赞同过沙里亚提的思想，但也小心翼翼地没有批驳过他。沙里亚提的激进伊斯兰主义既扎根于伊朗文化，又是完全现代的，因此对于 70 年代成长起来的一代学生有着强烈的影响。[54]

由于通货膨胀与紧随其后的经济低迷、通货紧缩，包括富裕阶层在内的很多伊朗人对他们之前预期的稳定发展与经济安全产生了怀疑。就在这时发生了很多让沙阿显得愚蠢与远离人民的事件，最后一起是当他在 1977 年末访问华盛顿时，电视摄影机捕捉到他跟卡特总统在白宫草坪上饮用香槟酒并干杯庆祝，但沙阿流泪不止，原来此时美国民众正在白宫外游行抗议他的到来，而风向发生了变化，将外面的催泪瓦斯吹了进来。一个独裁者可以在很多事情上逍遥法外，但显得愚蠢无疑会对他的权威产生摧毁性的影响。

革　命

1978 年 1 月《消息报》刊登了一篇文章，攻击教士与霍梅尼为"邪恶的反动派"。这篇文章的作者是某位被政府信任的写手。该文章得到了宫廷的赞同，却不被一些文风更独立的报纸所接受，比如《世界报》。这篇文章歪曲事实、捏造谎言，声称霍梅尼是外国人

（理由是他的祖父出生在印度且名为"欣迪"），同时也是英国间谍和诗人（最后一点是真的，但作者这么写是企图削弱霍梅尼的宗教权威，因为大部分乌理玛根据《古兰经》的精神反对诗歌）。[55] 这篇文章导致库姆爆发了游行，游行中数千名神学院学生抗议"叶齐德政府"滥用暴力，要求道歉、出台宪法以及让霍梅尼回国。游行者与警察发生了冲突，数名学生遭枪击身亡。之后数日，居住在巴黎的霍梅尼赞扬了学生的精神，号召举行更多的抗议示威。当时最年长的宗教权威阿亚图拉沙里亚特玛达里也谴责了枪击事件。

40 天的传统哀悼期结束后，市集与学校关闭了，12 个城市爆发了和平示威，其中大不里士的示威活动再次发生了警察开枪导致示威者死亡的事件。于是发展出了每 40 天爆发一次示威的节奏，就如同一只革命之肺一呼一吸一样规律，这些活动还得到了乌理玛的一致支持（尽管很多神职人员呼吁哀悼者前往清真寺而不是举行示威）。示威活动的规模越来越大，暴力程度也越来越高，甚至打出了例如"沙阿去死"的口号。5 月末示威暂时平息（原因之一是阿亚图拉沙里亚特玛达里呼吁民众不要上街游行，以避免更多伤亡），但 7 月马什哈德发生了暴力事件，警察向游行群众开火。8 月 19 日阿巴丹的雷克斯电影院被人焚毁，这一事件至今仍有争议，大约有 370 人死于火灾。政府和反政府者相互指控，但随后数年的事件、审判与调查都指向一个与一些乌理玛有联系的伊斯兰激进组织。[56] 而当时大多数民众都指责萨瓦克。

到这时为止，游行者主要是中产阶级学生与传统的中产阶级市集商人。而在政府通货紧缩政策的推动下，工厂工人因抗议政府的镇压参与进来，他们发动罢工等活动声援游行。[57] 同年 8 月，正值伊斯兰教历的斋月，爆发了多次大规模的示威活动，9 月初示威活动更多了。沙阿政府禁止示威并颁布戒严令，但是 9 月 8 日德黑兰等多个城市爆发了大规模的示威游行。军警在工人阶级聚居的德黑兰南城设置了路障。政府出动了坦克与武装直升机；而民众在路障前投掷燃烧瓶作为回应。贾勒赫广场的民众由于拒绝撤离，在原地遭到了大规模的枪击。

因而，9 月 8 日后来被称为"黑色星期五"，大量示威者的死亡让民众对于沙阿的愤恨达到了前所未有的高度，任何和解的余地都没有了。接下来只有逼迫沙阿退位一条路，这也是霍梅尼从 1970 年起就一直坚持的要求。1978 年秋，大多数其他反对派群体与霍梅尼及其反政府运动结为同盟。卡里姆·桑贾比与马赫迪·巴扎尔甘飞往巴黎与霍梅尼会晤，以民族阵线与自由运动组织的名义宣布支持他。抗议与骚乱还在继续。此时沙阿的癌症越来越严重，尽管民众尚不知晓他的健康状况，病症让他不得不改变过去的高压政策，转而与反对派和解，包括释放一些政治犯，解散复兴党。他在电视上露面表示自己理解民众的诉求，并承诺自由选举，为过去所犯的错误赎罪。[58]

然而，一切都太迟了。在秋天结束、冬天来临之际，越来越多的工人花费更多的时间参与罢工。暴力事件也在 12 月（即伊斯兰教历的一月）初开始加剧。在加兹温，135 名示威者因试图阻拦坦克被碾压而死。在阿舒拉日当天，即 1978 年 12 月 11 日，100 多万人参与了德黑兰街头的示威游行。阿舒拉日结束后，街头帮派在首都仍随意走动。越来越多的迹象表明，先前就出现集体逃亡事件的军队，已经不再可靠。从那时起卡特总统对沙阿的支持明显减少，经历了伊朗民众袭击美国人的办公室甚至美国大使馆后，很多美国人逃离了伊朗。沙阿已经失去了对国家的控制。1979 年 1 月 16 日，他离开了伊朗。2 月 1 日，霍梅尼乘坐飞机返回德黑兰。

第 8 章

革命以来的伊朗

伊斯兰复兴、战争与对抗

每当教廷的生存受到威胁，她便会脱离道德的戒律。为了最终能维持团结，教廷会把她一切所作所为，甚至包括恶意欺诈、背信弃义、暴力行为、买卖圣职、犯罪入狱、死亡等，全部神圣化。这一切都是为了教廷的利益，每个人都要为了大局而牺牲。

——费尔登主教尼海姆的迪特里希，1411 年

（阿瑟·库斯勒在《中午的黑暗》一书中引用了这一段）

阿亚图拉霍梅尼乘坐法国航空的客机从巴黎飞往德黑兰，在飞机还没得到机场允许着陆的信号时，一位西方记者问他回到伊朗是什么感受。霍梅尼答道："没什么感受。"[1] 这只是对记者无聊提问的一种不耐烦的应付，并非如一些人所称的反映出他对伊朗与伊朗人民利益极度冷漠的态度。霍梅尼的回答无疑是不能用字面意思理解的。

　　不论一个人是否是霍梅尼的支持者，都不能否认 1979 年 2 月 1 日霍梅尼到达德黑兰时，他是整个国家希望的焦点。某种程度上民众的意愿与他的意志是互通的，起码在此时此刻的确如此。欢迎霍梅尼归来的热情群众有近 300 万人。这也符合霍梅尼的自我认知，他的精神追求是成为伊本·阿拉比笔下的"完人"。[2] 通过冥想、宗教仪式与教律，一个人的内在精神世界能够反映身外的世界，使之成为能与真主精神相通的媒介。当他走下飞机进入专车后，过多的人群拥堵了道路，让专车几乎无法前进，在欢呼声与人潮中他从机场前往贝赫什特·扎赫拉公墓，纪念在之前几个月的示威活动中去世的民众。在他经过的路上，群众不仅欢呼"真主伟大"，还高喊"霍梅尼，伊玛目"。在什叶派的神秘主义思想中，伊玛目与"完人"的形象是完全一致的。在第十二位伊玛目隐遁后，再没有人能够使用"伊玛目"这一头衔（很多年长的乌理玛因此不接受霍梅尼）。[3] 他的追随者与沿路群众虽然没有直接说霍梅尼就是隐遁的伊玛目，但也几乎是这个意思。几个世纪以前，阿拉伯诗人法拉兹达克在麦加见到了第四位伊玛目后写道：

> 他目光低垂以示其谦卑，其他人亦目光低垂以示对其敬畏。
> 在他没有露出微笑的时候，无人敢应答一句。[4]

这就是为何霍梅尼在飞机上如此回答那位冒失记者的原因。在穆智台希德修炼成为完人的道路上，没有个人情感或情感表达的位置。他与沿路的群众本就是一体，群众也与他精神相通，而不论是

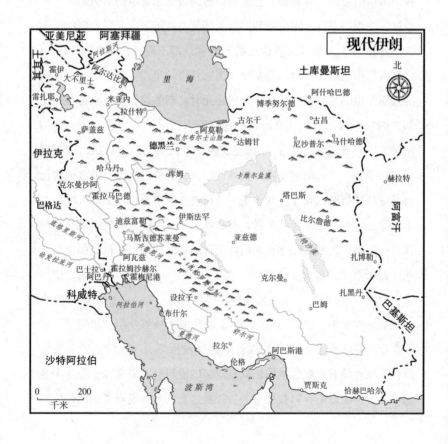

他，还是民众，此时此刻都与真主成为一体。至少他们相信这一点。

1979 年革命并非仅仅是宗教革命，甚至一开始可能根本不算宗教革命。这个曾被人民支持的政权的腐败与压迫、中产阶级的幻想破灭，再加上经济衰退，以及对政府与美国不平等关系的厌恶而激发出的民族主义情绪，这些都是重要因素。但什叶派的外在形式确实能起到纽带的作用，将不同的革命群体团结在一起，即使有很多群体与宗教毫无关系，这便是人们选择用宗教作为革命旗帜的原因。同时，霍梅尼清晰的革命目标以及个人魅力为怀有不同革命动机的各群体暂时提供了一个团结一致的契机。与历史上的其他革命比如 1917 年的布尔什维克革命不同，伊朗革命是真真切切的人民革命。广大人民的行动直接促成了革命的成功，如果不考虑革命的长期影响，它的成功无疑真切地反映了人民的意愿。

就在革命之前几周，沙阿任命了民族阵线的领袖沙普尔·巴赫蒂亚尔为首相，巴赫蒂亚尔随即宣布了一项旨在恢复宪政和社会稳定的计划，其中包括自由选举（从 1953 年起，巴赫蒂亚尔被沙阿多次逮捕，入狱长达数年）。但民族阵线已经与巴赫蒂亚尔断绝了关系，霍梅尼也早已宣布巴赫蒂亚尔的政府非法。基于这一点，2 月 5 日，就在到达伊朗后不久，霍梅尼任命自由运动组织的马赫迪·巴扎尔甘为总理。革命委员会建立起来，联合脱离军队的军人、人民党、菲达伊组织、人民圣战者组织等一同攻击了与前政权相关的机构，包括警察局与萨瓦克恶名昭著的艾温监狱，并解除了它们的武装。2 月 11 日，在皇家卫队的卫兵站完最后一班岗后，军队宣布保持中立。[5] 巴赫蒂亚尔辞职，暂时躲起来，并于两个月后离开了伊朗。从那一刻起，革命者真正获得了权力。革命委员会逮捕了前巴列维政权的高级官员，并在一间学校教室召开革命法庭，判决他们死刑，这其中就有前萨瓦克领导人纳赛里将军，他在 2 月 15 日被处死。霍梅尼则自己领导了革命理事会，通过毛拉与各个革命委员会联络。就这样，他开始毫不留情地除掉影响他对国家愿景的所有敌对者。

伊朗各地都建立了革命委员会，但并非所有的委员会都听命于霍梅尼的中央领导。尤其是西北部，由于该地区一向的地区主义与左派传统，革命热情转变为要求更大的自治权力的呼声。库尔德斯坦省则直接爆发了叛乱，一时分离主义盛行。在 70 年代，沙阿曾支持伊拉克的库尔德人武装反抗伊拉克政府，但这种支持只是用来逼迫伊拉克人在其他方面让步的筹码。一旦形势对沙阿有利，他就毫不犹豫地舍弃了库尔德人，这使得伊拉克的库尔德人在反叛失败后遭到了极其严重的迫害。这一事件再次激发了库尔德人的民族主义，这种民族情绪曾在 20 世纪 20 年代鼓舞了由传奇领袖西姆科领导的分离主义运动，并在 40 年代再次引发地方叛乱。在伊朗各族群及宗教群体中，库尔德人最具有独立的民族意识，他们与居住在伊拉克、土耳其和叙利亚的库尔德人有着紧密的联系。1979 年革命后不久爆发的反叛最终被镇压了，库尔德人受到了来自德黑兰的严酷惩罚，这仿佛预示了伊拉克的库尔德人将在 80 年代受到更为恐怖的迫害。

霍梅尼甚至在回到伊朗之前，就在演讲中批评那些反对沙阿的左派分子。1979 年 3 月末，他盖章批准撤销沙阿的位置，建立基于伊斯兰教律的国家，并附上了一份公民表决，其中 97% 的民众同意建立伊斯兰共和国。5 月霍梅尼建立了革命卫队，作为一支可靠的军事力量以平衡军队的势力，并增补街头武装组织（即真主党）的力量。沙阿的巴列维基金会名下的所有财产都被转移到新的受压迫者基金会，这一机构成为反映新政权社会政策和政治支持的工具。

对旧政权成员的清洗，使得伊朗的温和派与自由派（比如巴扎尔甘）以及全世界那些一开始支持推翻沙阿的人震惊不已。清洗活动在 3 月中旬暂停，4 月又随着前首相胡韦达被枪决而再次开始。霍梅尼最初还呼吁保持克制，但在青年激进分子要求为前几年死去的人复仇的压力下，霍梅尼默许了暴力行为。[6] 4 月和 5 月霍梅尼最亲密的一些支持者被暗杀，例如穆尔提扎·穆塔哈里，这让他意识到了斗争的严酷，以及一旦失败将面临的严重后果。

什叶派乌理玛在历史上可能从来没有像霍梅尼归来后这样具有如此大的权力。但霍梅尼对于一些年长的乌理玛来说无异于一个暴发户，他建立的伊斯兰政权虽然确实体现了什叶派的意志，但体现出来的霍梅尼个人特征也很明显，甚至不亚于传统的什叶派特征。在革命爆发时，除霍梅尼之外还有一些德高望重的乌理玛，但他们都在革命后被迅速边缘化。其中最有代表性的便是阿亚图拉赛义德·卡泽姆·沙里亚特玛达里，1979 年他主张采取温和手段，但很快被迫禁言。他的一些支持者也被处死。霍梅尼随后取消了沙里亚特玛达里的宗教权威地位，这在历史上从未有过先例。很多年长的什叶派宗教人士仍然不愿意完全信任"法基赫的监护"思想，其中几位还在 1980—1981 年出言反对过这一新事物。但他们也很快受到恐吓被迫保持沉默。霍梅尼及其支持者成功巩固了他们建立在"法基赫的监护"思想基础上的新政权，但这一政权从未得到伊朗乌理玛群体的普遍支持。[7] 伊斯兰价值观重新登上台面，包括重新赋予乌理玛法官的身份，以及重新使用伊斯兰教法。尽管教法在具体实施时在某些方面还是温和的，但是一些极端措施一直招致国际社会的谴责，比如对通奸者施行石刑等（尽管并不频繁）。

从 1979 年秋开始，自由主义者与温和派明显越来越边缘化。夏季结束后，霍梅尼就组建了伊斯兰共和党，由巴扎尔甘起草的宪法初稿，本来是与 1906 年宪法类似，只是去除了沙阿，此时被忠于霍梅尼的乌理玛掌控的专家委员会整篇重写。自由主义者和左派联合抵制了大选，专家委员会的工作一度中断，直到大选后才恢复。宪法最终稿确立了伊朗沿用至今的国家政体，这一政体还是体现了霍梅尼的"法基赫的监护"思想：负责日常行政工作的政府必须是世俗的，但国家行政的最终权力属于宗教领袖领导下的伊斯兰政府。宪法规定总统、议会与市政府都由选举产生，但同时也规定建立监督委员会（由12 名教士与法学家组成），负责审查与批准候选人参加选举，并对议会的决议拥有批准权与否决权。最重要的是它确认了霍梅尼本人与他的继任者在宪法中拥有至高无上的地位，他有权任命半数的监督委员会成员，有权批准总统的任命，并任命革命卫队的总司令和其他武装部队的总司令。霍梅尼一方面用宪法巩固了自己的权力，另一方面也随时准备使用暴力与非法律手段确保自己的权力稳定，保证他的政治决策权，任他的反对者去争论所发生之事的是非曲直。霍梅尼声称这种方式沿袭自 20 年代的教士与政治家穆达雷斯，他曾说过："你要先发制人，然后让对方抱怨，不要做受害者，也不要抱怨。"[8]

出版自由也在当年夏天的一次协调运动中被取消。真主党攻击了报刊的办公室与一些政治党派的办公地。40 家报纸被迫关闭，最大的两家报纸——《消息报》与《世界报》——则被受压迫者基金会接手。与此同时，在接连替换掉负责人与相关官员后，萨瓦克逐渐转变为伊斯兰政权的一个机构（艾温监狱也被伊斯兰政府接手）。1984年，它更名为情报与安全部。

1979 年 11 月，由于新闻报道沙阿被允许进入美国接受癌症治疗（最终，沙阿在 1980 年 7 月因癌症去世），学生们群情激愤，闯入美国大使馆，将外交官逮捕成为人质。最初人们以为这只是又一次学生示威（就像 2 月发生的那样），但当霍梅尼支持学生的暴力活动，使得事件演变为人质危机后，巴扎尔甘与自由运动组织的政治家选择了辞职。1980 年初，阿布-哈桑·巴尼萨德尔依据新宪法经选举成为新总统。他获得了包括中产阶级自由派在内的各阶层的普遍支持。在之后的一年半他努力解决人质危机，坚持传统的合法性和世俗政府的原则。但如同之前的巴扎尔甘一样，他最终也失败了，并在 1981 年被霍梅尼弹劾。

霍梅尼还通过操纵人质危机让民众保持革命活力与危机意识，打乱政敌的节奏。他下令解除那些被怀疑是世俗主义者或者反革命的公务员的公职，关闭大学以驱逐左派分子（大学在 1982 年重开了，但规模小了很多），同时加强伊斯兰教律，通过革命委员会与真主党强制女性戴面纱。1980 年 4 月卡特总统试图派遣直升机营救人质，进一步加深和延长了人质危机。人质危机的羞辱感、营救行动的失败与随后卡特在总统大选中的落败等因素混合到一起，使得美国民众对伊朗充满恨意，这种情绪至今仍在阻止这两国重新建立对话。（1981 年 1 月卡特卸任后，人质最终被释放）。大部分伊朗人到现在都认同关押人质是一个重大错误，就连当时支持该行动甚至直接参与其中的激进分子都不得不承认这一点。

在革命的最初几年，霍梅尼与伊斯兰共和党一直在与国内外的强大敌人斗争。但不论是哪种情况，基于霍梅尼的个人指导原则，他总是先发制人的一方，经常通过率先发难痛击对手，至少在对付国内的反对者时是这样。有人说是严峻的形势逼迫革命者不得不如此，接踵而来的事件、战争的压力、敌人的凶恶，让本来可以温良而包容的革命者变得不得不以暴制暴。但这一说法经不起推敲。尽管霍梅尼一开始似乎是以温和的手段应对各个事件，但他从一开始就知道，假如他容忍对手率先发难，他可能根本没有反击的机会。因此，他无情地消灭了他的对手。

对霍梅尼来说，形势最严峻的两次挑战分别来自人民圣战者与萨达姆·侯赛因。人民圣战者一开始是支持革命的，但霍梅尼在1980年11月声讨人民圣战者（他指责他们为"monafeqin"，即伪善者，这个词特指那些向先知穆罕默德表示忠诚后又叛教的人）。他将圣战者组织的领袖以私通苏联的间谍罪名义逮捕入狱长达10年[9]，真主党还袭击了该组织的总部。随后，人民圣战者通过游行示威与街头暴力等手段进行反击，在其主要领导人被驱逐出国之前，圣战者策划了一场炸弹袭击，准备炸死霍梅尼的众多支持者。他们在伊斯兰共和党总部大楼安置了两颗炸弹，并于1981年6月炸死了70余名霍梅尼最亲近的战友与顾问，其中就包括他的得力助手——阿亚图拉贝赫什提。这导致大量人民圣战者的支持者被杀害（多达数千人，他们中有一些被公开处决）或者入狱。[10] 被驱逐出境后，人民圣战者先是在巴黎，而后转入伊拉克活动，他们一直坚持反对伊斯兰政权，不断发动暴力袭击。但自从转入伊拉克后，该组织的准军事化特征减少，逐渐开始为伊拉克复兴党政府的利益效劳。

霍梅尼及其支持者也一直在为阿塞拜疆的自治运动以及库尔德民主党在伊朗库尔德斯坦的武装叛乱而斗争，后者直到1984年才最终被镇压。最后一个拒绝屈服于霍梅尼及其追随者的主要党派是人民党，菲达伊的大多数成员在该组织分裂后与人民党结为同盟。他们曾基于死板的马克思主义思路，将1979年的革命视为小资产阶级革命，于是他们支持革命并认为这是不久之后的社会主义革命的前奏。1983年霍梅尼将矛头转向人民党，指控他们与苏联人勾结，因而犯有间谍罪，企图阴谋推翻伊斯兰政权。70名人民党主要成员被逮捕，他们中有一些人被处决，一些在电视上公开忏悔。人民党与菲达伊都成了非法政党，只有伊斯兰共和党与规模很小的自由党仍被法律允许正常活动。自由党一直留存到了今天，由易卜拉欣·亚兹迪领导，其活动受到诸多限制。

战　争

　　1980 年 9 月萨达姆·侯赛因领导的伊拉克军队入侵伊朗，开启了长达八年的战争，给伊朗政权施加了更大的压力。关于两伊战争的起因目前还存在不同的观点，可能是当时萨达姆观察到伊朗较为虚弱因而主动入侵，企图在阿拉伯河等地快速获取一些利益（试图解决之前几十年里伊拉克长期处于劣势地位的两伊领土争端问题），也可能是伊朗在 1979—1980 年向伊拉克输出宗教革命理念，企图煽动伊拉克什叶派起义以摧毁萨达姆政权，这让他不得不采取行动。但无疑萨达姆是率先发难者，他入侵与占领了伊朗领土。在这场带来巨大损失的战争结束后，伊朗原本的输出宗教革命计划破产了（这项计划的具体成果为数不多，其中一项是 80 年代早期黎巴嫩真主党的建立）。多达 100 万的伊朗人在战争中伤亡，整整一代人被重新打上了什叶派殉难者的象征印记。除了常规部队与革命卫队，大量的巴斯基志愿者（Basij，意为青年军）应征入伍，其中甚至包括只有 12 岁大的孩子。伊斯兰政权一遍遍重提阿舒拉、侯赛因与卡尔巴拉以鼓舞军队士气，借此维持民众对于战争的支持。导致伊朗一方伤亡惨重的部分原因是政府选择使用人海战术对抗装备水平明显更高的伊拉克军队。这种装备技术的不平衡是由于西方国家表面声称保持中立，背地里却给伊拉克送去了不少当时最先进的武器，相比之下，伊朗军队只能依靠沙阿在 70 年代购买的落后装备应战。对伊拉克的军事援助甚至包括化学武器技术，萨达姆先后用其对付伊朗军队与居住在伊拉克北部、被萨达姆视为叛军的库尔德人。这场战争也在客观上使得伊朗的什叶派穆斯林不再可能去往纳贾夫、卡尔巴拉和萨马拉朝圣。

伊拉克军队在战争初期占尽优势，他们在胡齐斯坦省大搞破坏，出动了几百架次飞机进行轰炸，造成了数十万伊朗人流离失所，但这种优势很快就被伊朗军队在 1982 年春季的反攻抵消了，伊朗军队重新夺回了霍拉姆沙赫尔，迫使萨达姆将军队撤回边界。但伊朗政府随即宣布了他们的战争目标，即推翻萨达姆政府并要求巨额战争赔款。这样一来，伊拉克军队就成了防守一方。但伊朗军队也仅仅有能力占据少量的伊拉克领土，其中最著名的当属 1986 年 2 月占领法奥半岛。伊拉克的什叶派起义帮助伊朗军队攻击伊拉克南部的愿望，被证明是一种幻想，就如同 1980 年萨达姆希望胡齐斯坦的阿拉伯人会起义帮助伊拉克军队一样，战争由领土争夺战变成了僵持战。

自 1984 年起，萨达姆开始攻击波斯湾的伊朗船只，企图破坏伊朗的石油出口。伊朗立刻以牙还牙，这逐渐演化为所谓的"油轮战"。美国及其他非参战国派遣军舰到波斯湾以保证国际水域的通航安全。但是 1988 年 7 月美国海军的"文森斯"号在愚蠢而盲动的指挥官的带领下进入伊朗领海追击几艘伊朗炮艇，在交火中美国军舰胡乱发射的两颗舰对空导弹击中了一架伊朗民航飞机，造成了 290 人死亡。里根政府对此事件的表态非但没有任何内疚与悔悟，反而不断歪曲事实企图澄清自己，甚至之后还给"文森斯"号的舰长颁发了战功奖章。很多伊朗人至今仍相信民航飞机的坠毁并非走火事故，而是美国人刻意为之。另一件影响美国和伊朗关系的事件则发生在这之前，那个事件更不光彩。1986 年，几名美国军官把伊朗需要的猎鹰地对空导弹的零部件装在了小盒子中，暗地里从以色列带到了德黑兰（还附上了从特拉维夫的一家犹太洁食面包坊购买的生日蛋糕等礼物），这就是著名的伊朗门事件。这次冒险事件的失败与曝光无疑在警告两国贸然接触彼此是多么有风险，这更加深了两国之间的误解。[11]

　　随着争夺土地的战争变为僵持战，伊朗与伊拉克都向对方首都以及多个城镇无差别地发射了不少远程导弹，并派出飞机进行轰炸，众多平民因此死亡（这便是所谓的"城市战"）。战争快要结束时，伊拉克在这些交锋中占得了上风，在陆战中夺回了法奥等领土，将战线几乎推回了 1980 年 9 月所处的位置。最后，由于惨重的战争伤亡与"进军到卡尔巴拉"的梦想成为泡影，霍梅尼被议会议长阿克巴尔·哈什米·拉夫桑贾尼劝说接受了被他称为"饮鸩止渴"的提案。拉夫桑贾尼认为"文森斯"号事件无疑证明美国不会放任伊朗赢得战争，或许这是一个用错误论证得到的正确结论。1988 年 7 月，霍梅尼让总统哈梅内伊（1981 年与 1985 年两度经过选举上任）宣布伊朗将接受联合国第 598 号决议，同意停火。

死亡与重建

　　1989 年 6 月 3 日霍梅尼去世，葬于贝赫什特·扎赫拉公墓。大批民众怀着悲伤之情参加了他的葬礼。葬礼的规模只有 10 年前他回到伊朗受到民众夹道迎接时能够与之相比。一时间，政府必须出动直升机吊走他的棺椁，因为大量痛哭流涕的民众都试图剪下一块他的寿衣留作纪念。霍梅尼的活力在生命的最后几个月里因为艰难地决定结束与伊拉克的战争而大为减少。这一艰难的决策同样影响了他的健康，除此以外他还备受癌症与心脏病的折磨。这几个月中比较著名的事件便是 1989 年 2 月发生的所谓关于封杀萨尔曼·拉什迪的宗教判决（也有人认为更确切的表述是宗教司法判决）。霍梅尼似乎在此前几个月就已知道拉什迪的著作《撒旦诗篇》了，但他并不认为此事很重要（他甚至没有禁止引进这本书）。然而，在这本书引发了英国穆斯林的游行抵制以及克什米尔与巴基斯坦的骚乱后，他决定颁布宗教判决，这无疑是一种刻意的行为，旨在宣称他本人及伊朗对于伊斯兰教的领导地位。[12] 这个事件再次体现了霍梅尼的一贯风格。他借此宣扬了伊朗的伊斯兰教与革命的独特性。但这件事也无疑为那些企图把伊朗拉回常态并摆脱孤立处境的人增加了更多困难。

　　这几个月里发生的另一件事则再次显示了霍梅尼捉摸不透的个性（或者说一贯的捉摸不透），即便在乌理玛群体中，他的个性也格外突出。1989 年 1 月，他给苏联领导人米哈伊尔·戈尔巴乔夫发送了一封信。信中，他称共产主义已经完全过时，该进历史博物馆了。霍梅尼表示，戈尔巴乔夫应该趁着自己还没有掉入唯利是从的资本主义陷阱之前学习一下伊斯兰教，并将它当作一种生活方式。乍一看，这条建议很古怪，但或许霍梅尼对戈尔巴乔夫存在某种共情——也许他们都是那种缺乏感性与想象力但不拘泥于传统思维的思想家。霍梅尼倡导的伊斯兰教颠覆了很多乌理玛同仁的模式，他向戈尔巴乔夫推荐的并非《古兰经》或其他任何经典作品，而是伊本·阿拉比、阿维森纳与苏瑞瓦尔迪的著作。霍梅尼还从关系最亲密的同仁与学生之中挑选了三位，将他们连同这封信一起派遣到莫斯科。这三人都精通伊斯兰神秘主义。无论私底下如何看待这件事，戈尔巴乔夫都对他们表达了感谢，并表示为收到来自伊玛目的私人信件而感到自豪。但是这封信受到了库姆教士们的批判，其中一些人写信公开谴责霍梅尼宣扬这些神秘主义者与哲学家的思想。针对这些人的攻击，霍梅尼写了

"一封致神学家的信"，发泄了一通自己长久以来对于这些思想传统的毛拉的愤懑与失望之情：

> 你们这位老父亲（指霍梅尼自己）一生中受到那些愚蠢而反动的毛拉的攻击比其他任何人都多。当神学宣布不介入政治的那一刻，愚蠢便成了美德。一个神学家只有明晓他周围都在发生什么（即这个世界正在经历什么），才能明白在这个世界之外的真主的旨意。如果你一直以愚昧的方式活着，你确实会显得更虔诚。所谓的学习外语是亵渎神灵，哲学与神秘主义则被认为是罪孽与背信……如果这些趋势延续下去，我很肯定神学家与经学院将走上中世纪基督教会的歪路。[13]

在革命爆发前，穆智台希德的等级晋升没有正式的流程，但经过 20 世纪 80 年代的改革，晋升变得更加制度化，而且由霍梅尼及其追随者把控。[14] 不仅是伊朗什叶派的等级制度，其教义也被政府控制：霍梅尼打算创造一种单一而确定的什叶派思想，取代过去的百家争鸣。在 90 年代，这一趋势进一步加强。政府为那些有抱负的穆智台希德设置了考试：政治忠诚度，即对于"法基赫的监护"思想的认同，变得比传统的教士考核标准（例如虔诚、对于宗教的深入理解、思想力量以及高级教士的认可等）更为重要。通过这种新方法选拔出来的政治化的阿亚图拉的数量越来越多。[15] 而另一些根据传统的标准更有资格通过选拔的人，却仍然只是穆智台希德。

这意味着革命已将宗教制度化，使之受控于国家并服务于国家利益。在某种程度上，此情此景与沙阿在白色恐怖中提出的"国家宗教"理念出奇地相似，不同之处在于现在这个国家由教士而非君主掌控。到了 90 年代中后期，伊朗出现了一些独立的声音，警告说这种新模式极其危险。他们的代表人物当属思想家与神学家阿卜杜卡里姆·索罗什，他呼吁建立世俗政府。如若不然，他预测说，政治与政府的妥协和虚伪，将使宗教在伊朗失去信誉，并让年轻人离心离德。[16] 很明显，这种趋势已经开始了。其必然结果就是像 20 世纪二三十年代在知识分子群体中民族主义的地下复兴，将前伊斯兰时代的伊朗理想化，并将伊朗的发展失败归咎于阿拉伯人的征服。讽刺的是，那些现在为"居鲁士情怀"喝彩的人中，大多数都曾拒绝接受末代沙阿的民族主义宣传。[17]

提出相似观点的人还有阿亚图拉蒙塔泽里。[18] 贝赫什提去世后，蒙塔泽里于 80 年代登上历史舞台，很可能成为霍梅尼的继任者——下一任最高领袖。蒙塔泽里曾一度是霍梅尼的忠实拥护者，也是"法基赫的监护"思想的重要建构者。但在 80 年代末他与霍梅尼决裂了。具体细节尚不明了。蒙塔泽里向霍梅尼发送了一封很有勇气的信，信中他谴责霍梅尼应为杀害狱中的数千名政治犯这件事负责。他们中大部分曾是人民圣战者的成员。1988 年 7 月停火后，流亡伊拉克的人民圣战者潜入伊朗发动了最后一次荒唐并极具冒犯性的袭击。紧接着，就发生了这次屠杀事件。蒙塔泽里写给霍梅尼的那封信已经出版：

> 三天前，一位来自外省的宗教法官——很有信誉的人，到库姆拜访我时跟我说了他对你最近发布的命令的看法。他说一名情报官员，也可能是一名检察官——具体如何我也不甚清楚——审问一个犯人是否还坚持（原先的）立场，以及是否准备好谴责那个虚伪的组织（人民圣战者）? 犯人回答："是的。"

接着，情报官员问他是否准备好参与（电视）采访？他说："是
的。"之后，他被询问是否准备好到前线攻打伊拉克人？他回
答："是的。"但面对"是否准备好进入地雷阵"的问题时，他
的一个狱友如实回答并非每个人都已准备好进入地雷阵，甚至
那些最近才洗心革面的犯人根本就不想去做这件事。这位狱友
说他毫不动摇地坚持（原先的）立场，尽管他已经在狱中受尽
折磨。我的这位宗教法官朋友坚持认为每个决议都应该建立在
大家一致同意的基础上，而不是简单的少数服从多数，因为现
在的表决已经无法反映大家的声音了。他说情报官员已经无孔
不入、无人不查。尊敬的阁下，请您尽量关注您所下达的指令
是如何执行的，因为那些指令关系到成千上万人的性命。[19]

有些人认为，蒙塔泽里与霍梅尼决裂的真正原因跟伊朗门事件
相关：从头到尾蒙塔泽里都被搁置在一边，没能参加与美国的谈判。
发现这一点后，他反应强烈。他还批评封杀拉什迪的宗教判决，认为
这会留给外国人一种印象——伊朗人只对谋杀感兴趣。无论细节如
何，就在 1989 年 6 月霍梅尼去世前夕，人们都知晓了蒙塔泽里不会
接替霍梅尼成为最高领袖。接替这一职位的是霍梅尼的密友阿里·哈
梅内伊，不久前他突然从霍贾特伊斯兰提升为阿亚图拉，尽管他之前
并不具备突出的学术声誉（一些年长的阿亚图拉反对哈梅内伊的晋
升，这导致的不同寻常的结果是尽管他成了最高领袖，但只能担任伊
朗境外什叶派的马尔贾）。从那时起，蒙塔泽里基本上被软禁在家，
不时发布一些声明，反对政府的作为。他呼吁限制"法基赫的监护"
体制的影响，建立适宜的宪政与民主政府以及停止侵犯人权。

尽管伊斯兰政权尽力将蒙塔泽里边缘化，但对于很多具有宗教

热情或者与政府保持距离的伊朗人来说，蒙塔泽里仍是宗教领袖。同时代另一位重要人物是大阿亚图拉优素福·萨内，他直接声称拥有或使用核武器是不合教义的，而伊朗之所以没有选择用化学武器报复萨达姆就是因为所有大规模杀伤性武器都不被伊斯兰接受。萨内还下达了一项宗教判决，反对自杀式炸弹袭击。尽管萨内可能需对1983年针对位于贝鲁特的美国海军陆战队司令部的自杀式袭击负责，但黎巴嫩真主党也在之后停止了这种方式。据我所知，从那时起什叶派穆斯林没有再进行过自杀式袭击。

这些只是几个例子，说明了一个重要的事实：伊朗的什叶派，更不用说伊朗境外的什叶派，比目前的伊朗宗教领袖还要强大。但该地区以外的观察人士往往没有注意到这一点。近年来，伊朗的乌理玛群体中越来越多的人开始质疑执政党的路线。一些有改革思维的思想家提出，比如穆赫辛·卡迪瓦尔与穆罕默德·沙贝斯塔里，通过思想层面上的诚实与严谨，在伊斯兰教的框架中解决当前的问题，这种新思想吸引了不少支持者。[20] 从某种程度上来说，什叶派正在做该宗教经常会做的事情，即将宗教内部的另一派权威合法化，以对抗目前强大政府支配的宗教力量。

一些评论家认为两伊战争的结束与霍梅尼去世是伊朗政治的分水岭。[21] 标志着伊朗政治风格变化的第三个事件是前议会发言人拉夫桑贾尼在1989年8月赢得竞选成为总统（取代了6月成为最高领袖的哈梅内伊）。成为总统后，拉夫桑贾尼宣布伊朗进入新的时代——重建的时代。阿里·安萨里将这段时期称为"商业资产阶级共和国时期"，因为在这段时期，市集商人中产阶级（自1979年以来是支持参政的乌理玛的基石）最终进入了他们发展的黄金期。

两伊战争极大地损耗了伊朗的经济，也让伊朗民众的生活水准大为下降。伊朗的人均收入从 1978 年以来至少减少了 40%。[22] 在战争最胶着的边境地区，有约 160 万人流离失所，炼油厂、工厂、政府大楼、道路、桥梁、港口与灌溉设施尽数被摧毁。整个国家还不得不照顾数目极多的重伤退伍士兵，包括很多遭受化学武器的伤害后留有后遗症的人，他们中很多人到今天仍深受其害。除此以外，还有大量的伊拉克难民——他们中很多人目睹了 1991 年第一次海湾战争爆发时美国和英国煽动什叶派反叛，却在之后萨达姆屠杀反叛军时选择袖手旁观的全过程，因而战争结束后他们逃到了伊朗。还有很多难民来自阿富汗。该国自从 1979 年苏联入侵后就战乱不断，政局越来越混乱。到了 90 年代末，伊朗已经收容了 200 多万难民。与伊拉克不同，伊朗在战争结束后没有背上巨额债务，但整个国家急需重建。国际社会的孤立也给伊朗的重建带来了巨大的困难。

　　战争使这个国家的民众变得更为团结，普通民众做出的牺牲增强了他们的公民意识以及对伊斯兰共和国的献身精神。自 19 世纪早期或纳迪尔沙阿时代以来，第一次有如此众多的普通伊朗民众参与战斗。但献身与牺牲不是空头支票。民众期望着在战争结束后能够得到些许回报。拉夫桑贾尼在当选时就是这样向他们承诺的，尤其是承诺将提升最底层民众——他们平时需要负担那些最沉重的赋税——的生活水准。

　　但对于他旨在实现上述目的而出台的政策，人们看法不一。这些政策产生的影响也有好有坏。自革命以来，为了战争需要也为了兑现社会公平的革命许诺，伊斯兰政权一直实行广泛的计划经济政策。而拉夫桑贾尼由于市集出身，对于市集商人多有同情，开始推行允许更多市场自由的新经济模式。然而，政权内部的意见冲突阻碍了改革的进度，特别是私有化改革在推行过程中受到了阻力。反对者攻击这一政策带来了管理不善与腐败的问题。还有一些改革取得了进展并让经济得到发展，但低于开始时的预期。工业与农业产值提升了，出口量也有所增加。特别是农业出口，其中开心果出口的增加最为显著，而拉夫桑贾尼家族在开心果产业中占有很大份额的股份。伊朗经济仍高度依赖石油，但石油工业由于缺乏国际援助，在科技上无法进步，因而显得乏力。此外，美国一直对伊朗实施经济制裁，大大阻碍了伊朗经济的发展。这种制裁在 90 年代甚至成为美国对伊朗和伊拉克两国的双向遏制政策的一部分而被加大力度。大量的经济投资进入建筑行业，建筑业因此大为振兴，其受益者主要是投资人，底层民众虽然不是完全没有受益，但所得也极其有限。[23]

到了拉夫桑贾尼的第二个任期（1993—1997 年）中期时，民众对于他的改革已经普遍感到失望。普通民众，尤其是不太富裕的人，并没有像他们之前曾被引导预期的那样提升生活水准。失业率在增加，这一方面是经济发展停滞的结果，另一方面也是由于在过去 20 年伊朗人口仍在高速增长。在这一时期，伊朗是全世界人口增长率最高的国家之一，其总人口从 1976 年的 3370 万增长到 1986 年的 4820 万，到 2007 年据统计已有近 6850 万，尽管现在人口增长率已经放缓。首都德黑兰扩张成了一个有着 1200 万人口的大城市。在整个 90 年代，伊朗每年都有大量的待业青年进入人才市场。

尽管存在诸多问题，伊斯兰共和国建立以来的头 18 年还是为很多伊朗民众谋得了不少好处。政府坚定地推行了农村发展政策，让广大农村人口得到了巴列维政权没能为他们争取到的利益，包括自来水、医疗服务与电力，即便是最偏远的地区也有了学校。人均寿命大幅提高，文盲率直线下降（目前已有超过 80% 的人识字，包括 86% 的男性与 73% 的女性）。或许提升最明显的便是教育，识字率的提高已经充分体现了这一点。初等教育终于推广到所有家庭。伊朗一直以来在文化层面上对于识字、受教育与获得知识有着极大的欣赏与推崇；家庭则充分利用新机遇，让孩子接受教育学习知识。

革命对于女性地位的影响则是多方面的。离婚时她们不再享受末代沙阿赋予的良好待遇，因而父亲重新获得了对于孩子的天然监护权，但就像兹巴·米尔–侯赛尼的电影《伊朗式离婚》中展现的那样，在具体的离婚判决中女性会想方设法绕过这一原则。[24] 女性仍具有投票权。尽管一夫多妻制与童婚再次变得合法，但这样的情况极其少见，几乎只有在诸如俾路支斯坦省等逊尼派为多数的地方才能看到。由于女性被强制戴上面纱，再加上宗教阶层的引导，那些思想传统的父亲开始让自己的女儿上学，享受这种原来只属于男性的权利。由于这一改变，女孩们得到了新的机会，目前伊朗大学中约 66% 的学生是女性。[25] 为了让家庭获得更多收入，女性在大学毕业后大多会找一份工作，与男性一起工作，甚至结婚后仍是如此（尽管很多女性由于就业市场不景气而失去工作机会）。很多观察人士，比如比较有名的法拉赫·阿扎里，在评论传统什叶派长久以来压制女性及其权益的问题时，认为这种刻意的性别压制跟男性在社会经济变革中的焦虑情绪密切相关。还有一些作者写书阐述了这种性别压制在历史上导致的其他歪曲。[26] 女性接受更多教育的成功，以及她们在劳动力市场与经济体系中扮演更重要的角色，是伊朗重大的社会文化变革——与其他因素一起，随着时间的推移将对整个伊朗社会产生深远的影响。调查显示，伊朗社会对于教育、家庭与工作问题展现出了更包容、更自由的态度。[27] 与此同时，伊朗的立场也逐渐从宗教变得更加世俗、自由主义与民族主义。[28] 现在，已经有一些乌理玛开始质疑革命时期对于女性地位的宗教判决与当时出台的相关法律。这些发展绝非无关紧要，而是与这个国家的未来发展密切相关的核心问题。

改革?

　　哈塔米凭借他的改革计划赢得了 1997 年 5 月的大选成为总统。女性无疑是新总统最坚定的支持者群体之一。哈塔米在不攻击"法基赫的监护"制度的前提下，呼吁建立适宜的宪政政府并停止超出法律允许的暴力行为。他多次表示自己的改革措施将是伊斯兰共和国最后的机会——如果改革受阻，民众就会要求建立世俗政府，彻底推翻神权政体。他的改革受到了巨大阻力，如他所料，伊斯兰政权确实因此变得越发不受欢迎，尤其是年轻人对政府的满意度越来越低。人们去清真寺礼拜的频率也迅速下降。在 20 世纪的最后一个 10 年，一向立场强硬的伊斯兰政府变得越来越自私自利，政府高层不断披着宗教外衣操纵大选以确保既得利益集团的权力。

　　哈塔米的当选对于强硬派领导人来说是一个令人不愉快的意外（他们支持哈塔米的对手纳提格·努里），他们似乎在调整策略以应对未来可能发生的政治变动。哈塔米在大选中获得了 70% 的选票，这实在出乎全国民众的意料，因为多年来从未出现过这种景象。他的胜利鼓舞了新一代的伊朗年轻人，让他们对未来重新怀有希望。然而，遗憾的是，哈塔米的对手暗中作梗，让民众的期待落空了。有人说他是强硬派的走狗，但或许更好的解释是他的个性作为一个政客来说太善良了，以至于在 2000 年夏最关键的时刻，他宁可牺牲自己的政治生命也不愿与强硬派正面对抗，因为这可能导致暴力事件发生。

　　在这段时间，伊朗外交政策中始终潜伏的一个问题是伊朗和美国之间外交关系的恢复。哈塔米总统数次在讲话中建议重新建立与美国的联系，其中最有名的一次便是在 1998 年 1 月接受 CNN 记者克里斯蒂安·阿曼普尔的采访时说的话。[29] 但与美国恢复外交关系阻力巨大，这就跟伊朗坚持对以色列持仇视的态度一样，是伊朗政权强硬派不愿意放弃的信仰，因为这是坚持革命信念的一种标志。一些国际局势评论家预测由于 1998 年秋后英国和伊朗的关系有所缓和，英国很可能成为伊朗和美国关系破冰的推动者，但这一切没有如预料那般发生。对于美国来说，尽管比尔·克林顿和国务卿马德琳·奥尔布赖特在 1999—2000 年发表了一系列调停声明，但与伊朗重新接触依然阻力重重。

1998 年 11—12 月一些作家与持不同政见者被杀害，这一事件后来被确定是伊朗的情报与安全部安排的连环谋杀，其目的便是挑衅哈塔米并使他失去信誉。受害者包括大流士·弗鲁哈尔及其妻子帕尔瓦涅，以及在革命初期积极活动的老社会活动家。对于该事件，有这样一种说法：有人给哈塔米寄了一盘电话录音磁带，磁带里时不时出现帕尔瓦涅的声音，那个杀手打电话请示上级要如何处理她，此时她的丈夫已经被杀害了。成功摆平这一事件并将主谋赛义德·伊玛米和其他执行者逮捕后，哈塔米马上展开了对情报与安全部的清洗。很多人判断哈塔米的个人地位与改革进程都将得到巩固。但这件事后不久，又有 13 名犹太人在设拉子以间谍罪的名义被捕，这似乎是心怀不满的情报与安全部官员打算通过逮捕无辜民众以显示自己是多么鞠躬尽瘁地抵抗所谓的"犹太复国主义阴谋"。接二连三的逮捕使得哈塔米关于恢复与其他国家关系的呼吁变得极其尴尬。情报与安全部此时声称他们还逮捕了一些与此事有联系的穆斯林（根据不同的陈述，可能是 9 人、8 人、3 人或者 2 人）。具体情况仍不明了，但似乎是他们打算用这样的方法隐瞒这次行动的反犹倾向。最终，所有的犹太人都被释放，但其中一些人在过渡时期被定罪为以色列间谍（这种指控足以判处死刑），还有一些人只是被暂时释放。这意味着如果情报与安全部发现了证据就可以随时再逮捕他们。

被逮捕者与他们不确定的未来，引发了新一波对于伊朗与伊朗的国际人权纪录的批评浪潮，同时也展现了在这个伊斯兰共和国生活的犹太人的艰难处境。伊朗的犹太人数目超过中东除以色列以外的其他任何一个国家，1948 年以色列成立时，这里至少生活着 10 万犹太人。到 1979 年还剩下 8 万，而今天伊朗犹太人的数量据估计仅仅为 2.5 万～3.5 万。[30] 人数的减少主要是因为伊朗的大量犹太人移民到了外国，其中以以色列和美国为主。坦率地讲，导致大量犹太人移民既有内部因素也有外部因素，但在 1979 年以后犹太人向外移民的速度大为加快。革命后，根据伊斯兰教保护有经人的教导，霍梅尼与犹太人代表会晤并宣布犹太人将受到保护。宪法赋予了犹太人社区一个固定的议会席位（亚美尼亚基督徒和琐罗亚斯德教教徒也得到了类似的待遇，只不过亚美尼亚人得到了两个固定席位）。为保证少数群体能够更平等地被对待，传统的沙里亚法中对于犹太人等非穆斯林群体的歧视性法令被更改，但他们实际上仍处于被歧视的地位。比如有一项法令规定一旦改宗伊斯兰教，就可以继承其亲戚所有的遗产，但其他非穆斯林法律继承人无法得到任何遗产。在伊斯兰共和国，旧的反犹主义现在披上了新的名为反犹太复国主义的外衣（虽然确实有很多普通伊朗民众对于以色列对巴勒斯坦人的所作所为义愤填膺）。很多犹太人感觉政府的反犹太复国主义就是将那些出现在报纸上和小规模迫害行动中的反犹主义体面化，比如要求犹太人为反犹太复国主义事业捐款。就如同过去其他时代一样，犹太社区通过低调的作风与极力避免麻烦的方式勉强存活了下来。但考虑到犹太人长期生活在伊朗的历史以及他们丰富而独特的文化，这不得不说是一件令人悲哀的事情。在美国和以色列，很多伊朗裔犹太家庭仍保持他们的伊朗传统，庆祝波斯新年（即诺鲁孜节），并讲波斯语。

巴哈伊派的情况更为糟糕，自从1979年以来，很多巴哈伊派教徒被逮捕入狱并遭受迫害（他们受到的一项指控是与犹太复国主义分子有联系）。巴哈伊派常遭受恐吓和逮捕，并被迫改宗。他们被禁止进入大学学习。政府的特工还会攻击那些建立或参与巴哈伊学习小组的人。

尽管西方社会对于哈塔米总统与强硬派领导人一同镇压了1999年夏爆发的学生抗议活动而感到失望，但很多伊朗人认同他的行为，认为渐进的改变胜过无法控制的暴力革命。有充分的理由认为他是对的：经过一场革命后，哈塔米和其他很多伊朗人都不再愿意拿街头暴力的后果来冒险，这也是完全可以理解的。[31] 在这个时期，伊朗越发兴盛的自由报刊不断发声鼓舞民众，让大家相信改革必将取得胜利。

随着2000年5月举行的第六届议会中改革派大获全胜（倾向改革的意愿在290席中占了190席），很多观察人士相信改革派将赢得最后领导者的宝座。一些人推测伊朗或许会逐渐变成一种温和的宗教社会，教士们仍将保持至高无上的地位，但主要居于幕后指导国家行政，而不再是像1979年之后那样，由宗教人士直接负责行政事务。事后回顾，我们会觉得那些改革派报刊在总统大选中犯了一个无法挽回的大错：他们攻击前总统拉夫桑贾尼，这使得一直勉强维持两派平衡的拉夫桑贾尼倒向了强硬派一方。从2000年夏开始，强硬派加大了对于改革项目的阻碍力度，实力大为增强，这或许是听取了拉夫桑贾尼建议的结果。他们发动了持续不断又极富针对性的逮捕与关停行动，让蓬勃发展的自由出版业走向了终结。[32] 最高领袖阿亚图拉阿里·哈梅内伊也亲自介入此事，反对新议会推翻为镇压提供便利的旧出版法（只是上任议会在其任期最后几个月里出台的）。议会逐渐发现他们处处被强硬派阻挠，致使任何改革项目都无法实施。如果说哈塔米错过了第一次依靠民众对改革的支持与强硬派正面对抗的时机（如果改革成功推行，这种对抗很可能是无法避免的），那么此时便是第二次好机会。但随着时间的推移，自由出版业遭受严重打击，而强硬派则重新获得了信心。2000 年 7 月"流星–3"型中程弹道导弹的试射，加剧了国际社会对于伊朗军备计划与核武器野心的担忧和警惕。

第 9 章

从哈塔米到艾哈迈迪·内贾德，
以及伊朗的困境

未来的帝国是思想的帝国。

——温斯顿·丘吉尔

（1943 年 9 月 6 日于哈佛大学所做的演讲）

自 1979 年以来，伊朗一直追寻一条抵制西方价值观、全球化影响，尤其是美国影响的孤立道路。我们可以将之视为伊朗人对于他们独特性和文化意蕴的一种反映。1979 年的伊朗革命是更广泛的伊斯兰复兴的前兆，这表明先前关于中东和其他地区的发展注定走上西方模式的假设是错误的。无论好坏，其他国家都一如既往地追随伊朗的脚步。一些人希望，在 20 世纪 90 年代末哈塔米的改革可能会显示出另一条伊斯兰极端主义的出路。尽管今天的伊朗人与中东大多数其他民族相比，对于宗教领导持有更多怀疑，更倾向于世俗主义[1]，但这一希望似乎还为时过早，至少目前是这样。

西方未能充分利用一位改革派伊朗总统提供的机会，这看起来已经是一个严重的错误。2001 年 9 月 11 日之后，一个这样的机会来了。在美国遭遇袭击后，伊朗领导层的成员（不只是哈塔米，还有哈梅内伊）公开谴责恐怖分子的行径，普通伊朗人以在德黑兰街头烛光守夜的形式，表达自己的同情——更加明显地标志伊朗人与其他中东民族不同的态度。在 2001 年晚些时候，另一个机会来了。伊朗卓有成效地帮助联军打击塔利班，参与说服北方联盟接受后塔利班时代阿富汗的民主化安排。[2] 2002 年伊朗人收到的回馈是乔治·W. 布什总统的"邪恶轴心"演说，其中将伊朗、伊拉克和朝鲜混为一谈。布什政府最终忽略了 2003 年春（在巴格达陷落后不久）伊朗的提案：通过瑞士进行双边对话，以达成一个似乎承诺可能解决核问题和伊朗事实上承认以色列的大交易。

所有这一切的目的并不是为了强化西方观察者关注中东时深感不安的罪恶感。这并不都是我们的错。毫无疑问，如果伊朗人像1815—1950年的英国人或者之后的美国人那样处于强势地位，他们会表现得同样糟糕，甚至可能更加恶劣。伊朗人失去了在哈塔米时期和解的机会。但我们经常会把事情搞砸，这些都需要付出代价。从伊朗人的角度看问题很重要，可以帮助我们弄清是怎么把事情搞砸的，并且还能看出接下来需要做什么才能解决问题。最重要的一点是，如果我们做出承诺并坚持某些原则，我们就必须更加谨言慎行、言行一致，并维护这些原则。

伊朗人在"9·11"事件之后的反应，极大地缓解了伊朗人总体上对于西方尤其是美国明显自相矛盾的态度。正如我们所见，伊朗人有其独特的产生怨恨的真实历史原因，这种怨恨超越了民族主义和反美主义的惯常姿态。但普通伊朗人之中也有对欧洲人和美国人怀有喜爱之情和尊重的，这种比例超过了其他任何一个中东国家。在某种程度上，这又是伊朗人意识到自己国家在中东的独特地位的结果。坦率地说，不同的伊朗人以不同的方式将这些态度进行了组合，但解释这一矛盾心理的最好说法是许多伊朗人（不考虑对自己政府的态度，他们可能也部分谴责这种情形）感到受冷落、欺凌和误解，他们觉得西方人本可以成为朋友。这以不同的方式展现出来，包括在政治言辞中。可以从2007年6月30日最高领袖哈梅内伊的一份电视讲话稿中加以阐释：

> 你们可能会问，我们为什么采取了一个攻击的姿态？我们是在与世界开战吗？不，不是这个意思。我们认为这个世界对

我们有所亏欠。关于殖民世界的殖民政策问题，亏欠了我们。在我们和世界上的其他人讨论关心的女性地位问题时，世界受惠于我们。在伊朗挑起内部冲突、武装各种军备的问题上，世界应该对我们有所回应。在核武器、化学武器和生物武器的扩散问题上，世界对我们有所亏欠。[3]

在艾哈迈迪·内贾德总统时期，伊朗与西方之间的纠葛进入了一个更具对抗性的新阶段。2005 年 6 月他的竞选是在伊朗革命卫队的组织下获胜的。他明确为穷人和城市失业人口鸣不平，面对列强的傲慢自大，再一次操纵利用什叶派的义愤。在选举阶段，他最后的对手是前总统哈希米·拉夫桑贾尼。许多伊朗人认为拉夫桑贾尼代表最为腐败、任人唯亲的统治。但许多人投艾哈迈迪·内贾德的票，只是单纯出于他们终于有机会为一个不是毛拉的人投票。绝大多数外国观察者受到繁荣且有改革倾向的德黑兰北部地区的过多影响，他们对这一结果感到非常震惊。艾哈迈迪·内贾德在自己选举之前曾视察过国内较为贫穷的地区，那些地区的民众已经多年未见过政治家了。他强调经济和社会问题；他的宗教热情，以及在国际关系中崭露头角的渴望，在此之后得以展露。这次选举既不公平也不自由。许多改革派人士公开抵制选举，以抗议他们的候选人被伊朗宪法监护委员会排除在外。在第二轮选举时，艾哈迈迪·内贾德在 60% 的投票率之下最多得到了 60% 的选票，不到总体选民的 40%。而在第一轮选举时，由于候选人范围更广，他只是 6% 的选民的第一选择。

2005 年夏尼尔·弗格森曾警告说，艾哈迈迪·内贾德将会成为伊朗革命的斯大林。艾哈迈迪·内贾德拥有成为斯大林的本能和抱负，但伊朗的政治形势不足以接纳他的野心，而他似乎也不想被证明是一个同样残暴、凶险的人物。伊朗议会关闭了几个月。最终，他成功任命了自己的亲信和迎合者进入了内阁。当时就不太可能，现在更不可能的是，艾哈迈迪·内贾德能够实现自己对于穷人的承诺。他的经济政策在伊朗国内受到了严厉的批判。2007 年夏他引入的汽油配给政策，似乎进一步削弱了自己的民望。在他引入汽油配给政策之后，一份民调显示，在 2005 年投票给艾哈迈迪·内贾德的民众中，有 62.5% 的人不会再这么做。[4] 但如果和西方就核问题进行对抗，导向制裁，使他成为有名无实的领袖，这将给他以及他统治的失败一个借口，让他能再一次处理经济和就业问题。

伊拉克和伊朗局势的一些观察人士警告说，拥有核武器的伊朗，控制着什叶派占主导的伊拉克，黎巴嫩什叶派真主党的复兴，约旦河西岸和加沙地带（逊尼派）哈马斯的崛起，再加上伊朗支持的什叶派运动在巴林和波斯湾南岸其他地区的爆发，将会带来世界末日般的危险。这些结合在一起不是以色列（遑论其他国家）所能承受的，并且即便艾哈迈迪·内贾德总统的威胁超出了实际形势，也依旧事关重大，颇具影响。

但是事情并不完全像表面呈现的那样。在更广泛意义上的中东地区，除去黎巴嫩的真主党这个可能的例外，什叶派极少显示出对伊朗式的伊斯兰统治有什么热情。如果将什叶派视为一种全球现象，"法基赫的监护"原则看起来越来越像是太过于激进的一步，此外伊斯兰教中最极端的声音来自逊尼派。在西斯塔尼和穆克塔达·萨德尔的影响下，伊拉克的什叶派已经维持住了一条独立的路线，但是更多来自逊尼派叛乱者的攻击和挑衅，可能会将他们推入伊朗的怀抱。伊朗在伊拉克什叶派中有影响，并且伊朗人自视为伊拉克什叶派的保护者，就像他们在其他地方对什叶派所做的那样。但是伊拉克南部的什叶派以纳贾夫的圣地（阿里的陵墓）、卡尔巴拉和萨马拉为中心，有自己的宗教权威，独立于伊朗的什叶派之外，其核心是库姆的神学学派。伊拉克什叶派不一定信任伊朗人。而且，许多伊朗人不乐于见到自己的政府以金钱和行动来支持外国人——不论是伊拉克人、黎巴嫩人，还是巴勒斯坦人，此时大量伊朗人还缺少就业机会、住房和体面的生活。

统治伊朗的政权犯了很多错误，但它比以色列以外的大多数中东国家更具代表性（尽管这一趋势并不令人鼓舞——2004年伊朗议会选举和2005年总统选举受到了更多的干涉，要比之前的选举更不自由）。尽管国家采取了压制性的举措，但伊朗并不完全是一个像冷战中的苏联那样的国家。这是一个复杂的政体，具有多个权力中心，并且当权者持有不同意见。对不同政见者也留有空间——在确定的边界之内。伊朗依然还具有自发改变的潜力，从保罗·沃尔夫威茨到末代沙阿之子礼萨·巴列维等观察者都承认了这一点。坚持主张伊朗独立的重要人物希琳·阿巴迪和像阿克巴·甘吉这样的持不同政见者，曾督促伊朗独立发展出自己的政治解决方案。由荷马·卡忒泽安以及另一些人提出过伊朗历史的一个理论[5]，就是伊朗从混乱蹒跚地走向独裁专制，再周而复始。对此，历史记录中有确凿的证据。也许增加政治自由只会引发混乱，当前伊朗政权中确实有一些实用主义者就是这样主张保持现状的。有人会提出，2000年改革运动的危机及随后在出版领域的镇压，是卡忒泽安循环论的又一个篇章。在哈塔米的实践失败后，许多伊朗年轻人出现了幻想破灭和虚无主义的迹象。[6]但我不相信这类决定论。伊朗正在进行真正的社会和政治变革，其中导向更强觉醒、更好教育、更多自由的自然动力是很突出的。17世纪，欧洲其他国家的人常常说英国是一个毫无希望的混乱之地，充斥着不可救药的暴力和狂热的民众，他们叫嚣着砍下了自己国王的头颅。而一个世纪之后，英国成为其他国家在法律和宪政下追求自由的典范。[7]

我们有理由保持谨慎乐观。自人质危机爆发以来，伊朗和美国在2007年春首次准备公开直接对话，这本身就是向前迈出的一大步，而在一两年前，从双方的角度来看，这似乎是不可能的。对话的主题是关于伊拉克的。这些对话的先决条件必须是引导伊朗停止什叶派武装在伊拉克境内对美国和英国军人的袭击，这已经造成了太多伤亡（袭击的频率似乎在2007年至2008年的那个冬季降低了）。但试图将目前伊拉克问题的主要责任归咎于伊朗人，则是不诚实的。2007年2月美国政府提交了一份档案，指控伊朗供应爆炸装置的部件，袭击联军的装甲车辆，与这类袭击相关的死亡数据是187人。这一指控的真实性还存在争议。[8]那时，伊拉克的美军和联军军人的伤亡总数超过了3000。大部分联军军人不是被伊朗支持的什叶派武装杀伤，而是被逊尼派的叛乱分子袭击。他们背后的支持者究竟是谁？根据多种因素推断，可能是约旦和沙特阿拉伯等国内部的一些人。[9]但我们对此所知不多。伊朗曾经被指控试图颠覆伊拉克新政府。但伊朗为什么要在亲伊朗的什叶派伊拉克人已经执掌政府时做出此举？就像2007年春英国水兵和海军陆战队士兵被抓事件一样，伊朗卷入伊拉克事务的更好解释不是旨在造成其他结果的侵略行径，而是在提醒美国和英国，伊朗在其边境拥有永久利益。正如实用主义者推测的那样，伊朗政权一贯坚持渴求伊拉克和阿富汗两方的稳定。

艾哈迈迪·内贾德的掌权，不利于西方试图与伊朗和解。但不论愿意与否，美国和英国在伊拉克和阿富汗，以及整个地区，都需要伊朗的帮助。这反映了一个简单的事实：伊朗在中东是一个永恒而又重要的存在，而且伊朗是推翻塔利班和萨达姆这两个伊朗昔日敌人的主要获益者。现在的伊朗政府远不完美，但中东其他现存的政府情况差不多，甚至在民主和人权方面更糟，对于它们我们却很少有顾虑，将之定位成亲密盟友。如果我们能对伊朗抱以尊重，平等地将之视为合作伙伴，而不只是像过去常常发生的那样，将之视为在其他地方可以短期利用的工具，我们可能会惊讶地发现，目前立场强硬的政权会在伙伴关系的道路上走得如此之远。随后，我们会见证伊朗内部更好的关系能够带来多少好处。伊朗的领导层不只是艾哈迈迪·内贾德而已，他在伊朗体制内的影响力比看起来的要小。更广泛的领导层——那些在伊朗最高国家安全委员会协调各种决议的人——实质上和 2003 年基本相同，当时它批准了大协商。

伊朗目前的局势有许多令人沮丧的方面。2007 年春对女性以及访问学者的逮捕是又一次倒退。与此同时，为执行着装规范（这在哈塔米时期明显有所放松）和禁止在公共场所出现所谓的不道德行为，比如情侣牵手和亲吻，逮捕的人数大为增加。[10] 哈塔米对于伊朗情报与国家安全部的清洗局面已经被扭转；许多涉嫌参与 1998 年连环谋杀案的人已经回国。和平示威被驱散，示威者被捕，并被长期拘押。令人伤感的是，一个拥有如此多样又深厚的文化遗产，以及一个如此古老又重要的犹太人群体的国家的总统，竟然寻求通过一场国际会议引发轰动，会上有一群两眼圆睁的大屠杀否认者和一场显得刻意冒犯又无比愚蠢的漫画展。但是伊朗政权否认大屠杀的倾向并不是自艾哈迈迪·内贾德开始的，和伊朗对于袭击以色列的哈马斯与真主党的支持一样，可以追溯到很多年前。艾哈迈迪·内贾德叫嚣要让以色列从地图上消失，或者更精确的翻译是"从时间的书页中清除"，这是愚蠢和不负责任的。[11] 他关于巴以问题的立场——以色列是欧洲人为了在纳粹大屠杀后谢罪，而为欧洲犹太人建立的，因而以色列人应该回到欧洲——十分无知而粗鲁。以色列的犹太人来自不同的国家，跨越的时间很长，包括在过去 20 年大量来自苏联的犹太人。大屠杀的冲击是以色列建立的一个因素，但当时犹太人在伊斯兰国家的悲惨处境也是原因之一。在 1948 年以色列国刚成立之后的几年里，来自伊斯兰国家和欧洲国家的犹太人数量大致相等（例如，1948—1955 年大约 26 万人来自摩洛哥，约 13 万人来自伊拉克，约 3 万人来自埃及，约 23 万人来自罗马尼亚，约 15.6 万人来自波兰，约 1.16 万人来自德国 [12]）。当然，那几年也有数以万计的伊朗犹太人前往以色列。在这一时期，中东的犹太人和欧洲的犹太人一样，都在寻求一个他们可以主宰自己命运的国家。他们能以自己的方式抵抗迫害，而不会像大流散时期那样，忐忑等待非犹太国家的友好干涉。反犹主义不只是一个欧洲现象，在某种程度上当前中东的穆斯林与以色列人之间的关系问题，只是老问题的一个变形和翻版，即在中东占多数的伊斯兰民族如何处理与他们之中的少数犹太人（还有其他"契约民"）的关系。尽管确实需要解决巴勒斯坦人的苦难，但是艾哈迈迪·内贾德指望以色列人恢复他们作为中东二等公民和受害者的昔日地位，这是不切实际的政治姿态。

核争端

因为围绕伊朗核计划的争议仍在继续，所以艾哈迈迪·内贾德对于以色列的挑衅言论听起来更具威胁性。大多数西方国家怀疑伊朗试图获取核武器能力。一旦获得这一能力，伊朗将违背自己对于《不扩散核武器条约》以及相关协定的承诺。伊朗人声称他们没有发展核武器的野心，并且得体地说《不扩散核武器条约》的其他签约国有义务对伊朗的民用核项目给予协助。国际原子能机构没有发现有关伊朗核武器计划的证据。但 2002 年在阿拉克和纳坦兹发现未申报的核设施之后，国际原子能机构声明伊朗一再未能履行核安全义务，因而不能确信伊朗境内没有更多未申报的核活动或核材料。国际原子能机构总干事穆罕默德·巴拉迪博士呼吁伊朗加强合作和开放，以消除对伊朗核武器计划的合理怀疑。另一些人指出，伊朗没有义务申报阿拉克和纳坦兹的核设施，因为它们还没有投入使用。2005 年秋，国际原子能机构声明伊朗没有遵从《不扩散核武器条约》的安全协定。从此之后，联合国安全理事会要求伊朗暂停铀浓缩活动，并实施了制裁。

铀浓缩是通过在离心机中旋转铀气，将裂变程度较高的铀 235 同位素与裂变程度较低的铀 238 同位素分离出来实现的。铀 235 是核反应所需的同位素，铀 235 含量高于正常比例的铀被描述为"浓缩铀"。铀浓缩比例达到 2%～3% 就可以满足民用核反应的需要，但要进一步浓缩至 90% 以上才可以用于核武器。这就是问题所在：根据《不扩散核武器条约》，民用铀浓缩活动是合法的。然而，一旦铀浓缩进程开始，浓缩到适用于民用的水平还是达到核武器所需的标准，从外部很难区分。伊朗从 2006 年 4 月起就开始了铀浓缩，预计收集浓缩铀达到足以制造一颗原子弹所需的时间是 2～8 年，这取决于离心机的数量及其运作效率。

以色列和美国政府已经明确表示，他们不能接受伊朗获得核武器。但在伊朗内部，艾哈迈迪·内贾德和其他政界人士已经对西方阻挠伊朗发展民用核力量表现出敌对态度，这场争端已经引发了高涨的民族主义情感，认为伊朗有权拥有核力量。对于伊朗能否成为一个核力量，一些地区和国家的态度较为暧昧，比如巴基斯坦、印度、以色列、法国、俄罗斯、英国和美国。与此同时，随着时间的流逝和离心机一刻不停地转动，以色列威胁说，如果不能以其他方式停止伊朗的核（武器）计划，它将采取军事手段摧毁伊朗的核（武器）计划。在美国，一些针对伊朗的言辞可以被斥为无知和散布政治恐慌。但以色列的关注者并不这么认为。

这可能是因为伊朗的领导层决意获得核能力。如果真的如此，即便以色列和美国的轰炸行动也不能无限期地阻止它；趁着以色列和美国还没有这么做，这些计划可能会被分散隐藏在地下深处的掩体里。作为报复，伊朗可能会对美国及其盟友造成极大损害。但是伊朗的宗教领袖反对拥有核武器的声明，应该具有一定的可信度。拥有制造核武器的能力，而不是拥有真正的武器，对于伊朗政权来说其重要性和实际的武器几乎一样，它将具有实际武器的大部分威慑作用，而核武器唯一的实际效用是威慑。那可能才是伊朗的真实目的，但即使是这样，它也可能不是确定的最终目标。如果伊朗能够和美国的关系正常化，消除政权更迭的威胁，甚至获得美国盟友所能享有的那种安全保障的有限版本，那么获取核武器能力的迫切需求，即使不能完全消除，也将会大为减少。这可能是 2003 年提出的大协商的部分意义所在。不管怎样，在认真考虑采取军事行动之前，美国至少应该尝试以这种方式解决问题。在诉诸战争之前，竭尽外交手段始终是首要原则。在美国与伊朗政府之间的外交刚刚开始之际，在战事中可能死亡的士兵与平民有权期待他们的政府将他们的伤亡最小化。可能是在 2007 年 11 月《国家情报评估报告》以及其中包含的信息披露之后，美国情报机构大致相信伊朗已经在 2003 年停止了其核武器计划，因而朝着关系正常化的谈判也许会变得容易一些。至少眼下冲突的危险似乎已经有所消退。

思想的帝国？

更深层次、深思熟虑、人道主义的伊朗，仍旧隐藏在媒体威胁性的标题之后。伊朗的电影是这个国家革命之后最引人注意的现象之一。伊朗电影禁止好莱坞司空见惯的暴力与性的主题，出产独特的充满诗意美学和普世感染力的电影，曾获得许多国际奖项。像阿巴斯·基亚罗斯塔米、贾法尔·帕纳希、穆赫辛·马克马尔巴夫及其女儿萨米拉·马克马尔巴夫这样的导演，已经通过像《苹果》《十段生命的律动》《樱桃的滋味》《生命的圆圈》《黑板》《天堂的颜色》等电影而得到国际认可。这些电影关注女性受到的非人待遇、儿童的脆弱性、战争的影响、伊朗政治和社会的扭曲等主题，另一些主题则批判或者倾向于批判伊斯兰政权。有些人说许多伊朗人尤其是年轻人，从来不看这些电影，而是选择看在西方不怎么受关注的好莱坞风格的浪漫电影。尽管如此，这些电影还是显示出了伊朗人在思想和表达上经久不衰的伟大、潜力、自信和创造力。

伊朗与波斯文化在世界历史上产生了巨大的影响。有多少次伊朗人今天之所想成为世界其他国家（或者说世界上的主要国家）明日之所信。在不同阶段，伊朗一直都是一个真正的思想帝国，从某种意义上来说如今依然是。伊朗文化不断将一个种族和语言多样化的国家凝聚在一起。现在，伊朗正准备在伊拉克、阿富汗和该地区发挥多年来从未有过的更大作用。但伊朗是一个未来的帝国吗？换言之，伊朗能在中东以及更广阔的世界中发挥它应有的重要作用和影响力吗？

这个问题使人心生疑虑。其中一个疑虑是更广泛的国际社会是否会允许伊朗扮演这个角色。但另一个疑虑（主要的疑虑）是现在的伊朗是由一小群狭隘且自闭的小集团所统治，它是否有能力发挥更广泛的作用。在过去，最好的情况是伊朗通过培育并发扬其光彩夺目的优秀思想，获得了有影响力的地位——以公正、宽容面对复杂的世界，以发展的原则处理问题。今天的伊朗仅仅以诡诈的思想来统治，最明智优秀的人要么移民要么被监禁，或者出于恐惧而保持沉默。伊朗历史上受教育最好的一代人长大后（其中超过一半是女性）受到胁迫和被禁言。20多年来，伊朗在国际上一直居于极为孤立的处境。当2003年伊朗最敏锐、最具人道精神的人士希琳·阿巴迪获得诺贝尔和平奖时，她在世界各地受到的热情礼遇与她回国时遭受的伊朗政府的漠视，形成了鲜明对比。自1979年以来，伊朗一直在挑战西方，以及西方所设想的文明。要不是因为随之而来的苦难和压迫、谎言和失望，这可能有其值得称赞之处。伊朗能比这做得更好吗？伊朗能，也应该这么做。

后 记

自从此书的早先版本在 2007 年底和 2008 年初出版以来，伊朗和有关伊朗的事件持续吸引着全球的关注。但世界范围内发生的其他事件也对伊朗产生了影响。2008 年底，巴拉克·奥巴马总统的当选给伊朗最高领袖阿里·哈梅内伊的统治集团带来了新的困扰。奥巴马早先声称愿意与伊朗人直接对话，并做好准备称之为"伊斯兰共和国"，而不是像前几届政府那样，为了避免承认其政权的性质而采取其他委婉的措辞。2009 年 3 月 [1] 他精心发表了诺鲁孜节致辞，挑战了伊朗政权的陈腐言辞，迫使他们改变自己的不妥协政策。但双方都知道，在 2009 年 6 月伊朗总统选举之前美国-伊朗的关系预计不会有什么变化。伊朗内外许多人都希望这次选举能够产生一位具有积极新前景的领导人，以配合奥巴马最终实现一些切实的进展。

但事实并非如此。伊朗总统选举再次出人意料，尤其是因为这一次的出人意料与以往选举的出人意料完全不同。在 1997 年和 2005 年，令人意外的是外围参选者赢得了选举。这一次令人惊讶的是选举自身，这导致了数周的示威游行和动乱，其强度是自 1978—1979 年的革命以来从未有过的。

在 6 月 12 日选举日之前的那一周，许多观察者发现了一股对于反对派候选人米尔·侯赛因·穆萨维日益高涨的热潮。穆萨维曾在两伊战争期间担任伊朗总理，但和他之前的哈塔米一样，既没有过去的成就记录，也没有能够撼动国家根基的个人魅力。对于穆萨维背后发展的运动的认识，在早期得到了高投票率这一指标的强化。这意味着抵制 2005 年选举的亲改革派选民此次参与了选举。但是计票时这些选民显然表现出了高投票率（85%）——他们给艾哈迈迪·内贾德带来了高达 63% 的选票，远超彻底赢得选举所需的 50% 的选票（不足50% 就意味着第二轮选举，在第一轮赢得最多选票的两位候选人之间进行决选）。

在评估选举结果时，有必要表明没有人能够拿出确凿证据证明结果是伪造的，但是存在一些可疑的迹象。其中之一是之前揭示结果的做法被放弃了。通常情况下结果是按地区揭示的，但这一次是将国家作为一个整体，基于每一次的选票统计而做出的连续揭示，而且每个候选人获得的每一批新选票的比例都可疑地相似。最终的结果出来后，每个候选人的选票分配情况在农村和城镇选区再次显示出可疑的一致性，那些宗教和少数民族占统治地位的选区也是如此，仿佛有人为了最终的结果早已造出了数据，在计算机程序的帮助下，随意应用于伊朗的每一个地区。与之前的所有伊朗选举不同，没有显著的迹象表明候选人在自己的家乡有所偏向，比例公式甚至在这些地区也一样。

伊朗政府对选举结果的处理方式加深了人们的怀疑，以至于选举看起来越来越像是统治集团为保证艾哈迈迪·内贾德执政而实施的阴谋。在选举前几个月，最高领袖哈梅内伊发表了支持艾哈迈迪·内贾德的声明，这标志着已背离之前的做法。在选举结果出来之后，哈梅内伊在几小时以内就支持艾哈迈迪·内贾德再次当选，声称这是一次神圣的判决；而此前最高领袖会等到宪法监护委员会批准选举结果——通常是 3 天之后。甚至在最终结果揭晓之前，凌晨时分警察和军队就已上街为阻止游行示威做好准备。他们包围了内政部（宣布选举结果的地方）和穆萨维的竞选总部，严重削弱了反对派运动的沟通和应对事件的能力。

在接下来的几周里，出现了一些传言，这些传言加在一起，可能会在一定程度上解释了此次选举的结果。统治集团似乎在 2009 年春越来越担心此次选举可能会产生与 1997 年哈塔米总统当选时一样的潮流效应，他们决心避免这一结果。一种说法是政府进行了一次秘密投票，显示穆萨维大获全胜。几份声称来自内政部持不同政见者的报告表示，改革派工作人员遭到清洗，并迅速被艾哈迈迪·内贾德的支持者取代，他们开始计划伪造选举结果。有许多迹象表明，与艾哈迈迪·内贾德关系最为亲近的教士——阿亚图拉梅斯巴·雅兹迪——曾经表示，一切延续伊斯兰政府主流体制的手段都是合法的。

显然，许多选民在 6 月 12 日投票支持艾哈迈迪·内贾德。通常的判断是他在农村和贫困选民中的支持率最高。那些既不信任现政权也不信任反对派候选人、精于世故的城市做派的选民，对改革派也不抱有幻想，可能依旧会投票给艾哈迈迪·内贾德。和其他政客不同，他的外表与语气都和他们很像，因而他们能够理解他、信任他，尽管他在第一任期没能扭转糟糕的经济形势以及生活条件。许多伊朗人支持他对于西方的强硬态度，支持伊朗拥有民用核项目的权利。在农村，现有政权也更容易影响选民——无论是在选举前增加工资还是通过威胁。但我们不应该将这次选举过分（有些人是这么做的）描述为一次城市化、西方化、直言不讳的少数派与相对沉默的农村多数派之间的对抗。2009 年，伊朗拥有超过总人口 60% 的城市人口。

无论人们认为到底发生了什么，其反应都是迅速而强烈的。数以千计的伊朗人走上德黑兰和其他城市的街头抗议。他们佩戴绿色的围巾或头巾，这是象征穆萨维阵营的颜色。短短几天内，抗议者的人数就上升到了数十万。据估计，6 月 15 日（周一）有 100 万人，甚至更多。他们的数量及其不同的来源，显示出这不是孤立群体由于结果事与愿违而产生的酸葡萄心理。欧洲与美国的新闻媒体极为兴奋地将之报道为伊朗自革命以来最大的示威游行。晚上伊朗人聚集在屋顶，像 1978—1979 年那样高呼"安拉胡阿克巴"。

示威过后的第一个周末，艾哈迈迪·内贾德将示威者斥为"灰尘与垃圾"，他们将被横扫出去。但示威者并没有离去。尽管政府大肆打击和逮捕他们，也努力阻止任何对抗议活动的报道，但抗议活动仍在继续，伊朗人找到了将报道带出伊朗的途径，包括像"脸书""推特"这样的新兴互联网渠道。

6 月 20 日晚一位名叫内达·阿迦-索尔坦的年轻女子走出了自己的汽车，以躲避高温，这辆车在德黑兰市中心卡尔加大道上被抗议的人群挡住了去路。之后不久，她胸部中弹，尽管周围包括一名医生在内的人都为她止血，但她还是在几分钟之后死了。旁观者用手机拍摄了这一过程，这些画面在 YouTube 上传遍全球。内达成了一个表示抗议以及现有政权残酷行为的象征（政府发言人随后宣称，她是被美国中央情报局或其他外国人射杀的）。尽管在警方和伊斯兰武装力量动员队的压力下，街头抗议者的人数在之后数周有所减少，但 7 月 30 日，即内达死后第 40 天，大批示威者再次出现抗议枪击事件。[2] 9 月 18 日再次发生示威活动，当时政府试图举办其惯有的活动（"圣城日"——耶路撒冷日），以展现对巴勒斯坦人对抗以色列的支持。

由于象征巴勒斯坦的颜色和穆萨维阵营的颜色类似，都是绿色，反对派示威者利用这一机会，再次集体出现，控制了局势，并大声喊叫以压倒政府的宣传。

11月4日示威者再次行动，接管了纪念1979年占领美国大使馆30周年的官方活动。数以千计的抗议者出现在德黑兰，反抗警方和伊斯兰武装力量动员队的逮捕，并且在伊斯法罕、拉什特、设拉子和大不里士出现了相似的示威游行。较之政府之前令人生厌的诅咒"美国去死"，他们高呼"无人去死"。

随着骚乱的持续，被拘留监禁的人数越来越多。在整个夏季和秋季，关于被拘禁者受摧残和死亡的丑恶流言传播开来。据估计，死亡人数上升到数百人。7月底，在反对派示威者抗议酷刑，以及著名保守派政治家之子穆赫辛·卢霍拉米尼死后，最高领袖下令关闭卡里扎克拘留中心。11月年轻医生拉明·普罗安达尔兹贾尼死于德黑兰警察总部，情状可疑。这位医生曾经在卢霍拉米尼死前不久见过他，并被迫声称他死于脑膜炎。

一些西方评论人士宣称选举结果无关紧要，因为在两大主要候选人穆萨维和艾哈迈迪·内贾德的政策意图之间几乎没有选择余地。这种说法没有抓住要点。穆萨维及其改革派支持者并不打算推翻伊斯兰共和国，但是曾经发生的事同样重要，因为它们没有遵循西方所说的议程。通过伪造选举结果（正如普遍认为的那样），现政权在颠覆伊朗宪法中的代表性方面，比以往任何时候都要走得更远，引发了一场关于伊斯兰共和国本质的危机。

像前总统拉夫桑贾尼和哈塔米这样的重要人物，公开批评发生的一切。反对派候选人穆萨维和卡鲁比拒绝保持沉默。几名主要教士批评了此次选举，其他人则刻意保持沉默。这场危机不仅是现政权和部分民众之间的对抗，也是政权内部的冲突。最高领袖阿里·哈梅内伊被迫采取了一个比以往任何时候都更为偏袒的立场，放弃了他的办公机关将他置于日常政治之上的建议。游行示威者向他高呼"独裁者去死"作为奖励。他的地位被削弱了。许多伊朗人，尤其是绿色运动的支持者，感到自己处于赤裸裸的胁迫统治之下，受到一个统治集团的钳制，而这个集团声称的伊斯兰合法性已经被消磨殆尽。

与此同时，伊朗政府谴责西方煽动示威游行，这使奥巴马政府处于一个更加尖锐的两难境地：美国是否应该与一个刚刚被许多伊朗公民评判以寡廉鲜耻的方式窃取选举结果的政权寻求缓和政策？但与伊朗政权往来的逻辑并不取决于其品德或其他方面，因而与伊朗接触的谨慎尝试仍在继续。但当年秋天披露的消息显示，伊朗政府一直在库姆附近的福尔多建设铀浓缩设施，并且进行新的导弹试验，这增加了要求实施新制裁的压力。

这次选举及其造成的余波，进一步强化了伊朗革命卫队的地位。他们与总统艾哈迈迪·内贾德的亲密关系广为人知。有许多报道（和2005年一样）说他们在选举过程中迎合他的利益。6月12日的选举结果只会加剧政府对于他们的依赖程度，从而击退反对派并让统治集团继续掌权。多年来，伊朗革命卫队已渗透进伊朗人生活的方方面面，尤其是在经济领域的作用不断增强。2009年10月一家与伊朗革命卫队有关系的公司支付了价值80亿美元的资金，以获得控制国家电信垄断的份额，这进一步强调了伊朗革命卫队的巨大影响力。这个国家看起来越来越像军事独裁政权——一个比1979年革命中推倒的政权更严密也更有效率的版本。在6月12日选举之后，阿亚图拉蒙塔泽里发表评论："我们现在所有的，不是伊斯兰共和国，而是军事共和国。"[3]

2009 年 12 月 19 日，87 岁高龄的蒙塔泽里在睡梦中离世。12 月 21 日，与他的葬礼相关的进一步示威活动在库姆举行，政府军在街上袭击了穆萨维和卡鲁比。12 月 27 日，即阿舒拉节当天，伊斯法罕、克尔曼沙阿、设拉子和德黑兰发生了更多的示威活动。[4] 反对派的示威游行再次受到袭击，穆萨维的侄子被枪杀。2010 年 2 月 11 日（1979 年革命最终胜利周年纪念日），伊朗政府通过关闭互联网服务器和移动电话网络，封锁通往自由广场的道路（除了政府的拥护者，其他人都不能从外面乘坐大巴进入），打击反对派使用日历日期接管官方活动的惯有做法。2011 年 2 月 14 日又发生了一次示威行动，在这次示威活动中伊朗政府派遣大批警察和巴斯基民兵涌入街道，防止小型团体聚集成大团体，并且关闭了电话和网络通信，这种方式再次被证明是有效的。这是反对派一段时间以来最后一次在街头表达他们对政府的持续抗议。强硬派领导人将穆萨维和卡鲁比软禁在家，直到此文写作时（2015 年 12 月）依然保持这种状态。2009 年 6 月之后，大量改革派人士离开伊朗流亡海外，此外还有一批人仍然被关押在监狱里，数量不详。

2015 年 6 月，伊朗进行了一项关于 2009 年事件和对绿色运动态度的民意调查。人们必须谨慎对待所有的民意调查，尤其是在伊朗境内进行的民意调查（那些接受民意调查的人通常比较担心调查的匿名性），尽管如此，结果仍令人感兴趣。接受调查的人中，有 59% 相信 2009 年选举的结果是准确的，不存在舞弊；有 19% 说政府有欺诈行为；还有 22% 对选举结果不了解，也不予置评。这些民意调查表明，受过较好教育的伊朗城里人更倾向于质疑选举的结果。调查还发现，使用"绿色运动"称谓的受访者比例和使用"暴乱"（伊朗政府对于那些针对 2009 年选举结果进行示威游行的人的言行的称谓）一词的比例完全相同（均为28%）。[5] 然而，无论伊朗之外的人多么怀疑，必须接受的一个事实是相当大一部分伊朗人（可能是大多数人），相信选举的结果是有效的。这次选举在其他方面产生或反映了伊朗社会本身的重大分歧。

2009年危机让人们对一个经常萦绕学者内心的话题——政府的合法性——提出了一些重要问题。

2009年的事件损害了伊朗伊斯兰政权的合法性，尤其是其最高领袖阿里·哈梅内伊的合法性。但当伊朗政府依旧控制着忠诚的安全机构、巴斯基民兵组织和革命卫队时，这又有多重要呢？许多观察者一直坚持认为，伊朗不是一个极权国家。2009年6月的选举使伊朗更靠近极权主义，但并非完全如此。能指明这一点的是，在不最小化已造成的伤害或反对派面对伤害时的勇敢态度的情况下，伊朗政府不愿意使用全部可用的力量去镇压游行示威者。2011年春以来的所谓"阿拉伯之春"运动就形成了一个对比（一些伊朗人声称，绿色运动的游行示威激发了突尼斯和埃及的事件，是其先导和灵感来源）。伊朗政府使用了蛮横的手段，但并没有像利比亚的卡扎菲或者叙利亚的阿萨德政权那样与自己的人民开战。在很长一段时间里，穆萨维和卡鲁比被允许继续直言不讳地发表反对意见。伊朗政权依旧希望维持其自身的民主形象。在压力之下，哈梅内伊关闭了卡里扎克监狱。所以，仍不确定的是伊朗政权将会在镇压的道路上走多远，如果走得太远，其安全机构是否还会继续遵从它。这场革命和大多数革命一样，以增强伊朗政府的实力而告终，但伊朗政权意识到了自身的起源是来自民众对于暴政的斗争，因而这仍然是一个制约因素。

此外，伊朗的政治具有橡皮球的特性，即如果你从一个角度去挤压伊朗的政治，它就会从另一边无法抑制地凸出来。

2011 年春夏爆发的哈梅内伊与艾哈迈迪·内贾德之间的公开争吵，再次体现了这一点。这场冲突始于艾哈迈迪·内贾德试图解除情报部长海达尔·慕斯勒希的职务，之后它发展成一个重大裂痕，对艾哈迈迪·内贾德提出了"行为不端"的严重指控，并且逮捕了一些与他共事的人（奇怪的是，其中一些人随后被指控使用巫术）。鉴于哈梅内伊曾在 2009 年的选举中竭力支持艾哈迈迪·内贾德，极少有人能预见，他们会在两年内像 2000 年哈梅内伊和哈塔米那样分道扬镳。

如果说国家使用其强制权力的程度是有限的，那么伊朗人奋起反抗该政权的时间长度也可能是有限的。2009 年 6 月之后，反对派对于非暴力的承诺被多次重申，因而才会经常听到伊朗人说他们已经历了一场革命，不想经历另一场。在伊朗政治中，非暴力原则可能会被证明是一种优势，不是一个弱点。但总体而言，自 1990 年以来的改革运动已经被证明在真正利用这种原则实现政治结果时，显得十分笨拙。

2009 年的危机既是政权内部的危机，也是政权与民众之间的对抗。拉夫桑贾尼在 2009 年后似乎被边缘化，就是一个例子。伊朗政权在革命之后成功留存下来的要素之一，就是其政治架构可以吸纳不同的派别和不同政见者。霍梅尼亲自组建并重构了这一体系，转变了自己的干预措施，先偏向一个派别，后偏向另一个派别，以此达到这种效果，在运作中保持要素和派别的多样性。但在 2009—2013 年强硬派右派占据主导地位，排斥左派和改革派——包括大量著名的前政权信徒和支持者，颠覆了革命体制，越来越依赖赤裸裸的武力，为此相互间争吵不休。

2011 年秋，国际原子能机构出具了一份关于伊朗核计划的新报告。从它最终呈现出来的内容来看，其中并没有多少新意，尤其是它没有推翻 2007 年国家情报评估的判断，即伊朗在 2003 年已经停止核武器的研制工作。但是，该报告由于事先被认为有可能揭示有关伊朗计划的新的威胁性事实，和其他制造紧张的因素一起，被用来证明新的制裁措施是正确的。这些措施比之前的举措要严厉得多，在很大程度上切断了伊朗同国际银行系统的联系，使它更难出口石油。到 2012 年 1 月伊朗里亚尔已经失去了一半的面值，此后进一步下跌。新的制裁措施对本已疲软不堪的伊朗经济造成了极大的破坏；通货膨胀率飙升，许多进口商品的价格变得难以承受。普通民众买不起鸡肉和大米这样的主要食品。

鉴于对政治活动的持续严密控制和普遍的紧张气氛，绝大部分观察人士预测，2013 年 6 月的总统选举会重蹈 2009 年的覆辙，政府会操纵选举进程，以确保与最高领袖及其圈子结盟的候选人当选。5 月这一预测在审查候选人名单时似乎得到了证实，拉夫桑贾尼被排除在外。这令人震惊。拉夫桑贾尼曾在 2000 年和 2005 年的选举中受到选民的羞辱，但是作为前总统被宪法监护委员会除名，似乎是在强调这个体制右倾的程度进一步加深了，这使其支持者的基础进一步缩小。拉夫桑贾尼似乎因为他在 2009 年的选举余波中批判政府而受到惩罚。艾哈迈迪·内贾德青睐的候选人也被排除在外，这使得他及其政治主张被迅速遗忘。

但是，候选人名单在其他方面也很有意思。在宪法监护委员会通过的 8 个人中，有 5 个强硬的保守派（贾利利、卡利巴夫、雷扎伊、韦拉亚提以及哈达德-阿德尔），1 个温和的保守派（鲁哈尼），还有 2 个改革派人士（阿雷夫和哈拉齐）。卡利巴夫、韦拉亚提和雷扎伊在之前的总统选举中落败；阿雷夫和哈拉齐也不是具有领袖魅力的卓越人物；鲁哈尼尽管是著名外交家及核谈判代表，但他从未在大众政治中出过大风头。但是，其中3位候选人（韦拉亚提、鲁哈尼和贾利利）具有丰富的对外政治经验，甚至在这个早期阶段，该政权似乎也想强调对外政策的角度，大概是为了找到解决核问题的办法，解除制裁。

直到6月14日投票前的最后几天，竞选活动并没有如2009年那样如火如荼。许多人认为，与四年前相比，电视辩论的人气非常冷清。围绕经济、制裁和核计划的危机牵扯了人们的大部分注意力，盖过了这场竞选。曾在艾哈迈迪·内贾德执政期间担任核谈判首席代表的贾利利，起初似乎是伊朗政权首选的候选人。但在辩论中一个非常重要的时刻，韦拉亚提（可能是所有候选人中与哈梅内伊最为亲近的）批评贾利利在核谈判中的表现过于呆板且缺乏想象力，在最敏感和最重要的国家安全问题上，史无前例地公开展示了伊朗现政权最高层内部的分歧。鉴于贾利利在谈判时一直遵循政权批准的路线，这种批评是相当不公平的，但这也是政策正在转变的一个迹象。

随着选举日的临近，阿雷夫与哈达德-阿德尔退出了选举。阿雷夫支持鲁哈尼，帮助他努力将自己展示为不仅是温和派和那些投票给拉夫桑贾尼的选民的候选人，还包括改革派。鲁哈尼还发表了支持男女平等、释放政治犯以及言论自由的声明，目的是获得改革派的支持；当哈塔米在投票前不久向他承诺予以支持时，这些举措产生了巨大的效应。其中一些在竞选的最后几个小时最终发展成了一股高涨支持鲁哈尼的热潮。

计票时，有消息称鲁哈尼以50.7%的选票当选，勉强越过了候选人在不进行第二轮投票的情况下获胜所需的50%的门槛。鲁哈尼以三倍多的选票遥遥领先于最接近他的对手穆罕默德·卡利巴夫。

鉴于2009年选举很大程度上被认为涉嫌舞弊，人们可能会认为，将 2013 年的选举结果偏转一两个百分点，以确保进入第二轮投票，这并非难事。而且，此时也不清楚鲁哈尼是否会赢得第二轮投票。这场选举的具体运作过程再次表明哈梅内伊及其圈子做出了决定，他们偏向一个处于有利地位也有能力解决核争端的候选人。伊朗媒体后来也有相关报道，进一步强化了这种印象。他们报道称，在宪法监护委员会主席阿亚图拉贾纳提亲自介入且对鲁哈尼表示支持之后，鲁哈尼的竞选人资格才勉强获得通过。

然而，鲁哈尼的当选似乎在伊朗境内具有另一种重要意义。在艾哈迈迪·内贾德的总统任期内，伊朗的政治明显右倾。2009 年选举的结果促使最高领袖更加依赖革命卫队及其他安全机构，这是进一步危险右倾的迹象。霍梅尼在他那个时代总是试图维持左右平衡。尽管实际上哈梅内伊和艾哈迈迪·内贾德最终仍然盘踞高位，但随着 2009 年选举争端而来的大规模示威游行，肯定给哈梅内伊敲响了警钟。在此种情境和不贬低鲁哈尼成功的背景下，2013 年的选举结果看起来也像是有意重新平衡，目的是建立一个基础更为广泛的政府。

自 1979 年革命以来，哈桑·鲁哈尼就属于与拉夫桑贾尼（之前是贝赫什提）有关联的神职人员群体——保守但是现代化，最重要的是务实，并且具备直接的西方生活体验和良好的西方语言能力（20 世纪 90 年代末他在格拉斯哥的喀里多尼亚大学获得博士学位，尽管很大程度上是基于远程学习）。在他职业生涯的大部分时间里，拉夫桑贾尼一直都是鲁哈尼的主要赞助人和导师，但是鲁哈尼和体制内其他重要人物的关系也不错。1989 年他被任命为伊朗国家最高安全委员会秘书——一个颇受信任的实权位置，这意味着他将作为哈梅内伊的代表主持预备会议。在哈塔米总统任期的最后几年（自 2003 年 10 月起），鲁哈尼作为伊朗核问题的首席谈判代表（伊朗媒体给他取了一个外号"外交官谢赫")崭露头角，但是在 2005 年艾哈迈迪·内贾德当选后不久，他辞去了核谈判代表的工作（也辞去了国家最高安全委员会秘书的职务）。

2013 年当选总统后鲁哈尼明确表示，打算将推动解决核争端作为当务之急。9 月他前往纽约参加联合国大会。9 月 24 日他在那里发表演讲时表示，国际关系中零和博弈的时代已经结束了，必须用妥协和对话取代威胁，以解决紧张和冲突。伊朗已经准备在核计划中移除"所有合理的疑虑"，但解决问题的最佳途径取决于接受伊朗"不可剥夺的权利"。此次演说是针对伊朗国内和国际听众精心撰写的，但可能更重要的是对话者对于在联合国大会间隙与伊朗代表团（由新任外交部长穆罕默德·贾瓦德·扎里夫领导）私下会谈的反应。美国与英国的外交官立刻欢迎伊朗方面采取一种新的、更温和更熟稔的方式。随后，在政客与外交官 3 天后离开纽约时，鲁哈尼与奥巴马通了电话，这被普遍解读为一次突破——自 1979 年以来首次这样交流。伊朗国内的强硬派顽固分子在鲁哈尼回国时发出了反对的声音，但更重要的是哈梅内伊继续发表声明支持鲁哈尼。有哈梅内伊的背后支持，鲁哈尼不必太过担心这些不和谐的音符。

10 月伊朗与伊朗核问题六国（联合国安理会五大常任理事国——美国、英国、法国、俄罗斯和中国，外加德国）之间的对话重启，双方的态度更为积极。11 月底谈判代表在日内瓦重聚，达成了一项临时协议（11 月 24 日）。该协议的核心是伊朗同意暂停 5% 浓度以上的铀浓缩，以换取放宽制裁——这种放宽估计对伊朗而言价值 70 亿美元（根据美国的说法是"适度的"）。此外，伊朗还同意开始将浓缩铀转化到更低的水平，不再用于武器，增加监察的频率和深度，暂停阿拉克钚厂的工作，并停止开发可极大提升浓缩速度和效

率的改进型离心机。双方会进一步谈判，目标是在 6 个月内达成最终
协定。尽管这只是一个临时性的解决方案，但这是一次巨大的成功。
这一发展对于改善伊朗与美国以及世界其他地区的关系具有巨大的潜
在意义，或许对于改善中东地区的状况也具有更广泛的意义。

很快，伊朗谈判代表同意的条款得到了完全的支持：阿里·哈
梅内伊快速发表了一份声明，对此协议表示欢迎，称"真主之恩典与
伊朗民族的支持是这一成功背后的原因"。以色列的内塔尼亚胡曾强
烈反对在日内瓦举行的会谈，并抨击会谈结果，认为对伊朗过于温
和。来自沙特阿拉伯的反对声音似乎也被有意忽略了。奥巴马能够平
息他们的反对，但他必须说服美国国会和其他地方持怀疑态度的人，
给予这个新进程一个机会，不要实施新的制裁。为此，奥巴马及其同
僚将这项协议作为停止或逆转伊朗核计划的第一步。这是看待此项协
议的一种方式：由世界上最重要国家中的七位外交部部长签署，标志
着国际社会承认伊朗是主要的核力量之一。

这一临时协议的部分意义在于美国与伊朗之前未曾有过的方向。
双方都从不妥协、冲突升级的立场有所退让。伊朗本可以继续顽固地
反对任何对其核计划的让步或限制，沉默接受孤立的代价，以及制裁
带来的巨大经济损失，这些制裁使伊朗民众艰难度日。美国本可以继
续"无浓缩，伊朗不可信"的路线，稳步提升制裁压力，直到只剩下
军事制裁。但是奥巴马放弃了这条路线，把握住机会信任伊朗。这才
是日内瓦协议及其后续进程的真正意义所在。

日内瓦协议达成后，有消息称自 2013 年 3 月以来——恰好在鲁
哈尼当选为总统之前，伊朗与美国之间存在秘密的双边会谈。伊朗与
美国的政治巨头都对积极的外交进程做出了承诺。其他缔约国的参与
也很重要，但其本质是美国与伊朗之间的协商。与所有涉及此类承诺

的倡议一样，在这一进程中投入的政治推力与政治资本，与各种技术上的细节同等重要。

根据在日内瓦达成的临时协议，最终解决方案将在6个月内达成。但可以预见的是，谈判过程显然是艰难的，谈判的最后时限被推迟了两次，分别是2014年6月与11月。之后在2015年4月2日达成框架协议。最终协议的技术细节将在6月底之前完成。最终，在进一步延长最后期限后，7月14日最终的决定性协议在维也纳达成。

在日内瓦协议的基础上，维也纳协议（官方称之为"联合全面行动计划"）承诺，伊朗将其离心机的运作数量从2万台减少至不到6000台，浓缩铀不超过3.67%，达到这一水平的浓缩铀的最大储备量被限定为300千克（15年内），限制更高效离心机的研发（13年内），将福尔多地下核设施转用于医学研究，暂停铀浓缩15年，重新设计阿拉克工厂以防止生产钚，接受对现有场所或多或少的持续监管，并根据要求允许进入其他设施（接受最多以24天为周期的质询），同意逐渐解除制裁，这取决于伊朗是否履行义务。

尽管联合国安理会在几天内就通过了这项协议，但该协议在美国政治体系内遭到了共和党人的猛烈批判。大部分批评都基于这样一种假设，即伊朗这个国家无可救药，恶毒且不可信任，因此对于这些条款的核查被认为是不充分的（因为伊朗人有可能掩盖一些与武器有关的活动），而伊朗在15年或13年后不受某些限制的条款，则被认为是过于信任伊朗，认为它有能力在那段时间内与其他相关国家建立更高水平的信任。而在共和党方面，相当一部分反对意见是由于保守派原则上对军控措施根深蒂固的不信任，自1979年以来对于伊朗发自内心的厌恶，以及不愿奥巴马政府在政治上取得任何成功的深刻成见。但奥巴马明确表示，他将使用总统否决权以维护这项协议。经过数周的辩论，很明显反对派提不出严肃的替代性政策。最终，美国国会内对于该协议的反对势力瓦解了。

美国国会对于该协议的疑虑，不是唯一潜在的问题。旨在发展信任的核查条款，往往可能会引发新的分歧、对于失信的指责和尖刻言辞，特别是在短期内。该协议还规定，伊朗将说明之前与武器有关的活动——一项被认为并不导向善意的条款（到该年末国际原子能机构的一份报告满足了这个条件）。但是该协议之所以可能达成，只是因为美国和伊朗这两国主要政党的领导人都对此做出了巨大的政治投资。鉴于双方在核查过程中继续做出高级别承诺，似乎不可避免的问题最终将和以前一样得到解决。

假定该协议得以遵守，核问题得以解决，这将给整个中东地区带来重要的安全红利。尽管内塔尼亚胡对此表示反对（他将"联合全面行动计划"描述为一个"历史性的错误"），但是以色列将从与伊朗关系正常化中收获比其他国家更多的利益，虽然这会使以色列失去该地区的核主宰地位。解决核问题可能会开启伊朗与美国之间关系的新可能。在美国期待有更进一步发展的愿望清单上排名十分靠前的就有消减伊朗对以色列的敌意。如果按照2003年大协商提议的设想，伊朗可以在事实上接受以色列的存在，撤回对向以色列采取暴力行动的哈马斯和黎巴嫩真主党的支持，其好处肯定会多过以色列针对伊朗核计划挥之不去的忧虑（有报道称，2015年下半年伊朗实际上已经停止支持哈马斯）。针对以色列与巴勒斯坦之间的冲突，这种转变将会产生积极影响——可能不是决定性的，但总是有助益的。

中东地区可以通过各种方式从与伊朗的和解中受益。对于美国和其他西方国家来说，与伊朗合作，能够减少从叙利亚到伊拉克、巴林、阿富汗和巴基斯坦等地区逊尼派与什叶派之间不断增长的敌意与暴力——可能是当代中东地区最具威胁性的事态发展，这将产生巨大的收益。在 2014 年 5 月"伊斯兰国"（Islamic State，简称 IS）组织攻占伊拉克摩苏尔市之后，这种形势变得更加明显。此后，美国与伊朗在伊拉克共同打击"IS"的斗争中成为事实上的盟友。例如，从中期来看，如果伊朗在稳定该地区方面能够成为一个更重要的合作伙伴，那么它可能也不会对西方与沙特阿拉伯之间的关系造成伤害。沙特阿拉伯必须要与其他国家竞争，以获得西方国家的关注和同情。它可能更有动力去采取有效行动，打击滋生恐怖主义和地区不稳定的国内因素。

对于伊朗自身而言，如果核问题的解决方案得以遵守，并且产出了所有人都期盼的结果，伊朗人有希望解除制裁，开放国际商贸，恢复经济繁荣。鉴于那些受过教育、有创业意识的伊朗人的潜力（更不要提那些极具能力的伊朗犹太人），其经济影响可能会相当引人注目。减少孤立伊朗的举措，可能也有利于伊朗国内的政治自由和公民社会，因为安全威胁和镇压的理由也会减少。从 2013 年鲁哈尼当选到 2015 年夏达成核协议，人们普遍认为其他问题，比如更大的政治和出版自由，以及释放政治犯，都将等待核谈判的结果。核协议显然是鲁哈尼的成就，但他提升的声望和改革派要求在其他问题上取得进展的新压力相结合，对他本人来说是潜在的危险，需要谨慎处理。政权强硬派觊觎他们的地位，或许已经对"联合全面行动计划"中做出的让步感到不悦。强硬派可能倾向于重申自己的立场，以表明他们继续掌控权力，防止鲁哈尼的蚕食。在"联合全面行动计划"签署之后的几周内，哈梅内伊发表了一系列声明，禁止与美国的进一步双边合作，这些声明被广泛解读为对政权强硬派的安抚，即对美国的传统敌对立场不变。2015 年秋伊朗因叙利亚危机，与俄罗斯走得更近了。

尽管如此，美国和伊朗的外交官在维也纳举行的多边会谈中仍就叙利亚问题进行了交谈，但有一些迹象表明，在 2016 年伊朗议会选举之前，反对"联合全面行动计划"的反西方强硬派正在伊朗体制内失去吸引力。

尽管细节难以预测，但 2015 年夏看起来像是伊朗在该地区和整个世界中的一个转折点——一个重新融入国际体系和减少内部限制的机会。为了让伊朗和整个世界能够从这些机会中获益，之前的怀疑论者，无论是在伊朗国内还是在国外，都必须适应不断变化的环境，认识到新的可能性。为了所有人的福祉，我们都需要具有远见，去落实来之不易的核协议。

注 释

前 言 伊朗思想的非凡弹性

1. Gobineau 是最早阐述雅利安种族论的思想家。19 世纪中叶他在法国驻德黑兰大使馆担任外交官。

第 1 章 起 源

1. Accessed from the University of Pennsylvania's Web site, www.museum.upenn.edu/new/research/Exp_Rese_Disc/NearEast/wines.html.

2. A. T. Olmstead, *History of the Persian Empire: Achaemenid Period* (Chicago: University of Chicago Press, 1948), 22–23.

3. 早期琐罗亚斯德教的性质很难解释，我几乎无法对它做出解读。我很倚重 Alessandro Bausani, *Religion in Iran: From Zoroaster to* Bahu'u'llah (New York: Bibliotheca Persica, 2000)；Mary Boyce, *A History of Zoroastrianism, Volume One: The Early Period* (Leiden: Brill, 1975), and Shahrokh Razmjou, "Religion and Burial Customs," in *Forgotten Empire: The World of Ancient Persia* (London: I. B. Tauris, 2005), 150–180。

4. Bausani, *Religion in Iran*, 10–11; Mary Boyce, *Zoroastrianism: A Shadowy but Powerful Presence in the Judaeo-Christian World* (London: Dr. William's Trust, 1987), 9.

5. 但 Bausani, *Religion in Iran*, 29–30 怀疑这种解释过于简单化。这是一个很有吸引力的知识典范，与早期基督教有着明显的交相辉映之处，吸收了之前的一些宗教形式，而字面上妖魔化另一些宗教形式为迷信或者巫术。

6. 尽管在最早的时候阿里曼的直接对手是善灵（Spenta Mainyu），不是被描绘成凌驾于冲突之上的阿胡拉·马兹达。

7. Boyce, *Zoroastrianism*, 8.

8. Bausani, *Religion in Iran*, 53.

9. 已故的 Mary Boyce 认为，琐罗亚斯德教在阿契美尼德王朝终结后，通过散居犹太人的社区为犹太人更好地了解（Boyce, *Zoroastrianism*, 11）。

10. Richard C. Foltz, *Spirituality in the Land of the Noble: How Iran Shaped the World's Religions* (Oxford, UK: Oneworld, 2004), 45–53, and Edwin Yamauchi, *Persia and the Bible* (Grand Rapids, MI: Baker Book House, 1990), 463–464, 以此反驳 Boyce 的论文。

11. Daniel D. Luckenbill, *Ancient Records of Assyria and Babylonia* (London: Histories and Mysteries of Man, 1989), 115–120.

12. James Pritchard, *Ancient Near Eastern Texts Relating to the Old Testament with Supplement*, 3rd ed. (Princeton, NJ: Princeton University Press, 1969), 316.

13. Patricia Crone, "Zoroastrian Communism," in *Comparative Studies in Society and History* 36 (July 1994): 460.

14. Maria Brosius, *Women in Ancient Persia, 559–331 BC* (Oxford: Clarendon Press, 1998), 198–200 and passim.

15. Olmstead, 66–68, 引用了希腊晚期文献。

16. Alessandro Bausani, *The Persians* (London: Book Club Associates, 1975), 20.

17. Josef Wiesehöfer, *Ancient Persia* (London: I. B. Tauris, 2006), 33 and 82. 对此证据的另一种解读是大流士谋杀了真正的巴尔迪亚（在此之前，可能还有他的兄弟冈比西斯）以获得王位。之后，他不得不镇压了一系列效忠分子的叛乱，还编造了一个幌子。

18. Ibid., 67–69.

19. Alexandra Villing, "Persia and Greece," in *Forgotten Empire: The World of Ancient Persia* (London: I. B. Tauris, 2005), 236–249.

20. Villing, 230–231.

21. Olmstead, 519–520.

22. Boyce, *A History of Zoroastrianism*, 78–79.

第 2 章　伊朗的复兴

1. Wiesehöfer, 134.

2. Ibid., 145.

3. Habib Levy, *Comprehensive History of the Jews of Iran*, H. Ebrami, ed. (Costa Mesa, CA: Mazda Publishers, 1999), 113–115.

4. 我从 18 世纪的普鲁塔克译本摘抄了这些话，1763 年 "by Dacier and others" 在爱丁堡出版。在企鹅出的 *The Bacchae* (Harmondsworth: 1973) 中，Phillip Vellacott 也

翻译了这一段："I am bringing home from the mountains /A vine-branch freshly cut /For the gods have blessed our hunting。"

5. "Arsacid Dynasty," in *Encyclopedia Iranica* (New York: Routledge, 1982–).

6. Ibid.

7. Bausani, *Religion in Iran*, 12; Wiesehöfer, 149.

8. "Arsacid Dynasty," in *Encyclopedia Iranica*.

9. Levy, 113.

10. "Mithraism," in *Encyclopedia Iranica*.

11. Touraj Daryaee, *Sasanian Persia: The Rise and Fall of an Empire* (London: I. B. Tauris, 2007); Wiesehöfer, 160.

12. Homa Katouzian, *Iranian History and Politics: The Dialectic of State and Society* (London: Routledge, 2007).

13. Daryaee, *Sasanian Persia*.

14. Wiesehöfer, 161; "Shapur I," in *Encyclopedia Iranica*.

15. 收入了 Seamus Heaney and Ted Hughes, eds., *The School Bag* (London: Faber and Faber, 1997), 183–186。

16. Daryaee, *Sasanian Persia*.

17. See Touraj Daryaee, *Sahrestaniha-i Eransahr: A Middle Persian Text on Late Antique Geography, Epic, and History* (Costa Mesa, CA: Mazda Publishers, 2002).

18. Bausani, *Religion in Iran*, 107.

19. Ibid., 83–96.

20. Daryaee, *Sasanian Persia*.

21. Bausani, *Religion in Iran*, 89.

22. Ibid., 89, 118, and 120; Daryaee, *Sasanian Persia*.

23. Bausani, *Religion in Iran*, 87.

24. 对伯拉纠来说，最好也是很重要的一本书是 B. R. Rees, *Pelagius: Life and Letters* (Woodbridge, UK: Boydell and Brewer, 1998)。我对奥古斯丁的一些描述可能会引发某些争议，奥古斯丁仍然坚持自己的神学立场（16 世纪被重申，后来还被加尔文主义者重申），但是他曾为摩尼教徒的事实无可争辩。近来，基督教神学已经背离了奥古斯丁的许多观点，转而更倾向于伯拉纠派的立场。争论中比较有趣的一点是，伯拉纠坚持认为人可以通过自身的努力完善自我并获得拯救；而奥古斯丁则坚持认为只有在上帝的恩典下才能获得拯救。在这一点上，伯拉纠与一些伊斯兰思想家的想法相似，尤其是伊本·阿拉比（见第 3 章）。

25. Bausani, *Religion in Iran*, 86.

26. Also Sprach Zarathustra: "wenn ich frohlockend sass, wo alte Götter begraben liegen,

weltsegnend, weltliebend neben den Denkmalen alter Weltverleumder"—"if ever I sat rejoicing where old gods lay buried, world-blessing, world-loving, beside the monuments of old world-slanderers."

27. "Shapur I," in *Encyclopedia Iranica*.

28. Daryaee, *Sasanian Persia*.

29. Bausani, *Religion in Iran*, 11–13. 可参考 Bausani 对 9 世纪琐罗亚斯德教巴列维文本节录的解释。

30. "The Sassanids," in *Encyclopedia Iranica*; Ammianus Marcellinus, vol.2, 457–503, Loeb Classics.

31. Ibid.; Daryaee, *Sasanian Persia*.

32. Ibid.

33. Crone, 448. 她认为宗教运动是对诺斯替派富含活力的肯定回应，而不是摩尼教的副产品（461–462），并且顺应了另一种年表，在该年表中马兹达克在霍斯劳继承王位后才去世。马兹达克事件的许多方面还存在争议。

34. Mohammad ibn Jarir al-Tabari, *The Sasanids, the Byzantines, the Lakhmids, and Yemen*, vol.5 of *History of al-Tabari*, edited and translated by C. E. Bosworth (Albany: State University of New York Press), 135 and note. 这个故事还有西方版本，其中一些人认为这名女子是卡瓦德的妻子。

35. Wiesehöfer, 190.

36. Bausani, *Religion in Iran*, 101.

37. Ibid., 100; Daryaee, *Sasanian Persia*.

38. Al-Tabari, 149.

39. Edward Gibbon, *The History of the Decline and Fall of the Roman Empire* (London: Printed by A. Strahan for T. Cadell and W. Davies, 1802), vol.7, 149–151（这段话引用了拜占庭历史学家阿加提亚斯的话）。

40. "The Sassanids," in *Encyclopedia Iranica*.

41. Steven Runciman, *A History of the Crusades* (Harmondsworth: Penguin, 1991), 10–11.

42. "The Sassanids," in *Encyclopedia Iranica*.

第 3 章　伊斯兰与入侵

1. 现代波斯语口语在很多方面都是从古典波斯语的书面语简化而来的，现在伊朗年轻人的波斯语还在进一步变化，通过电影、电视和互联网借用了许多英语单词。

2. 对先知与麦地那犹太人打交道的解释是一个有争议的话题。Bertold Spuler, *The Age of the Caliphs: A History of the Muslim World* (Princeton, NJ: Markus Wiener Publishers, 1995), 11–12; Norman A. Stillman, *The Jews of Arab Lands: A History and*

Source Book (Philadelphia: Jewish Publications Society, 1979), 11–16。

3. Abdelwahab Bouhdiba, *Sexuality in Islam* (New York: Routledge, 1985),19–20 and passim.

4. Ira M. Lapidus, *A History of Islamic Societies* (Cambridge: Cambridge University Press, 2002), 30.

5. Richard N. Frye, *The Golden Age of Persia: The Arabs in the East* (London: Weidenfeld and Nicolson, 1975), 64–65.

6. Aptin Khanbaghi, *The Fire, the Star and the Cross: Minority Religions in Medieval and Early Modern Iran* (London: I. B. Tauris, 2006), 25.

7. Bausani, *Religion in Iran*, 118.

8. Ibid., 111–121.

9. Ibid., 111; 对于征服后的变化，请参考 *The Cambridge History of Iran: From the Arab Invasion to the Saljuq*, vol.4 (London: Cambridge University Press, 1975), 40–48。

10. Ibid., 63–64.

11. Hugh Kennedy, *The Court of the Caliphs* (London: Phoenix, 2005), 134–136.

12. Ehsan Yarshater, "The Persian Presence in the Islamic World," in *The Persian Presence in the Islamic World*, Richard Hovannasian and Georges Sabagh, eds. (Cambridge: Cambridge University Press, 1998), 70–71.

13. Frye, *The Golden Age of Persia*, 122–123; Bausani, *Religion in Iran*, 143.

14. Bausani, *The Persians*, 84–85.

15. Mehdi Nakosteen, *History of the Islamic Origins of Western Education, AD 800–1350* (Boulder: University of Colorado Press, 1964), 20–27.

16. Quoted in Frye, *The Golden Age of Persia*, 150.

17. Bausani, *Religion in Iran*, 121–130; Khanbaghi, 20–27.

18. Quoted in Crone, 450.

19. Persian transliterated from Reza Saberi, *A Thousand Years of Persian Rubaiyat: An Anthology of Quatrains from the Tenth to the Twentieth Century Along with the Original Persian* (Bethesda, MD: Ibex Publishers, 2000), 20; 我感谢 Hashem Ahmadzadeh 和 Lenny Lewisohn 的帮助。下面的诗歌选集是个人的，包括不成比例的四行诗，很大程度上是因为四行诗的形式比其他主要的诗歌形式更短，我能够在很短的篇幅内吸收更多诗人的诗歌，包括最初的波斯诗歌。

20. Jerome Clinton, "A Comparison of Nizami's Layli and Majnun and Shakespeare's *Romeo and Juliet*," in *The Poetry of Nizami Ganjavi: Knowledge, Love and Rhetoric*, K. Talattof and J. Clinton, eds. (New York: Palgrave Macmillan, 2000), xvii.

21. Ibid., 72–73.

22. Idries Shah, *The Sufis* (London: Octagon Press, 1964), xiv.

23. A. J. Arberry, *Classical Persian Literature* (London: George Allen/Ruskin House, 1958), 67.

24. Mehdï Aminrazavi, *The Wine of Wisdom: The Life, Poetry and Philosophy of Omar Khayyam* (Oxford: Oneworld Publications, 2007), 25-27.

25. Ibid., 199-200.

26. Saberi, 75; translation by Axworthy, Ahmadzadeh, and Lewisohn.有一些四行诗的例子，菲茨杰拉德采取了比较自由的译法。

27. Aminrazavi, 131-133; Ehsan Yarshater, ed., *Persian Literature* (New York: Bibliotheca Persica Press, 1988), 148-150.

28. Saberi, 78; translation by Axworthy, Ahmadzadeh, and Lewisohn.

29. A. J. Arberry, *The* Ruba'iyat *of Omar Khayyam: Edited from a Newly Discovered Manuscript Dated 658 (1259-60) in the Possession of A. Chester Beatty Esq.* (London: Emery Walker Ltd., 1949), 14; Ahmad Saidi, ed. and trans., Ruba'iyat *of Omar Khayyam* (Berkeley: University of California Press, 1992), 36; translation by Axworthy, Ahmadzadeh, and Lewisohn.

30. For Sufism generally, see especially Leonard Lewisohn, *The Heritage of Sufism, Volume I: Classical Persian Sufism from Its Origins to Rumi (700-1300)* (Oxford: Oneworld, 1999), and Annemarie Schimmel, *Mystical Dimensions of Islam* (Chapel Hill: University of North Carolina Press, 1975).

31. Lewisohn, *The Heritage of Sufism*, 11-43; Marshall Hodgson, *The Venture of Islam*, vol.2 (Chicago: University of Chicago Press, 1974), 203, 209, 213, 217-222, 293, 304.

32. *The Cambridge History of Iran, Volume 5: The Saljuq and Mongol Periods* (London: Cambridge University Press, 1968), 299.

33. Arberry, *Classical Persian Literature*, 90-91.

34. R. Gelpke, *Nizami: The Story of Layla and Majnun* (Colchester: Bruno Cassirer, 1966), 168.

35. Clinton, 25.

36. Leonard Lewisohn and C. Shackle, eds., *Attar and the Persian Sufi Tradition: The Art of Spiritual Flight* (London: I. B. Tauris, 2006), 255; and L. Lewisohn, "Attar, Farid al-Din," in Lindsay Jones, ed., *Encyclopedia of Religion, 15-Volume Set* (New York: MacMillan Reference Books, 2005), 601-cf. Nietzsche: *Was aus Liebe getan wird, geschieht immer jenseits von Gut und Böse—That which is done out of love, always takes place beyond Good and Evil.*

37. Farid al-Din Attar, *The Conference of the Birds*, Afkham Darbandi and Dick Davis, eds.

and trans. (London: Penguin Classics, 1984), 57–75.

38. David Morgan, *Medieval Persia 1040–1797: History of the Near East* (London: Longman Publishing Group, 1988), 88–96 and passim.

39. *The Cambridge History of Iran*, Volume 5, 313–314; based on John Andrew Boyle, ed. and trans., *The History of the World-Conqueror (Juvayni)* (Cambridge: Harvard University Press, 1958), 159–162.

40. Ibid., 337.

41. Levy, 245.

42. Jalal al-Din Rumi, *The Masnavi, Book One*, Jawid Mojaddedi, ed. and trans. (New York: Oxford University Press, 2004), 4–5.

43. Saberi, 257; translation by Axworthy and Ahmadzadeh.

44. William C. Chittick and Peter Lamborn Wilson, eds. and trans., *Fakhruddin Iraqi: Divine Flashes* (London: Paulist Press, 1982), 34.

45. Ibid., 36.

46. Baqer Moin, *Khomeini: Life of the Ayatollah* (London: I. B. Tauris, 1999), 47. "完人" 的概念指的是苏瑞瓦尔迪的思想、新柏拉图主义，可能还有琐罗亚斯德教中的人格化（达埃纳和弗拉瓦希）和天使；Henry Corbin, *En Islam Iranien: Aspects Spirituels et Philosophiques*, vol.2 (Paris: Gallimard, 1971), 297–325。

47. Henry Corbin, *Spiritual Body and Celestial Earth: From Mazdean Iran to Shi'ite Iran* (Princeton: Princeton University Press, 1977), 139；与早期描述达埃纳的摘录的相似之处是很明显的。

48. Chittick and Wilson, 60.

49. G. M. Wickens, trans., *The Bustan of* Sa'di (Leiden: 1974), 150.

50. Edward Granville Browne, *A Literary History of Persia: Volume II, From Firdawsi to Sa'di* (Cambridge: Cambridge University Press, 1969), 530.

51. Saberi, 274; translation by Axworthy and Ahmadzadeh.

52. Ibid., 277; translation by Axworthy and Ahmadzadeh.

53. Arberry, *Classical Persian Literature*, 331. 在马修·阿诺德的《多佛滩》中回响的不止这首诗。

54. Arberry, 43; 我十分感谢 Lenny Lewisohn 的翻译。与托马斯·哈代的诗《梦幻时刻》相比：那面镜子 / 把人变成透明物体 / 谁拿着那面镜子 / 命令我们朝你我赤裸的胸 / 一个劲儿窥探？

55. 不只是伊朗人，西方评论员也一直在为这些诗歌苦恼：它们写给用第三人称单数表示的心爱的人，这个词在波斯语中是中性的，那么到底是同性恋还是传统异性恋？考虑到没有明确的性别标记，就像人们在其他诗歌中发现的那样，因

而答案是故意这样模棱两可。可能更擅长反映中性的第三人称对所爱的人的更
高意义，即对上帝的意义。

56. P. Natil Khanlari, ed., *Divan-e Hafez* (Tehran: 1980), ghazal 197; also quoted in John W. Limbert, *Iran: At War with History* (Boulder, CO: Westview Press, 1987), 144.

57. Saberi, 384; Saberi's translation.

58. *The Cambridge History of Iran*, Volume 5, 546–547.

59. J ü rgen Paul, "L'invasion Mongole comme revelateur de la société Iranienne," in L'Iran *face à la domination Mongole* (Tehran: 1997), 46–47 and passim.

60. Cf. Mostafa Vaziri, *Iran as Imagined Nation: The Construction of National Identity* (New York: Marlowe and Company, 1994), passim.

61. Ibn Khaldun, *The Muqaddimah: An Introduction to History* (London: Routledge and Kegan Paul, 1967), 353–355; E. Gellner, "Tribalism and the State in the Middle East," in *Tribes and State Formation in the Middle East* (London: I. B. Tauris, 1991), passim.

第 4 章　什叶派与萨法维王朝

1. 以下内容在很大程度上借鉴了 Moojan Momen, *An Introduction to Shi'i Islam: The History and Doctrines of Twelver Shi'ism* (New Haven, CT: Yale University Press, 1987), 28–33 and passim。

2. James A. Bill and John Alden Williams, *Roman Catholics and Shi'i Muslims: Prayer, Passion, and Politics* (Chapel Hill: University of North Carolina Press, 2002), 1–7.

3. Kathryn Babayan, *Mystics, Monarchs and Messiahs: Cultural Landscapes of Early Modern Iran* (Cambridge: Harvard Center for Middle Eastern Studies, 2002), xxxviii.

4. Ibid., xxxix.

5. *Encyclopedia Iranica* "Esmail" (Savory); Andrew J. Newman, *Safavid Iran: Rebirth of a Persian Empire* (London: I. B. Tauris, 2006), 9–12.

6. "Esmail," in *Encyclopedia Iranica* (Savory).

7. Newman, 24–25 , passim.

8. Rasul Ja'farian, *Din va Siyasat dar Dawrah-ye Safavi* (Qom: 1991) 深入探讨了 1500 年以前什叶派在伊朗的活动范围和此后的变化。

9. Foltz, 134.

10. V. Minorsky, ed. and trans., *Tadhkirat al-Muluk: A Manual of Safavid Administration* (London: Gibb Memorial Trust, 1980), 33–35.

11. Willem Floor, *The Economy of Safavid Persia* (Wiesbaden, Germany: 2000), and Rudolph Matthee, *The Pursuit of Pleasure: Drugs and Stimulants in Iranian History 1500–1900* (Princeton, NJ: Princeton University Press, 2005).

12. C. A. Bayly, *Imperial Meridian: The British Empire and the World 1780–1830* (London: Longman, 1989), 30; J. Foran, "The Long Fall of the Safavid Dynasty: Moving Beyond the Standard Views," in *The International Journal of Middle East Studies*, no.24 (1992): 281–304 (passim); Mansur Sefatgol, "Safavid Administration of Avqaf: Structure, Changes and Functions, 1077–1135/1666–1722," in *Society and Culture in the Early Modern Middle East: Studies on Iran in the Safavid Period* (Leiden: Brill Academic Publishers, 2003), 408.

13. Willem Floor, *Safavid Government Institutions* (Costa Mesa, CA: Mazda Publishers, 2001) and Minorsky.

14. "Molla Sadra Shirazi," in *Encyclopaedia Iranica* (Sajjad Rizvi). "Molla" 和 "Mullah" 是同一个词，但我之所以这样称 Molla Sadra 是为了将他与易误导人的现代指示含义区别开来。

15. Roy Mottahedeh, *The Mantle of the Prophet* (Harmondsworth: Penguin, 1987), 179.

16. Yarshater, *Persian Literature*, 249–288, 尤其是引用自 Bausani, 275 的内容。

17. Levy, 293–295; Eliz Sanasarian, *Religious Minorities in Iran* (Cambridge/New York: Cambridge University Press, 2000), 45.

18. 了解这一点，尽管后来 Dorit Rabinyan's *Persian Brides* (Edinburgh: George Braziller Publishers, 1998) 对于犹太大家庭和他们村庄毛拉之间的关系的描述生动而难忘。

19. Mottahedeh, 203. 思想家 Ali Shariati 也攻击萨法维时期的什叶派（黑什叶派），但可以说是在解决他那个时代宗教实践的缺陷，而不是提出一个历史性的观点。他的首要任务是鼓励真正的什叶派（红什叶派）复兴——社会正义的革命什叶派，见第 7 章。

20. Rudolph Matthee, "Unwalled Cities and Restless Nomads: Firearms and Artillery in Safavid Iran," in *Safavid Persia: The History and Politics of an Islamic Society* (London: I. B. Tauris, 1996), and Michael Axworthy, "The Army of Nader Shah," in *Iranian Studies* (December 2007).

21. Matthee, *The Pursuit of Pleasure*, 61.

22. Ibid., 50–56.

23. Roger Savory, *Iran Under the Safavids* (Cambridge: Cambridge University Press, 2007), 232.

24. Matthee, *The Pursuit of Pleasure*, 58–60.

25. Ibid., 91–92, 92n. 证据不仅来自法庭上的西方观察人士，还来自波斯；库姆的谢赫 ol-Eslam 大胆批评了国王的酗酒行为，并且幸运地逃脱了死刑。

26. Newman, *Safavid Iran*, 99; "Part of this struggle for the hearts and minds of the 'popular' classes."

27. V. Moreen, "Risala-yi Sawa'iq al-Yahud [The treatise Lightning Bolts Against the Jews] by Muhammad Baqir b. Muhammad Taqi al-Majlisi (d.1699)," in *Die Welt des Islams* 32 (1992), passim.

28. J. Calmard, "Popular Literature Under the Safavids," in *Society and Culture in the Early Modern Middle East: Studies on Iran in the Safavid Period* (Leiden: Brill Academic Publishers, 2003), 331.

第 5 章　萨法维王朝的衰落、纳迪尔沙阿、18 世纪过渡期与恺加王朝早期

1. 这一版本来自 Sir John Malcolm, *History of Persia: Containing an Account of the Religion, Government, Usages, and Character of the Inhabitants of That Kingdom* (London: Murray, 1829), 399–400；但是在波斯的一些文献和其他资料中有同样的故事，cf. Mohammad Kazem Marvi, 18, and Fr. Judasz Tadeusz Krusinski, *The History of the Late Revolutions of Persia* (London: 1740; New York: Arno Press, reprint 1973), 62–64。

2. Matthee, *The Pursuit of Pleasure*, 92–94; Babayan, 485; Lewisohn, *The Heritage of Sufism*, Volume I, 132–133.

3. Birgitt Hoffmann, ed. and trans., *Persische Geschichte 1694–1835 erlebt, erinnert und erfunden—das Rustam at-Tawarikh in deutscher Bearbeitung* (Bamberg, Germany: Aku, 1986), 203–204, 290; Krusinski, 121–122; Michael Axworthy, *The Sword of Persia: Nader Shah, from Tribal Warrior to Conquering Tyrant* (London: I. B. Tauris, 2006), 31–33.

4. Bayly, 30; Foran.

5. Krusinski, 196–198.

6. Axworthy, *The Sword of Persia*, 142.

7. N. D. Miklukho–Maklai, "Zapiski S Avramova ob Irane kak istoricheskii Istochnik," in *Uchenye Zapiski Leningradskogo gosudarstvennogo universiteta. Seriia vostokovedcheskikh nauk*, Part 3 (Leningrad.: 1952), 97.

8. Basile Vatatzes (ed. N. Iorga), *Persica: Histoire de Chah-Nadir* (Bucharest, Romania: 1939), 131–133.

9. Levy, 360–362; Axworthy, *The Sword of Persia*, 169.

10. 纳迪尔宗教政策的所有意义在 Ernest Tucker 的 *Nadir Shah's Quest for Legitimacy in Post-Safavid Iran* (Gainesville: University Press of Florida, 2006) 中都可以找到。

11. Axworthy, *The Sword of Persia*, 249–250; as well as Axworthy, "The Army of Nader Shah." 军队的规模是根据许多资料证实的，考虑到早先的趋势，这是合理的。

12. Bayly, 23 (Ottoman and Moghul figures); Floor, *The Economy of Safavid Persia*, 2; Charles Issawi, *The Economic History of Iran, 1800–1914* (Chicago: University of

Chicago Press, 1971), 20; Willem Floor, "Dutch Trade in Afsharid Persia" *Studia Iranica*, Tome 34, fascicule 1, 2005.

13. Axworthy, *The Sword of Persia*, 280–281.

14. Mirza Mohammad Mahdi Astarabadi, *Jahangusha-ye Naderi*, translated into French by Sir William Jones as the *Histoire de Nader Chah* (London: 1770) (original Persian text edited by Abdollah Anvar, Tehran, 1377), 187.

15. *The Cambridge History of Iran*, vol.7, 63–65.

16. Floor, *The Economy of Safavid Persia*, 3.

17. Ibid.

18. Ibid., 2–3; Issawi, 20.

19. Floor, "Dutch Trade in Afsharid Persia," 59.

20. Notably by Ann K. S. Lambton, "The Tribal Resurgence and the Decline of the Bureaucracy in the Eighteenth Century," in *Studies in Eighteenth-Century Islamic History* (Carbondale and Edwardsville: Southern Illinois University Press, 1977). 这一段也可以参考 *The Cambridge History of Iran*, vol.7, 506–541 (Richard Tapper); Richard Tapper, *Frontier Nomads of Iran: A Political and Social History of the Shahsevan* (Cambridge: Cambridge University Press, 2006), 1–33; and Gellner。

21. Hasan-e Fasa'i, *History of Persia Under Qajar Rule* (New York: Columbia University Press 1972), 4.

22. Ibid., 52–54.

23. Malcolm, 125.

24. *The Cambridge History of Iran*, vol.7, 125.

25. Hamid Algar, "Shi 'ism and Iran in the Eighteenth Century," in *Studies in Eighteenth-Century Islamic History* (Carbondale and Edwardsville: Southern Illinois University Press, 1977).

26. Mottahedeh, 233; 后来罗马帝国元老院的头衔和其他尊称也发生了类似事件。

27. Momen, 238–244; Nikki R. Keddie (Ghaffary), *Qajar Iran and the Rise of Reza Khan 1796–1925* (Costa Mesa, CA: Mazda Publishers, 1999), 94–96.

28. Hasan-e Fasa'i, 101–102.

29. *The Cambridge History of Iran*, vol.7, 142–143.

30. Malcolm, 217.

31. Denis Wright, *The English Amongst the Persians: Imperial Lives in Nineteenth-Century Iran* (London: I. B. Tauris, 1977), 4–5.

32. *The Cambridge History of Iran*, vol.7, 331–333; Hasan-e Fasa'i, 111.

33. Ibid., 334; Keddie, *Qajar Iran and the Rise of Reza Khan 1796–1925*, 22.

34. Ibid., 335–338.

35. Nikki R. Keddie, *Modern Iran: Roots and Results of Revolution* (New Haven, CT: Yale University Press, 2006), 42–43.

36. Laurence Kelly, *Diplomacy and Murder in Tehran: Alexander Griboyedov and Imperial Russia's Mission to the Shah of Persia* (London: Tauris Parke Paperbacks, 2006), 190–194.

37. Nikki R. Keddie, "The Iranian Power Structure and Social Change 1800–1969: An Overview," *International Journal of Middle East Studies* 2 (January 1971): 3–4; *The Cambridge History of Iran*, vol.7, 174–181.

38. Keddie, *Qajar Iran and the Rise of Reza Khan 1796–1925*, 17; *The Cambridge History of Iran*, vol.7, 174.

第 6 章　恺加王朝的危机、1905—1911 年革命与巴列维王朝的开端

1. Abbas Amanat, *Pivot of the Universe: Nasir al-Din Shah and the Iranian Monarchy, 1831–1896* (Berkeley: University of California Press, 1997), 252.

2. Levy, 427.

3. Ibid., 430.

4. Haideh Sahim, "Jews of Iran in the Qajar Period: Persecution and Perseverence," in *Religion and Society in Qajar Iran* (London: RoutledgeCurzon, 2005), 293–310.

5. Sanasarian, 45–46.

6. Hasan-e Fasa'i, 256–260.

7. Amanat, 44, 66.

8. 关于游牧部落提出了这些观点，可参考 Lois Beck, "Women Among Qashqai Nomadic Pastoralists in Iran," in *Women in the Muslim World* (Cambridge: Harvard University Press, 1979).

9. Keddie, *Qajar Iran and the Rise of Reza Khan 1796–1925*, 26–28; Amanat, 113–117.

10. *The Cambridge History of Iran*, vol.7, 182–183.

11. Amanat, 428–429; *The Cambridge History of Iran*, vol.7, 180.

12. Ibid., 180.

13. Ibid., 401–404 (Greaves).

14. Quoted in Ervand Abrahamian, "The Causes of the Constitutional Revolution in Iran," *International Journal of Middle East Studies* 10 (August 1979): 400.

15. Nikki R. Keddie, "Sayyid Jamal Al-Din Al-Afghani," in *Pioneers of Islamic Revival* (London: Zed Books, 2005), 24（在上一段的最后部分，我也引用了 Keddie 的话）。

16. Levy, 397.

17. *The Cambridge History of Iran*, vol.7, 199–200.

18. Abrahamian, "The Causes of the Constitutional Revolution in Iran," 404.

19. Ibid., 408–409.

20. Levy, 490–491.

21. Mottahedeh, 221–222; Vanessa Martin, *Islam and Modernism: The Iranian Revolution of 1906* (London: I. B. Tauris, 1989), 193–195.

22. Ibid., 223; Moin, 22.

23. Levy, 498–507.

24. *The Cambridge History of Iran*, vol.7, 206–207; Said Amir Arjomand, *The Turban for the Crown: Islamic Revolution in Iran* (London: Oxford University Press, 1988), 46.

25. Morgan Schuster, *The Strangling of Persia* (London: T. Fisher Unwin, 1912), 219.

26. Ali Ansari, *A History of Modern Iran Since 1921: The Pahlavis and After* (London: Longman, 2003), 22.

27. Accessed at http://www.gwpda.org/Dunsterville/Dunsterville_1918.htm.

28. 反例可见 Homa Katouzian,"Riza Shah's Legitimacy and Social Base," in *The Making of Modern Iran: State and Society Under Riza Shah, 1921–1941* (London: RoutledgeCurzon, 2003), 16–18。

29. Ansari, *A History of Modern Iran Since 1921*, 21–22.

30. Homa Katouzian, *State and Society in Iran: The Eclipse of the Qajars and the Emergence of the Pahlavis* (London: I. B. Tauris, 2000), 165; Arjomand, 60; Keddie, *Qajar Iran and the Rise of Reza Khan 1796–1925*, 74.

31. Wright, 181; Katouzian, *State and Society in Iran*, 233; Keddie, *Qajar Iran and the Rise of Reza Khan 1796–1925*, 79; Michael Zirinsky, "Imperial Power and Dictatorship: Britain and the Rise of Reza Shah, 1921–1926," *International Journal of Middle East Studies* 24 (November 1992): passim.

32. Arjomand, 62–63.

第 7 章　巴列维王朝与 1979 年革命

1. Vita Sackville-West, *Passenger to Teheran* (London: Tauris Parke Paperbacks, 1991; 1st ed., 1926), 100–101; Keddie, *Qajar Iran and the Rise of Reza Khan 1796–1925*, 79.

2. Stephanie Cronin, "Paradoxes of Military Modernisation," in *The Making of Modern Iran: State and Society Under Riza Shah, 1921–1941* (London: RoutledgeCurzon, 2003), 44 and passim.

3. Issawi, 376.

4. Ervand Abrahamian, *Iran Between Two Revolutions* (Princeton, NJ: Princeton University

Press, 1982), 143.

5. Issawi, 375–379.

6. Rudolph Matthee, "Education in the Reza Shah Period," in *The Making of Modern Iran* (London: RoutledgeCurzon, 2003), 140 and passim.

7. Kamran Talattof, *The Politics of Writing in Iran: A History of Modern Persian Literature* (Syracuse, NY: Syracuse University Press, 2000), 53–62.2006 年 11 月 17 日 Robert Tait 在《卫报》发表了 Hedayat 的所有作品都被艾哈迈迪·内贾德禁止的报道。但是，2007 年 11 月我访问伊朗时被告知他只有一部作品被禁。

8. Yarshater, *Persian Literature*, 336–380.

9. Abrahamian, *Iran Between Two Revolutions*, 143; Katouzian, "Riza Shah's Legitimacy and Social Base," 29–30.

10. Ansari, *A History of Modern Iran Since 1921*, 56–59.

11. Ibid., 68.

12. Katouzian, "Riza Shah's Legitimacy and Social Base," 26–32.

13. Abrahamian, *Iran Between Two Revolutions*, 163 (the shooting) and 158–161; Ansari, *A History of Modern Iran Since 1921*, 64.

14. Ibid., 164.

15. Katouzian, "Riza Shah's Legitimacy and Social Base," 32–33.

16. Levy, 544–546.

17. Accessed at http://users.sedona.net/~sepa/sardarij.html and www.wiesenthal.com/site/apps/s/content.asp?c=fwLYKnN8LzH&b=253162&ct=285846.

18. Ansari, *A History of Modern Iran Since 1921*, 110.

19. Ibid., 78–85.

20. Homa Katouzian, *Sadeq Hedayat: The Life and Legend of an Iranian Writer* (London: RoutledgeCurzon, 2003), 13–14；Katouzian 相当冷淡地暗示，如果轴心国占领了伊朗，也会很容易向另一个方向发展。

21. Mottahedeh, 98–105; Abrahamian, *Iran Between Two Revolutions*, 125–126.

22. Ibid., 164.

23. Moin, 105.

24. Keddie, *Modern Iran*, 130；Daryiush Bayandor 对一本关于政变新书的研究似乎认为，特勤局的作用比之前认为的要小得多，而神职人员和他们集市支持者的作用要重要得多。

25. Mottahedeh, 287–323; George Morrison, ed., *History of Persian Literature from the Beginnings of the Islamic Period to the Present Day* (Leiden, UK: Brill Academic Publishers, 1981), 201–202 (Kadkani); for Simin Daneshvar's revelations, see Talattof, 160.

26. Ansari, *A History of Modern Iran Since 1921*, 133.

27. Abrahamian, *Iran Between Two Revolutions*, 420.

28. Issawi, 375–382.

29. Quoted in Ali Ansari, *Iran, Islam and Democracy: The Politics of Managing Change* (London: Chatham House, 2000), 38–39.

30. Keddie, *Modern Iran*, 145; Robert Graham, *Iran: The Illusion of Power* (London: Croom Helm, 1978), 69.

31. Moin, 107–108.

32. Ibid., 123.

33. Ibid., 1–8.

34. 对于这种教育最好的描述是 Mottahedeh 的 *Mantle of the Prophet*。

35. Moin, 42–44.

36. Ibid., 64.

37. Keddie, *Modern Iran*, 147.

38. Ibid., 152.

39. Abrahamian, *Iran Between Two Revolutions*, 535–536.

40. Keddie, *Modern Iran*, 158.

41. Abrahamian, *Iran Between Two Revolutions*, 430–431.

42. James A. Bill, *The Eagle and the Lion: The Tregedy of American-Iranian Relations* (New Haven, CT: Yale University Press, 1988), 379–382.

43. Farah Azari, "Sexuality and Women's Oppression in Iran," in *Women of Iran: The Conflict with Fundamentalist Islam* (London: Ithaca Press, 1983), 130–132 和 passim, 在一个有洞见的章节中提请注意革命的性别方面，Mottahedeh, 273, 给出了相似的观点。

44. Mottahedeh, 270–272.

45. Quoted in Abrahamian, *Iran Between Two Revolutions*, 419.

46. Ansari, *A History of Modern Iran Since 1921*, 173.

47. Bill, *The Eagle and the Lion*, 183–184.

48. Mottahedeh, 328.

49. 关于设拉子犹太人在这一时期生活的生动图景，请参见 Laurence D. Loeb, *Outcaste: Jewish Life in Southern Iran* (New York: Routledge, 1977)。

50. Abrahamian, *Iran Between Two Revolutions*, 500–504.

51. Moin, 152–156.

52. Momen, 256–260.

53. Keddie, "Sayyid Jamal Al-Din Al-Afghani", 236.

54. Ibid., 208–245; Abrahamian, *Iran Between Two Revolutions*, 464–473.

55. Moin, 186.

56. 这一判断是基于对 2007 年春海湾 2000 互联网论坛的贡献；特别是 Ali Sajjadi 的贡献，他为法尔达电台写的一篇报道调查了这起案件。

57. Abrahamian, *Iran Between Two Revolutions*, 510–513.

58. Ibid., 519.

第 8 章　革命以来的伊朗

1. 或者，他说："我没有感觉。"

2. 第 3 章。

3. 除了部分例外，在一些极端的修辞背景中是 Shah Esma'il I（见第 4 章）。

4. 对于这句引用的话，我十分感谢 Baqer Moin，还有他关于这个话题的想法以及他在有关霍梅尼一书中的深刻见解。

5. Abrahamian, *Iran Between Two Revolutions*, 526–529.

6. Moin, 207–208.

7. Roy 1994, 173, 声称除了霍梅尼的学生蒙塔泽里，没有一位资深的阿亚图拉（大阿亚图拉）在 1981 年支持"法基赫的监护"制度。

8. Moin, 214.

9. Momen, 294.

10. Ansari, *A History of Modern Iran Since 1921*, 233.

11. Bill, *The Eagle and the Lion*, 1–2.

12. Moin, 282–283; Chris Rundle, *From Colwyn Bay to Kabul: An Unexpected Journey* (Stanhope: 2004), 146–150.

13. Quoted in Moin, 275–276.

14. Momen, 298–299.

15. Ansari, *A History of Modern Iran Since 1921*, 244–245.

16. 关于在这一点上进一步阐述 Soroush 的观点，参见 Ansari, *Iran, Islam and Democracy*, 75。

17. Katouzian, *Sadeq Hedayat*, 5–6, and Mottahedeh, 383–384.

18. 请参阅发表在《中东镜报》上的采访，2000 年 1 月 20 日，以及其他声明。

19. Moin, 279.

20. David Menashri, *Post-Revolutionary Politics in Iran: Religion, Society and Power* (London: Routledge, 2001), 35–38.

21. Anoush Ehteshami, *After Khomeini: The Iranian Second Republic* (London: Routledge, 1995), passim; and Ansari, *Iran, Islam and Democracy*, 52–53.

22. Keddie, *Modern Iran*, 264.

23. Ibid., 264–266.

24. Ziba Mir–Hosseini, "Women, Marriage and the Law in Iran," in *Women in the Middle East* (Basingstoke, UK: Macmillan, 1992).

25. 2003 figures—Keddie, *Modern Iran*, 286.

26. Afsaneh Najmabadi, *Women with Mustaches and Men Without Beards: Gender and Sexual Anxieties of Iranian Modernity* (Berkeley: University of California Press, 2005), 对伊朗历史上的两性主题进行了发人深省的分析。

27. Azadeh Kian-Thiébaut, "From Motherhood to Equal Rights Advocates: The Weakening of the Patriarchal Order," *Iranian Studies* 38 (March 2005): passim.

28. 这一点在 Mansour Moaddel 进行的比较调查中表现得最为明显，它也支持 Kian-Thiébaut，比如 49% 的伊朗人。接受调查的伊朗人认为，结婚时有爱情比父母的同意更重要（41% 的伊朗人持相反意见）。而在伊拉克，71% 的人更注重父母的认可，26% 的人更看重爱情。在沙特阿拉伯，两者的比例是 50% 对 48%。www.psc.isr.umich.edu/research/tmp/moaddel_values_survey.html。

29. 对于这次采访的详细讨论，参见 Ansari, *Iran, Islam and Democracy*, 133–137。

30. Sanasarian, *Religious Minorities in Iran*, 47, 47n; 48, 48n. 其他人认为 1948 年犹太人的数量高达 14 万至 15 万。

31. Shirin Ebadi 说了一些很有说服力的话，有一场革命就够了。这是 2006 年 5 月她在海恩怀伊文学节上的一次演讲中说到的。

32. 关于 2000 年夏镇压出版自由的讨论，参见 Ansari, *Iran, Islam and Democracy*, 211–217。

第 9 章 从哈塔米到艾哈迈迪·内贾德，以及伊朗的困境

1. 例如，Mansour Moaddel 调查的伊朗人中，27% 的人每周参加一次或更多的宗教仪式，而伊拉克人是 33%，埃及人是 42%，约旦人是 44%，美国人是 45%。55% 的伊朗人认为西方文化的入侵是一个很严重的问题，相比之下，64% 的埃及人、68% 的伊拉克人、70% 的沙特人和 85% 的约旦人这样认为。当被问及他们主要是穆斯林还是国家民族主义者时，61% 的伊朗人说是穆斯林，34% 的伊朗人说是民族主义者。而在伊拉克，有 63% 的穆斯林和 23% 的民族主义者；在约旦，有 72% 的穆斯林和 15% 的民族主义者；在沙特阿拉伯，有 75% 的穆斯林和 17% 的民族主义者；在埃及，有 79% 的穆斯林和 10% 的民族主义者。在伊朗，60% 的人认为男人比女人更适合做政治领导人，相比之下，沙特阿拉伯是 72%，埃及是 84%，约旦是 86%，伊拉克是 87%，美国是 22%。然而，其他调查结果表明，也许是因为他们有更多经验，伊朗人对于民主制作为最好的政治管理体制的热情

要比其他地区低。参见 www.psc.isr.umich.edu/research/tmp/moaddel_values_survey. html。

2. 有关伊朗支持打击塔利班的详细情况，请参见詹姆斯·多宾斯（参加波恩会谈的美国代表团团长，该会谈成立了联盟）的报道，《华盛顿邮报》，2007 年 7 月 22 日。

3. 译自 Mideastwire.com。

4. 投票由 Baztab.com 进行；Meir Javedanfarre 向海湾 2000（一个网络论坛）报告。

5. Katouzian, *Iranian History and Politics*; Mansour Moaddel, *Islamic Modernism, Nationalism and Fundamentalism: Episode and Discourse* (Chicago: University of Chicago Press, 2004).

6. 对于这些，以及至少一些伊朗年轻人的普遍态度的精彩写照，请参见 Nasrin Alavi, *We Are Iran: The Persian Blogs* (London: Portobello Books, 2005)；以及 R. Varzi, *Warring Souls: Youth, Media and Martyrdom in Post-Revolution Iran* (Durham: University of North Carolina Press, 2006)。

7. 其中一个历史事实是现代英国人由于教育制度遗失了自己的历史。

8. 美国有 170 人，英国有 17 人。数据来自 BBC, http://news.bbc.co.uk/1/hi/world/ middle_east/6351257.stm, 以及《每日电讯报》, www.telegraph.co.uk/news/main.jhtml?xml=/ news/2006/06/25/wirq225.xml&sSheet=/news/2006/06/25/ixnews.html。

9. 2007 年 7 月 15 日，据《洛杉矶时报》报道，根据（匿名）美国高级军官和其他人士的评论，虽然矛头指向伊朗和叙利亚，但在伊拉克的外国自杀式炸弹袭击者和叛乱分子中，来自沙特阿拉伯的人数最多，为 45%（加上来自叙利亚和黎巴嫩的 15%，以及来自北非的 10%，没有提供伊朗的数据，可能是因为太少，不成规模）。与其他类型的袭击相比，自杀式袭击在伊拉克系统性地杀害了更多的平民和士兵，而且这些袭击主要（如果不是全部）是由逊尼派叛乱分子实施的。同一消息来源称，沙特阿拉伯在伊拉克的所有战士中，有 50% 是作为自杀式炸弹袭击者来到那里的。文章评论说："这种情况使美军处于与敌人作战的尴尬境地，因为敌方外国战斗人员的主要来源是一个关键盟友，而这个盟友最好的情况是无法阻止其公民在伊拉克进行血腥袭击，最坏的情况是同流合污，派遣极端分子对美军、伊拉克平民和巴格达的什叶派政府进行袭击。"

10. 2007 年 4 月，伊朗最高法院推翻了对于一群巴斯基人的谋杀判决。他们因在东南部城市克尔曼杀害他们认为不道德的人而被定罪（2002 年）。受害者是一对订婚的夫妇，他们在探访婚后共同居住房子的路上被绑架。最高法院接受了这些人的辩护，即他们认为发出警告后，他们有理由（根据阿亚图拉 Mesbah Yazdi 的教导）杀死他们认为不道德的人。在克尔曼可能发生了 18 起这样的杀人事件，在马什哈德和德黑兰也发生了类似的谋杀事件（http://news.bbc.co.uk/2/hi/middle_east/6557679.stm）。

11. 霍梅尼等人以前也曾使用过这种说法，并被伊朗政权代表译为"从地图上抹去"。艾哈迈迪·内贾德所说的到底是什么意思，引起的一些争议相当虚假。当这个口号出现在阅兵式的导弹上时，其含义非常明确。部分原因是针对艾哈迈迪·内贾德的言论，但也因为它经常被忽略，所以我在本书中对伊朗犹太人的历史给予了一些适度的关注。

12. Martin Gilbert, *Israel: A History* (London: Black Swan, 1999), 639.

后　记

1. Ben Rhodes, "On Nowruz, President Obama Speaks to the Iranian People", The White House, http://www.whitehouse.gov/Nowruz/.

2. Borzou Daragahi and Ramin Mostaghim, "Iran Security Forces Retreat as Huge Numbers of Mourners Gather at Cemetery", *Los Angeles Times*, July 31, 2009, http://www.latimes.com/news/nationworld/world/la-fg-iran-protests31-2009jul31,0,7400028.story.

3. Borzou Daraghi, "Iran: Ayatollah Calls Government a 'Military Regime' Calls for Clerical Revolt", Babylon and Beyond (blog), *Los Angeles Times*, September 14, 2009,http://latimesblogs.latimes.com/babylonbeyond/2009/09/iran-grand-ayatollah-calls-government-a-military-regime.html.

4. Robert Tait, "Iran Hit by New Clashes as Crowds Protest During Religious Ceremonies", *The Guardian*, December 26, 2009, http://www.guardian.co.uk/world/2009/dec/27/iran-protests-riot-police-shots.

5. Iran Wire. "View from Iran: The Green Movement", June 23, 2015, http://en.iranwire.com/features/6576/; 对于 Hossein Ghazian 的采访，请参见 one of the pollsters: Iran Wire, "'The Walls Have Ears': Finding Out What the IranianPublic Really Thinks," June 22, 2015, http://en.iranwire.com/features/6577/。

参考文献

Abrahamian, Ervand. *Tortured Confessions: Prisons and Public Recantations in Modern Iran*. Berkeley: University of California Press, 1999.

_____. *Khomeinism: Essays on the Islamic Republic*. Berkeley: University of California Press, 1993.

_____. *Iran Between Two Revolutions*. Princeton, NJ: Princeton University Press, 1982.

_____. "The Causes of the Constitutional Revolution in Iran." *International Journal of Middle East Studies* 10 (August 1979): 381–414.

_____. "The Crowd in Iranian Politics 1905–1953." *Past and Present* (December 1968): 184–210.

Al-Tabari, Mohammad ibn Jarir. *The Sasanids, the Byzantines, the Lakhmids, and Yemen* (vol. 5 of the *History of al-Tabari*) C. E. Bosworth, ed. and trans. Albany: State University of New York Press, 1999.

Alavi, Nasrin. *We Are Iran: The Persian Blogs*. London: Portobello Books, 2005.

Algar, Hamid. "Shiʿism and Iran in the Eighteenth Century." *Studies in Eighteenth-Century Islamic History*, Thomas Naff and Roger Owen, eds. Carbondale and Edwardsville: Southern Illinois University Press, 1977.

Amanat, Abbas. *Pivot of the Universe: Nasir al-Din Shah and the Iranian Monarchy, 1831–1896*. London: I. B. Tauris, 1997.

Aminrazavi, Mehdi. *The Wine of Wisdom: The Life, Poetry and Philosophy of Omar Khayyam*. Oxford: Oneworld , 2005.

Ansari, Ali. *Confronting Iran: The Failure of American Foreign Policy and the Next Great Crisis in the Middle East*. London: Hurst Books, 2006.

_____. "Persia in the Western Imagination." *Anglo-Iranian Relations Since 1800*, Vanessa Martin, ed. Abingdon, UK: Routledge, 2005.

_____. *A History of Modern Iran Since 1921: The Pahlavis and After.* London: Longman, 2003.

_____. *Iran, Islam and Democracy: The Politics of Managing Change.* London: Chatham House, 2000.

Arberry, A. J., ed. and trans. *Classical Persian Literature.* Abingdon: RoutledgeCurzon, 2004; 1st ed., 1958.

_____. *Fifty Poems of Hafiz.* Cambridge: Cambridge University Press, 1947.

_____. *The Ruba'iyat of Omar Khayyam: Edited from a Newly Discovered Manuscript Dated 658 (1259–60) in the Possession of A. Chester Beatty Esq.* London: Emery Walker Ltd., 1949.

Arjomand, Said Amir. *The Turban for the Crown: Islamic Revolution in Iran.* Oxford: Oxford University Press, 1988.

Astarabadi, Mirza Mohammad Mahdi. *Jahangusha-ye Naderi*, translated into French by Sir William Jones as the *Histoire de Nader Chah.* London: 1770; original Persian text ed. Abdollah Anvar, Tehran: 1377 (1998).

Atabaki, Touraj, *Iran and the First World War: Battleground of the Great Powers.* London: I. B. Tauris, 2006.

_____. *Azerbaijan: Ethnicity and Autonomy in Twentieth-Century Iran.* London: British Academic Press, 1993.

Attar, Farid al-Din. *The Conference of the Birds*, Afkham Darbandi and Dick Davis, eds. and trans. London: Penguin Classics, 1984.

Avery, Peter. *The Collected Lyrics of Hafiz of Shiraz.* London: Archetype, 2007.

Axworthy, Michael. "Diplomatic Relations Between Iran and the UK in the Early Reform Period, 1997–2000." *Iran's Foreign Policy: From Khatami to Ahmadinejad*, Anoush Ehteshami and Mahjoob Zweiri, eds. London: Ithaca Press, 2008.

_____. "The Army of Nader Shah." *Iranian Studies* (December 2007).

_____. "Basile Vatatzes and His History of Nader Shah." *Oriente Moderno* 2 (2006): 331–343.

_____. *The Sword of Persia: Nader Shah, from Tribal Warrior to Conquering Tyrant.* London: I. B. Tauris, 2006.

Azari, Farah. "Sexuality and Women's Oppression in Iran." *Women of Iran: The Conflict with Fundamentalist Islam.* London: Ithaca Press, 1983.

Babayan, Kathryn. *Mystics, Monarchs and Messiahs: Cultural Landscapes of Early*

Modern Iran. Cambridge: Harvard Center for Middle Eastern Studies, 2002.

Bakhash, Shaul. *The Reign of the Ayatollahs: Iran and the Islamic Revolution.* London: I.B. Tauris, 1985.

Bausani, Alessandro. *Religion in Iran: From Zoroaster to Bahu'u'llah.* New York: Bibliotheca Persica, 2000.

_____. *The Persians.* London: Book Club Associates, 1975.

Bayat, Mangol. *Iran's First Revolution: Shi'ism and the Constitutional Revolution of 1905–1909.* Oxford: Oxford University Press, 1991.

_____. *Mysticism and Dissent: Socioreligious Thought in Qajar Iran.* Syracuse, NY: Syracuse University Press, 1982.

Bayly, C. A. *Imperial Meridian: The British Empire and the World 1780–1830.* London: Longman, 1989.

Beck, Lois. "Women Among Qashqai Nomadic Pastoralists in Iran." *Women in the Muslim World*, Lois Beck and Nikki Beck Keddie, eds. Cambridge: Harvard University Press, 1978.

Berquist, Jon L. *Judaism in Persia's Shadow: A Social and Historical Approach.* Minneapolis, MN: Wipf and Stock Publishers, 1995.

Bill, James A. *The Eagle and the Lion: The Tragedy of American-Iranian Relations.* London and New Haven, CT: Yale University Press, 1988.

Bill, James A., and John Alden Williams. *Roman Catholics and Shi'i Muslims: Prayer, Passion, and Politics.* Chapel Hill: University of North Carolina Press, 2002.

Bly, Robert, with Leonard Lewisohn. *The Winged Energy of Delight: Selected Translations.* London: HarperCollins, 2004.

Bouhdiba, Abdelwahab. *Sexuality in Islam.* London: Routledge, 1985.

Boyce, Mary. *Zoroastrianism: A Shadowy but Powerful Presence in the Judaeo-Christian World.* London: Dr. William's Trust, 1987.

_____. *Zoroastrians: Their Religious Beliefs and Practices.* London: Routledge and Kegan Paul, 1979.

_____. *A History of Zoroastrianism, Volume One: The Early Period.* Leiden: Brill, 1975.

Boyle, John Andrew, ed. and trans. *The Cambridge History of Iran, Volume 5: The Saljuq and Mongol Periods.* London: Cambridge University Press, 1968.

_____. *The History of the World-Conqueror (Juvayni).* Cambridge: Harvard University Press, 1958.

Briant, Pierre. *From Cyrus to Alexander: A History of the Persian Empire.* Winona Lake, IN: Eisenbrauns, 2002.

Brosius, Maria. *Women in Ancient Persia, 559–331 BC*. Oxford: Clarendon Press, 1998.

Browne, Edward Granville. *A Literary History of Persia: Volume II, From Firdawsi to Sa'di*. Cambridge: Cambridge University Press, 1969.

Bruinessen, Martin van. "A Kurdish Warlord on the Turkish-Persian Frontier in the Early Twentieth Century: Ismail Aqa Simko." *Iran and the First World War: Battleground of the Great Powers*, Touraj Atabaki, ed. London: I. B. Tauris, 2006.

Buchta, Wilfried. *Who Rules Iran? The Structure of Power in the Islamic Republic*. Washington, DC: Washington Institute for Near East Policy, 2000.

Calmard, J. "Popular Literature Under the Safavids." *Society and Culture in the Early Modern Middle East: Studies on Iran in the Safavid Period*, A. J. Newman, ed. Leiden: Brill, 2003.

The Cambridge History of Iran (7 vols). Cambridge: Cambridge University Press, 1961–1991.

Chittick, William C., and Peter Lamborn Wilson, eds. and trans. *Fakhruddin Iraqi: Divine Flashes*. London: Paulist Press, 1982.

Christensen, A. *L'Iran sous les Sassanides*. Copenhagen: 1944.

Clinton, Jerome W. "A Comparison of Nizami's *Layli and Majnun* and Shakespeare's *Romeo and Juliet*." *The Poetry of Nizami Ganjavi: Knowledge, Love and Rhetoric*, K. Talattof and J. Clinton eds. New York: Palgrave Macmillan, 2000.

_____. *The Tragedy of Sohrab and Rostam*. University of Washington Press (Rev. ed.), 1996.

Cole, Juan R. I. *Sacred Space and Holy War: The Politics, Culture and History of Shi'ite Islam*. London: I. B. Tauris, 2002.

Colledge, Malcolm A. R. *The Parthians*. London: 1967.

Corbin, Henry. *Spiritual Body and Celestial Earth: From Mazdean Iran to Shi'ite Iran*, Nancy Pearson, trans. Princeton, NJ: Princeton University Press, 1977.

_____. *En Islam Iranien: Aspects Spirituels et Philosophiques*, 4 vols. Paris: Gallimard, 1971.

Crone, Patricia. "Zoroastrian Communism." *Comparative Studies in Society and History* 36 (July 1994): 447–462.

Cronin, Stephanie. "Britain, the Iranian Military and the Rise of Reza Khan." *Anglo-Iranian Relations Since 1800*, V. Martin, ed. Abingdon, UK: Routledge, 2005.

_____. "Paradoxes of Military Modernisation." *The Making of Modern Iran: State and Society Under Riza Shah, 1921–1941*. S. Cronin, ed. London: RoutledgeCurzon, 2003.

Curtis, J. E., and Nigel Tallis, eds. *Forgotten Empire: The World of Ancient Persia*.

London: I. B. Tauris, 2005.

Curtis, Vesta Sarkhosh, and Sarah Stewart, eds. *Birth of the Persian Empire (The Idea of Iran*, vol. 1. London: 2005.

_____. *The Age of the Parthians (The Idea of Iran*, vol. 2). London: 2007.

Curzon, Lord G. N. *Persia and the Persian Question*. London: Cass, 1966.

Daryaee, Touraj. *Sasanian Persia: The Rise and Fall of an Empire*. London: I. B. Tauris, 2007.

_____. *Sahrestaniha-i Eransahr: A Middle Persian Text on Late Antique Geography, Epic, and History*. Costa Mesa, CA: Mazda Publishers, 2002.

Ehteshami, Anoush. *After Khomeini: The Iranian Second Republic*. London: Routledge, 1994.

Encyclopedia Iranica, Ehsan Yarshater, ed. New York: Routledge, 1982–.

Fasa'i, Hasan-e. *History of Persia Under Qajar Rule*, Heribert Busse, trans. New York: Columbia University Press, 1972.

Fischer, Michael M. J. *Mute Dreams, Blind Owls and Dispersed Knowledge: Persian Poesis in the Transnational Circuitry*. Durham, NC, and London: Duke University Press, 2004.

Floor, Willem. *Love and Marriage in Iran: A Social History of Sexual Relations in Iran*. Washington, DC: 2007 (forthcoming).

_____. *Dastur al-Moluk: A Safavid State Manual*. Costa Mesa, CA: Mazda Publishers, 2006.

_____. "Dutch Trade in Afsharid Persia" *Studia Iranica,* Tome 34, fascicule 1, 2005, 43–93.

_____. *The History of Theater in Iran*. Washington, DC: Mage Publishers, 2005.

_____. *Safavid Government Institutions*. Costa Mesa, CA: Mazda Publishers, 2001.

_____. *The Economy of Safavid Persia*. Wiesbaden, Germany: 2000.

_____. *The Afghan Occupation of Safavid Persia, 1721–1729*. Paris: Association pour l'avancement des éudes iraniennes, 1998.

_____. *Labour Unions, Law and Conditions in Iran (1900–1941)*. Durham, UK: University of Durham, 1985.

_____. *Industrialization in Iran, 1900–1941*. Durham, UK: University of Durham, 1984.

Foltz, Richard C. *Spirituality in the Land of the Noble: How Iran Shaped the World's Religions*. Oxford: Oneworld Publications, 2004.

Foran, J. "The Long Fall of the Safavid Dynasty: Moving Beyond the Standard Views." *The International Journal of Middle East Studies*, no. 24 (1992): 281–304.

Fragner, Bert G. *Die Persophonie: Regionalität, Identität und Sprachkontakt in der Geschichte Asiens.* Berlin: Anor, 1999.

Frye, Richard N. *The Golden Age of Persia: The Arabs in the East.* London: Weidenfeld and Nicolson, 1975.

_____. *The Heritage of Persia.* London: Weidenfeld and Nicolson, 1962.

_____. *Iran.* London: George Allen & Unwin Ltd., 1954.

Garthwaite, Gene. *The Persians.* Oxford: 2005.

_____. *Khans and Shahs: A Documentary of the Bakhtiyari in Iran.* Cambridge: Cambridge University Press, 1983.

Gellner, E. "Tribalism and the State in the Middle East." *Tribes and State Formation in the Middle East,* J. Kostiner and P. S. Khoury, eds. London: I. B. Tauris, 1991.

Gelpke, R. *Nizami: The Story of Layla and Majnun.* Colchester, UK: Bruno Cassirer, 1966.

Ghani, Cyrus. *Iran and the Rise of Reza Shah: From Qajar Collapse to Pahlavi Power.* London: I. B. Tauris, 1998.

Gibbon, Edward, *The History of the Decline and Fall of the Roman Empire.* London: Printed by A. Strahan for T. Cadell and W. Davies, 1802.

Gilbert, Martin. *Israel: A History.* London: Black Swan, 1999.

Graham, Robert. *Iran: The Illusion of Power.* London: Croom Helm, 1978.

Harney, Desmond. *The Priest and the King: An Eyewitness Account of the Iranian Revolution.* London: I. B. Tauris, 1997.

Heaney, Seamus, and Ted Hughes, eds. *The School Bag.* London: Faber and Faber, 1997.

Herrmann, Georgina. *The Iranian Revival.* Oxford: Elsevier-Phaidon, 1977.

Hodgson, Marshall G. S. *The Venture of Islam.* Chicago: University of Chicago Press, 1974.

Hoffmann, Birgitt, trans. and ed. *Persische Geschichte 1694–1835 erlebt, erinnert und erfunden—das Rustam at-Tawarikh in deutscher Bearbeitung.* Bamberg, Germany: Aku, 1986.

Issawi, Charles. *The Economic History of Iran, 1800–1914.* Chicago: University of Chicago Press, 1971.

Ja'farian, Rasul. "The Immigrant Manuscripts: A Study of the Migration of Shi'i Works from Arab Regions to Iran in the Early Safavid Era." *Society and Culture in the Early Modern Middle East: Studies on Iran in the Safavid Period,* A. J. Newman, ed. Leiden: Brill, 2003.

_____. *Din va Siyasat dar Dawrah-ye Safavi.* Qom: 1991.

Jones, Lindsay, ed. *Encyclopedia of Religion,* 15-vol. set. New York: MacMillan Reference

Books, 2005.

Katouzian, Homa. *Iranian History and Politics: The Dialectic of State and Society.* London: Routledge, 2007.

_____. "Riza Shah's Legitimacy and Social Base." *The Making of Modern Iran: State and Society Under Riza Shah, 1921–1941*, S. Cronin, ed. London: RoutledgeCurzon, 2003.

_____. *Sadeq Hedayat: The Life and Legend of an Iranian Writer.* London: RoutledgeCurzon, 2002.

_____. *State and Society in Iran: The Eclipse of the Qajars and the Emergence of the Pahlavis.* London: I. B. Tauris, 2000.

Keddie, Nikki R. *Modern Iran: Roots and Results of Revolution.* New Haven, CT: Yale University Press, 2006.

_____. *Women in the Middle East: Past and Present.* Princeton, NJ: Princeton University Press, 2006.

_____. "Sayyid Jamal Al-Din Al-Afghani." *Pioneers of Islamic Revival*, Ali Rahnema, ed. London/Beirut/Kuala Lumpur: Zed Books, 2005.

_____. *Qajar Iran and the Rise of Reza Khan 1796–1925.* Costa Mesa, CA: Mazda Publishers, 1999.

_____. "The Iranian Power Structure and Social Change 1800–1969: An Overview." *International Journal of Middle East Studies* 2 (January 1971): 3–20.

Kelly, Laurence. *Diplomacy and Murder in Tehran: Alexander Griboyedov and Imperial Russia's Mission to the Shah of Persia.* London: I. B. Tauris, 2002.

Kennedy, Hugh. *The Court of the Caliphs.* London: Phoenix, 2005.

Khaldun, Ibn. *The Muqaddimah: An Introduction to History*, Franz Rosenthal, trans. London: Routledge and Kegan Paul, 1967.

Khanbaghi, Aptin. *The Fire, the Star and the Cross: Minority Religions in Medieval and Early Modern Iran.* London: I. B. Tauris, 2006.

Khanlari, P. Natil, ed. *Divan-e Hafez.* Tehran: 1980.

Kian-Thiebaut, Azadeh. "From Motherhood to Equal Rights Advocates: The Weakening of the Patriarchal Order." *Iranian Studies* 38 (March 2005): 45–66.

Krusinski, Fr. Judasz Tadeusz. *The History of the Late Revolutions of Persia.* London: 1740; New York: Arno Press, 1973.

Lambton, Ann K. S. *Landlord and Peasant in Persia: A Study of Land Tenure and Land Revenue Administration.* London: I. B. Tauris, 1991.

_____. *Theory and Practice in Medieval Persian Government.* London: Variorum, 1980.

_____. "The Tribal Resurgence and the Decline of the Bureaucracy in the Eighteenth Century." *Studies in Eighteenth-Century Islamic History*, Thomas Naff and Roger Owen, eds. Carbondale and Edwardsville: Southern Illinois University Press, 1977.

Lapidus, Ira M. *A History of Islamic Societies*. Cambridge: Cambridge University Press, 2002.

Levy, Habib. *Comprehensive History of the Jews of Iran*, H. Ebrami, ed. Costa Mesa, CA: Mazda Publishers, 1999.

Lewisohn, Leonard, ed. "Attar, Farid Al-Din." *Encyclopedia of Religion,* 15-vol. set, Lindsay Jones, ed. New York: MacMillan Reference Books, 2005.

Lewisohn, Leonard, and C. Shackle, eds. *Attar and the Persian Sufi Tradition: The Art of Spiritual Flight*. London: I. B. Tauris, 2006.

_____. *The Heritage of Sufism, Volume I: Classical Persian Sufism from Its Origins to Rumi (700–1300)*. Oxford: Oneworld, 1999.

Limbert, John W. *Iran: At War with History*. Boulder, CO: Westview Press, 1987.

Lockhart, Laurence. *The Fall of the Safavi Dynasty and the Afghan Occupation of Persia*. Cambridge: 1958.

_____. *Nadir Shah: A Critical Study Based Mainly Upon Contemporary Sources*. London: Luzac, 1938.

Loeb, Laurence D. *Outcaste: Jewish Life in Southern Iran*. New York: Routledge, 1977.

Luckenbill, Daniel D. *Ancient Records of Assyria and Babylonia*. London: Histories and Mysteries of Man, 1989.

Luft, Paul. *Iran Unter Schah Abbas II (1642–1666)*, PhD dissertation. Göttingen: 1968.

Makdisi, George. *The Rise of Humanism in Classical Islam and the Christian West: With Special Reference to Scholasticism*. Edinburgh: Edinburgh University Press, 1990.

Malcolm, Sir John. *History of Persia: Containing an Account of the Religion, Government, Usages, and Character of the Inhabitants of that Kingdom*. London: Murray, 1829.

Manz, Beatrice. *The Rise and Rule of Tamerlane*. Cambridge: Cambridge University Press, 1989.

Martin, Vanessa. *Islam and Modernism: The Iranian Revolution of 1906*. London: I. B. Tauris, 1989.

Marvi Yazdi, Mohammad Kazem. *Alam Ara-ye Naderi*, Mohammad Amin Riyahi, ed. Tehran 1374, 3rd ed., 1995.

Matthee, Rudolph P. *The Pursuit of Pleasure: Drugs and Stimulants in Iranian History 1500–1900*. Princeton, NJ: Princeton University Press, 2005.

_____. "Education in the Reza Shah Period." *The Making of Modern Iran*, S. Cronin, ed.

London: RoutledgeCurzon, 2003.

_____. *The Politics of Trade in Safavid Iran: Silk for Silver, 1600–1730.* Cambridge: Cambridge University Press, 1999.

_____. "Unwalled Cities and Restless Nomads: Firearms and Artillery in Safavid Iran." *Safavid Persia: The History and Politics of an Islamic Society,* Charles Melville, ed. London: I. B. Tauris, 1996.

Melville, Charles, ed. *Safavid Persia: The History and Politics of an Islamic Society.* Cambridge: I. B. Tauris, 1993.

Menashri, David. *Post-Revolutionary Politics in Iran: Religion, Society and Power.* London:Routledge, 2001.

Miklukho-Maklai, N. D. "Zapiski S Avramova ob Irane kak istoricheskii Istochnik." *Uchenye Zapiski Leningradskogo gosudarstvennogo universiteta. Seriia vostokovedcheskikh nauk,* part 3. Leningrad: 1952.

Minorsky, V., ed. and trans. *Tadhkirat al-Muluk: A Manual of Safavid Administration.* London: Gibb Memorial Trust, 1980, 2nd repr.; 1st ed., 1943.

Mir-Hosseini, Ziba. "Women, Marriage and the Law in Iran." *Women in the Middle East,* Haleh Afshar, ed. Basingstoke, UK: Macmillan, 1992.

Moaddel, Mansour. *Values and Perceptions of the Islamic and Middle Eastern Publics.* New York: 2007; findings of surveys also available at www.psc.isr.umich.edu/research/tmp/moaddel_values_survey.html.

_____. *Islamic Modernism, Nationalism and Fundamentalism: Episode and Discourse.* Chicago: University of Chicago Press, 2004.

Moin, Baqer. *Khomeini: Life of the Ayatollah.* London: I. B. Tauris, 1999.

Momen, Moojan. *An Introduction to Shi'i Islam: The History and Doctrines of Twelver Shi'ism.* New Haven, CT: Yale University Press, 1985.

Moreen, V. "Risala-yi Sawa'iq al-Yahud (The Treatise Lightning Bolts Against the Jews), by Muhammad Baqir b. Muhammad Taqi al-Majlisi (d. 1699)." *Die Welt des Islams* 32 (1992).

Morgan, David. *The Mongols.* Oxford: Blackwell Publishers, 1990.

_____. *Medieval Persia 1040–1797: History of the Near East.* London: Longman Publishing Group, 1988.

Morrison, George, ed. *History of Persian Literature from the Beginnings of the Islamic Period to the Present Day.* Leiden: Brill, 1981.

Morton, A. H. "The chub-i tariq and Qizilbash Ritual in Safavid Persia." *Études Safavides,* J. Calmard, ed. Paris and Tehran: 1993.

Mottahedeh, Roy. *The Mantle of the Prophet*. Harmondsworth, UK: Penguin, 1987.

Najmabadi, Afsaneh. *Women with Mustaches and Men Without Beards: Gender and Sexual Anxieties of Iranian Modernity*. Berkeley: University of California Press, 2005.

_____. *The Story of the Daughters of Quchan: Gender and National Memory in Iranian History*. Syracuse, NY: Syracuse University Press, 1998.

Nakosteen, Mehdi. *History of the Islamic Origins of Western Education, AD 800–1350*. Boulder: University of Colorado Press, 1964.

Newman, Andrew J. *Safavid Iran: Rebirth of a Persian Empire*. London: I. B. Tauris, 2006.

_____. "Baqir al-Majlisi and Islamicate Medicine: Safavid Medical Theory and Practice Re-examined." *Society and Culture in the Early Modern Middle East: Studies on Iran in the Safavid Period*, Andrew J. Newman, ed. Leiden/Boston: Brill, 2003.

_____. "The Myth of the Clerical Migration to Safavid Iran." *Die Welt des Islams* 33 (1993): 66–112.

Olmstead, A. T. *History of the Persian Empire*. Chicago: University of Chicago Press, 1948.

Parsons, Anthony. *The Pride and the Fall: Iran 1974–1979*. London: Cape, 1984.

Paul, Jürgen. "L'invasion Mongole comme revelateur de la société Iranienne." *L'Iran face à la domination Mongole*, Denise Aigle, ed. Tehran: 1997.

Perry, J. R. *Karim Khan Zand*. Oxford: Oneworld, 2006.

_____. *Karim Khan Zand: A History of Iran, 1747–1779*. Chicago/London: University of Chicago Press, 1979.

Pritchard, James B. *Ancient Near Eastern Texts Relating to the Old Testament with Supplement*, 3rd ed. Princeton, NJ: Princeton University Press, 1969.

Rabinyan, Dorit. *Persian Brides*. Edinburgh: George Braziller Publishers, 1998.

Razmjou, Shahrokh. "Religion and Burial Customs." *Forgotten Empire: The World of Ancient Persia*, J. E. Curtis and N. Tallis, eds. London: I. B. Tauris, 2005.

Rees, B. R. *Pelagius: Life and Letters*. Woodbridge, UK: Boydell and Brewer, 1998.

Rizvi, Sajjad H. *Mulla Sadra Shirazi: His Life and Works and the Sources for Safavid Philosophy*. Oxford: Oxford University Press on behalf of the University of Manchester, 2007.

Roy, Olivier. *The Failure of Political Islam*. London: I. B. Tauris, 1994.

Rumi, Jalal al-Din. *The Masnavi, Book One*, Jawid Mojaddedi, ed. and trans. New York: Oxford University Press, 2004.

Runciman, Steven. *A History of the Crusades*. Harmondsworth, UK: Penguin, 1991.

Rundle, Chris. *From Colwyn Bay to Kabul: An Unexpected Journey.* Stanhope: The Memoir Club, 2004.

Saberi, Reza. *A Thousand Years of Persian Rubaiyat: An Anthology of Quatrains from the Tenth to the Twentieth Century Along with the Original Persian.* Bethesda, MD: Ibex Publishers, 2000.

Sackville-West, Vita. *Passenger to Teheran.* London: Tauris Parke Paperbacks, 1991; 1st ed., 1926.

Sahim, Haideh. "Jews of Iran in the Qajar Period: Persecution and Perseverence." *Religion and Society in Qajar Iran,* Robert Gleave, ed. London: RoutledgeCurzon, 2005.

Saidi, Ahmad, ed. and trans. *Ruba'iyat of Omar Khayyam.* Berkeley: University of California Press, 1992.

Sanasarian, Eliz. *Religious Minorities in Iran.* Cambridge/New York: Cambridge University Press, 2000.

Savory, Roger. *Iran Under the Safavids.* Cambridge: Cambridge University Press, 1980.

Schimmel, Annemarie. *Mystical Dimensions of Islam.* Chapel Hill: University of North Carolina Press, 1975.

Schuster, Morgan. *The Strangling of Persia: A Record of European Diplomacy and Oriental Intrigue.* London: T. Fisher Unwin, 1912.

Sefatgol, Mansur. "Safavid Administration of Avqaf: Structure, Changes and Functions, 1077–1135/1666–1722." *Society and Culture in the Early Modern Middle East: Studies on Iran in the Safavid Period,* Andrew J. Newman, ed. Leiden: Brill, 2003.

———. "The Question of Awqaf Under the Afsharids." *Studia Iranica: Cahiers,* vol.21/ *Materiaux pour l'Histoire Economique du Monde Iranien,* Rika Gyselen and Maria Szuppe, eds. Paris: 1999.

Sha'bani, Reza. *Tarikh-e Ijtima'i-ye Iran dar 'asr-e Afshariyeh.* Tehran: 1986.

Shah, Idries. *The Sufis.* London: Octagon Press, 1964.

Spuler, Bertold. *The Age of the Caliphs: A History of the Muslim World.* Princeton, NJ: Markus Wiener Publishers, 1995.

Stillman, Norman A. *The Jews of Arab Lands: A History and Source Book.* Philadelphia: Jewish Publications Society, 1979.

Subrahmanyam, S. "Un Grand Derangement: Dreaming an Indo-Persian Empire in South Asia 1740–1800." *Journal of Early Modern History,* vol. 4. Leiden: Brill, 2000.

Tabataba'i, Muhammad Husayn. *Shi'ite Islam.* New York: 1979.

Talattof, Kamran. *The Politics of Writing in Iran: A History of Modern Persian Literature.* Syracuse, NY: Syracuse University Press, 2000.

Tapper, Richard. *Frontier Nomads of Iran: A Political and Social History of the Shahsevan.* Cambridge: Cambridge University Press, 1997.

_____, ed. *The New Iranian Cinema: Politics, Representation and Identity.* London: I. B. Tauris, 2002.

Tucker, Ernest S. *Nadir Shah's Quest for Legitimacy in Post-Safavid Iran.* Gainesville: University Press of Florida, 2006.

Varzi, R. *Warring Souls: Youth, Media and Martyrdom in Post-Revolution Iran.* Durham: University of North Carolina Press, 2006.

Vatatzes, Basile, (ed. N. Iorga) *Persica: Histoire de Chah-Nadir.* Bucharest, Romania: 1939.

Vaziri, Mostafa. *Iran as Imagined Nation: The Construction of National Identity.* New York: 1993.

Villing, Alexandra. "Persia and Greece." *Forgotten Empire: The World of Ancient Persia.* London: I. B. Tauris, 2005.

Wickens, G. M., trans. *The Bustan of Sa'di.* Leiden: 1974.

Wiesehöfer, Josef. *Ancient Persia.* London: I. B. Tauris, 2006.

Woods, John E. *The Aqquyunlu: Clan, Confederation, Empire: A Study in 15th/9th Century Turko-Iranian Politics.* Minneapolis, MN: Bibliotheca Islamica, 1976.

Wright, Denis. *The English Amongst the Persians: During the Qajar Period 1787–1921.* London: Heinemann, 1977.

Yamauchi, Edwin M. *Persia and the Bible.* Grand Rapids, MI: Baker Book House, 1990.

Yarshater, Ehsan. "The Persian Presence in the Islamic World." *The Persian Presence in the Islamic World,* Richard Hovannasian and Georges Sabagh, eds. Cambridge: Cambridge University Press, 1998.

_____, ed. *Persian Literature.* Albany, NY: Bibliotheca Persica Press, 1988.

Zirinsky, Michael P. "Imperial Power and Dictatorship: Britain and the Rise of Reza Shah,1921–1926." *International Journal of Middle East Studies* 24 (November 1992): 639–663.

译后记

对于渴望了解世界的中国读者来说，伊朗是一个神秘而又带有莫名亲切之感的国度。伊朗与我国之间的交往历史非常悠久。

上可以追溯至古代华夏文明与伊朗人同源的古印欧人先民的各种接触。之后随着丝路的畅通和宗教的传播，两大文明之间的交流就更多了。在繁盛的隋唐时代，伊朗高原、河中的使节、商旅、僧众来往于长安的宫廷与坊市。萨珊王朝的末代王子也曾不远万里，来此向李唐王室祈求援军光复故国。东行的马可·波罗在旅途之中就是以波斯商旅的描述，构建自己对更遥远东方的憧憬。

而在当代背景下，我们对伊朗较为直观的印象是旷日持久的核问题。近距离接触过伊朗的人，会发现伊朗人在坚守传统的同时也谋求变革。伊朗民众待人温和有礼，时常展现友爱谦和，不失古老文明传承者应有的风范。同样是这些民众，也会在阿舒拉节的游行队伍中以鲜血和悲愤来表达自己坚定的信仰。历史的主导者，不会是因循守旧之辈。这一切都让我们对这个与众不同的中东国家产生了不断了解和认知的渴望。本书作者阿克斯沃西先生在文末写道："在不同阶段，伊朗一直都是一个真正的思想帝国，从某种意义上来说如今依然是。"

放眼全球视角，伊朗在某种程度上成为东方文明的代表，在这个世界体系中具有特殊的意义。西方世界对东方最直接的认识和想象，有很多来自伊朗。在不断的交互活动影响下，以伊朗为代表的东方思想文化与生活方式逐渐渗透进西方人的世界，西方文明主导下的世界体系对于伊朗产生了一种他者的洞察、体会和认知，并将这种认识投射到包括我国在内的整个东方。

作为关注世界变化的我们，也在思考：在全球化的时代，古老文明该如何准确定位自我？深厚积淀，究竟是遗产还是负担？如何与世界寻求积极的双向理解与交互作用？这些问题不仅属于伊朗，也值得整个世界深思。武力的帝国，终会烟消云散；制度的帝国，常常裹足不前；思想的帝国，则会历久弥新。相信在未来，思想的帝国能也应该闪耀自己应有的光芒。

赵象察　胡轶凡

2019 年 10 月于北京

出版后记

伊朗，地处西亚，是中东地区的一个文明古国，具有悠久的传统、动人的波斯诗歌和丰富而深厚的历史遗迹，不愧本书作者赋予其"思想帝国"的称号。而大部分读者对于伊朗并不了解，一般留存的印象也是偏负面的，因而它值得我们深入探索一番，重新认识伊朗，理解它在世界体系中的正确地位和应该发挥的影响力。

在历史上伊朗曾建立多个帝国，比如阿契美尼德王朝、萨珊王朝和萨法维王朝，这些帝国不断更迭，混战和安宁不时变换，浇铸成伊朗深厚的历史积淀和鲜明的内核气质，虽然大多数时期仍以什叶派信仰为主，但终究保持住了自身兼容并包的精神特质。作者认为，在过去最好的情况是伊朗通过培育并发扬其光彩夺目的优秀思想，获得了有影响力的地位。因而，作者期望伊朗能够凭借其独特的地理位置和别具一格的文化魅力，在风云变幻的中东地区成为真正的风向标，引导整个地区走向稳定的发展道路，充分利用非凡的弹性，在国际上赢得更多认同和理解。

当然，叙述伊朗这个文明古国数千年的庞杂历史时，作者难以避免会出现一些不足之处。在此也要感谢译者的辛勤付出，他们精彩的译笔为本书增色不少。由于编辑水平有限，可能存在一些错误，敬请广大读者批评指正。

服务热线：133-6631-2326　188-1142-1266

服务信箱：reader@hinabook.com

后浪出版公司

2020 年 9 月

© 民主与建设出版社，2023

图书在版编目（CIP）数据

伊朗简史 / (英) 迈克尔·阿克斯沃西
(Michael Axworthy) 著；赵象察，胡轶凡译. -- 北京：
民主与建设出版社，2020.12（2023.7重印）
　书名原文：Iran: Empire of the Mind
　ISBN 978-7-5139-3290-5

　Ⅰ.①伊… Ⅱ.①迈… ②赵… ③胡… Ⅲ.①伊朗—
历史 Ⅳ.①K373

中国版本图书馆CIP数据核字(2020)第210431号

版权登记号：01-2020-7206

地图审图号：GS（2020）5366

伊朗简史

YILANG JIANSHI

著　者	［英］迈克尔·阿克斯沃西	**译　者**	赵象察　胡轶凡
责任编辑	王　颂	**特约编辑**	沙芳洲　董汝洋
封面设计	徐睿绅		
出版发行	民主与建设出版社有限责任公司		
电　话	（010）59417747　59419778		
地　址	北京市海淀区西三环中路 10 号望海楼 E 座 7 层		
邮　编	100142		
印　刷	天津雅图印刷有限公司		
版　次	2020 年 12 月第 1 版	**印　次**	2023 年 7 月第 4 次印刷
开　本	889 毫米 ×1194 毫米　1/32	**印　张**	12.25
字　数	285 千字	**书　号**	ISBN 978-7-5139-3290-5
定　价	80.00 元		

注：如有印、装质量问题，请与出版社联系。